蔡迎春　段晓林　主编

回眸与展望

民国文献整理与研究国际学术研讨会论文集2018

国家图书馆出版社

图书在版编目（CIP）数据

　　回眸与展望 : 民国文献整理与研究国际学术研讨会论文集 . 2018 / 蔡迎春，
段晓林主编 . — 北京 : 国家图书馆出版社，2021.4
　　ISBN 978-7-5013-7096-2

　　Ⅰ . ①回… 　Ⅱ . ①蔡… ②段… 　Ⅲ . ①中国历史 — 文献管理 — 民国 — 国
际学术会议 — 文集 　Ⅳ . ① K258.07-53

　　中国版本图书馆 CIP 数据核字（2021）第 046732 号

书　　　名	回眸与展望 : 民国文献整理与研究国际学术研讨会论文集（2018）
著　　　者	蔡迎春　段晓林　主编
责任编辑	梁　盼　孟颖佼
封面设计	北京得铭文化传播有限公司

出版发行	国家图书馆出版社（北京市西城区文津街 7 号　　100034）
	（原书目文献出版社　北京图书馆出版社）
	010-66114536　63802249　nlcpress@nlc.cn（邮购）
网　　　址	http://www.nlcpress.com
排　　　版	九章文化
印　　　装	北京金康利印刷有限公司
版次印次	2021 年 4 月第 1 版　2021 年 4 月第 1 次印刷

开　　　本	710×1000　1/16
印　　　张	22
字　　　数	354 千字
书　　　号	ISBN 978-7-5013-7096-2
定　　　价	58.00 元

编委会

主 任　陈　力　周德明

主 编　蔡迎春　段晓林

编 委　马　静　金晓明　魏　崇　殷梦霞　葛艳聪　蔡迎春

　　　　　刘平清　于　浩

前　言

近年来，民国时期文献的整理与研究越来越受到学术界、图书馆界和出版界的高度重视，尤其是 2012 年国家图书馆民国时期文献保护计划启动实施以来，民国时期文献的普查、整理、研究、出版以及相关数据库建设工作成果显著，大量的研究论著、整理出版物和综合性数据库产品相继问世，专题数据库层出不穷，原生性保护全面开展，收藏机构与出版机构及学者的合作也日趋紧密，民国时期文献的文物价值和学术价值受到肯定，相关工作社会关注度大幅提升。在此背景下，继 2016 年"回眸与展望：民国时期文献整理与研究国际学术研讨会"召开后，2018 年"民国时期文献整理与研究国际学术研讨会"于 6 月在上海再次召开。相较 2016 年会议，此次会议在参会人员的数量和层次、研讨主题的广度和深度、报告嘉宾的来源和背景、提交论文的数量和质量来讲，都有了较为明显的提高，是一次由国内外相关研究领域专家学者与图书馆界和出版界同仁共同参与的学术盛会，也是对民国时期文献整理和研究工作的进一步总结和推动。

1　民国时期文献整理研究丰富多元

1.1　"民国时期文献保护计划"深入开展

"民国时期文献保护计划"是国家图书馆在 2011 年策划的一个项目。2012 年，该项目作为"文献典籍保护重点项目"纳入文化部《全国公共图书馆事业发展"十二五"规划》，项目正式启动；2016 年，被列入国家"十三五"规划纲要文化重大工程"中华典籍整理"专项；2018 年，民国时期文献保护工作座谈会召开，并对《民国时期连续出版物普查数据标准（征求意见稿）》和《图书馆民国时期文献书库建设标准（征求意见稿）》展开讨论。该项目自实施以来，在民国时期文献普查、文献征集和整理、专题数据库建设、原生性保护以及宣传推广方面取得了很多成果。

国家图书馆民国时期文献保护工作办公室主任马静从民国时期文献保护计划的缘起谈起，详细梳理了国家图书馆民国时期文献保护工作取得的进展和成果。自2012年以来，开发了民国时期文献联合目录系统，截至2018年底，已汇聚28家文献收藏单位的图书书目数据30余万条、馆藏数据60余万条。同时，在普查和目录系统建设工作基础上，自2015年启动《民国时期图书总目》的编纂工作，目前第一卷"哲学卷"已于2018年5月正式出版；文献整理已规模显现，截至2018年5月底，整理出版专项工作共立项163项，出版图书4819册，形成了六个特色鲜明的系列，相较2016年的120项，立项数量具有较大幅度的增长，而且随着民保计划项目的深入推广，除了公共图书馆或其他科研机构外，高校图书馆也成为目前项目申报的主力军。另外，海外文献征集成果显著，日本、美国等地关于"二战"的文献已经通过缩微等手段得到保护，国家图书馆已经建成"东京审判资源库"专题数据库。

当然，目前民国时期文献保护工作中存在着诸多问题。例如，对于战争史料的征集、整理和专题数据库的建设这一非常重要的工作，要加强行业内共建共享，避免重复浪费；文献保护宣传工作应持续进行，除已开始建设的民国时期文献保护网站，还应组织各种活动进行宣传推介，同时要加强相关人才培养。

1.2　原生性保护工作得到广泛重视

民国时期文献由于纸张酸化、脆化、老化加剧，以及再生性保护进展缓慢等严峻问题，如不及时抢救，这段历史将随着这些文献的消失而被人们遗忘。因此，民国时期文献的保护一直以来都是业界关注的重点，本次会议仍然得到与会专家和业界同人的广泛重视。浙江大学人文学院桑兵教授介绍了民国时期文献数量大、保存条件差等基本状况，强调民国时期文献的版本复杂性以及收藏机构的著录与实际情况的不一致给学者带来的困扰。同时，他认为，民国时期文献纸质差，酸化、老化等损毁严重，面临"文献断层"的危险，开发纸质文献脱酸工艺、药剂和设备等研究刻不容缓。马静在报告中也指出，民国时期文献的保护目前仍存在一些问题，虽然国家图书馆组织开展了"民国时期文献脱酸研究与脱酸设备研制"项目，并获得发明专利两项，但目前仍处于测试阶段，还无法全面推广；另外，原生性保护相关标准还不健全，民国时期文献酸化检测及国内外脱酸技术还在进一步研究阶段，尚未形成统一的标准。同时，她呼吁，应加快原生性保护相关标准的制定。

而对于民国时期文献原生性保护，通过专家报告及工作交流发现，国内外图书馆采取的措施基本相似，大多是一些较为基础性的做法。例如，哥伦比亚大学东亚图书馆程健馆长在报告中介绍了哥伦比亚大学东亚图书馆的具体做法：馆藏民国时期文献特藏库的温度和湿度 24 小时监控，温度一般在 20℃—22℃之间，上下浮动 5℃，就会采取相应措施；湿度保持在 50%，上下浮动 5%，也会采取措施。而对于档案实物，他们均设有专门人员提供专业的保护，主要是防酸、防虫、防紫外线，并且主要使用档案盒、箱、塑料封套等对档案原件进行保护。但是，其中也不乏保护工作做得非常全面、到位的图书馆。例如，南京大学图书馆史梅副馆长，详细介绍了南京大学图书馆的保护措施：专门设立民国文献书库，并配置恒温恒湿机器、气体灭火系统及全方位监控系统；同时，专门成立"南京大学图书馆薪火文献修复中心"，并配备多种保护与修复的专业设备仪器、工具和耗材，包括环境控制设备、消防安全设备、水处理设备、文献预处理设备等，以完成各种民国时期文献的日常修复工作。除此之外，他们还陆续配备相关设备，如空气净化系统、冷冻杀虫消毒柜、自动除尘机器、半自动除尘机器等。

1.3 相关文献整理出版成果丰硕

民国时期文献的整理和出版是本次会议的重点。《广州大典》编纂委员会主任陈建华、国家图书馆出版社民国文献（档案）编辑室主任于浩等，均从不同角度介绍了民国时期文献的整理出版成果，并对后续的相关工作提出了宝贵建议。

陈建华介绍了《广州大典》的编纂实例。作为整理和抢救、保护地方文献典籍、传播岭南历史文化的项目，《广州大典》目前已完成一期收录编纂，共收录历代文献 4064 种，编成 520 册，其中珍本善本等稀见文献录抄本 462 种，乾隆以前刻本 357 种。于浩介绍了近年来国家图书馆出版社在民国时期文献整理出版方面的整体情况，以及"民国期刊分类资料汇编""近现代名人日记手札"等系列丛书的出版情况。截至 2018 年 5 月，国家图书馆出版社共整理出版 330 余种民国专题史料，总计 8900 余册，收录民国时期各类珍稀文献 13000 余种。

除此之外，与会专家还指出了目前民国时期文献整理出版中存在的一些问题，并结合自己的整理研究心得，给出中肯的建议。例如，桑兵教授在报告中提到，目前的整理出版需要加强三个方面工作：①民国时期文献数量庞大，必须以制作电子版和出版纸本相结合的方式，才能够以多种形式呈现给学人，并且更好地保护保存文献的原本；②纸本文献需要进行全国性普查，建立统一性的机构，并优先出版未刊稿本和抄本；③整合全国资源，进行专题选择，做精编点校本、汇编本、印本等，否则重复性劳动会造成资源浪费。陈建华则在报告最后建议，国家图书馆民国时期文献保护工作办公室牵头组织对各地各单位的民国时期文献目录进行全面梳理，修编完成新的总目，为全面整理民国时期文献奠定基础。

同时，复旦大学图书馆研究馆员龙向洋就海外民国时期文献整理及出版也提出了自己的看法。他认为，民国时期文献的整理应该采用联合整理方式，把所有的目录放在一个数据库中，对所有文字进行规范化处理，找到差异，再逐一处理。同时，他还分享了自己根据这一理念所编纂的民国时期文献目录，其中标引的内容包括 8 家东亚馆的馆藏地、在民国总书目中的位置、在 CADAL 中是否已经被数字化以及国内图书馆的收藏情况等。

1.4 专题文献收集研究成为亮点

专题文献收集研究是本次会议的一个亮点，相较 2016 年会议的专题文献主要集中在地方志文献上，介绍民国时期上海和云南的地方志文献收集整理情况，本次则在内容和主题方面有了较大的扩展和突破。多位与会专家对专题文献相关研究展开了讨论，包括慰安妇史料文献、满铁资料文献、民国时期红色文献、作家手稿、地方文献以及医学、敦煌学、家谱资料等。

民国时期文献保护计划最初是为了加强"东京审判"文献史料征集与整理，后来围绕着民国文献保护计划，各个存藏机构或学者都开展了相关研究。"慰安妇"作为日本侵华罪行之一，是"东京审判"文献史料的重要组成部分。上海师范大学人文与传播学院苏智良教授从其研究的史料为切入点，呈现有关慰安妇史料文献的重要价值和历史意义，为民国时期文献收集整理提供了新思路和新途径。吉林省社会科学院成立满铁研究中心，满铁资料文献的整理和研究已纳入国家社科基金重大委托项目，满铁资料数字化建设也已启动。黑龙江省的满铁资料文献以及俄侨文献有很强的地方特色，这些东北地方文献，都具有较高的史料和学术价值。吉林省社会科学院日本研究所副研究员武向平介绍了当前满铁资料的收集与研究工作，以及《满洲交通史稿》《满铁内密文书》等研究成果的概况。另外，上海图书馆历史文献中心主任黄显功从《共产党宣言》初印本和再印本、艾思奇《大众哲学》、顾顺章《特务工作之理论与实际》着手，介绍民国时期红色文献在研究方面的已有成果，以及近期启动的《上海图书馆馆藏红色文献总目》和《上海图书馆馆藏红色文献图录》的编纂计划。巴金故居纪念馆常务副馆长周立民回顾了近年民国时期作家手稿的研究概貌，指出当前手稿普查工作尚未受到应有的重视，手稿出版缺少相关规范以及鉴赏居多、研究较少、拓展不足等问题。

　　除专家报告外，分组交流会场同仁对专题文献的收集和研究也各抒己见，会场呈现百花齐放、百家争鸣的景象。上海大学人文学院曹辛华教授对"全民国诗话"编纂和意义进行了阐述，绍兴文理学院图书馆舒炎祥介绍了家谱资料的搜集与研究，西南大学历史文化学院汤斯惟对抗战时期重庆出版音乐书刊、上海健康医学院图书馆龚瑞怡对民国医学文献、九江学院马克思主义学院龚喜林对兵役史料等的研究成果进行汇总和梳理，上海师范大学图书馆宋雪春、南京大学信息管理学院陈懿行分别对民国时期所编敦煌目录、"中央图书馆"藏官书目录的编制进行了详细而深入的分析，西华大学图书馆周英通过《妇女杂志》对民国时期妇女运动状况进行研究，东北大学图书馆郝淑红则通过民国时期五部编目学著作对编目学发展进行梳理研究。

　　此次会议不仅让与会代表更多地了解了各具特色的珍贵文献，使民国时期文献的收集研究更具学术性和交叉性，为学科研究提供了丰富的资料和重要的文献线索，是实现民国时期文献整理价值的重要方式。同时，对于专题文献的研究，专家们还提了诸多真知灼见。苏智良提出，在推进民国史料文献的收集和研究方面：①要开放与国际接轨。因为有些史料海外存藏相对较多；②要建立数字化共享的理念。目前国内民国时期文献的数字化进程已陆续展开，如2014年中华书局"中华经典古籍库"发布，2018年国家级古籍整理出版资源平台"籍合网"上线，以及中国近代史研究所数字化工程、国家档案馆系统抗战史料数字化工程实施等，但共享理念仍待加强；③强化合作共赢模式。对民国时期文献的整理与研究应该寻求包括档案馆、图书馆、学界在内多方合作以及中外合作，大家共同努力，合作共赢。对于满铁资料的收集研究，武向平也提出自己的看法。她认为，在资料收集方面，除东北地区的各个图书馆外，北京、上海等地的图书馆都收藏有满铁资料，对这些资料进行整合非常必要；在文献研究方面，应在重视满铁资料的全面整理和搜集的基础上加强专题研究。美国等国家可能也保存有满铁方面的资料，比如他们有针对性地建立了伪满洲国独立研究体系，因此，进行联合调查，与国际接轨，争取自己的话语权也很重要。而对于红色文献的研究，黄显功认为，应尽可能地把文献来源信息著录在目录或者相关记录里，对来源信息进行揭示和反映。针对手稿的普查和研究，周立民认为，首先应编制《中国现代作家手稿联合目录》并建立手稿整理和影印出版规范；其次，除校勘学研究外，应拓展手稿的研究广度和深度，同时加强现代意义上的手稿学和手稿学研究理论体系的建设。

1.5　文献开发利用普遍受到重视

一直以来，公共图书馆，尤其一些收藏量大的图书馆，都比较重视民国时期文献的开发和利用，并取得了一定的成绩。如国家图书馆、上海图书馆、南京图书馆和中山图书馆等，这次会议有幸请到了南京图书馆全勤副馆长和黑龙江省图书馆于爱君副馆长，分别对两个馆民国时期文献的收藏、开发和利用情况，向与会代表进行介绍和展示，为同行的相关工作提供了借鉴。

南京图书馆民国时期文献总量达 70 余万册，其中民国图书 7 万余种 40 万册，期刊 1 万种，报纸 1000 种，民国线装刻本也有达 3 万部，另有 2000 多册油印本和稿本。自 2011 年实施"民国时期文献保护计划"以来，南京图书馆从多途径、多角度进行民国时期文献的整理与开发，从摸清家底到为《民国时期总书目》补充数据，从改善存藏条件到聚焦民国时期文献纸张酸化研究，从民国时期文献影印出版到特色数字资源建设，从依靠图书馆单一力量到与相关单位实现合作共赢，从民国时期文献展览制作到展览材料的梳理出版，成绩斐然，值得借鉴；于爱君介绍了黑龙江省图书馆馆藏民国时期文献现状，尤其是俄侨文献、满铁资料、东北地方文献等馆藏特色文献以及一些珍贵版本。目前，黑龙江省图书馆已对 2 万余册民国时期图书进行书目数据著录，编制了《馆藏中文新善本目录》，整理出版了《黑龙江省图书馆馆藏地方文献书目》和《在华出版俄侨文献图录》，制作了《凝固的历史——哈尔滨建筑文化》

特色照片。

　　另外，此次研讨会之所以选择在高校图书馆举办，民国时期文献保护工作办公室更多地还是想听听高校图书馆的相关做法，同时也能引起高校图书馆对民国时期文献整理与研究的广泛重视。因此，会议主要邀请了华东师范大学图书馆张静波、南京大学图书馆史梅、安徽师范大学图书馆方青、清华大学图书馆袁欣、北京大学图书馆张红扬，以及上海师范大学图书馆蔡迎春等就所在机构民国时期文献整理开发情况进行介绍。华东师范大学图书馆馆藏民国时期中文普通书刊、线装书、外文书等共 10 万册，目前正在进行"藏书票出版项目"及"基于多元合作的异构方志数据集成平台"，该平台具可视化功能，为关联数据模型，拟进一步计划扩展知识图谱等服务功能。南京大学图书馆馆藏民国图书 3 万余册，民国期刊 7000 余种，民国报纸 600 余种，原中央大学、金陵大学毕业论文手稿 3000 余种，校史资料 800 余种（近 10000 册）。馆藏特色以文史资料为主，含校史相关的文献。民国时期文献数据库已完成软件平台设计以及"民国人物""民国职官"和"民国行政区划"三个工具库，正在进行数据测试。数字化项目包括在建特色数据库"馆藏近现代名人手迹""馆藏特色方志库""校史资料库"以及"金大中大毕业论文库"等，纸本图书也已出版 6 套。安徽师范大学图书馆馆藏民国杂志 50 多种，占中华人民共和国成立前安徽期刊总数（100 余种）的一半左右，已编纂民国时期文献目录，并以图书馆设立专项立项，2016 年完成《馆藏民国时期文献资料目录整理方案》。上海师范大学图书馆馆藏民国图书 6 万余册，民国报刊 900 余种，民国老教材 600 余种（3500 余册），2013 年成立近代文献中心，除汇集并设专室保存并继续有重点地补充民国时期文献外，还通过学校应用文科项目基金每年编撰并出版一本《民国文献整理与研究发展报告》，并举办"民国时期文献整理与研究国际学术研讨会"。通过几年的扎实工作，该馆培养了较为成熟的研究团队，在核心期刊发表了众多研究成果并以此成功申请到国家社科基金资助项目，在这一领域形成了一定的影响力。

　　由此可见，民国时期文献的整理与研究越来越受到高校图书馆的重视，图书馆都大多开展了馆藏民国文献的普查和著录工作，科学整理和揭示文献。从以上报告中提供的民国时期各类型文献的数量，以及《民国文献整理与研究发展报告（2015）》中各存藏单位的相关数量进行对比发现，本次会议报告中提供的数量基本上是近几年通过普查和清查家底工作之后，较为准确的数字；另外，各图书馆也在加强馆藏特色资源的整理与出版，深入挖掘民国文献的内容价值，加快文献缩微和数字化进度。同时，利用各种途径，例如展览和项目申报等，不遗余力地做好民国文献的宣传推广工作。

1.6　海外收藏状况得以全面揭示

就民国时期文献数量而言，国内收藏机构所藏民国时期文献无疑占多数，但海外图书馆近百年来也汇集了极为丰富的民国时期文献，这些文献是研究近代中国的重要学术资料。近年来，国内学术界十分重视搜集和整理海外所藏民国时期文献，并陆续影印出版了若干种文献丛刊，为学者研究近代中国提供了极具研究价值的新史料。此次研讨会上，美国哥伦比亚大学东亚图书馆馆长程健、美国石溪大学健康科学图书馆研究馆员黄柏楼对国外十余家图书馆的民国时期文献收藏情况进行了较为全面的梳理。

收藏单位		馆藏民国时期文献
哥伦比亚大学图书馆	珍本与手稿图书馆	民国重要人物口述史 16 部；胡适在台湾"中研院"主持的口述史 37 部；中国传教士口述史和口述传记；张学良口述史；70 种中英文档案文献
	联合神学院图书馆	民国时期中国教会相关人物档案 60 种
	法学图书馆	有美国军事法庭在华二战战犯审判档案和二战东京战犯审判档案（1946—1948）
	建筑与艺术图书馆	中国抗战前后的摄影作品
	史带东亚图书馆	民国时期中文纸本印刷品 7214 种、民国时期中文缩微胶片 3227 种、民国时期英文报纸 172 种。其中民国时期的纸马、门神、年画，共 231 幅；另外还有大量名人的私人图章以及民国时期的私人档案，如卡尔逊抗战文献、于凤至档案、贝祖贻档案、徐大春档案、郭秉文档案、土地契约档案、华美协进社档案等是特色馆藏
斯坦福大学	东亚图书馆	民国时期图书约 2.8 万种，报刊约 3600 种，以政府文献、统计报告和期刊为特色馆藏
	胡佛研究所	民国时期图书 160 万册、缩微文献 6 万多册、档案 4300 类（约 4000 万件）、期刊 2.5 万余种。特色馆藏有两蒋日记、四大家族档案、民国影像资料、陈诚档案、斯诺夫人档案、孙中山法律顾问林百克个人文集、抗战期间美国来华人士档案、国民党党史档案和东京审判档案原件等。很多民国档案是胡佛研究所珍藏孤本

续表

收藏单位	馆藏民国时期文献
哈佛大学燕京图书馆	民国图书 40326 种，报纸 382 种，包括记载长征史实最早的文献《红军长征记》朱德签名本，2500 多件胡汉民往来信函和文稿，大量的手稿如《慈溪县国税册稿》等，油印本如《北平私立燕京大学文学院课程一览》等，以及海达·莫里森（Hedda Morrison）在 1933—1946 年期间在中国拍摄的 5000 张照片和 1 万多张底片等；特色馆藏有哈佛燕京图书馆名人手稿、国共两党早期档案
美国国会图书馆	民国图书 5000 册，地方志 4000 种，1945 年盟军从满铁东京分社缴获的满铁文献 6 万册。中国报刊，包括 1870—1984 年间中国出版的报纸 1200 种，1868—1975 年间出版的期刊 6400 种，以及一批 1958 年以前的中文馆藏，大约 15 万种。馆藏民国时期出版的词典 100 多部，语文教科书约 30 部，抗战史料 50 多部，外交史料百余部。此外还有一些罕见文献，如民国时期线装书《续修大竹县志》《中国人民对美国致敬书》等
美国国家档案馆	"美军中缅印战区驻延安观察组"档案、麦卡锡事件相关史料、第二次世界大战中国战区档案、"东京审判"档案、日本战争罪行审判、中美合作抗战档案、日本在华投降影像系列、1949 年以前福克斯有声电影公司有关中国的新闻片集、国共关系观察报告等
杜克大学图书馆	5000 多张西德尼·戴维·甘博（Sidney David Gamble）在 1917—1932 年间在中国拍摄的历史照片

1.7 民国数据库建设方兴未艾

民国时期文献数字化建设是民国时期文献保护和整理的重要方向。从 2016 年到 2018 年数据库建设有了新的进展。上海图书馆信息处理中心主任韩春磊介绍了民国时期的报纸数字资源的建设情况，重点介绍了《中国近代报纸资源全库》《图述百年——中国近代文献图库》《晚清期刊全文数据库》《民国时期期刊全文数据库》等近代报刊数字化建设的概况。上海图书馆有丰富的中国近代图书、期刊、报纸、老照片等重要文献，依托这些珍稀馆藏，《全国报刊索引》从读图角度出发，深度挖掘中国近代文献中的宝贵图片，汇成《图述百年——中国近代文献图库》，使广大读者能够走近历史、观看历史、触摸历史、研究历史。该图库也是上海图书馆独树一帜的一个为广大研究人员和爱好者提供阅读和研究的一种途径模式，也为相关领域的创意工作者提供素材和灵感；国家图书馆出版社李强介绍了"中国历史文献总库·民国图书数据库""中国历史文献总库·近代报纸数据库"的基本情况，其中"中国历史文献总库·民国图书数据库"被列入"民国时期文献保护计划"重要成果，全面反映了该计划在全国范围内的普查结果，数据库的规模、质量都超过其他同类型数据库，预计2019年将完成20万种，此后仍将继续进行更新。"中国历史文献总库·近代报纸数据库"报纸内容包罗万象，文献价值是其他载体类型不可替代的，但面临一系列问题，如保存堪忧、利用困难、整理较少、缺漏严重等。李强认为，近代文献数据库在建设过程中应重视权威目录，注重与研究者取得广泛联系，应从文献提供转变为资源服务，并争取将平台打造为重大项目的发布平台。华中师范大学中国农村研究院教授刘金海等分别介绍了华中师范大学中国农村研究院的"中国农村数据库"、中国社会科学院近代史研究所开发的"抗战文献数据平台"等的研发情况。

相对于2016年会议主要集中在数字化建设成果方面，本次讨论中专家提出了数字化建设与读者服务的关系，数据库建设方同时也是资源的给予方，资源使用者往往是被动接受资源给予方的文献资源，即给予方提供的数据库并不完全是使用者需要的。因此，国家图书馆出版社采取了相应的措施，并在数据库建设中逐渐形成了制度，实现了从资源提供到学术服务的内涵提升。同时数据库服务的目的是助力科研，对于数据库暂时没有包含的资源，数据库商联系出版社，竭尽所能帮科研人员找到所需，在科研服务的同时完成数据库的建设与完善。

2 民国时期文献整理研究特色明显

两天的会议，内容丰富，主题多元，讨论热烈，反响不凡。就性质而言，既有实践层面的分享，也有学术层面的探讨；就层次而言，既有宏观层面对整个民国时期文献保护计划成果和规划的阐释和梳理，也有中观层面某个收藏机构收藏、保护、开发和利用的探索总结，还有对民国时期某类专题文献的整理与研究，甚至有微观层面对某本民国时期文献内容的揭示与研究；就报告专家来源的广泛性而言，既有来自主管或指导机构的领导，也有来自民国时期文献收藏机构的管理者和研究者，还有从事近代史研究或其他领域的专家学者。可以说，本次会议反映了民国时期文献的收藏机构、出版机构和使用者对这一领域的持续关注，搭起了收藏机构、出版机构和使用者进行交流和沟通的平台，并在一定程度上可推断出该领域实践和研究层面的发展趋向。

2.1 影印出版与数字化开发并重

除了对民国时期文献进行原生性保护之外，不论是出版社，还是图书馆，大多采用数字化技术和设备对特色馆藏和珍稀文献进行数字化。同时，对于图书馆来说，基本限制了民国时期纸本文献的外借和流通，实现读者利用以数字化版本为主；在原版所藏民国时期文献的基础上，各馆也加大对新版民国时期文献，即整理和影印民国时期文献的大套书的购买和收藏，提供给读者使用。

2.2 数字人文技术助力深度开发

数字化对民国时期文献的保存意义重大，但如果缺乏相应的标引、索引或检索功能，读者利用起来还是有诸多不便。近年来数字人文技术的发展，给民国时期文献的开发利用提供了新的思路，逐步形成共识，也出现了很多优秀的案例。例如，华东师范大学图书馆开发的"地方志数据库"、华中师范大学中国农村研究院的"中国农村数据库"，以及中国社科院近代史研究所开发的"抗战文献数据平台"等。这些数据库的开发给读者的使用提供了相对完备的查检功能，大大提升了民国时期文献的利用价值。同时，在此基础上，还将数字人文相关技术结合进数据库开发中，基于文本挖掘技术对民国文献进行深度挖掘、基于可视化技术对民国文献进行展示和知识提取，以及基于GIS（地理信息系统）技术构建民国历史地理信息系统等发展方向助力民国时期文献的深度开发。

2.3 馆际合作和互助共赢形成共识

各馆拥有的资源不一，各具特色，聚集起来才能形成合力，各自为政难以发挥效用。这个问题不仅在专家报告中有体现，在民国时期文献收藏机构分享的内容中也有体现。例如，华东师范大学图书馆、上海师范大学图书馆和北京师范大学图书馆共同开发地方志数据库，华东师范大学图书馆以独有资源换取CADAL10倍数字资源等实践。在当前环境下，各馆以合作共赢的理念共同开发资源，进而实现共享共赢，对商业数据库商的强势垄断也能形成一定的反制作用。

3 民国文献整理研究亟待完善

3.1 研究主题多元，原生性保护技术需要研究

本次会议征文主题指南中将原生性保护技术放置在靠前位置，但在收到的81篇论文中，仅有一篇论及纸张成分检测技术与民国文献鉴辨的关系，从发言嘉宾谈及原生性保护技术的应用和进展方面，可以看出，随着各馆对民国时期文献的单列收藏，相应的保存保护环境得到很大的改善，樟木书柜、中央空调、防火设施等予以配备，但恒温恒湿设备未得到普及性使用，脱酸设备和技术、修复设备和技术还达不到民国时期文献原生性保护的要求。这一方面还需要各收藏单位多做研究，并努力争取各方资源改善相关条件。技术瓶颈确实是对民国时期文献进行原生性保护的难题，又不为收藏机构和出版机构所熟悉，但却在很大程度上制约了对民国时期文献的保护、利用和开发。国家民国时期文献保护中心通过委托研究课题等方式做了很多工作。在此基础上，很有必要集合各个专业和行业的力量成立相关的技术研究院，为这一领域的工作提供技术支持。

3.2 海外存藏破题，普查范围需进一步拓展

与2016年会议相比，此次主题报告和所征集论文对海外所藏民国时期文献有了相当的关注，这是此次会议的显著特点之一。在国外，美国国会图书馆、美国国家档案馆、英国伦敦大学亚非学院、大英图书馆、英国国家档案馆和其他大学图书馆藏有一批研究中国近代史的珍贵资料。如《美国国会图书馆藏中国方志目录》较完整地收集了1942年前我国河北、山东、江苏、四川和山西地区的地方志，其中100多种为罕见孤本；美国哥伦比亚大学存有大批民国时期名人函件、口述史料等；哈佛大学燕京图书馆存有胡汉民往来信函和文稿约2500多件等；许多有关中国共产党早期的重要文献散落在日本、俄罗斯等地。本次会议详细介绍了哥伦比亚大学图书馆、哈佛大学燕京图书馆、美国国会图书馆等海外相关机构民国时期文献的收藏整理情况，使得本次会议行走在国际学术前沿。但是，会议所论及的海外民国时期文献收藏机构仅限为数不多的美国东亚图书馆，而北美主要东亚图书馆有53家之多，这还不包括散落于欧洲、大洋洲、东亚及东南亚其他国家的民国时期文献。这些收藏机构习惯于按文种

将中文文献汇集在一起，并不会特意将民国时期文献单列出来。这就给普查、整理和研究带来了不少挑战，但这也是今后研究新的增长点所在。

3.3　中文文献多有研究，外文文献及民族文字文献研究力度不够

随着民国文献研究、保护等工作的深入开展，目前已突破了《民国时期总书目》《民国丛书》等将民国文献的语言种类限定为中文的局限。以日文、英文等外文，藏文、蒙文等民族文字书写的文献都列入民国时期文献的收录范围，已成为趋势，并为人们所广泛认同。但是，除了满铁资料及西方传教士刊物《友穆》外，此次会议的论文及主题报告对此基本未有涉及。这一时期的外文文献及民族文字文献对研究中外交流、民族关系等具有重要文献价值，也理应得到更多的关注。

3.4　学者和存藏机构各有表述，合作研究仍需加强

在目前对民国时期文献的研究中，存藏机构往往立足文献管理的角度，多着眼于文献的保存、保护、数字化等议题，而学者们更多强调本研究领域内所涉及的民国时期文献的查找和使用，两者之间缺乏有效的合作与沟通。在存藏机构看来，将民国时期文献影印出版或做成数据库，意味着这部分工作已经完成；但是从学者的角度来看，没有详细标引和实现多种途径索引的影印本以及不能实现全文检索的数据库还是不便于使用，而学者们所具有的专业背景和知识又恰恰是存藏机构和出版机构在文献开发过程中所需要的。如能提高两者之间的合作研究和开发力度，则是民国时期文献保护和利用之大幸。

本次研讨会，以"回眸与展望"为主题，回望过去，重在展望未来，即如何做好民国时期文献整理与研究工作。图书馆从业人员与文献保护工作者都需要强化保护意识，利用先进技术，完善专用设备，构建数字化平台，从实践和理论的双维度来不断探求保护工作的新路径、新方法，并要注重人才的培养，注重馆际合作、跨界合作和国际合作，方能促进民国时期文献整理与研究走向成熟。相信站在新的起点，民国时期文献整理与研究工作能够创造新的成绩。

蔡迎春

2021 年 2 月

目　录

馆藏与普查

整理与利用

编目与保护

专题研究

馆藏与普查

国家图书馆中文资料组馆藏抗日文献评介

孙凤玲

摘　要：有关抗日战争史的研究需要不断挖掘新史料，拓宽新视角。国家图书馆中文资料组以收集非正式出版物为主，其中的民间文献是重点收藏对象，在此类文献中，经过初步挑选，整理出内容涉及抗日战争的文献约 300 余种，本文挑选了一些有代表性的文献进行了简单评介，抛砖引玉，以期能对抗日战争的进一步研究提供新的视角及有意义的参考。

关键词：抗战史研究　馆藏文献　抗日文献　评介

1　抗日战争史研究的相关问题

众所周知，中国的抗日战争是一场伟大的战争，美国《纽约时报》在 2013 年 10 月 18 日，曾刊登《世界欠中国战争债，有一个伟大贡献被忽视》一文，大声呼吁中国人应该将"中国在二战期间对同盟国抗日战争的贡献转化为中国在本地区的政治资本，以助推中国在世界赢得重大影响力"。中国的抗战一直拖着日本陆军百分之七十的主力和空军百分之五十的主力于中国战场上，所以，全世界一致公认"中国的抗战，为拯救世界人民作出了无法估量的贡献"。正如美国总统罗斯福于 1941 年 12 月 8 日，在白宫对副总统杜鲁门讲"假如没有中国，假如中国被打垮了，日本侵略军就能抽出百万精锐，横扫东南亚，尔后和德国东西钳掉苏联，那将意味着那简直是世界的末日"。所以，对抗日战争的历史进行研究，还原历史的原貌，也是非常关键的工作。

2014 年 12 月 13 日，南京举行了国家公祭仪式，习近平总书记亲切会见了南京大屠杀幸存者代表和遗属代表，与夏淑琴、李高山等人一一握手，倾听他们讲述那段悲惨的历史。总书记说，这段苦难历史是民族的记忆，只有铭记才能珍视和捍卫来之不易的和平。作为见证人，你们要用亲身经历向世人告知历史真相，教育后代。历史不仅要口口相授，更需要碑载传承。长期以来，各有关方面对中国人民抗日战争的研究和宣传做了大量工作，取得了许多重要成果。但另一方面，总书记指出："同中国人民抗日战争的历史地位和历史意义相比，同这场战争对中华民族和世界的影响相比，我们的抗战研究还远远不够，要继续进行深入系统的研究。"在中央政治局第二十五次集体学习时习近平总书记强调，深入开展中国人民抗日战争研究，必须坚持正确历史观、加强规划和力量整合、加强史料收集和整理、加强舆论宣传工作，让历史说话，用史实发言。

近年来，有关中国抗日战争史的研究已经取得了丰硕的成果。尤其是近十年来，出版了以《中国抗日战争史》《重庆抗战史：1931—1945》《中国抗战大后方历史文化丛书》等为代表的新成果。但是，也还有不少领域的研究还比较薄弱。比如，在研究对象的区域上，研究战区多、解放区多，研究国民政府控制区域较少；从研究对象的国际视野上，研究中国内部的多，而研究中国与世界关系的少，尤其是研究中国政府与外部世界（包括与盟国、交战国）关系的少；从研究对象的党派上，研究共产党的多，研究国民党和中间党派的少。总体来说，研究前方和敌后的多，研究大后方的少，这是中国近现代史、中华民国史，尤其是抗日战争史研究中一个相当薄弱的领域。所以，亟需我们开拓新的视野、挖掘新的史料、寻找新的视角来重新审视抗日战争这段历史，用历史说话，用史料发言。

1.1 "大抗战史观"对抗战史研究的启示

一直以来，我们大家耳熟能详的"八年抗战"，主要指从以 1937 年卢沟桥事变为标志的全民族抗战爆发至 1945 年日本宣布无条件投降这一历史阶段。而中国抗日战争的起点则是 1931 年九一八事变，14 年抗战是一个整体。正如习近平总书记指出的："九一八事变成为中国人民抗日战争的起点，并揭开了世界反法西斯战争的序幕。七七事变成为中国全民族抗战的开端，由此开辟了世界反法西斯战争的东方主战场。"在中共中央政治局第二十五次集体学习时习近平强调："我们不仅要研究七七事变后全面抗战 8 年的历史，而且要注重研究九一八事变后 14 年抗战的历史，14 年要贯通下来统一研究。"

这一"大抗战史观"的提出，拓宽了我们对抗战研究的视野，开创了研究的新领域，使我们能用"长焦"和"广角"来透视抗战这一研究主题，给我们带来了新的启示。比如，在对华侨与抗战这一领域的研究，张秀明老师就提出了以下观点：

首先，从时段上看，抗战研究要向前追溯、向后延展。不能仅局限于战争期间，目前，有关华侨与抗战的理解仍旧局限于战争期间。战前华侨社会的形成、华侨的生存环境、华侨的认同状况等问题还未纳入华侨与抗战研究的范畴。而这些问题其实在某种程度上影响着华侨对抗战的反应。特别是战争对华侨社会的影响，应该视作华侨与抗战的主题。比如，1943年美国废除了实施60年之久的《排华法案》，对美国华人社会产生了重大影响；再如，战争对日本华侨的影响等等，都是有待深入研究的。

其次，从研究视野上看，华侨与抗战研究不只包括华侨对祖国抗战的支援和贡献，而且也应该包括华侨在侨居地的抗日活动与反法西斯活动。如东南亚华侨在当地的抗日活动，美欧华侨参加当地军队进行反法西斯活动等，都有很多"处女地"亟待开发。

再次，就研究方法而言，至少有三个方面需要加强。一是充分利用第一手史料、挖掘新史料以及对史料进行新解读。史料是历史研究的基础。华侨与抗战研究要有新突破，对第一手史料的挖掘、利用至关重要。

所以，在"大抗战史观"的背景下，对抗日战争其他各领域的研究我们也都可以借鉴这些方法。

1.2　对抗战史研究新史料的挖掘

由于学界对于抗日战争史研究在许多方面还存在空白，所以今后抗战史的研究更要加强对于抗战新史料的发掘与运用。

比如对区域战争这一领域的研究：由于战争时间长，涉及地域广，无论是从日军侵略的角度还是从中国各地抵抗的角度而言，不同的区域存在很大的差异，因此，对抗日战争史的研究除了整体的宏观研究和专题研究外，专门针对某一区域的抗战史研究也同样十分重要。近些年来，伴随着抗日战争史研究的热潮，有关区域抗战史研究也日益受到各方面重视，但也需要有更宏观的视野，需要挖掘一些新的史料来丰富对抗战区域的研究。在我们整理国家图书馆非正式出版文献中，就着重整理了有关抗战区域的文献约130多种，这些文献涉及了约 80 多个区域的抗战史料，相信这些文献会对抗战区域性研究起到重要的参考作用。详见附录 2：地域性抗日文献目录。

1.3 抗日战争文献资料共建共享

要对抗战史进行研究，文献资料是研究的基础。中国抗战史文献资料的调查摸底、整理刊布、开发利用和资源共享迫在眉睫。尽管当下国家、各级政府、文献收藏单位和科研机构等整理刊布的抗战史料之种类、数量可谓前所未有，但仍存在不少问题。一是抗战时期资料的收藏情况不明，没有一个详细的目录和题解，很多有价值的档案文献未被开发出来。二是整理出版的各种专题资料不够系统，研究者获取相关资料还有一定难度，涉及国民党正面战场及国统区的资料仍待进一步发掘。在日伪方面，侧重于日军侵略暴行、抗战损失等内容，其他方面的资料较少。三是文献资料的编选取舍未尽适当。很多选录资料也较少以原貌或原生态方式呈现，令研究者难以明了其真实状况，在一定程度上影响了资料的客观性和可信度。在我们整理的国图这部分资料中，有一部分回忆录性质的文献，包含了很多亲历者的一些回忆，正是不可或缺的原生态的呈现。

此外，抗战相关的文献资料，除了海峡两岸的档案机构有大量的收藏外，美、英、俄、日、德、法等国的许多档案馆和图书馆也庋藏丰富。中国学者，尤其是青年学者对于这部分档案与文献资料的挖掘与利用还显得着力不够。当然，对于中国学者来说，外文档案和资料的运用受外文水平的限制，这就需要更多懂得日语、俄语、德语、法语以及其他各种语言的中青年学者加入到抗日战争研究的行列中来。最好可以将收藏于各国的抗日战争史档案与文献资料译成中文出版，俾利于更多学者运用。新史料的发掘对于抗日战争史研究新领域的开拓至关重要。

国内在抗战文献共享方面取得一定成果的有"抗日战争与近代中日关系文献数据平台"。此平台的建设是国家社科基金抗日战争研究专项工程的阶段性成果，由中国社会科学院、国家图书馆、国家档案局牵头，中国社会科学院近代史研究所承办。目前，抗战平台收录的 1949 年以前的各类文献达 1000 多万页以上，包含档案、图书、期刊、报纸、照片、音视频等多种形式。现在，抗战平台的内容还在不断丰富中，预计到 2018 年底将达到 1300 万页。抗战平台承诺永远公益开放，所有文献均可浏览。个人免费注册账号之后，可获得免费下载权限，下载量每月不可超过 2000 页。

据我们所了解，一方面，有很多单位想做专题栏目或策划展览等，却不知去哪里能找到所需要的资料，或所找资料不很全面准确，有的还造成对史料的误读。而另一方面，一些单位所收藏的文献资料又被束之高阁或严加看管，使之不能被有效利用，从而埋没了文献本身的价值。比如国家图书馆中文资料组所收藏的大部分是非正式出版的内部文献资料，鉴于文献内容的敏感性及一些需要保密等因素，文献还不能被公开利用，这也给资料的共享带来了难度。

因此，学界的当务之急是摸清家底，编写指南，整合资源，选编刊布最具研究价值的文献史料，构建共享文献资料的大数据资源信息库，为全面系统利用各种文献资料、进一步深化抗战史研究创造有利条件。

基于此，本文第二部分主要梳理了国家图书馆中文资料组馆藏 2008—2015 年间的有关抗战文献，并进行了简单评介，目的就是想给相关的研究者们提供一些新的视角，以期为进一步的深入研究提供参考。

2　国家图书馆中文资料组馆藏抗日文献简介

2.1　国家图书馆中文资料组馆藏概况

保存人类文化遗产是图书馆的社会职能之一，鉴于非正式出版物的重要价值，国家图书馆于 2008 年成立了中文资料组，专门入藏非正式出版物，至今已收藏逾八万余种。在十年多的时间里，我们逐步对文献收藏范围进行了细化，确立了民间文献、研究报告、会议文集、资料汇编等几大类收藏类别。其中，民间文献是我们的收藏重点，因为民间文献揭示了底层民众的思想、信仰和观念，其"原生态"的内容更能立体地再现历史发展过程中某一时期真实的社会景象，往往更能深刻地反映某一时期、某一地域的社会经济、政治制度、历史、文化、教育、社会发展以及生产劳动、商业经营、社会交往、风俗习惯、宗教信仰等方面的最真实、最具体的状况，虽然没有正式出版，但它们同样也是人类智慧的结晶，并且可以弥补正式出版物中对普通民众生活记录的不足。

我们按专题对民间文献进行收集和整理，目前，已形成了如知青文献专题、革命回忆录专题、抗日文献专题等几项内容。其中抗日文献已总计有 500 余种，这些文献来源多样，内容丰富，有革命回忆录、会议研讨文集、纪念性史料等，分别从不同视角、多个侧面记录了那段峥嵘岁月中的人与事，展示了战争的场面、历史事件的真相以及情感与思想的印记，无疑具有很重要的史料价值。

2.2　中文资料组馆藏抗日文献评介

我们从以下几个方面对国家图书馆馆藏的非正式出版的抗日文献做一简单梳理，期望能通过这些文献所蕴涵的原生态内容，发现新的研究视角，对抗日战争的进一步研究提供参考和借鉴。

2.2.1　反映各界人士抗日的文献评介

抗日战争是中国近代历史上最伟大的民族解放战争。是以国共两党合作为基础，包括工农商学兵各界、各族人民、各民主党派、抗日团体、各阶层爱国人士和海外侨胞参加的全民族抗战。正如毛泽东在 1945 年 4 月 24 日中国共产党第七次全国代表大会上的政治报告《论联合政府》中评价这场神圣的战争时说过："中国军队的广大官兵在前线流血战斗，中国的工人、农民、知识界、产业界，在后方努力工作，海外华侨输财助战，一切抗日政党，除了那些反人民分子外，都对战争有所尽力。"

1. 反映华侨抗日的文献简介

历史证明，抗日战争是世界反法西斯战争的重要组成部分，是包括海外华侨在内的全民族抗战。海外华侨不仅为中国的抗日战争作出了贡献，而且积极参与了所在国的反法西斯战争，他们同样也遭受了巨大的生命财产损失。海外华侨也是这场全民族抗战中的重要力量。然而，在国内的近现代史、中共党史著作中，直接谈及华侨对抗战作出重大贡献的似乎不多，华侨在抗日战争中的地位和作用还没有摆到应有的位置上。华侨与抗日战争暨反法西斯战争研究，应该成为华侨华人研究的重要课题。华侨对抗战的贡献也受到了国外学者的关注。如牛津大学历史系教授拉纳·米德认为，华侨在抗战中的重要贡献、国际组织在中国的活动和作用以及抗日战争期间的社会福利和社会保险等问题，都是抗战史研究的新领域。对侨史学界而言，华侨与抗战研究仍然任重道远。因此，有必要推介一些论述华侨对抗日战争的巨大贡献的文献。

（1）《华侨抗日救国史料选辑》：蔡仁龙，郭梁主编；中共福建省委党史工作委员会，中国华侨历史学会出版，1987

本书内容主要包括：南洋华侨筹赈祖国难民总会及其主要活动；亚洲地区华侨的抗日救国活动，包括了新加坡与马来亚、菲律宾、印度尼西亚、缅甸、泰国、越南、沙捞越、印度、日本等地区的华侨的抗日活动；美洲、欧洲地区华侨的抗日救国活动，包括了美国、加拿大、中美洲、南美洲、欧洲及其他地区的华侨的抗日活动；华侨回国积极参加抗战及华侨回国服务团的活动以及华侨在当地的抗日斗争活动。

本书是华侨抗日救国光辉业绩的历史再现，是华侨爱国主义精神的真实记录。因此，它不仅是华侨史研究的重要参考资料，也是中华民族爱国主义传统教育的生动教材。

（2）《赤子丰碑——华侨与抗日战争》：李巨涛主编；云南省归国华侨联合会，云南华侨历史学会编，2005

本书是一部云南侨乡人民和海外华侨为反抗日寇侵略，抛头颅，洒热血的忠勇报国的纪实。内容主要有两方面：一是南洋华侨机工回国抗日的事迹及其东南亚国家华侨支援祖国抗战的动人业绩；二是滇西侨乡人民抗日活动，包括滇西抗战，滇缅、滇印战时交通运输，以及人物传略。大部分文稿都是来自南洋归侨人士和侨乡作者，从不同视角，着重反映云南侨乡人民和海外华侨在抗战烽火岁月，同仇敌忾，共赴国难，忠勇报国，威武不屈的战斗历程和光辉功绩的纪实文集，可以说真实再现了历史的沧桑与辉煌，再现了抗日将士的风采。

2. 反映宗教界抗日的文献简介

《烽火历程——冀东道士抗日救国纪实》：张宝仲撰稿，董沛文主编；河北省唐山市道教协会编，2011

道教是中国的本土宗教，历史非常悠久，在中国历史上占据着非常重要的地位。而爱国爱教是道教最鲜明的特点，是道教的优良传统，构成了中国道教历史的一条主线。本书作者张宝仲道长历经十二年克服种种困难深入民间，进行田野调查，踏遍唐山热土，询访还乡河畔，重走冀东抗联西撤之路，凭吊喜峰口战场，考察长城无人区，翻阅了大量有关档案、文史资料和市、区、县志，访问了生活、战斗、工作在唐山根据地的老首长、前辈、朋友，拜会了唐山玉清观、天云观等抗日堡垒户健在的前辈道长，取得冀东爱国道士在中国共产党领导下英勇抗击日本侵略者的第一手材料，完成本书，再现了冀东道教界英勇抗击外国侵略者的历史场景。

3.反映教育界抗日的文献简介

《烽火岁月——北京教育界抗战纪事》：庞文弟主编；北京教育系统关心下一代工作委员会出版，2005

抗日战争爆发后，1937年7月29日，北平失陷。北平的高等学校也遭到了日本侵略军的摧残，北大、清华的校舍被日本军当作马厩、兵营和伤兵医院，北平师范大学的数理学院被日军警备司令部占领。有的学校被迫搬迁，在极端艰难的环境中，广大老师学生不畏强暴，以各种方式进行了"坚持进步，反对倒退，坚持抗战，反对投降，坚持民主，反对独裁"的斗争。而留在沦陷区的师生也以各种不同方式进行着抗争，就像是战斗在敌人心脏里的尖刀班。本书有三部分："一二·九"运动时期的北平大中学校，抗日战争时期迁往内地的北平高等学校，在沦陷区北平的大中学校的抗日斗争。这些作者大多数是在"一二·九"运动前后或抗日战争期间入学的老学长，少数是对北京教育史素有研究的专家。他们向我们生动再现了"一二·九"运动和抗日战争时期北平教育界的可歌可泣的感人事迹。

2.2.2 回忆类抗日文献评介

一些基层民众的作品，由于一些原因很难通过官方的渠道出版，只能以私人印刷、手抄甚至口传的形式传播，于是出现了各种非公开出版的回忆录。相比于专业的作家和有文化的作者，他们无疑是最靠近底层群众的一层，所以他们的回忆录往往更加真实，可以给我们提供更广泛的视角去认识那个时代、那场战争。口述史作为史学研究的重要方法之一，可以丰富抗战研究的内容和手段。抗战结束70多年了，抗战时期的"三亲"（亲历、亲见、亲闻）者大都年事已高，抗战史研究工作者应该抓住最后的机会，积极寻访抗战"三亲者"，抢救一批抗战史料。

（1）《淮北抗日风云》：杨连喜主编；宿州市埇桥区新四军历史研究会编，2001

八年抗战，如火如荼。淮北军民在中国共产党的领导下，创造了一个又一个奇迹，谱写了一曲又一曲激动人心的篇章。本书再现了当年的历史风貌，不但用大量篇幅叙述了淮北抗日根据地的形成和发展过程，描写了各地抗日武装力量从小到大，由弱到强的成长经历，而且详细记述了和日伪军进行浴血战斗的具体情节，比如有深情描写的"怀念江上青同志"，有亲身经历写出的"掩护刘少奇同志转移"，还有幽默风趣笔法叙述的"我跟'伙夫'当勤务"的故事，还有通过深入采访，真实描绘了与人民血肉相连的老将军三赴盛圩的史实。一个个动人的故事，一幕幕历史事实，读来感人至深，催人泪下。

（2）《八秩春晖寸草心》：王者风，莫幻主编；晋察冀文艺研究会冀热辽分会，原四十六军老战友联谊通讯站合编，2001

本书来自 140 多位作者的心血，他们中有老红军、老将军，有战斗英雄、工作模范，有专家、教授，有国家机关和企事业单位的干部，从他们的回忆中，可以看到长征路上的艰难和悲壮，可以看到长城内外血与火较量的惨烈，可以看到辽沈、平津历史性大决战的波澜壮阔，可以看到朝鲜战场上的饥寒和苦斗，也可以看到各条建设战线上的炽热和拼搏。这一篇篇文章是一幅幅我党我军的历史画卷，是一首首发自内心深处的颂歌，是一颗颗可以触摸到的滚烫之心。

2.2.3 抗日战争著名战役类文献简介

《最后一战》：章社友著

本书是作者根据西峡县文史委和南阳党史研究办的真实资料改编而成，再现了 68 年前那场中日军队殊死博弈的惨烈场面。它告知世人：1945 年 8 月 19 日 10 时，即日本投降后的第 4 天，中日双方军队在西峡口战场上，进行了第二次世界大战中国战区的最后一战，中日双方高层领导都使出浑身解数来指挥此一战役，最终，日军惨败西峡口，"日落西峡"，抗日战争的帷幕徐徐降下。罗斯福总统曾对中国抗战胜利的伟大意义进行了高度评价，这场战役就是解读这一评价的最完美、最精确的历史资源。

2.2.4 抗日战争时期军工类文献简介

《冀鲁豫边区军工史料丛书》（3 册）：兵工史征集委员会冀鲁豫编辑组编，1986

冀鲁豫的军事工业，是随着部队的发展而创立的，创建比较早。在 1938 年就建立了军事工业，当时处于农村，又是处于战争环境，发展军事工业，根本没有设备和原料，技术力量更是薄弱。不知经过了多少的艰苦工作，克服多少困难才创建了冀鲁豫的军事工业。为了把可贵的历史和经验记载下来，经兵工史征集委员会批准成立的冀鲁豫军工史编辑组，在兵工史征集委员会的指导下及中国机电设备公司等单位的大力支持下，尤其是原冀鲁豫军工老同志们的大力协助之下，提供了大量的史料，不少老同志撰写回忆录，为编辑组提供宝贵的资料。

2.2.5 附录

鉴于文章篇幅有限, 不能一一介绍, 此处附录列出的文献为馆藏非正式出版抗战类文献(截止于 2015 年 12 月, 其他的陆续整理中), 以备有深入研究需求的人士参考:

附录 1: 华侨抗日文献目录

序号	书　　名	作　　者	出版者
1	华侨与抗日战争: 大型展览图集	郭瑞主编	中华人民共和国国务院侨务办公室, 新华社通讯社, 中国海外交流协会
2	赤子丰碑——华侨与抗日战争	李巨涛主编	
3	侨乡风云录: 抗日战争在开平、台山	梁长城著	中国年鉴社出版部
4	特殊年代的外侨生活: 上海盟国集中营研究	熊月之主编	教育部重点研究基地上海师范大学都市文化研究中心
5	华侨抗日救国史料选辑	蔡仁龙, 郭梁主编	中共福建省委党史工作委员会, 中国华侨历史学会
6	菲律宾华侨抗日游击支队建军 50 周年纪念特刊 =50th anniversary of the Wha Chi 48th squadron: 1942—1992	华支退伍军人总会编	
7	琼崖华侨联合总会回乡服务团研究史料	陈永阶, 林飞鸾主编	《琼岛星火》编辑部
8	史鉴未来: 葫芦岛百万日侨大遣返 60 周年回顾暨中日关系展望论坛文集(1946—2006)	葫芦岛市对外文化交流协会, 葫芦岛市人民政府新闻办公室编	

附录 2: 地域性抗日文献目录

序号	书　　名	作　　者	出版者
1	平西根据地抗战史研讨会文集	中共北京市委党史研究室, 中共河北省委党史研究室, 中共北京市门头沟区委编	
2	密云地区抗日斗争史料选编	中共密云县委党史办, 密云县档案局, 密云县关系下一代协会编	

续表

序号	书　名	作　者	出版者
3	古北口抗战文集——纪念长城抗战七十周年	中共密云县委党史办公室，密云县古北口镇人民政府编	
4	镇江市抗日斗争大事记——1931—1945	胡振，张政权主编；镇江市史志办公室编	镇江市史志办公室
5	抗日剧社与易阳	陈嘉编	
6	柳林抗日战争史料集	刘晋生主编；山西柳林县政协书院"柳林文史资料丛书"编写组编	
7	嵊县抗日战争和解放战争时期史料·一：党的重建与抗日救亡专著（1937.9—1942.7）	周希灿主编；嵊州市新四军研究会编	嵊州市新四军研究会
8	嵊县抗日战争和解放战争时期史料·二：嵊新奉抗日武装斗争与游击根据地（1942.7—1945.9）	周希灿主编；嵊州市新四军研究会编	嵊州市新四军研究会
9	嵊县抗日战争和解放战争时期史料·三：隐蔽精干的嵊西与绍嵊根据地的嵊北（1942.7—1945.9）	周希灿主编；嵊州市新四军研究会编	嵊州市新四军研究会
10	抗日战争时期的北碚	何建廷主编；中国人民政治协商会议重庆市北碚区委员会文史资料委员会编	中国人民政治协商会议重庆市北碚区委员会
11	大足八年抗战录（1937—1945）	大足县志办公室编	大足县志办公室
12	侨乡风云录：抗日战争在开平、台山	梁长城著	中国年鉴社出版部
13	定北县、定唐县、望定县组织沿革和干部系列	王维著	
14	抗日斗争在高淳	中共高淳县委党史资料征集委员会，高淳县地方志编纂委员会编	
15	抗战八年的台山：新编本	刘达之著	

续表

序号	书　　名	作　　者	出版者
16	南澳抗战真相及有关争论	汕头市老游击队员联谊会,《老游击战士》编委会编	
17	抗日战争人口伤亡与财产损失调研成果汇编：河北·井陉卷	李卯槐主编；中共井陉县委党史县志办公室编纂	
18	湛江市纪念抗日战争胜利60周年学术研讨会论文选集	黄觉新，彭正祥主编；中共湛江市委党史研究室编	
19	忻口战役亲历记.续集	胡全福主编；中国第二历史档案馆,政协忻州市委员会编	
20	平江惨案资料汇编	中共岳阳地委党史办,中共平江县委党史办编	
21	侵华日军在咸罪行录	咸安区档案局,咸安区关心下一代工作委员会,咸安区抗日战争史研究会编	
22	华东地区日伪关系研究（1937—1945）	张生等著	
23	江海奔腾.第三辑：南通抗日战争史料选辑	中共南通市委党史资料征集研究委员会办公室编	
24	黄海潮：射阳县新坍乡人民群众革命斗争英雄事迹	王树香，成筱白，周政平主编；中共射阳县新坍乡委员会，射阳县新坍乡人民政府编	
25	永城抗日烽火：纪念抗日战争胜利四十周年	中共永城县委党史办公室编	中共永城县委党史办公室
26	水乡群英：射阳县四明镇人民群众革命斗争英雄事迹	王树香等编；中共射阳县四明镇委员会，射阳县四明镇人民政府编	
27	敌后抗战中的青年：晋察冀三专区人民抗日斗争史料选编	陈继祖编	

序号	书 名	作 者	出版者
28	古城外的斗争	冀中人民抗日斗争史九分区编委会，中共保定地委党史征编办公室编	
29	沦陷时期的天津	中国人民政治协商会议天津市委员会文史资料研究委员会编	
30	平西人民抗日斗争史资料.一：初稿	中国人民解放军河北军区战史编辑室编	晋察冀人民抗日斗争史编辑部
31	血与火的记忆：天津市和平区人民抗日斗争史话	中共和平区委宣传部，和平区地方志编委会办公室编	
32	虎头：二战的终结之地		
33	巍巍海坨山：平北人民抗日斗争纪实	平北抗日斗争史调研组编	平北抗日斗争史调研组
34	东莞抗日模范壮丁队	何瑛主编；广州地区东江纵队老战士联谊会编	广州地区东江纵队老战士联谊会
35	合肥地区抗日民族统一战线	萧克非主编；合肥市新四军历史研究会编	
36	日本军国主义祸皖罪行辑录	中共安徽省委党史研究室编	
37	回忆冀中十分区抗日斗争	中共廊坊地委党史资料征编办公室编	
38	芦岭抗日史话	芦岭抗日史话编写组编	
39	合肥地区抗日民族统一战线	萧克非主编；合肥市新四军历史研究会编	
40	侵华日军在兴安盟罪行录	图们吉日格拉主编；中共兴安盟委党史办公室编	中共兴安盟委党史办公室
41	金萧第八大队抗日史话	吴子刚著；浙江省新四军历史研究会金萧分会编	
42	重庆大轰炸档案文献史料丛书.第一编第一卷：档案人员伤亡	周勇主编；《重庆大轰炸档案文献史料丛书》编委会编；陆大钺主编	

续表

序号	书　名	作　者	出版者
43	红军在桐庐：纪念中国工农红军长征胜利 70 周年	中共桐庐县委宣传部，中共桐庐县委党史研究室，桐庐县新四军研究会编	
44	东北抗日联军第三路军第三、九支队在呼伦贝尔盟打击日寇开展革命游击活动的调查报告	呼盟党委党史资料征集办公室，呼盟党委革命史编审办公室编	
45	华中抗日斗争回忆．第二辑	上海新四军和华中抗日根据地研究会编	
46	东北抗日斗争史论丛．第二辑	吉林省社会科学院东北史研究所编	东北史研究所
47	南通革命史料选辑．第二辑：抗战时期史料专辑	中共南通县委党史办公室编	
48	华中抗日斗争回忆．第七辑：纪念"七·七"抗日战争五十周年专辑	上海市新四军暨华中抗日根据地历史研究会编	
49	战斗在绥东	张宇主编；内蒙古党委党史研究室编	内蒙古党委党史研究室
50	华中抗日斗争回忆．第一辑	新四军和华中抗日根据地研究会上海分会编	
51	华中抗日斗争回忆．第三辑	上海市新四军暨华中抗日根据地历史研究会编	
52	华中抗日斗争回忆．第四辑	上海市新四军暨华中抗日根据地历史研究会编	
53	华中抗日斗争回忆．第八辑：纪念"七·七"抗日战争五十周年暨三届年念征文选载专辑	上海市新四军暨华中抗日根据地历史研究会编	
54	红军长征过富源：纪念红军长征过富源五十周年专辑（1935—1985）	中共富源县委党史资料征集小组编	中共富源县委党史资料征集小组
55	大西南的抗日救亡运动	孟广涵主编；中国人民政治协商会议西南地区文史资料协作会议编	

续表

序号	书　　名	作　　者	出版者
56	台湾少数民族抗日史实图片集	梁国扬主编；中华全国台湾同胞联谊会，台湾原住民出版社合编	中华全国台湾同胞联谊会
57	河北省平山县田兴村抗日斗争史	中共平山县田兴村支部编	中共平山县田兴村支部
58	扬州革命史料选：纪念抗日战争胜利四十周年专辑（1945—1985.第三、四合辑）	中共扬州市委党史办公室编	
59	半塔保卫战	王仕广主编；中共安徽省来安县委党史资料征集领导小组办公室编	
60	上冈英雄儿女：上冈镇人民群众革命斗争英雄事迹	王创，薛继荣，夏咸群主编；中共建湖县上冈镇委员会，建湖县上冈镇人民政府编	
61	抗战期间南通县中	邵铁真主编；中共南通县委党史办公室编	
62	华支简史：一九四二年五月—一九四五年九月 =WHA-CHI a briefhistory：May，1942–September，1945	华支资料室编	菲律宾华支退伍军人总会
63	皖江的抗日烽火 . 第一集	新四军七师史料编写室，皖江解放区史料编写室编	
64	抗日战争时期梓潼地下党史略	中共梓潼县委党史工作委员会办公室编	中共梓潼县委党史工作委员会办公室
65	抗日战争时期中共北平地下党斗争史料	中共北京市委党史研究室编	
66	冀热辽人民抗日斗争史	冀热辽人民抗日斗争史研究会编辑室选编	中共承德地委党史资料征集办公室
67	察右中旗党史资料：抗日斗争史料专辑	中共察右中旗委员会党史资料征研办公室编	
68	老岭风云 . 第一辑	青龙县革命斗争史编审委员会编	

续表

序号	书　　　名	作　　　者	出版者
69	安陆革命史资料选编：抗日时期	中共安陆县委党史资料征集办公室编	
70	定州风云	定州市关心下一代工作委员会编	
71	江洲烽火：扬中革命史料选（抗战专辑）	中共扬中县委党史办公室编	
72	镇江革命史料选.第六、七辑：纪念抗日战争胜利四十周年特辑	中共镇江市委党史资料征集研究委员会办公室，镇江市档案馆编	
73	抗日烽火燃江宁	王瑞林主编；中共南京市江宁区委党史工作办公室，南京市江宁区新四军研究会，南京市江宁区革命老区贫困地区经济开发促进会编	
74	睢宁史料.第三期：纪念抗日战争胜利四十周年专辑	中共睢宁县委宣传部，中共睢宁县委党史办公室编	
75	中江烽火	中共芜湖市委党史资料征集小组编	
76	浴血齐鲁：八路军山东抗战图片集	张洪岩主编	济南军区政治部
77	华中抗日斗争回忆.第二辑	上海新四军和华中抗日根据地研究会编	
78	东北抗日斗争史论丛.第二辑	吉林省社会科学院东北史研究所编	东北史研究所
79	南通革命史料选辑.第二辑：抗战时期史料专辑	中共南通县委党史办公室编	
80	日寇罪行在丰台	叶玉霞主编；中共丰台区委党史资料征集办公室编	
81	血泪鉴证：滨州市抗日战争时期人口伤亡和财产损失课题调研资料汇编	李文进主编；中共滨州市委党史研究室编	

续表

序号	书 名	作 者	出版者
82	浴血的岁月：东北抗联史料之照片选	本溪市政协学习宣传和文史委员会，中共本溪满族自治县委宣传部，东北抗联史实陈列馆编	本溪市政协学习宣传和文史委员会，中共本溪满族自治县委宣传部，东北抗联史实陈列馆
83	辽西抗日义勇军	王胤哲，杨耀顺，王胜玉主编；中共锦州市委党史研究室编	中共锦州市委党史研究室
84	华中抗日斗争回忆.第五辑：纪念抗日战争胜利四十周年专辑	上海市新四军暨华中抗日根据地历史研究会编	
85	华中抗日斗争回忆.第六辑：纪念抗日战争胜利四十周年专辑之二	上海市新四军暨华中抗日根据地历史研究会编	
86	嘉定抗日　解放战争时期资料汇编	朱德兴主编；中共上海市嘉定区委党史研究会编	
87	高邮抗日斗争	中共高邮县委党史办公室编	
88	苏南东路地区抗日斗争大事记：1937.7—1945.8（初稿）	中共江苏省委党史资料征集委员会，中共苏州市委党史资料征集小组编	
89	东北抗日斗争论文集：辽宁省东北抗日联军史暨战史研究会1994年优秀论文选	高树桥主编	
90	东北抗日斗争史论集.第一集	辽宁省党史编委会编	辽宁省党史编委会
91	东北抗日斗争史论集.第二集	辽宁省党史编委会编	辽宁省党史编委会
92	红军长征过冕宁	魏志强主编	冕宁县红军长征纪念馆
93	红军长征在赤水	何世灿主编；中共赤水市委宣传部编	
94	福建事变前后我党对十九路军的影响与工作：专题综合报告（附件一）	中共福州市委党史资料征集研究委员会编	
95	中国农工民主党与"福建事变"史料研究汇编	中国农工民主党中央研究室编	

续表

序号	书　名	作　者	出版者
96	血战朱家岗：纪念朱家岗战斗胜利四十周年专辑	中共江苏省泗洪县委党史资料征集办公室编	
97	绍兴抗战	赵玲华主编；中共绍兴市委党史研究室编	
98	滨海革命史料．第三辑：纪念抗日战争胜利四十周年专辑	中共滨海县委党史资料征集研究办公室编	
99	路南的抗日民主运动：云大附中在路南与倒许运动文集	侯兴福，李卫萍主编；中共石林彝族自治县委党史研究室编	
100	华中苏皖革命根据地教育史：1938—1949	邵舜琴主编；江苏省教育科学研究所老解放区教育史编写组编	江苏省教育科学研究所老解放区教育史编写组
101	华中苏皖革命根据地教育大事记：1938—1949	邵舜琴主编；老解放区教育史编写组江苏省教育科学研究所编	
102	沦陷时期广州人民的抗日斗争：党史资料选编	中共广州市委党史资料征集研究委员会办公室编	
103	南粤抗战丰碑：广东省纪念抗日战争胜利60周年	中共广东省委宣传部，中共广东省委党史研究室，广东省档案馆编	
104	长庚之光：恩阳台（边）武工队战斗历程	马文活等编；中共阳东县委党史研究室，阳东县老干部关心下一代协会编	
105	冀中八分区抗日斗争史资料选编	冀中人民抗日斗争史资料研究会八分区组，中共沧州地委党史资料征集编审委员会编	
106	凤城抗日风云录	尹祖乙主编	凤城：中共凤城满族自治县委党史办公室
107	临江抗日风采档案史料：一九二七年临江官民拒日设领斗争	辽宁省档案馆，吉林省浑江市政协文史资料研究委员会编	

序号	书　名	作　者	出版者
108	浑太两岸的抗日烽火	中共本溪市委党史资料征集办公室编	
109	东纵在袁屋边：东莞袁屋边抗日斗争史料	赖日昌主编；中共东莞市委党史研究室，中共篁村袁屋边支部编	广东党史资料丛刊编辑部
110	安徽省动委会简史：1938.2—1942.7	蒋二明，陈忠贞，田维胜编写；六安市新四军历史研究会，中共六安市委党史研究室编	
111	蒙山抗日风云录	刘海寿主编；广西蒙山县史志办公室编	广西蒙山县史志办公室
112	普宁武工队史	王宋斌主编；中共普宁县委党史研究室编	
113	怒吼吧！辽河：昌图人民抗日斗争专辑	孟凡荣主编	昌图县史志办公室：党史编研部
114	新四军在皖南：1938—1941	安徽省档案馆，安徽省博物馆，新四军军部旧址纪念馆编	
115	前事不忘：连云港市纪念抗日战争胜利 50 周年专辑	许燕鎏主编；中共连云港市委党史工作委员会编	
116	泰西武装起义	中共泰安市委党史资料征集研究委员会编	
117	盐城革命斗争史：抗战时期（征求意见稿）	中共盐城市委党史办［编］	
118	仁安羌解围战考	卢洁峰著	
119	牺盟会决死队简史：征求意见稿	《牺盟会决死队简史》编写组编	
120	东北义勇军进行曲	齐国荣，王丽华编著	
121	红军在平昌 . 第一辑	平昌县县志编纂委员会办公室编	

续表

序号	书 名	作 者	出版者
122	红军在贵州资料汇辑.第一辑	薛光，吴业君主编	中共贵州省委党史办《红军在贵州资料编研组》
123	红军在贵州资料汇辑.第二辑	薛光，吴业君主编	中共贵州省委党史办《红军在贵州资料编研组》
124	红军长征在徽县	杨继奎主编	中共徽县委党史资料征集办公室
125	长征路上的冕宁.第四集	古荣华，肖雅兰主编；中共冕宁县委组织部，中共冕宁县委老干部局，冕宁县长征文学会编	
126	松山抗战历史文化资源普查资料汇编	杜春强，左光虎主编；中共龙陵县委，龙陵县人民政府编	
127	冀中人民抗日斗争资料：合订本四（16—20集）	冀中人民抗日斗争史资料研究会办公室编	
128	冀中人民抗日斗争资料：合订本八（36—40集）	冀中人民抗日斗争史资料研究会办公室编	
129	冀中人民抗日斗争资料：合订本九（41—45集）	冀中人民抗日斗争史资料研究会办公室编	
130	冀中人民抗日斗争资料：合订本十（46—50集）	冀中人民抗日斗争史资料研究会办公室编	
131	抗日烽火燃平山	魏龙江等主编	政协河北省平山县文史资料编委会
132	合肥地区抗日民主政权建设	储祥林，肖健，王潮浦主编；合肥市新四军历史研究会编	
133	地重千秋：抗日时期的怀化	麻少军主编；政协怀化市委员会编	

续表

序号	书　名	作　者	出版者
134	新升隆轮遇难五十周年纪念专辑	新华日报群众周刊史学会武汉分会，政协嘉鱼县文史资料委员会，中共洪湖市燕窝镇委员会编	
135	山东抗日战争大事记——山东抗战编年录（征求意见稿）	中共山东省委党史研究室本书编写组编	

附录 3：军工类抗日文献目录

序号	书　名	作　者	出版者
1	胶东军工史料：1938—1949	《胶东军工史料》编辑委员会编	编者刊
2	华北解放区军工史料	吴东才，张义和主编	中国兵器工业历史资料编审委员会
3	冀鲁豫根据地军工史料	杨俊杰主编	中国兵器工业历史资料编审委员会
4	东北解放区军工史料	袁凤歧主编	中国兵器工业历史资料编审委员会
5	新四军军工史料	王统仪主编	中国兵器工业历史资料编审委员会
6	冀鲁豫边区军工史料汇集	兵工史征集委员会冀鲁豫编辑组编	
7	冀鲁豫边区军工史料丛书（3册）	兵工史征集委员会冀鲁豫编辑组编	
8	新四军军工史料.第一辑	上海市新四军历史研究会军工组，上海第二医科大学中共党史教研组，上海第二医科大学德育教研组编	

附录 4：纪念性会议文集目录

序号	书　名	作　者	出版者
1	滇缅抗战胜利 60 周年纪念文集 =The 60th anniversary collected works of the victory of the west Yunnan burmese resistance against Japanese aggression war	黄玉峰主编；云南省保山市人民政府新闻办公室编	

续表

序号	书　　名	作　　者	出版者
2	纪念抗日战争胜利四十周年学术讨论会论文集	湖南省中共党史学会，湖南省高等学校马列主义教学研究会党史分会编	
3	燕江潮声：永安纪念抗战胜利五十周年研讨文集	中共永安市委精神文明建设领导小组，中共永安市委宣传部编	中共永安市委精神文明建设领导小组，中共永安市委宣传部
4	纪念红军长征胜利四十周年专辑	人民军队报社编	人民军队报社
5	纪念中国人民抗日战争暨世界反法西斯战争胜利60周年学术研讨会文集（上、中、下卷）	中国社会科学院近代史研究所编	社会科学文献出版社
6	烽火岁月：纪念抗日战争胜利50周年	张学新，王昌定主编	天津市解放区文学研究会
7	抗战纪事：上海市离休干部纪念抗日战争胜利50周年征文集	中共上海市委老干部局编	
8	重庆大轰炸暨日军侵华暴行国际学术讨论会论文选 =International conference on Chongqing bombings as well as the war atrocity in China international academic proceminar symposium	西南大学编	

附录5：其他抗日文献目录

序号	书　　名	作　　者	出版者
1	纪念遵义会议六十周年	李仁义主编	遵义图片新闻报
2	长征从这里出发	吴登洲主编；中共宁化县委党史研究室编	

序号	书　　名	作　　者	出版者
3	长征新记	（美）哈里森·索尔兹伯里著；新华通讯社参考材料编辑部译编	
4	抗日民族解放战争中的文化运动（中国篇）——反法西斯抵抗运动中的文化运动	文暧根编译	
5	抗日战争之歌	李秀登著；万州区关心下一代工作委员会，万州区革命传统教育协会，重庆市三峡诗社编	
6	铁旅征程	中共湛江市委党史研究室编	
7	华东地区日伪关系研究（1937—1945）	张生等主编	
8	百字心语话长征	郝泽宏主编	共青团北京市委教育工委市教委机关委员会
9	抗日时期革命文化史料选编	唐健民主编	安徽省文化厅革命文化史料征编室
10	抗日战争大事集	郭加复，洪荣华，武克全主编	上海社联
11	战动总会文献资料回忆录	中共山西省委党史研究室编	
12	细菌战受害与赔偿诉讼	翁本忠编著	义乌市崇山细菌战遗址馆
13	日军暴行录	古鸿飞，刘焕成主编；中共雁北地委党史研究室编	
14	日本侵华简史：不能忘却的七十一年	段家成编著	
15	回忆冀中十分区抗日斗争	中共廊坊地委党史资料征编办公室编	

续表

序号	书　名	作　者	出版者
16	日本军国主义祸皖罪行辑录	中共安徽省委党史研究室编	
17	抗战与侵略	李时森著	青白书社
18	松山抗战历史文化资源普查资料汇编	杜春强，左光虎主编；中共龙陵县委，龙陵县人民政府编	
19	新四军军工史料	王统仪主编	中国兵器工业历史资料编审委员会
20	光辉的篇章：红军长征纪念碑落成献礼	《光辉的篇章》编辑委员会编	《光辉的篇章》编辑委员会
21	红军长征研究论集	中共四川省委省级机关党校党史党建教研室编	中共四川省委省级机关党校党史党建教研室编
22	牺盟会决死队简史：征求意见稿	《牺盟会决死队简史》编写组编	
23	罗泾祭：侵华日军暴行实录	朱达，顾维安主编	中共宝山区罗泾镇委员会，宝山区政协学习文史委员会，宝山区史志办公室
24	难忘的皖南事变：纪念皖南事变六十周年	张铚秀编	北京新四军暨华中抗日根据地研究会
25	永志难忘的一页	原东江纵队港九独立大队老游击战士联谊会编辑组编	
26	王震：三五九旅平山团	李树杰编著	
27	抗日战争与中日关系论集	徐勇主编	
28	红色的记忆：塞北抗日战争人物志事	王彪编著	塞北革命纪念馆
29	侵华日军在临汾的暴行	张国富，霍文锋编著	临汾市三晋文化研究会
30	稷山县抗日斗争纪实	中共稷山县委党史研究室编	
31	抗日战争中的二一二旅	原212、213旅老战士联谊室编	

参考文献

［1］伊里奥·罗斯福.《罗斯福见闻秘录》［M］.上海：新群出版社，1951.

［2］周勇.抗日战争研究视角、方法与途径的探讨——以大后方研究为例［J］.抗日战争研究，2012（3）：143-150.

［3］张秀明.从"大抗战史观"看华侨与抗日战争研究——基于《抗日战争研究》杂志的思考［J］.华侨华人历史研究，2015（3）：39-43.

［4］王熹."史料与视角：抗日战争史研究的传统与创新"学术研讨会综述［J］.抗日战争研究，2016（4）：151-156.

［5］陈谦平.抗日战争研究的新史料与新视角［J］.抗日战争研究，2016（2）：25-28.

作者简介

孙凤玲　国家图书馆中文采编部研究馆员

吉林大学图书馆珍藏民国名人家谱叙录六则

朱永惠　王丽华

摘　要：家谱是一个家族成员联系的纽带，是同宗族认祖归宗的依据，记载着家族姓氏起源、迁徙、繁衍发展、族规、家规、辈分字号、族人身份事迹等内容。如今家谱文献已经成为中国历史文化遗产中珍贵的佐史材料，是我们研究家族史、社会史、宗族文化、人口学等珍贵的文献。笔者在工作中发现吉林大学图书馆收藏十余种民国名人家谱，本文特将其中六位名人家谱进行考证，撰写成叙录，以嘉惠学林。

关键词：吉林大学图书馆　珍藏　名人家谱　叙录

国之有史，地之有志，家之有谱。家谱就是一个家族的历史书，记载着家族的起源、发展历史、成员身份事迹等与家族相关的各种内容。今逢盛世，多有修家谱，现在越来越多人利用家谱。为了摸清吉林省公藏家谱的实际收藏情况，笔者在完成吉林省文化厅 2012 年图书馆学、情报与文献学科研项目《吉林省公藏家谱文献调查分析研究》①时，为课题需要，首先调查了吉林大学图书馆家谱收藏家底、庋藏脉络及特点，发现本馆珍藏十余种民国名人家谱，如：王占元、徐鼐霖、章炳麟等，下文拟将其中六位名人家谱叙录于下，为广大读者寻根问祖提供参考。

1. [河北馆陶] 王氏宗谱六卷。王占元纂修，民国九年（1920）三槐堂湖北武昌铅印暨石印本，六册。卷一至二版式不一，卷三至六部分每半叶十二行三十字，白口，单黑鱼尾。卷首载总目，卷一载：民国九年（1920）徐世昌序、

---

① 吉林省文化厅 2012 年图书馆学、情报与文献学科研项目《吉林省公藏家谱文献调查分析研究》，项目号 WK2012C087。

段祺瑞序、靳云鹏序、张广建序、杨增新序、李厚基序、张作霖序,民国八年(1919)龚心湛序、曹锟序、李纯序、阎锡山序、齐耀琳序、吕调元序、何佩瑢序,民国九年(1920)卢永祥题词、永祥题再题词、永祥题三题词、熊宾序略、诰命、谕旨、策命、勋章、匾额、外洋、勋章、勋位;卷二载:凡例、家规、制派说、世系图、世系考、家传、金石录、孝义录、贞节录、时祭礼义录并序、墓祭礼义录并序、家祠对联、跋语;卷三载:议条;卷四载:函牍、文告;卷五载:艺文(训俗篇附);卷六载:寿文、寿诗。王占元即出此族。

王占元(1861—1934)原名德贤,字子春,山东省馆陶县(今属河北省邯郸市)南馆陶镇人。

早年曾流落邯郸当店员,后入淮军,进天津武备学堂,曾参加中日甲午战争。1895年任新建陆军右翼工程营队官。1902年后,历任北洋军管带、统带、统领等职。1911年武昌起义爆发,率军随冯国璋南下与民军作战,升第二镇统制。1913年,参与镇压"二次革命",升湖北护军使军务帮办。1916年,任湖北督军兼省长,为直系的"长江三督"之一。1920年,任两湖巡阅使兼湖北督军。次年,被吴佩孚联合湘军驱逐。1926年,任孙传芳的训练总监。北洋军阀垮台后,逃入天津租界,经营实业。1934年,病死天津,归葬馆陶。

据《[河北馆陶]王氏宗谱》,王占元家族迁始祖为成祥,此谱载:"一世,始祖成祥,字正履,前清咸丰初年发逆屠冠县族人,逃避。旧谱遗失,无从考证,仅从正履公叙起。"先祖原籍山西洪洞,后迁山东省聊城市冠县,历数世至成祥再迁馆陶县。此谱仅载占元上四代、下一代。其父兴仁(1818—1876),字寿祺,以子占元官诰赠振威将军,配胡氏,生三子,即:占魁、占梅、占元;占魁(1854—1908)字胪一,名德绶,貤封振威将军,配陈氏,生一子,即:泽沛;占梅,字香阁,原名德荣,早逝;占元(1861—1934)谱下小传1200余字,记事从1879年至1920年,配幺氏、侧室乔氏,生三子,即:泽宽、泽厚、泽均。

《中国家谱总目》著录,国内另有中国人民大学图书馆、天津历史博物馆、华东师范大学图书馆三家单位收藏。因占元此小传未见其他资料有载,具有一定的史料价值。

2.[天津]续修徐氏家谱三卷。徐世昌纂修,民国七年(1918)寿岂堂铅印本,三册。每半叶十行二十五字,白口,单黑鱼尾。卷一载:族谱原叙、初次续修家谱叙、凡例、敕诰、宗图(待印)、恩赉记、家训、茔图;卷二载:世系表；卷三载：事实、列传、行述、墓志、墓表、书后、志记；卷末附徐世昌清光绪三十四年（1908）和此次修谱跋。徐世昌即出此族。

徐世昌（1855—1939），字卜五，号菊人，又号弢斋、东海、涛斋，晚号水竹村人、石门山人、东海居士，直隶（今河北）天津人。清光绪十二年（1886）丙戌科第二甲第五十五名进士，1918年当选民国大总统。他"偃武修文"，下令对南方停战，次年召开"议和会议"。1922年6月通电辞职，退隐天津租界以书画自娱。辞掉总统职务后，多次拒绝日本人的劝诱，不供伪职。徐世昌著述甚多，有《退耕堂政书》《大清畿辅先哲传》《归云楼题画诗》《东三省政略》《明清八家文钞》等。

据《[天津]续修徐氏家谱》记载，徐氏世居浙江鄞县绕湖桥，明末徐钟麟迁居顺天大兴县，孙学渊（字源长）于清初始居天津县城内，是为天津徐氏始迁之祖。徐世昌为徐钟麟十世孙，祖上世代业儒，曾祖廉锷（1796—1837），为清道光丙申科进士。祖父思穆（1819—1864）、父亲嘉贤（1837—1861）也曾做过几任小官。传至徐世昌，才给这个家族带来了史无前例的辉煌和荣耀。徐世昌本人素有学养，曾被人冠以"翰林总统""文治总统"。在家谱中，徐世昌编写了大量的晚清族人的传记，内容丰富，文采颇佳，有一定的史料价值。又因此谱修于徐世昌任大总统期间，故无论是编纂、用纸、印刷、装帧，均为考究，堪称精品。

《清代民国名人家谱选刊》《清代民国名人家谱选刊续编》未收。《中国家谱总目》著录，国内另有国家图书馆、北京大学图书馆等九家单位收藏。

3. [吉林永吉] 徐氏宗谱四卷。徐鼐霖等纂修，民国十八年（1929）刻本，二册。每半叶十行二十五字，白口，单黑鱼尾。卷一载：民国十九年（1930）徐世昌序，光绪二十五年（1899）于荫霖序、周树模题，民国十八年（1929）曹秉章序、徐廷璇序、徐鼐霖序，凡例，徐氏得姓源流考，徐氏得姓先世记，徐氏宗谱考证（录梁谱系）；卷二载：谱图谱表；卷三载：世牒、墓图、恩荣；卷四载：家训、宗约、本族迁徙记、同宗异派记、家传、宗谱引义、祠宇、旧谱序、徐铸峦跋。徐鼐霖即出此族。

徐鼐霖（1865—1940），原名立塈，字敬宜，号镜岑，别号憨园，吉林永吉尚礼人。曾任黑龙江民政使司民政使，民国八年（1919）任吉林省长。他为官东北，竭智边防，勤政爱民。东北沦陷后，坚持不与伪政权合作，表现了高尚的民族气节。他精诗文、善书法，文化艺术成就很高，被誉为"吉林三杰"

之一。霈霖一生雅好经史，著述颇丰，流传有《憩园诗草》《筹边刍言》《吉林先哲祠题名记》《莅吉宣言》《祭澹堪文》等。

据《[吉林永吉]徐氏宗谱》记载，徐氏始祖伯仪明初由江苏昆山县迁山东黄县，隆庆间再迁山昌邑。始迁祖景和，清乾隆五十八年（1793）迁至吉林永吉。霈霖祖父存伦（1795—1869），字正宗，清封通奉大夫，晋光禄大夫；其父亲廷璇（1833—1893），字验修，童子试落榜后，改研究医学，成为名医，服务于乡里，并将程朱理学作为教受霈霖之读本，使霈霖从小就在良好的环境下成长，并品学兼优。清封廷璇通奉大夫，晋光禄大夫。霈霖子五：彭寿、荣寿、联寿、松寿、绵寿。

《清代民国名人家谱选刊》《清代民国名人家谱选刊续编》未收。《中国家谱总目》著录，国内另有国家图书馆、北京大学图书馆等七家单位收藏。

　　4.[浙江余杭]章氏家谱四卷续增一卷。章炳宇纂修，民国十四年（1925）刻本，四册。每半叶十行二十五字，白口，单黑鱼尾。卷首载像、像赞，卷一载：氏族志、录、序、官爵记、墓志铭、碑记、像赞、百代歌、源流志、说；卷二载：源流世系、前图世系、分派；卷三载：凡例、谱序、谱跋、碑文记、诰、勅、祠记、祠图、祠联、家乘支系、北支一图、北支二图、北支三图、东支一图、东支二图、东支三图、东支四图；卷四载：南支一图、南支二图、南支三图、重刻宗谱后序；续增载：图序、诰、传、事略、重刻家谱后序。章炳麟即出此族。

章炳麟（1868—1936），字梅叔，号太炎，浙江余杭人。清末民初民主主义革命家、思想家、朴学大师。炳麟与蔡元培等合作发起光复会，后参加同盟会并主编同盟会机关报《民报》，并任孙中山总统府枢密顾问等职，知名弟子有黄侃、钱玄同、吴承仕、鲁迅等。著述甚丰，有《章氏丛书》《章太炎年谱长编》《章太炎医论》等。

据《[浙江余杭]章氏家谱》记载，1868年11月30日章炳麟出生于浙江杭州府余杭县东乡离城约十里的仓前镇一个世代书香之家，初名学乘，后改名炳麟，字梅叔，号太炎。章炳麟为南支之三第十六世炳字辈，谱名既为章炳麟。其祖父名鉴（1801—1863），字聿昭，号晓湖，妻黄氏，继妻孙氏，生四子，为濬、泗、湛、㳎，长子濬，是章炳麟的父亲。濬，少时师从项达学习经算，后入县学为附学生，援例得国子监生。章炳麟撰其祖父《行状》中说："性廉靖，不欲仕宦。自受学项先生，识诸耆旧，知百家学术。有奇羡辄以购书，蓄宋元明旧椠本至五千卷。日督子弟讲通……"其父潴（1825—1890），字子伦，号轮香，为县学秀才，饱学并兼精医术，多行善事义举。曾任杭州诂经精舍监院、河南按察使、余杭县县学训导等职。生三子，为炳森、炳业、炳麟。炳麟有二子，为夷吾、仲连。此氏家谱记载章太炎的祖先名人辈出，章本中是修职郎（正八品）；章之权、章德烜是奉政大夫（正五品）；章均先是敕授修职郎（正八品），后来敕封征仕郎（从七品）；章鉴、章潴都是奉政大夫（正五品）。章家虽然少有人做官，但通过封赠制度，多有文职封赠之阶在身，财富累积之余，世代书香相继，才出现了一代宗师——章太炎先生。

《清代民国名人家谱选刊》《清代民国名人家谱选刊续编》未收。《中国家谱总目》著录，仅吉林大学图书馆一家收藏。此谱为海内外稀见本，所载章炳麟家族的源流传承，是后人研究章太炎先生家世最为直接与重要的资料。

5.［河北永年］李氏支谱二卷。李士伟纂修，民国十一年（1922）刻本，一册。卷一序每半叶八行二十一字，卷二版式不一，白口，单黑鱼尾。卷一载：民国七年（1918）李宝樟序、民国八年（1919）李宝森序、民国十年（1921）李士伟序、谱例、字派、坟茔图、世系图；卷二载：世系表。李士伟即出此族。

李士伟（1883—1927），字伯芝，河北永年人。民国政要。李士伟早年接受传统教育，1901年赴日本留学，日本早稻田大学毕业。清末曾任北洋师范学堂监督、山西井陉矿务局总办。民国成立后，历任财政部顾问、农商部矿政顾问、中国银行总裁、中日实业公司总裁、靳云鹏内阁财政总长等。1927年1月在上海病逝。

据《［河北永年］李氏支谱》记载，始迁祖李参于明永乐年间由山西泽州迁入永年西杨庄村，后又迁到永年县东街，本支祖（四世）李纯，明代人。士伟，1883年10月14日生于直隶广平府城内东街（今邯郸市广府古城李家大院）。李家为广府古城三大名门之一，祖辈世代书香，近代曾出过两名进士、两名二品官、两名三品官。其祖父名审言（1829—1891），字寀田。清同治间曾与其兄李吉言在江西剿匪，克复袁州，知府选用。同治八年（1869）调防汛有功，遂在海宁监修潮神庙，官至二品大员。其伯祖父吉言（1819—1879），字永贞，号蔼堂。道光三十年（1850）科会魁进士，三品衔补用道，历任江西上高县知县、万载县知县、高安县知县、广昌县知县等，福建建宁府知府。其父亲宝权（1851—1900），字艺农。由军功选保蓝翎知州衔江西补用知县，历充玉山厘金总局、上饶厘金总局等。士伟，配孙氏，安徽寿州人，分省补用道江西临江府知府孙传楣①之女。生一子，增藩。此谱李氏家族名人众多，并与民国许多名人有着千丝万缕的联系，颇具文献参考价值。又因此谱修于李士伟任财政总长期间，故此谱编纂、用纸、印刷、装帧，均为考究，堪称精品。

《清代民国名人家谱选刊续编》收录。《中国家谱总目》著录，国内另仅有中国科学院国书馆、甘肃图书馆二家单位收藏。

6.［山西崞县］徐氏族谱不分卷。徐永昌纂修，民国三十六年（1947）石印本，一册。珂罗版，版式不一，白口。书名为王宠惠题，谱中收录 1937 年徐永昌自序外，另收录 1947 年当代名人之谱序多篇，包括吴敬恒、陈含光、阎锡山、王震川、李宗仁等，此谱内载墓图、碑刻、世系等。徐永昌即出此族。

徐永昌（1887—1959），字次宸，山西崞县人。民国时期著名军事家，国民革命军陆军一级上将，中原大战晋绥军的总指挥、抗战时期的军委会四巨头之一，代表中国政府于密苏里号军舰上接受日本政府投降。嗣任陆军大学校长、国防部长，1959 年病逝于台湾。著有《求己斋日记》《徐永昌日记》。

据《［山西崞县］徐氏族谱》记载，永昌从民国十八年（1929）春起，到1959 年在台逝世，三十年中一直挂怀于修谱。始迁祖天才，明天启、崇祯间由山西代县迁居崞县。至永昌代为第十一世，祖父万盛，父亲庆，永昌生元章、元德。此谱收录当代名人之谱序多篇，颇具学术研究与文献参考价值。

《清代民国名人家谱选刊续编》收录。《中国家谱总目》著录，国内另有国家图书馆、北京大学图书馆等九家单位收藏。

在中华民国三十七年的历史进程中，发生了一系列的重大历史事变，因而造就出众多历史人物。今天对于民国名人家谱的追溯，对中国近现代史研究具有极其重要的意义。

作者简介

朱永惠　吉林大学图书馆研究馆员

王丽华　吉林大学图书馆研究馆员

---

① 孙传楣（1852—1923），字穉筠，光绪辛卯年（1891）举人，是寿州孙氏在清末民初之时的重要人物，有着显赫的身份和极高的威望。他的父亲孙家铎，进士，历任知县、同知、知府等职务；五叔孙家鼐是光绪帝师，权倾一时，名满天下；他二哥孙传樾是李瀚章的女婿，李瀚章曾任两广总督，是李鸿章的大哥；他的侄子孙多鑫、孙多森是中国民族工商业的创始人之一。

西南交通大学图书馆藏民国文献的初步整理与研究思考 [①]

摘　要：民国文献的调查、整理、研究以及保护、传播、利用等一系列工作，愈发受到图书馆学界的关注和重视，高校图书馆的探索与实践丰富多彩。西南交通大学图书馆创设于晚清，馆藏民国文献种类丰富，具有鲜明特色。本文立足文献普查，借助档案及校史史料，对文献整理研究厘清思路，基于多种视角确定研究方向与路径，力求全方位、多层次摄取数据信息，发掘和揭示文献的综合价值。

关键词：民国文献　交大图书馆　整理　研究　价值

1　引言

近十年来，对民国文献的调查、整理、研究以及保护、传播、利用等一系列工作，愈发受到图书馆学界的关注和重视，各方面成果渐次展现。特别是自2012 年国家图书馆牵头推动的"民国时期文献保护计划"实施以后，不管是各级公共图书馆，还是各地高校图书馆，对民国文献的关注提升到了一个新的高度，调查整理工作取得了阶段性的显著成果。其标志是：汇聚了国家图书馆、上海图书馆、重庆图书馆、南京图书馆等 14 家图书馆的民国时期书目数据近

---

① 该文为四川省重点社科研究基地——四川学术成果分析应用中心项目"西南交通大学图书馆馆藏民国图书文献的调查、特色及对学科教育活动的影响研究"（编号为 SCAA17-015）的阶段性成果之一。

30万条（截至2016年11月）[1]在国家图书馆在线平台发布，可供公众检索相关信息；上海师范大学[2]、河南大学[3]、清华大学[4]、复旦大学[5]、北京师范大学[6]、福建师范大学[7]、武汉大学[8]、辽宁师范大学[9]、南京艺术学院[10]等高校图书馆，围绕民国文献馆藏开展了形式多样的整理研究和开发利用工作，进行了可贵的探索，富有启发意义。可以预期，高校图书馆围绕民国文献所展开的工作将加速进行，探索与实践的路径将进一步拓宽，整理与研究工作将更加丰富和深化。

作为国内创校历史悠久、跨越三个世纪的西南交通大学，其前身为1896年清政府在天津、山海关设立的北洋铁路官学堂，庚子事变后于1905年移设唐山，1921年由民国北京政府交通总长叶恭绰合组上海、唐山、北京三地四所交通部所属院校成立统一的"交通大学"，后经几次分合形成如今海峡两岸的五所"交通大学"。西南交通大学即由唐山交大演变而来，距今已有近122年的历史，其图书馆的历史亦源远流长，几乎与学校的创办相随而生。据上海图书馆藏《盛宣怀档案》记载，清光绪二十三年（1897）学校就通过上海的普鲁华洋行（总部在英国伦敦），向国外购进价值银1000两的英文图书资料[11]，这是学校图书文献建设有据可查的最早记录。清末四位留美幼童唐绍仪（后出任中华民国首任国务总理）、梁如浩（后出任中华民国外交总长）、周长龄（后出任香港首位非官守议员、华人领袖）、方伯梁等在学校晚清创校时期先后担任学堂总办、监督，学习和引进西方工科大学的先进教育理念，对图书馆及体育活动特别关注，《铁路学堂试办章程》即规定"学生应用外洋书籍……应由洋教习开单，会商监督随时购备"。1907年颁布的《山海关内外路矿学堂章程》中专列"图书馆规则"14条、"阅报室规则"9条，对书籍管理、借阅、在馆阅读、借阅时间、场所管理、报刊订购及阅览等均做出详细规定，初步具备了近代图书馆的管理雏形。学校图书馆前辈围绕学校的教学教育活动，持续不断地进行图书期刊资料的订购收集，在文献建设上不遗余力，经年累月，积沙成塔，在民国时期即形成了以科学技术和工程学科为主要特色的馆藏文献。虽然学校历经18次更改校名，被动或主动地在天津、山海关、唐山、湘潭、平越、璧山、峨眉和成都等地办学，历经战争烽火辗转迁徙，但晚清民国时期所积累形成的文献，几乎是奇迹般地被保存了下来，这当中就包括1908年光绪帝御赐的《古今图书集成》全套。

当前，民国文献备受关注和重视，西南交通大学图书馆对馆藏民国文献自然倍加珍视。有两个因素促使在 2017 年正式启动对馆藏民国文献的调查、整理和研究工作。一是馆藏民国文献存放于学校九里校区图书馆（即茅以升图书馆）的多个书库，而该馆定于 2017 年下半年进行全面改造，需要移走全部藏书，民国文献等需要暂时封存，整理研究工作不能再缓；二是图书馆在文献建设部新设立了"特色资源建设"岗位，馆藏特色文献的整理研究与开发利用是其重点，且成功申报了四川省教育厅相关研究项目。从 2017 年 3 月开始，项目团队在文献搬移存放的过程中有针对性地挑选了 1400 余册中、英、日文文献，作为初步整理的样本。在近一年的工作中，发现了许多问题，引发了我们极大的热情，意欲深探究竟，寻求答案。有一些问题通过查阅档案、资料，破解了谜团，也有诸多问题至今无解，却也引发更加深入的思考。

2 对文献调查几个问题的看法与分析

在信息爆炸、知识更迭、电子数据库纷涌的大形势下，高校图书馆的近代文献多少显得有些"寂寞"，读者少有问津，专业人士、包括图书馆内部人士也未必清楚这部分馆藏"家底"。然而，历经百十余年的沉淀，早期文献实物无疑是高校图书馆重要且珍贵的特色馆藏。通过对文献的调查梳理，可以重新找回、准确把握学校创设与发展的初心与历程，为教育教学、学科研究的漫漫历史找到生动的注解，也为新时期高校的"双一流"建设提供镜鉴。因此，针对馆藏文献客观存在的可能问题，有必要加以厘清，从而筹划设计出相对科学、符合实际的文献调查方案。

对于民国文献的界定，学界一直关注，讨论不断，观点纷呈，但图书馆界探索实践的步伐并未停歇。其出发点在于，根据本馆馆藏实际，找出文献的内在逻辑，揭示文献对社会变革与文化发展的相互作用，探索性地、试验性地划定范围。结合已经开展的典型调查和后续进行的文献普查，提出思考问题的着眼点。

2.1 关于民国文献时间期限的界定

众所周知，民国是中国历史上一个确定的时期，即指 1912 年 1 月 1 日中华民国成立至 1949 年 10 月 1 日中华人民共和国成立时止，其时间跨度几近 38 年。从 1978 年肇始、1986 年陆续成书的《民国时期总书目》中凡例的表述至今影响深远，即"收录从 1911 年至 1949 年 9 月我国出版的中文图书；1911 年前印行、以后又连续出版的多卷本图书全部收录；未收录以下出版物：期刊、我国少数民族文字图书、外国驻华使馆等机构印行的图书和线装书"。《民国文献整理与研究发展报告》（2015）的序言也认为，民国文献的时限是指"1911 年辛亥革命后至 1949 年 9 月这一阶段"[12]。

即便如此，一些高校图书馆仍着眼实际，对 1911 年之前以及 1949 年之后的文献做了灵活处理，前后时限均做延展。我们认为这是合乎实际的，也是可取的。更重要的是，这样做具有内在的逻辑性。

清末洋务运动中的新学兴创顺应了时代的潮流，也是自意大利传教士利玛窦入华开始西方科学在中国的传播凡二百余年后，中国有识之士的理性选择。中国近代真正意义上的高等教育也是在甲午战败后自上而下的觉醒与推动中才得以诞生，直到二十世纪初通过新学制把现代科学知识体系全面引入，中国的学术体系遂逐渐与国际接轨。产生于清季的西学、科技图书文献，从内容到形式都与中国传统的书籍文献不同。从对西方科技的引进启蒙到燎原探求，再至中国人对现代科学技术的发现与贡献，这一过程一直延续，历经民国而至当下，仍绵延不绝。文献作为对科学探索、技术发明、工程活动乃至社会发展方方面面的记载与反映，贯穿始终，具有内在的逻辑性与连贯性。如果机械地将民国文献界定在政权更迭期内，将不可避免地带来一些问题，可能会人为地割裂文献之间的内在连贯性，无法在本质上确保民国文献的完整性，也势必对馆藏文献的调查整理工作造成不利的影响。因为政权更迭可以发生在一夜之间，而文献的创作与形成却有自身的节律与渊源流变。包括西南交通大学在内的一部分高校，创设于晚清，在当时就有西学文献的收藏积累。即便是民国时期创立的高校，也多方设法收集晚清时期的西学文献，它们与民国时期的教育、学术活动密不可分，一脉相承。正因如此，保留民国年代前后的延展弹性来调查整理文献，可以最大限度地全面反映学校的办学历史和文献形成历史，是比较符合高校图书馆实际的。

试举几例说明。西南交通大学图书馆藏《汽机中西名目表》，是江南机器制造总局于光绪十五年（1889）将其之前所有成书内已翻译的有关"蒸汽机"的名词集辑成书，其后有新出名目再行附加。蒸汽机带来的工业革命对世界影响深远，中国的学术界、教育界、产业界对科学名词的翻译厘定工作在民国时期一直未曾中断，像物理、化学、生物、土木、机械、水利等等，不一而足。

此书虽在清末，如果断然割裂，显然不能真实反映科学名词翻译、汰选的持续历程，更无法完整呈现翻译名词之数量及源流。

詹天佑主持修建的京张铁路是清末中国的标志性国家工程，在通车之前詹天佑安排专业摄影师进行拍摄，于 1909 年精心制作了《京张路工摄影》集，是十分珍贵的影像文献，国家图书馆、上海图书馆以及中国铁道博物馆均有原本。而詹天佑主持编写的《京张铁路工程纪略》（含附图）是在 1915 年出版的，国家图书馆以及西南交通大学图书馆均有藏。更难得的是，当年跟随詹天佑测量选线、负责第五工段的校友苏以昭，在该段工程完结之时便著有《京张路工一班录》，详细记载了第五工段的工程设计与建设情况，1910 年由商务印书馆代印，可以说是京张路工最早的工程文献之一。除西南交通大学图书馆外，也未见其他馆有藏，属于珍贵的京张铁路工程文献。如果《京张路工摄影》集、《京张路工一班录》不划入民国文献，只收录《京张铁路工程纪略》，显然是不合适的。

又如，中国科学图书仪器公司 1952 年出版的《钱塘江桥》一书，实际上是茅以升在钱塘江大桥修建期间为《科学画报》杂志撰写的八篇专稿集辑而成，从其内容及完成时间看均属地地道道的民国时期产物。它与茅以升 1933 年完成的《钱塘江建桥计划书》以及《钱塘江桥工程摄影·第一辑》《钱塘江桥工程摄影·第二辑》（西南交通大学图书馆均有藏且为茅以升题签赠送母校）一道，构成钱塘江大桥工程的基本文献。将 1952 年的《钱塘江桥》一书排斥在外，显然也是不恰当的。

这样的情况在馆藏文献中还不是个案，这也说明将民国文献的时限做前后宽展是十分有必要的，这样做对文献调查整理工作也是有利的。

2.2 关于民国文献语种与出版地的界定

这里讨论一种较为特别的情况，就是中国高校或其他图书馆从国外订购的西文书籍，或者外国机构、个人向中国高校捐赠、交换而来的书籍资料，它们不在中国出版，又是外文文献。有观点认为这些不属于民国文献，但从高校图书馆的历史及教育活动来考察，我们认为这种类型的文献应予以纳入，也必须纳入。理由是这些文献是中国高校某一历史阶段图书文献建设的重要内容，对个别高校而言可能还是某一阶段文献的主要来源。西南交通大学就属此类。

因为从 1896 年创校伊始，学校即聘用英美等国教师，以英语教学，笔记、作业也全部使用英文，学生的毕业论文 99% 以上也用英文写作。这一传统一直保持到 1949 年中华人民共和国成立之后方得以改变。学校最早从英国采购的就是英文专业资料，学校图书馆在晚清与民国初期的文献建设以英文文献为主，这类文献主要是外文教材、参考书、专业书籍和资料，是大学教学教育活动资源配置的必备要素，在民国时期对培养人才曾产生过重要的作用，也是与当时的教育模式、教学方式相适应的。因为在这一时期，中国的科学技术及工程建设事业尚属初级阶段，无法以母语中文形成丰富的原始性创新文献，翻译文献也不敷应用，而直接引进西方文献是最快捷的方式。但受西文书籍价格昂贵的限制，总体上引进购买的西文文献均是精挑细选之作，流变至今这类西文文献的价值是不言而喻的。事实上，据商务印书馆的统计，截至 1950 年 6 月止，商务印书馆共出科技书 2650 种，而据 1935 年生活书店编印的《全国总书目》，属于自然科学的图书 1275 种，技术知识图书 2808 种，总量均不大[13]。在 1902—1950 年商务印书馆出版物的分类统计中，科学技术书籍仅占全部出版物的 17.5%[14]。总体而言，科学技术类文献比较稀缺，引进的英文科技文献在中国近代大学培育人才过程中的作用更显珍贵和独特。虽然是国外的出版物，但能够流入中国必有其理由与机缘，更何况为国人所阅读利用，直接或间接地与中国社会发生着某种联系，甚至产生某种作用，被或多或少地烙上了中国印记。因此，从晚清西学引入中国始，至中华人民共和国成立前流入中国的西文文献也应进入民国文献调查整理的范畴。事实上，这类文献在西南交通大学图书馆藏民国文献中占有相当比例，待普查结束当会有一准确的占比数据。

2.3　馆藏民国文献调查的方法

基于上述对民国文献的理解，考虑到本馆馆藏民国文献的数量总量不是特别庞大，通过合理安排有能力对馆藏民国文献进行一次清点普查。不管这些文献先前有没有目录资料和计算机数据资料，都有必要进行一次再清点。

一个不可忽略的事实是，直接经手过民国文献的购进、初始编目的图书馆前辈们几乎都已离世，就某种意义而言，文献调查的"最佳时机"已经失去。以西南交通大学图书馆为例，1956 年前后，当时"老唐院"过来的前辈仍健在，对 1955 年底之前的中文科技图书，部分英文、俄文图书期刊（几乎都是 1950 年以后购进的）进行过一次清点，留下了部分目录资料。这当中就包括了很大一部分民国文献，这也是现在开展普查的基本参照资料。此后在二十世纪九十年代图书馆开始采用计算机书目系统时，曾将原有的书目卡片数据录入计算机系统，但仍然存在部分图书资料数据在系统中缺失的情况，甚至大部分民国时期的日文图书迄今仍未回溯。总体而言，存在书目卡片散佚、书目资料缺失、计算机数据不全等诸多问题。要想彻底弄清馆藏民国文献的"家底"，进行普查、逐本清点虽属迫不得已，然而却是十分必要的。相信对许多图书馆而言，这样的普查清点也是"最后一次"，因而必须精心组织，制订科学有效的普查方案，达到通过普查弄清"家底"、全面著录文献信息的目的。

由于是逐本清点，设计一份详尽的馆藏民国文献现状调查表是确保调查质量的关键。这份调查表既要满足后续全面书目数据著录所需（应不低于"民国时期文献保护计划"2013 年公布的《民国图书联合目录数据暂行标准》），还要对分级判断依据（如文献内容、稀有度、形态特征等）、文献受损情况、文献破损表现等进行描述和判断，从而为今后文献的保护修复提供依据。也可以说，这份调查表就是要为馆藏每一份民国文献建立"综合档案"，形成全面、详尽的基础信息库，并在此基础上展开包括目录整理、数字化整理、人文信息整理等各种形式的整理研究工作，从而最大限度地发掘馆藏民国文献的价值，并为学校的文化传承和学科教育活动提供历史养分和镜鉴。

3 对民国文献整理研究的思考

民国文献作为历史文献的重要组成部分，具有显著的文物价值和学术价值。在政治、经济、文化、军事、宗教等传统研究领域，以及科学技术史、工业史、工程史、医药史等学科史的研究中，发挥着越来越大的作用。对自身馆藏民国文献的整理研究，要结合学校的发展历史、学科教育活动的演变，基于图书文献学、历史学、教育学、文化学等多重视角，进行综合研究、达至多重目标。除了利用图书馆留存下来的相关资料外，还需要广泛参阅学校档案馆、校史馆的资料，以及关于高等教育史、学科史、科学技术史、人物传记等方面的资料。在人员构成上，也有必要吸收本图书馆以外的院系专业人员、学校校史专家等参加。

3.1 基于图书文献学的整理研究

通过查阅相关档案文献记录，对西南交通大学民国时期图书馆历史活动进行考察，甄别筛选确定民国时期不同阶段中外文文献的源流、种类和数量；重点了解图书期刊资料的购买、订阅、交换、赠送、流变等文献形成过程与方式，从微观视角还原和再现图书馆的运作管理，从而对书目数据著录提供依据。

图书文献是一种载体，它本身记载着诸多关于著者、出版者、出版地、出版时间、内容主题、纸张、印刷工艺等图书文献出版方面的信息，整理和记录这些信息相对而言并不太难，但需要做到细致、规范和完整。图书文献也是承载图书馆发展历史、蕴含前辈图书馆人才智、见证学生成长的"标本"，通过文献整理和研究，梳理和复现学校图书馆在民国阶段的活动，实证图书馆先辈在文献采访、收集、分类、排架、服务等诸多业务活动中的探索、思考和实践。当然，要完成这一任务困难不小，由于种种原因，有的问题恐怕短期内也无法全部解决。

3.1.1 解读分类编目方法，编纂馆藏中外文文献目录

馆藏民国文献的分类编目是关键问题之一，民国文献的书目信息需要阐释和解读。民国时期我国主要学习和引进美国杜威十进分类法，特别是在二十世纪二三十年代先后有 67 部分类法问世[15]，也有学者认为只有 20 余部分类法[16]在各图书馆使用，有的图书馆还同时或先后使用过多种不同的分类法。明确辨认馆藏文献的分类法、破解编目或排架方式是整理工作得以突破的关键。

由于多年不使用这些早先的分类法，手头也没有现存的馆藏文献分类的说明资料，我们只能从样本文献的目录号入手。比如，民国时期学校图书馆主任江秀炳在 1937 年前经手编制的中文书目号由两部分组成：分类号 / 英文字母 + 数字。抗战后编制的中文书目号中英文字母取消了。通过查阅大量相关文献并进行验证，可以初步确定中文书目采用了桂质柏分类法（缩写为 GZ）和江秀炳自创的分类法（缩写为 JZ），但这两种基本上都是仿杜威十进法的局部改进法。此外，尚须继续研究二者的使用范围划分或彼此关系等问题。

英文字母后面的数字，经研究验证实际上是杜定友所编著者号码，以此进行排架，而英文字母正是著者姓氏的韦式发音首字母。这样就初步弄清了中文文献的分类法和编目方式，随着普查工作的深入，最终将整理出 GZ 和 JZ 法

的书目分类表，进而完整编纂馆藏中文文献目录。

与那一时期仿杜威法中西文不设区分采用统一的分类方法不同，西南交大民国时期馆藏英文文献采用的是美国土木工程师学会工程图书馆分类法，简称 MX 法。这种分类法在我国有关文献分类的史料中尚无涉及，因此有必要从西方文献中寻找详细资料，这也是一个值得继续探究的课题。目前从馆藏英文文献的书目信息加以初步分析，MX 法在结构上也是一种与杜威十进法类似的分类法，将知识置于学科化、逻辑化等级体系中。它将 000 到 900 十个大类分配给主要的工程科目，如一般工程问题 000、土木工程 100、机械工程 200、电机工程 300、采矿工程 400、冶金工程 500、煤气工程 600、化学制造工艺 700、军事科学 800、其他类目 900 等等。书目号也由两部分组成：分类号 / 排架顺序号数字。对同一种文献有不同年代版本的，再以 a、b、c 加以区分。此次文献清点完成后也将整理出 MX 法英文文献分类表，并完整编纂馆藏英文文献目录。

完成馆藏民国中外文文献目录是整理工作必须达成的目标，并以此为基础统计不同学科文献的数量、占比等，为深化研究、提炼馆藏文献特色奠定基础。

3.1.2　借助档案史料的文献源流研究

考察文献源流是文献研究中一个特别值得关注的方向，当中蕴含着潜在的文化价值，也与学校的历史风云息息相关，但难度往往较大。不同的学校、不同的图书馆、不同的图书馆人，可能会形成迥异的馆藏。为什么西南交通大学图书馆会有如此的馆藏民国文献？这些文献是如何获得的、如何形成的？个中有何种机缘？对这些问题，除了文献中有签名签注信息的以外，本身不会给出答案。借助学校民国旧档案以及校史史料是研究文献源流的有效办法，可约请相关专业人员协助或加入工作组。由于西南交通大学图书馆恰巧拥有研究学校校史的专家，为整理研究工作带来了不少便利，使得在较短时间内取得重要进展。

举例来说，从《交大唐院季刊》《交大唐院周刊》等学校民国时期的报刊中找到了不少社会机构、个人向图书馆捐赠图书资料的信息，从而顺藤摸瓜提取出相关文献实物。这当中，留美幼童邝景阳的赠书就有数百册，均有注明，有的还有邝景阳的中文印章，十分珍贵。邝景阳是中国工程名宿，曾举荐同学詹天佑进入铁路公司，他本人也是著名的铁路工程师，曾任中国工程学会会长、铁道部顾问。二十世纪三十年代受铁道部委派到交通大学唐山工程学院指导课程设置，由此密切了与学校的关系。他去世后，其家属遵嘱将其部分藏书和期刊捐赠给学校。

此外，在学校 1938—1949 年的档案中也发现了康奈尔大学退休教授向学校赠书、茅以升向北平图书馆馆长袁同礼商请接受哈佛大学转赠图书的往来记载并找到了文献实物以及教育部及各司、交通部相关机构向学校赠送图书资料的信函。这些文献的原始源流信息呈现出丰富的历史价值和文化价值，我们考虑在将来著录时加以体现。

历史档案中民国时期部分文献的损失、散佚、赠阅、交换、转赠，乃至 50 年代院系调整时相关民国文献的划转，诸如此类的文献流变记录如能在整理文献目录（包括存目）时加以著录，无疑必将有助于完整、真实、立体地还原馆藏民国文献的流变历史，厘清文献的来龙去脉。

3.2 基于学科教育视角的文献特色研究

在图书馆谱系中，高校图书馆独树一帜，在文献建设理念、购藏方式、知识服务等方面与一般图书馆不同。作为大学的附设机构，是学校教书育人有机链条的重要组成部分，直接服务于教学科研，并提供保障支撑。学校的定位不同、主导学科方向不同，图书馆文献资源建设的重点亦相应不同。由此观察，图书文献是反映学校特质、考察学科历史的绝好参照物。

在整理研究馆藏民国文献时，可从以下几个方面入手：

学校学科门类设置进程与文献分布的关联研究，揭示主导学科与关联文献在数量、种类、语种等方面的相对关系；学科发展史上重要的典型文献的建设情况，包括获得的时间、保有率、版本修订；学校各系科课程所采用教材、参考书情况，包括版本、语种以及跟同时期国内或欧美同类学校采用情况的比较；各系、门毕业论文的总量、学科分类、选题及论文水准的比较研究等等。

这些问题的研究有助于揭示馆藏文献与学校教学与学科教育的关系，是民国文献整理研究中一个很有价值的方向。我们此次在样本文献挑选时，根据学校校史资料，初步将民国时期学校在土木（内含铁道、构造、市政卫生、水利等学门）、建筑、采矿、冶金四系涉及 18 个学科门类的上百门课程的英文教材及参考书从西文书架中甄选出来，包括同一种教材和参考书的不同年代的版本，可以初步显示这些教材的构成，其中不乏学科史上的国际经典教材。

我们将按照上述思路，开展进一步的深化研究，全方位挖掘文献的信息、揭示文献的多重价值。对文献琢磨得越透，越能阐明其在学校学科教育中的作用和影响，也就越能从总体上把握馆藏文献的特色。从文献与学科互动关系的角度深入研究，其结果对当下正在进行的大学"双一流"建设无疑可以提供许多启示。

3.3　文献所承载蕴藏的文化信息挖掘、揭示与研究

民国风云际会，大学古往今来。社会的激荡、学人的交往、中西的碰撞，给中国带来了诸多有形无形的深刻影响，而图书文献作为一种有形载体，历经百年铅华洗尽，其蕴藏的丰富文化信息是中国大学历史的有机承载体，是大学图书馆、大学宝贵的历史财富。

基于我们对样本文献的初步梳理和分析，对民国文献的整理研究应着力挖掘和揭示其承载蕴含的文化信息。这项工作的广度和深度都很大，可以从以下几个方面着手展开：

3.3.1　藏书印章

晚清、民国社会动荡、政府迭变，高校更名、分合频繁，藏书章见证了大学演变的历史。以西南交通大学为例，从晚清创校时的"北洋铁路官学堂""唐山路矿学堂"到民国时期的交通部"唐山铁路学校""唐山工业专门学校""交通大学唐山学校""唐山大学""唐山交通大学""第二交通大学""国立交通大学唐山土木工程学院""交通大学唐山工程学院""交通大学贵州分校""国立唐山工学院"，直至如今的西南交通大学，历经 18 次更名。几乎每一次校名的图书馆藏书章都能够在图书文献中找到藏书印章，有的是英文印章，有的是中文印章，还有的是中英文并用印章。有的馆藏印章还是判断文献入藏时间的重要依据。像"交通大学唐山学校"的校名只存在于 1921 年 7 月至 1922 年 7 月，通过相应的藏书章，可大致判断出这一时期入藏的图书文献。而创建于晋察冀边区、根据中央军委和朱德总司令的指示组建的华北交通学院，由原张家口铁路学院、张家口工业专科学校、张家口商业学校、延安自然科学院部分师生合组而成，于 1948 年底迁唐山，后于 1949 年 7 月与国立唐山工学院、北平铁道管理学院合并组成中国交通大学。馆藏这部分文献中有华北交通学院、张家口

铁路学院、张家口商业学校的藏书印，十分珍贵，见证了这所红色工程学府的不凡经历。

研究藏书印章所使用的文字、形状、字形组合、所用材质，常常跟学校的传统、风格、性质以及时代环境发生某些关联，也是一部浓缩的艺术化图书馆史。可组成一支具有历史学、图书馆学、设计学、美学等学科背景的研究团队，开展综合研究。

3.3.2　图书登记单

馆藏图书在入藏时或整理时，有的在图书登记单上会登记分类编目号、资产号或顺序号，而登记单本身也会因学校校名变化而变更，但并不严格。这些登记单上的信息，对研究分类、排架方法和文献数量变化有重要作用；通过对不同时期图书登记单的比较，还可以从设计美学等角度加以分析研究，阐释其风格，甚至与藏书印章进行关联研究。

3.3.3　借阅单

借阅单上留下的借阅时间、借阅人信息，有助于了解文献利用的历史和频次，而一些知名教师或日后成名学生的签字也是十分宝贵的。仅在我们的样本文献中，就发现有罗忠忱、黄万里、罗河等知名学者的借阅签名。

3.3.4　捐赠或交换机构与个人

借助档案和其他校史史料，对于向图书馆捐赠或交换图书资料的机构、个人进行统计分析，有助于了解图书馆与社会交往的层面和机缘，挖掘背后的人文故事。这也是大学历史的一部分。如馆藏的《钱塘江建桥计划书》，是学校校友、前校长、教授茅以升在 1933 年 10 月筹备钱塘江大桥时完成的，使用工程晒蓝纸印制，并附图纸十余张，用硬壳板做封面，金粉手写书名，数量极少，十分珍贵。茅以升还用正楷毛笔在封面题签"唐山母校图书馆惠存　茅以升敬赠"，此文献表达并见证了茅以升与母校亲切、深厚的情感，更增添了文献的价值。钱塘江大桥举世闻名，其大桥工程档案已经列入国家档案，大桥本身为国家文物保护单位。此种文献因有大桥的主持者、设计者亲撰、题签，存世独一无二，可以说具备了申报国家文物的条件。

馆藏陶湘 1925 年所辑《李明仲营造法式》（俗称陶版）是民国时期出版的

中国古建筑的一部重要著作，一函八册，印数为 1000 册，目前存世极少。当年梁启超寄赠给远在美国学习西洋建筑的梁思成的，正是同一版本，引发了梁思成强烈的兴趣，由此开启了他日后对中国古建筑终其一生的探索研究，铸就了一部书改变一个人的命运、兴起一个学科的传奇。这部陶版《李明仲营造法式》可以说也是一部经典的传世之作。西南交通大学图书馆馆藏本为一名叫徐永平者所赠，此外尚有其他美术著作相赠。但对于这位徐永平，迄今的研究仍无法确定其身份，更无从知晓捐赠机缘。但可以肯定的是，徐永平赠书一定不是偶然之举，揭晓这段近一个世纪的情缘是义不容辞的责任。

3.3.5　特别文献

对馆藏中一些特别的文献，如史上经典的学术著作、国内外机构的非常纪念物、专门机关的内部撰著、名人所藏或所赠文献、本校的出版物进行深入发掘，或可引出一段段学校发展史中的风云际会，呈现本校学人与国内外各界相识、相知、相随的往事痕迹，它们也为馆藏文献铸造了别具一格的精神与韵味，是形成馆藏文献特色的重要样本。

3.3.6　特殊著者与题签

一些馆藏文献的著者值得特别关注，如学界、教育界、科技界、工程界知名人士、校友的著作以及签名留言。特别是通过赠阅文献向学校表达的信息和情感，常常是学校某些传统和文化内涵的生动体现，是校风浸润的高雅传承。这些都是民国文献整理研究中重要的价值追求。

4　结语

馆藏民国文献因其社会大势的激变、学校历史的不同、图书馆前辈行事的独特，呈现出自我特色。对馆藏民国文献的调查整理和研究应把握脉搏、遵循内在规律，科学设计方案，运用多种方法，借助档案校史史料，基于丰富的视角，揭示其多重价值，不固守传统常规的文献整理套路，包容开放，深耕细作，抓住并用好民国文献普查的机会，取得高质量的基础数据，在文献整理研究上做出特色和水平，从而为后续的展陈、开发和利用工作奠定基础、开启思路。

参考文献

［1］毛雅君.回眸与展望：民国时期文献保护计划工作概况［J］.上海高校图书情报工作研究，2017，27（1）：26-27.

［2］段晓林.民国文献影印出版与馆藏建设实证研究——以上海师范大学图书馆为例［J］.图书馆理论与实践，2017（7）：53-57.

［3］翟桂荣.河南大学图书馆民国文献资源建设的现状、问题与对策［J］.图书馆论坛，2008（5）：145-147.

［4］蒋耘中.清华大学图书馆藏民国文献的整理与开发［J］上海高校图书情报工作研究，2017，27（1）：33.

［5］张春梅.浅析民国文献分级保护体系的构建——基于复旦大学图书馆民国文献管理的思考［J］.大学图书馆学报，2015，33（3）：61-67.

［6］龙世彤，关富英.高校图书馆馆藏民国文献专题库建设研究——以北京师范大学图书馆为例［J］.图书馆学研究，2011（6）：34-36.

［7］龙丹，郑辉.福建师范大学图书馆民国文献馆藏概况及主要特色［J］.大学图书情报学刊，2012，30（4）：25-28.

［8］王新才，王珂.我国高校图书馆民国文献保护对策研究——以武汉大学馆藏民国文献为例［J］.图书情报研究，2013，6（1）：16-19+42.

［9］李海瑞.高校图书馆民国文献的整理与利用——以辽宁师范大学图书馆为例［J］.图书馆学刊，2012，34（3）：53-55.

［10］刘春华，刘泓，李萍.南京艺术学院图书馆民国艺术文献整理［J］.科技情报开发与经济，2015，25（23）：64-66.

［11］上海图书馆藏《盛宣怀档案》，编号：099141-1，1897年8月5日.

［12］刘民钢，蔡迎春.《民国文献整理与研究发展报告》（2015）［M］.北京：国家图书馆出版社，2015：序言.

［13］汪耀华.商务印书馆史料选编：1897—1950［M］.上海：上海书店出版社，2017：214.

［14］同［13］245.

［15］中国科学技术协会.中国图书馆学学科史［M］.北京：中国科学技术出版社，2004：16.

［16］傅荣贤.20世纪初仿杜威书目对知识世界的近代化建构及其反思［J］.大学图书馆学报，2017，35（3）：99-109.

作者简介

杨永琪　西南交通大学图书馆副研究馆员

周蓉　西南交通大学图书馆副研究馆员

民国时期外文文献的北京专题特藏略述

——以首都图书馆为例

王 琦

摘 要：学界关于民国北京主题的研究愈热，除关注中文文献的记录外，外文文献也是不可忽视的重要内容。当时的北京被亲历它的中外人士所感知，由此形成了不同文化认知下的多种记载。笔者尝试对首都图书馆的民国时期外文文献馆藏状况、文献内容和特征进行梳理，揭示其具有的研究价值。提倡开展民国时期外文文献的普查工作，建立书目数据联合系统，进行缩微影印和译文出版，为区域研究与建设提供更多史料支持。

关键词：民国时期 外文文献 地方文献

近年来，有关近代北京，尤其是民国时期北京的中文文献日益受到学界的关注，得到逐步整理、保护和开发。如北京出版社出版的《北京古籍丛书》，北京市政协文史资料委员会编写、北京出版社出版的《北京文史资料》，学苑出版社出版的《中国华北文献丛书》等，以及《民国时期总书目》《民国时期出版书目汇编》《全国中文期刊联合目录》《民国史料丛刊》中包含的有关文献信息。这些工作使得民国时期研究北京地方的中文文献得到较为有序的梳理。然与之相比较，对研究民国北京的外文文献的整理工作则显得甚为寥寥。

1 外文文献补充和丰富了北京专题研究的内容

北京是中国一座古老的城市，同时也是一座世界性城市。明清以后，中国卷入全球化进程加快，作为皇朝帝都的北京，因其政治、文化多重身份的特殊性，吸引世界各国人士纷至沓来。尤其进入民国时期，革命风潮此起彼伏，学术思想百家争鸣，中西文化急剧交汇和碰撞。大量的外国人来到这座东方古城，以各自的方式探究和记录着，撰写了一批以北京为主题的书籍。这些来华人士中有游客、商人、新闻记者、传教士、探险家、外交官员、教师等，很多人是长期生活、工作在北京，不同的身份、不同的文化背景和观念，令他们在记述的角度及分析层面都与我们熟悉的中文记录不尽相同，有其独到和多元之处；此外，一些专业学者尝试用当时先进的社会学方法，如统计学、经济学、人类学或其他科技方法对北京进行观察、描述、比较和评价，所形成的学科专著成为中文记载的重要补充。这些外文文献不仅丰富了研究的内容，也为了解民国北京提供了更多视角，是北京地方研究中不可忽视的内容。

2 民国时期外文文献的馆藏现状

对首都图书馆的馆藏情况进行观察，民国时期的外文文献语种涉及英文、日文、法文、德文、拉丁文、西班牙等多个语种，其中以英文文献和日文文献占比居多。

馆藏有民国时期外文图书 26000 余种，其中英文约 20000 种，日文 5600 余种，其他文种约 400 种。民国时期的外文报刊有 113 种，其中英文 83 种，日文 15 种，其他文种 15 种。提供有书目信息进行公共检索。

从纸质文献保存质量上看，民国文献纸张经历百年，普遍老化严重，泛黄易脆，缺页破损，有待积极保护。

从图书印刷装帧上看，民国书籍开本大小较为多样，有平装或精装，其中部分出版物装帧讲究、印刷精美，首版印数极低、具有一定的收藏价值。如 1920 年上海出版的《北京美观》(*The pageant of Peking*，1920)，作者为唐纳德·曼尼 (Donald Mennie)，书为蓝色绸缎轧花烫金封面，道林纸精印，毛边本，书中所附照片是印制于影写纸上，再粘贴在水印暗纹空白页上，为半手工制作。一版一印，首版 1000 册编号出版。

从馆藏地点上看，民国时期外文文献未设置独立书库，依照原历史入藏情况分布于馆内的外文库、北京地方文献库和古籍书库。

3 民国时期外文文献的内容及特征

民国时期外文文献涉及内容广泛，涵盖了当时北京的政治、经济、历史、文化等诸多方面，笔者根据工作实践，对北京地方研究所接触的一些外文文献进行了梳理，试将文献内容及特征加以略述。

3.1 北京城市生活与经济方面

二十世纪二三十年代，以美国人西德尼·戴维·甘博（Sidney David Gamble）和步济时（John S.Burgess）为代表的一些西方学者，利用新兴的社会政治经济学方法对古老北京的百业发展、城市生活进行了一系列的社会普查工作，形成了民国北京社会各阶层生存状态方面的专业研究成果。成为中国社会近代史研究不可多得的第一手资料，弥补了中文记载的空白。

《北京，一项由中国普林斯顿大学中心和北京青年男子基督教协会主办的社会调查》（*Peking, A Social Survey Conducted under the Auspices of the Princeton University Center in China and the Peking Young Men's Christian Association*，1921）简称为《北京的社会调查》，（美）甘博著。此文献是对民国初期北京城的社会政治和文化生活进行的全面调查分析。涉及政府、人口、健康、教育、商业、宗教、警察和社会弊病方面。资料翔实，记录客观，包含甘博拍摄的 50 幅照片、38 张地图及统计图表。首次向世界展现了古都北京的社会全貌。被当时的媒体誉为"是一本神奇的书，世界上唯一的一本关于中国一个大都市的实况调查"。

How Chinese Families Live in Peiping——A Study of the Income and Expenditure of 283 Chinese Families Receiving from $8 to $550 Silver per Month，1933，也被译为《北平的中国家庭是怎样过活的》，这是甘博又一专著。对 283 个家庭进行一年的跟踪调查，这种调查方式在中国还属第一次开展。调查了不同人群的收入和用于购买食物、住房、取暖、照明及其风俗礼仪等方面的支出，以发现这个非工业城市的家庭生活状况。书中附有分析图表和照片。

《北京的行会》（*The Guilds of Peking*，1928），（美）步济时著。此书共 14 章，对北京的 42 个行会进行了详尽的调查，包括行会的起源和历史、北京三个行会的描述性研究、行会的数量、行会会所、行会经济、学徒制度、行会的宗教活动和作用，以及新经济和商业潮流对行会体制价值影响的可能性。对研究的方法、范围和问卷样本都留有记录。被认为是中国行会研究的集大成之作。步济时是社会学博士，他是较早将田野调查方法带到中国的学者。步济时 1918

年前后与他的普林斯顿同学甘博合作，对北京社会状况进行了广泛深入调查。

此类文献还有：《北京人的社会生活》（*Social life of the Chinese in Peking*，1928），Jermyn Chi-Hung Lynn 著；《北京的尘土》（*Peking dust*，1919），Ellen N.Lamotte 著等等。

3.2　城市建筑与景观方面

城市建筑与景观方面的文献包括对城垣、宫殿、庙宇、皇家园林的写照，勘察测绘记录，以及游记等。此外，古都北京的人文与自然景观还是较早掌握摄影术的西方人士热衷拍摄的题材，他们留下的不少摄影集是当今稀见的图像资料。百年变迁后的现代北京，大量古迹已无从寻觅，唯有照片生动地展示着那些曾经的存在。

《北京的城墙与城门》（*The Walls and Gates of Peking*，1924），（瑞典）喜仁龙（Osvald Siren）著。作者在 1920、1921 年访问中国，考察北京当时尚存的城墙和城门，此著作是参考了大量中国历史文献后写成的。书中有二百余幅老北京城墙和城门的珍贵照片，同时附有测绘图和工程勘察记录，可谓是现在记录老北京城墙城门的最翔实的文献，具有重要的史料价值。1924 年在巴黎出版，全球共发行了 800 册。全书约 13 万言共 8 章：第 1 章中国北方筑墙城市概述；第 2 章北京旧址上的早期城市；第 3 章北京内城城垣；第 4 章内城城垣的内侧壁；第 5 章内城城垣的外侧壁；第 6 章北京外城城垣；第 7 章北京内城城门；第 8 章北京外城城门。

《清朝皇家园林史》（*History of the Peking Summer Palaces Under the Ch'ing dynasty*，1934），（美）卡罗尔·布朗·马隆（Carroll Brown Malone）著。本书根据美国国会图书馆所存清代匠作中关于圆明园、万寿山的则例而著，内收大量圆明园和颐和园旧影及铜版画，在美发行。被业内专家誉为研究中国清代皇家园林的"圣经"。

《北京美观》（*The Pageant of Peking*，1920），此为摄影集。收录了唐纳德·曼尼 66 幅珍贵作品，为老北京摄影中的经典之作。曼尼在 1920—1941 年旅居中国期间，拍摄了一批中国各地风光、民俗的照片，他的作品注重光影的运用，突出质感与层次，无论拍摄山川、湖泊，还是城垣、桥梁，或是灰尘漫天的篷车队都带有国画般的情趣，有其鲜明的个人摄影风格。曼尼被认为是民国摄影史上十分重要的外国摄影家，原版照片有一定收藏价值。

《北京纪胜》（*Peking: A Historical and Intimate Description of Its Chief Places of Interest*，1920），（英）裴丽珠（Juliet Bredon）著。此书描绘的是上个世纪二三十年代在北京生活的西方人的真切体验，他们沉醉于对北京历史文化的欣赏和对现实生活的享受之中。此书的作者裴丽珠以一个西方女性视角，描绘出了东方古城的神秘色彩，记载着皇城里的各大名胜古迹和百姓市井生活中的万千胡同街巷。书内绘有 7 幅北京地图。裴丽珠还著有《农历：中国风俗节日记》（*The Moon Year: A Record of Chinese Customs and Festivals*，1927），《中国新的年节》（*Chinese New Year Festivals*，1930）等著作。

此类书籍还有《颐和园的位置、历史和建筑的简说》（*I Ho Yuan: A Brief Treatment of the Location, History, and Present Edifices of the Imperial Summer Palace*，1935）、日本作家藏田延男 1944 年出版的《北京西山》等。

3.3 民俗与京剧艺术方面

京味民俗与文化艺术是很多西方人感到好奇和乐于观察的，涉及到这方面内容的著作占有一定的比例。从这些作品的描述中观察，对于老北京的风俗习惯很多西方人看来是别有一番意味和情趣的，有些又是难以理解的。或许作者的某些理解并不是我们的"正确答案"，但却代表了文化差异者的一种解说，这对于今人从更多层面了解民国时期的北京风貌有一定借鉴意义。

《北京生活侧影》（*Sidelights on Peking life*，1927），（英）燕瑞博（Robert William Swallow）著。是一专门研究北京民俗的著作。燕瑞博在广泛搜集北京各社会阶层、街头风景和生活习俗的材料的基础上，撰写了这本书，书中罗列了大量市井百态和民族风俗的材料，配有上百张各阶层人物的生活写照的图片。书中序言曾说："……他的著作对于新的来访者价值无比，对于老的居民则是极好的备忘录。对于未来的学生和社会教育机构，它提供了社会的、人类学的材料，这些材料或快或迟将要逝去。在未来的岁月，他的著作极有可能作为论及被遗忘的生活层面的教科书，是有用处的……"恰恰如此，《北京生活侧影》不仅对当时外人解说北京有着辅助的作用，且为我们今天研究近代北京社会风俗和日常生活提供了丰富的材料。

《北京》，（日）丸山昏迷著。全书分为十八个部分，包括北京地理、历史概况和北京习俗等内容。书中资料调查翔实，内容简明扼要。特点是大量地运用了对比手法，将北京和日本从各个角度进行全方位比较，并对两国的文化进行了评价。

《我眼中的北京》，（德）约翰·拉贝（John H.D.Rabe）著。描写了作者在1908到1930年间在北京的生活，记录下当年的城市景象、文化生活和街头的手工艺。共五卷：市井生活、北京民俗、北京建筑、北京名胜、清末民初的北京。附有大量精美的图片、照片和绘画。

《梅兰芳，中国最优秀的演员》（*Mei Lan-fang，Foremost Actor of China*，1929），梁社乾（George Kin Leung）著。是研究京剧艺术和梅兰芳大师的专著，有梅兰芳戏曲艺术照。是较早向外国人介绍京剧艺术家和出访对外交流情况的书籍。

《支那剧大观》，（日）波多野乾一著。1940年大东出版社出版。此书记载了民国京剧表演艺术家梅兰芳、孟小冬、程砚秋、杨小楼、尚小云等人饰演的戏剧形象介绍和舞台剧照。

3.4 工具书性质的文献

此类文献包括字典、人名册和各种生活指南。它们是为了方便外国人在北京工作和生活所编制的一类工具书。这些文献对北京语言、北京地名地标、京城机构和设施、本地重要人物等进行了详尽记录，是研究民国北京的史料来源。部分文献简要罗列如下。

《初步总括，北京官话》（*Premières Leçons de Chinois，Langue Mandarine de Pékin*，1928），（法）微席叶（Arnold Jacques Antoine Vissiere）著，法文和中文对照。

《英汉官话口语词典》（*English-Chinese Dictionary of the Standard Chinese Spoken Language and Handbook*，1916），（德）何美龄（K.Hemeling）著。

《北京方言袖珍词典》（*A Pocket Dictionary Chinese-English and Pekingese Syllabary*，1933），（美）富善（Chauncey Goodrich）著。

《北京普通话》（*The Peking mandarin*），由华北联合语言学校（Noth China Union Language School）编著。

《北京指南》（*Guide to Peking*，1941），（英）李治（William Sheldon Ridge）著。

《北京游历指南》（*Peking on Parade：A Pocket-guide*，1935），（国籍不详）萧三条（Hsiao San-Tiao）著。

《北京名人录：1922》（*Peking Who's Who*，1922），（英）蓝慕山（Ramsay Alex）著。

3.5　其他方面的文献

其他外文文献除有日本侵华的资料外，还包括对皇室宗亲的记录、宗教信仰、医疗卫生、生物、考古等诸多方面的内容。

3.6　外文文献内容的特征概述

经整理发现，外文文献有其自身的特征：许多外国作者因当时的政治特权可以进入到更深的层面进行考察，加之文化背景的不同，令他们记录的内容和观点具有不同于国人的新颖性；利用西方的摄影、测绘技术优势，外国人在清末民初就开展了对北京城的拍摄和测绘活动，由此产生的摄影作品、测绘地图、建筑物图纸等一系列资料，内容上具有独创性和稀缺性；西方学者或者明治维新之后的日本人，对北京城市生活、行业、人口等方面开展的社会调查，留下不少第一手调研资料、形成诸多学科成果，弥补了中文记载的缺失，具有一定的学科和史料价值。中文文献和外文文献向我们展示了对同一历史文化载体来自不同文化的差异感知，地方文献研究者只有将他们综合、对照地审视，才能得出倾向于完整的概念和印象，领略到中国本土意识之外的观察。

4　民国时期外文文献的建设现状

部分图书馆、档案馆对民国时期外文文献编制了书目数据。国家图书馆、首都图书馆建设并开放外文书目检索系统。上海图书馆除设有旧版西文目录数据 54241 条，另设有旧版日文书目数据库，对馆藏的日文图书、期刊、文集、小册子、手写本、非正式出版物等进行了逐一梳理，收录出版时间为 1792 年到 1949 年刊行的日文文献共计 41766 条，并编制了《上海图书馆馆藏旧版日文文献总目》。南京图书馆藏有近代西文和日文文献共 20 万册，部分书目可网上查询，书目编制未采用统一分类规则，沿用原始记录。2016 年，国家图书馆外文采编部组织了"外文文献资源建设与组织"的学术探讨，以期推动业界对外文文献编目工作、资源建设方面的重视和开展。

民国时期外文文献影印和翻译出版工作取得了一些进展，但因没有总体规划和重视，没有形成建设规模。特别是外文文献的中文译文版图书出版数量非常有限。从近十年的中文译文版丛书出版情况来看：2008 年由外语教学与研究出版社出版的"京华往事"丛编，翻译出版了民国初年北京社会生活类的书籍 5 种；2001 年由东方出版中心出版的"走向中国"丛书，翻译了社会政治方面的专著 3 种；2016—2017 年由北京联合出版公司出版的"外国人眼中的老北京"译丛，翻译出版了北京史地民俗方面的论著 3 种；2016—2018 年由北京方志馆和北京联合出版公司推出的"日文北京文史资料翻译丛刊"4 种。总体译文丛书出版品种较少。翻译出版工作是对外文文献开发的一种方式，它解决了个人适读能力的限制问题，更有利于研究者和爱好者使用。但这部分工作大多为个别行为，没有统筹规划。零星开发的数量与存世文献相比仅仅冰山一角，难以满足地方史学研究的进度和速度，局面有待改善。

5 结语

袁同礼先生曾指出"外国文书方面，举凡东西洋学术上重要之杂志，力求全份，古今名著极易搜罗，而于所谓东方学书籍之探求，尤为不遗余力，以为言边防、治国闻、留心学术者之览观焉"。图书馆界应提高对民国时期外文文献的保护和建设力度。着手开展文献普查工作，摸清数量。规范编制外文文献目录和索引。对民国原版文献开展原生性保护，并加快进行缩微影印等再生性保护。图书馆对于外文再版、译文版要及时购进，弥补缺失，完善馆藏。促进相关机构和专业人员合作，推进翻译出版工作的展开。

参考文献

[1] 刘民纲，蔡迎春 . 民国文献整理与研究发展报告（2015）[M]. 北京：国家图书馆出版社，2015.

[2] 刘民纲，蔡迎春 . 民国文献整理与研究发展报告（2016）[M]. 北京：国家图书馆

出版社，2016.

　　［3］赵晓阳.19~20 世纪研究北京文学和戏剧的外文文献［J］.北京社会科学,2007（2）:50-53.

　　［4］南爱峰.我国图书馆民国文献开发研究进展探析［J］.图书馆工作与研究,2016（5）:66-70.

　　［5］李嘉.国外中国研究著作选目提要：2012［M］.北京：国家图书馆出版社，2014.

作者简介

　　王琦　首都图书馆副研究馆员

吉林大学图书馆藏民国文献介绍

贾雪梅

摘　要：吉林大学图书馆有着丰富的民国文献馆藏，同所有收藏民国文献的图书馆一样，文献普遍出现酸化、破损现象。吉林大学图书馆在积极整理纸质民国文献的同时，积极向读者推介数字化民国文献资源。文章从馆藏民国文献介绍、民国文献的整理情况、民国文献的数字化等方面进行介绍。希望能系统全面地整理这部分资源，更好地为教学科研所用。

关键词：民国文献　吉林大学　图书馆

民国文献是民国这一特殊社会转型期思想、文化的最主要的载体。这段时期出版的图书最早的距今已百余年，我们收藏单位应更好地整理、保护这些文献资源，使学术界能更深入地挖掘这批文献史料价值和学术价值。

1946 年 10 月，东北行政学院在哈尔滨市成立，在那附设的图书馆就是吉林大学图书馆的前身。1948 年迁至沈阳，1950 年 9 月，学校奉命从沈阳迁至长春，图书馆随之改称东北人民大学图书馆。1958 年图书馆改为吉林大学图书馆。吉林大学图书馆自建馆以来不论是老一辈的图书馆人，还是新一代的图书馆员，都积极地投身于图书馆的文献资源建设中。图书馆发展到现在，建立了多种载体、多种类型的综合文献资源体系，覆盖了人文、社会、理、工、农、医、军等全部十三大学科。藏有各类纸质书刊 664 万余册[1]。

1　馆藏民国文献介绍

1.1　概况

随着图书馆文献资源建设的发展，馆领导越来越意识到特色资源在图书馆文献中的重要地位。随着高校特色化办学理念逐步深入人心,以及读者个性化阅读需求的不断增长,图书馆特色资源建设日益受到重视[2]。2013 年图书馆领导提出,成立吉林大学图书馆特藏部,将除中文古籍之外的不适宜流通的,版本珍贵的,年代久远的中、外文图书都存藏在特藏部,集中管理,统一整理,以便这些资源能更好地为教学科研服务。

吉林大学图书馆非常重视所藏的民国文献,作为特藏部的特色资源进行收藏。文献类型有图书、期刊、报纸。由于这部分文献本身不同程度地出现纸张的褪色、酸化、老化等现象,部分图书纸张只要一翻就出现碎化,吉林大学图书馆决定暂停这部分文献的使用,用数字化的民国文献代替纸质资源。

1.2 民国文献的来源

1.2.1 院系调拨

建馆初期,1947 年吉林大学图书馆藏书 6000 册,1951 年藏书达到 12 万册。1952 年,吉林大学经过教育部的院系调整,由原来的财经、政法学科为主的培养革命干部的学校,改为文、理科综合性大学。从此图书馆的藏书成分也发生了变化,由以财经、政法方面图书为主改为入藏文、理各学科的中、外文图书。根据教育部主持的"院系调整会议"精神,吉林大学从北京大学(包括前燕京大学)、清华大学、东北财经学院、北京矿业学院、辽宁省图书馆等调来一批自然科学、社会科学方面的图书。那部分资源中有一些是民国图书。1953 年陆续补充国内新旧书刊,藏书达到 24 万册。

1.2.2 学校支持,专款专用购买图书

1956 年,学校建设初期,校领导深知图书资源的匮乏,除正常采购经费外,专门拨给图书馆专项经费,用于图书资源的采购,从而掀起了图书馆藏书建设的高潮。吉林大学图书馆先后派人到国内 14 个城市,搜取、补充古旧书刊,他们一个个书店地仔细寻找,一本本地精挑细选,不断地买入方志、抗战时期出版的书刊等文献资源。他们日夜兼程,紧张地工作,实现了"包买全市,独占精华"。他们尽量用有限的经费补充精品馆藏。

1946 年到 1956 年这十年间,图书馆发展迅速,图书从无到有,从小到大,

具备了藏书69万册的规模，特别是1956年的藏书补充，使馆藏增加了一倍多，基本改变了以前种类少、复本多的状况，充实了教学和科研所需要的资料。

那一段经历为吉林大学图书馆几十年来怀念和评论的佳话，正是凭着老一辈在那个年代的勤奋，才累积了吉林大学图书馆现在的民国书刊、满铁资料等珍稀馆藏，为现代学者研究近现代史提供宝贵文献。

1.3 民国各类型文献存藏情况

1.3.1 民国图书

民国图书藏有6万余册。采用了《吉林大学图书分类法》（1958年）进行分类，吉林大学图书馆收藏有14个类目的相关图书。其中D类（历史类）和K类（文学类）都超过了万册，各类藏书统计如下：A(马克思列宁主义)1896册、B（哲学）3208册、C（社会学科学）443册、D（历史）11609册、E（经济）5206册、F（政治，社会生活）4041册、G（法律）2816册、H（军事）479册、I（文化，教育）2176册、J（语言、文字）1829册、K（文学）19022册、L（艺术）822册、M（宗教）501册、Z（综合性图书）7642册。

1.3.2 民国期刊

民国期刊4474种，18570册，基本上都是原刊。吉林大学图书馆的民国期刊是以北京图书馆1985年编印的《笔画笔形书名字顺目录导片》检字表为准，按刊首字笔画笔形顺序排列。民国期刊，创刊号占一定的比例，有170种之多，非常珍贵。如《上海民众》《文艺新地》《共产党人》《先驱》《考古学杂志》《双十月刊》等等。

1.3.3 民国报纸

存藏248种。报纸是按报名的首字的字顺排列的。

2 民国文献的整理情况

为了更好地配合吉林大学教学科研的需要，充分发挥馆藏民国文献的作用，分别于 1989 年和 1990 年编制了《吉林大学图书馆馆藏建国前出版图书目录》及《吉林大学图书馆馆藏建国前期刊目录》。2013 年成立特藏部以后，除了对图书目录的整理，还对民国图书进行了专题整理。

2.1 抗日战争文献的整理

2.1.1 图书

经粗略统计，吉林大学图书馆民国图书中抗日战争期间出版的图书约有 3500 种，图书涉及政治、历史、文学、经济等各个方面。如：

政治类：《抗战建国纲领浅释》《中国国民党抗战建国纲领》《教育战时各级教育实施方案纲要》《抗战中的政党和派别》《为统一战线而斗争》等；

历史类：《我们怎样为抗日复土而奋斗》《抗战五周年纪念册》《抗战六周年纪念册》《西线战绩》《革命先烈纪念专刊》《为中国前途敬告全国军民》《外人目睹中之日军暴行》《抗战活叶文选汇刊》《解放军大举反攻》等；

文学类：《战地书简》《国难杂作》《津浦北线血记》《晋察冀边区印象记》《在敌人后方》等；

经济类：《敌人在我沦陷区的经济掠夺》《战时中国经济》《抗战与乡村工作》《东省的进步》《满蒙与满铁》等；

军事类：《抗日游击战争》《民兵战术》《游击战术的实际运用》《对敌作战的经验》《我们怎样打退敌人》《争取持久抗战胜利的先决问题（彭德怀著）》等；

其他类：《抗日民族统一战线教程》《抗战歌曲》《论解放区战场（朱德著）》《毛泽东在重庆》等。

2.1.2 期刊

粗略估算，抗战期间的民国期刊大约 1000 种左右。

（1）抗日战争时期期刊。吉林大学图书馆抗日战争期间的期刊收藏很丰富，例如以"抗"为题名的期刊就有 39 种，如《抗日学生》《抗日周刊》《抗日特刊》《抗战一年》《抗战六周年纪念特刊》《抗战军人》《抗敌宣传汇刊》等；以"战"为题名的期刊有 47 种，如《战卫报》《战斗中国》《战功特刊》《战士文化》《战斗中国》《战地通信》《战时文艺》《战时劳工》《战地》等；以"新"为题名的期刊如国民革命军第四集团军总政训处编辑的《新广西》、毛泽东创办的《新军抗日专号》《新时代》、陈独秀编辑的《新青年》；根据《晋察冀抗日根据地新闻出版史研究》一书介绍，出版期刊是晋察冀抗日根据地新闻出版事业的重要组成部分，是在当时特定的历史条件下，鼓舞士气、鼓动人民反映和促进根据地的各项工作，建设根据地新民主主义的新文化的需要[3]。有大量的代表性期刊：《火线》《战线》《新长城》《活路》等，这些期刊吉林大学图书馆均有收藏。

（2）进步期刊。如茅盾主编的《文艺阵地》，邹韬奋主编的《抵抗》《学生救亡运动专号》，湖南第七联合会学生抗日救国会编的《学生抗日救国会会刊》，中央军校武汉分校特别党部编的《反日周刊》，东北救亡总会宣传部编的《反攻》，中国国民革命军陆军第一师特别党部编的《革命先烈殉国纪念专号》等等。《民国出版史》的"民国时期出版的发展历程"中"沦陷区出版的奴化和反奴化斗争"一章中介绍："他们出版的抗日书刊，传递抗战信息，像《中美周刊》《文林》《文综》《奔流》《文艺丛刊》等宣传抗日的刊物，无异于插入敌伪胸膛的一把把锋利匕首。"[4]上文介绍的期刊吉林大学图书馆均有收藏。

（3）东北抗联文献。在1980年出版的《东北地方文献联合目录》中，其中第三辑"东北抗日联军及东北抗日武装斗争史料索引"中，吉林大学图书馆将东北抗联文献做了收集整理，与其他16个单位一起将这部分文献辑录在目录中。

2.2　馆藏"民国三线图书"整理

民国时期，以蒋介石为代表的国民政府和汪精卫为代表的汪伪政权，都有着各自势力的代表人物，发表着为各自势力造势的言论，这些特殊言论在当时被出版成书籍，这些书籍流传至今的数量与现有藏书总量相比，可谓寥若晨星，而吉林大学图书馆近期整理出来的这类书籍对于研究当时社会的一些特殊事件有着不可估量的作用。

此类图书按照三线典藏制（三线典藏制分类方法为：刚验收进库的新书放在第一线借阅；日常流通的图书放在第二线；陈旧过时、不宜借阅的图书放在第三线，另辟房间加以收藏）分类，应属于"三线"图书，此类图书不宜流通借阅，只限于专业人员作为参考资料进行研究。这类图书有665册。

2.3 民国时期伪装书、国民党政府查禁的书刊

2.3.1 伪装书

抗战文献伪装书是中国出版史上一个非常独特的现象，是抗日战争时期中国共产党领导的新闻出版机构与敌斗争的一种巧妙的方式，伪装书多是内容与实际封面不同的书，一般是内容是宣传进步思想，封面设计不醒目，取庸俗书名以麻痹敌人。在图书整理的过程中，发现吉林大学图书馆伪装书也有收藏，如，1940 年出版的封面题名《中国往何处去》，实际内容《新民主主义论》；关于中国共产党的文件汇编，题名是《秉烛后读》，书的内容是毛泽东关于工商业政策的论述，《秉烛后谈》是周作人杂文集，在目录页上将 19 篇文章的题目全部原样印出，书中的每一篇文章都用周作人文章的原名做标题，而题目下方的正文内容是中国共产党的文件集[5]。

2.3.2 国民党中央宣传部公布的"禁书"

从国民党在南京建立政权时起，到抗日战争胜利时止，国民党中央党部和国民政府查禁的书刊，有档案记录在案的约 4000 种[6]。在国民党统治时期，不仅中央党政部门查禁书刊，各省市也查禁。在吉林大学图书馆收藏的这些民国书刊中就包含了大量当时的查禁书刊。当时查禁的书刊分几个部分：先后查禁有案之书目，应禁止发售之书目，暂缓发售之书目，暂缓执行查禁之书目等，而且图书名单后均附上查禁的理由，如"均有剧烈鼓吹阶级斗争诋毁政府当局之处""确为宣传共产革命鼓吹阶级斗争""对于鲁迅的伪自由书——共有杂感文四十余篇，多讥评时事攻击政府当局之处，以伪自由书为书名，其意在诋毁当局"等。在民国政府 1934 年公布的一份 150 册的查禁书刊名单中，经与吉林大学图书馆馆藏比对，就有 85 册查禁图书吉林大学图书馆有收藏。

3 民国文献的数字化情况

吉林大学图书馆借助"大学数字图书馆国际合作计划（CADAL）"项目，全文数字化了部分民国文献。吉林大学图书馆是 CADAL 项目一期第一批 16 所参建高校之一。在项目中，元数据制作依据 CADAL 发布的"基本元数据规范及著录规则"的要求，数字化扫描聘请 CADAL 认证的具有加工资质的公

司进行制作，最后通过 CADAL 的质检。最后吉林大学图书馆完成民国图书 15001 册及中华人民共和国成立前期刊 9308 册的全文数字化任务。

利用 CADAL 资源共享系统，对已数字化的民国文献资源进行管理，方便读者在本地利用数字化的民国文献资源。"数字资源共享子系统"为 CADAL 成员馆建立独立的数字对象信息门户，各成员馆通过独立门户对 CADAL 和非 CADAL 数字对象资源（自有资源）进行管理，实现导入或者录入不同格式数字资源并发布。系统使用者可以迅速检索到所需的数字资源并下载，便捷地对资源进行标引、存储、管理、获取等操作。

吉林大学图书馆购买了 CADAL 本地资源专用服务器，把吉林大学图书馆参加 CADAL 一期、二期的数字化资源及 CADAL 项目中心相应给予的配比数字资源都做存储，现已供读者使用，只要是校内 IP 就可查阅，本地资源系统现使用完好，现本地系统有 227712 条数字化全文图书（民国图书、民国期刊、学位论文）可供检索。

4 结语

2016 年恰逢世界读书日，吉林大学图书馆推出"纪念反法西斯胜利 70 周年——东北抗日联军专题展"及"抗日战争剪报展"，受到了读者的热烈欢迎，同时也让我们图书馆人感受到文献整理的迫切性。民国文献的整理，丰富了吉林大学的教学科研专题库，重现了民国文献的使用价值。如何能更全面、系统地使民国文献资源得到更好的开发与利用，是我们图书馆人共同努力的方向。

参考文献

［1］吉林大学图书馆介绍［EB/OL］.［2018-07］.http://lib.jlu.edu.cn/portal/about/about.aspx.
［2］喻丽.我国高校特色文献资源建设与共享：现状、问题及对策［J］.图书情报工作，2014，58（14）：63-70.
［3］田建平，张金凤.晋察冀抗日根据地新闻出版史研究［M］.北京：人民文学出版社，2010：93.
［4］吴永贵.民国出版史［M］.福州：福建人民出版社，2011：69.
［5］武红.浅谈抗战文献伪装本——以《祖国呼声》为例［J］.晋图学刊，2016（6）：57-59.
［6］倪墨炎.现代文坛灾祸录［M］.上海：上海书店出版社，1996：58.

作者简介

贾雪梅　吉林大学图书馆特藏部主任，副研究馆员

浅议高校图书馆馆藏民国文献整理与保护

——以云南大学图书馆馆藏民国文献为例

杜宇芳　　杨苏琳

摘　　要： 本文通过界定民国文献，阐述了民国文献的重要意义，并以云南大学图书馆馆藏民国文献为例，分析云南大学图书馆馆藏民国文献整理与保护的现状以及存在的问题，提出了高校图书馆馆藏民国文献整理与保护的对策。

关键词： 高校图书馆　民国文献　云南大学　文献整理与保护

"民国"，即指"中华民国"，最早由孙中山先生提出来。在我国历史上，将 1912 年至 1949 年中华人民共和国成立之前的这一段历史时期称为"民国时期"。民国是我国半殖民地半封建社会的终结时期，期间经历了辛亥革命、五四运动、北伐战争、抗日战争、解放战争，这一时期的中国社会发生了前所未有的社会巨变和社会冲突。与此同时，这一时期的思想和文化呈现出异彩纷呈、大放异彩的局面，新与旧、中与西的各种社会思潮和文化汇集、碰撞、融合，西方学说的大量涌入，使中国知识分子和中国社会视野开阔、思维活跃，特别是五四运动以后，思想、政治、文学艺术、学术等方面都逐渐活跃起来，出现了许多前所未有的代表人物和代表著作，翻开了中国文化史和学术思想史上灿烂辉煌的一页，形成了这一时期百家争鸣、流派众多、著述兴盛的新局面。

民国文献，作为这一特殊历史时期思想和文化的重要载体，也是这一历史时期史实的原始记录，记载了这一时期的中国万象，记录了这一时期中国的社会、政治、经济、思想文化、文学艺术、军事外交、哲学、历史、宗教等方面的内容，以及马克思列宁主义的译介和传播，记载了中华民族争取民族独立与国家振兴的光辉历史。民国文献作为时代烙印，是历史留给我们的一笔宝贵的文化财产，是研究民国历史的第一手资料。

1　民国文献的界定

根据《民国时期总书目》的定义，民国文献，特指 1911 年辛亥革命爆发至 1949 年中华人民共和国成立前我国出版发行的中文文献，包括图书、期刊、报纸以及舆图、票据、海报、传单、手稿、档案等各种文献[1]。对于"民国时期文献"，目前还没有严格的书面定义，在 2011 年 5 月 15 日至 18 日陕西西安召开的民国时期文献保护工作座谈会上，多数与会专家认为，"民国时期文献指的是形成于 1911 年至 1949 年这一特定历史时期的各种知识和信息的载体"，民国时期文献涵盖图书、期刊、报纸、手稿、书札，还包括海报、老照片、电影、唱片以及非正式出版的日记、传单、商业契约和票据等[2]。

2011 年，中国国家图书馆与国内文献收藏机构联合，策划了"民国时期文献保护计划"，2012 年 2 月 23 日，中国国家图书馆召开全国省级公共图书馆馆长座谈会，正式启动实施我国"民国时期文献保护计划"，这是中国国家图书馆继"中华古籍保护计划"之后推出的又一个全国性的文献保护项目，旨在抢救和保护民国时期的珍贵文献，继承和弘扬我国的优秀文化，并于 2012 年 3 月建成了民国时期文献保护网站。自"民国时期文献保护计划"启动以来，目前已在文献普查、海外文献征集、整理出版等方面取得重要成果。民国文献越来越受到重视，从高校图书馆馆藏民国文献的数量来看，高校图书馆馆藏的民国文献是非常丰富的，高校图书馆馆藏民国文献的抢救和保护开发势在必行，保护好民国文献也是我们图书馆人的神圣使命。

2　民国文献的价值

民国文献之所以越来越受到重视，其中一个重要的原因之一就是民国文献具有较高的史料价值、学术价值、文物价值和艺术价值。

2.1　史料价值

民国时期的史料种类繁多，从不同的方面描述了民国时期整个中国社会历史状况，上至政府政权的更迭，下至百姓生活的风俗，为我们研究民国历史和民国社会提供了重要的历史依据。如，民国时期的地方史志，记载了民国时期各个地方的社会、政治、经济、文化、自然等方面的情况；民国档案是直接形成的民国历史记录，具有历史再现性，是还原历史真实面貌的原始文献；民国时期的政府出版物，登载了当时执政者的法令、方针、政策、宣言、声明、人事任免、各项事业的统计数据等各类政府信息，反映出民国时期的社会面貌、基本状况及各政权组织的政治主张；报刊杂志记录了当时社会发生的各种事情，包括政治事件、社会问题、思想论争、文化娱乐等，反映了民国时期不同阶层人们对生活的关注和对社会问题的研究[3]。可以看出，不同类型的民国文献都具有一定程度上的史料价值，都从不同的角度反映了民国时期社会各个方面的历史状况。

2.2 学术价值

在学术界，民国时期被称为中国历史上的第三个"诸子百家"时期。在这一时期，涌入了许多西方的先进思想和学说，中西文化不断交流融合，西方先进思想与中国本土思想发生碰撞与冲突，许多的新兴学派不断出现，大批中国先进知识分子思维活跃，著书立作。在民国时期，社会、政治、经济、思想文化、文学艺术、哲学、历史、宗教等在学术方面都取得了前所未有的成就，同时马克思列宁主义进入中国并得到了广泛的传播。大批的先进知识分子著书立作，其中的一些学术著作忠实地记录各类学科的发展与演进，包含了很多的学术珍品，有的甚至成了学科专业的奠基之作。至此，中国传统的学术范式发生了深刻的转变，新的学术精神、学术范式、思维模式逐渐建立起来，瓦解了旧的学术范式，这也成了民国时期学术文献的一个重要的特点。这一时期的优秀学术著作对中国近现代学术的兴起和新兴学科的创建具有重要的学术价值[4]。民国时期文献的学术价值直接体现在著作和出版物的发展与繁荣上，因而具有较高的学术价值。

2.3 文物价值

民国文献的文物价值直接体现在近些年来在拍卖市场上的价值持续升温，有的甚至拍出了上百万乃至上千万的天价，具体还体现在红色文献价值的攀升、对民国文献版本的研究，以及名人手稿、信札的价值等方面。"红色文献"主要指1921年中国共产党成立至1949年中华人民共和国建立期间由中国共产党机关或各根据地所出版发行的各种文献资料，其中包括党的领袖著作、党组织各类文件及根据地出版的各种书籍和报刊杂志等[5]。红色文献在战争年代中发行，数量不多，且经历了战火的洗礼，是中国共产党领导全国人民进行反帝反封建斗争，解放全中国的历史见证[6]。红色文献不仅被博物馆、纪念馆等机构收藏，在拍卖市场和收藏界的价值也持续不断地攀升。民国文献文物价值的另一个体现是对其版本的研究和版本价值。近年来，版本研究学者对民国文献的版本进行了重新的认定和鉴定，版本的价值主要是体现在版式风格、工料水平、印制数量、流传情况等方面，跟"古籍"有很大的不同。民国"平装书"的普及是几千年中国文化的分水岭，翻开了中国文献史上的新篇章[7]。名人手稿、信札的价值直接体现在拍卖市场上拍出的天价，这些文献主要反映作者当时的思想和生活状况等，间接地反映出了当时社会的状况。此外，还有报纸期刊的创刊号、纪念刊、特刊、专刊等也具有较高的文物价值。

2.4 艺术价值

民国文献的艺术价值主要体现在印刷工艺和版本、装帧设计等方面。在民国时期，西方的机械印刷排版技术传入中国，各种各样的印刷技术产生了各种不同的民国文献的印刷工艺和印刷版本。在装帧设计方面，在传统装帧设计的基础之上，吸收了西方的装帧方式，封面的设计、开本的格式以及装订的形式等方面都发生了根本的变化，改线装书为平装书，逐步向现代书籍演进。其中封面设计是装帧设计最突出的特点，突出了民国时期的艺术品位和时代精神，体现了民国时期的艺术价值。

3 云南大学图书馆馆藏民国文献概述

3.1 馆藏种类繁多、数量丰富、学术价值高

东陆大学，是今云南大学的前身，创办于1922年，拥有着深厚的文化渊源，名师荟萃，大师云集。董泽、刘文典、林同济、方国瑜、费孝通、熊庆来、袁嘉谷、楚图南等大师在这里留下了不少珍贵的文献。云南大学图书馆始建于1923年，至今已有95年的历史，经过几代图书馆人的努力建设，藏书量已达到近450万册，并逐步形成了自己的馆藏特色，其中馆藏民国文献种类繁多，数量丰富，内容涵盖了社会、政治、经济、哲学、科技、地理、历史文学等多

方面，是云南大学图书馆的特色馆藏之一。云南大学图书馆馆藏各类民国文献近 20 万册，主要类型为：图书、期刊、报纸、图册及其他史料（见表 1）。如：馆藏《东方杂志》《禹贡》《新动向》《云南行政公报》，是在当时较有影响的期刊，且收藏较为齐整的；馆藏 1938—1940 年在昆明创刊的《新动向》，是一份综合性期刊，执笔者为陈玉科、楚图南、冯友兰、吴晗等学者，出刊以来，进步的、反动的、有学术价值或内容平凡的文章都有刊载，对学术和文化的发展具有重要贡献；馆藏 1934 年 3 月至 1937 年 7 月的《禹贡》（半月刊），该刊是中国历史地理学诞生的标志性刊物。

表 1 云南大学图书馆馆藏民国文献总表

图书	期刊	报纸	剪报	书信、画册、照片、地图
140000 册	17166 册	4285 册	18936 份	2000 份

馆藏民国影印报纸数量十分丰富，藏有 1872 年创刊的《申报》、1902 年创刊的《大公报》、1916—1918 年的《晨钟报》、1918—1928 年的《晨报》、1916—1949 年的《民国日报》、1925—1927 年的《工人之路》、1925 年的《热血日报》，大量解放区报纸及抗战时期报纸，如《红色中华》（瑞金，1931—1937）、《实话》（1930—1932）、《新中华》（上海，1933—1951）、《新华日报》（1938—1947）、《解放日报》（1941—1947）、《晋察冀日报》（1938—1948）、《人民日报》（华北版，1938—1948），解放战争时期的《东北日报》（1945—1954）等，其中 1872 年的《申报》是近代中国发行时间最久、最具广泛社会影响的报纸，是中国现代报纸开端的标志。

3.2 馆藏具有地域特色、民族特色、时代特色

馆藏民国文献具有鲜明的地域特色、民族特色、时代特色，内容数量丰富，形成了以云南地方文献、民族学文献、社会学文献、西南联大文献、抗战文献为优势的馆藏特色。

3.2.1 地域特色

云南大学图书馆馆藏民国文献的地域特色主要体现在云南地方文献中，其中馆藏的民国图书、期刊、报纸文献中有 360 余种是云南出版、云南人著以及

有关云南内容的文献。

馆藏民国图书有民族学、历史学大家方国瑜的《滇西边区考察记》，江应梁先生的《摆彝的生活文化》，万湘澄的《云南对外贸易概观》（该书收入《新云南丛书》），李佛一的《车里宣慰世系考订》，李霖灿的《黔滇道上》，民国《云南日报》创办者由云龙的《滇录》，方树梅的《明清滇人著述书目》，马梦良的《滇南杂记》，柯树勋的《普思沿边志略》，周宗麒的《大理县乡土治》，童振藻的《云南温泉志补》等。

馆藏民国期刊约有 230 余种为云南出版的期刊，并有 37 种入选《中国期刊大辞典》，如《云南盐务月刊》《边疆事情》《滇潮》《滇声》《云南学生》等，是云南大学图书馆独有或馆藏较整齐的。

另还有馆藏民国报纸、书信、照片等，都透露出浓郁的云南地域特色。

3.2.2　民族特色

云南大学图书馆馆藏民国文献的民族特色主要体现在馆藏珍稀的民族学、社会学、地方经济类文献。

馆藏民国图书有近百种珍稀民族文献，如：佘贻泽的《中国土司制度》、纳忠的《回教诸国文化史》、任映沧的《大小凉山开发概论》、国立中央大学地理调查组的《云南边地之民族与民族性》、徐益棠的《非常时期之云南边疆》，特别是由国立云南大学西南文化研究室编辑出版的《西南研究丛书》十册，迄今仍是云南民族研究的重要文献。地方经济类文献更是云南大学图书馆独有，如《云南产业经济调查报告丛刊》，云南大学图书馆共存 28 种，有 25 种 CADAL 尚未收录，该文献至今对云南经济发展具有重要的价值。

馆藏民国期刊中民族学、人类学、社会学方面期刊约 100 余种，如《民族学研究集刊》《民俗》《民族》《西南边疆》《边事研究》《边政公报》《史学集刊》《文史杂志》《人文科学学报》等等。这些期刊是民国时期民族学、社会学方面研究的珍贵资料。

馆藏民国报纸有 31 种云南地方报纸，如《云南日报》，每周都有一期"星期论坛"，都是由学术大家们撰写的研究性、时政性文章，内容涉及民族、经济、历史、政治等方面，至今都为研究者查找的第一手资料。

3.2.3　时代特色

云南大学图书馆馆藏民国文献的时代特色主要体现在馆藏国立西南联大及

抗战文献。抗日战争爆发之后,1938 年 4 月,国立北京大学、国立清华大学、私立南开大学从在长沙组成的国立长沙临时大学西迁至昆明,成立国立西南联合大学,直到 1946 年 7 月宣布停止办学,国立西南联合大学在云南昆明存在了八年时间,保存了抗日战争时期的重要科研力量,同时也培养了一大批优秀的毕业生。这使得云南具有了独特的地缘政治,也使得昆明成为了学术自由、思想解放、社会文化及自然科学等空前繁荣的重要阵地,这个时期的出版物也如雨后春笋般出现。当时的云南大学是云南省唯一的最高学府,一直受到地方政府的重视和大力扶植,与西南联合大学比邻相处,互帮互助,多有合作交流。因此云南大学图书馆馆藏这部分文献具有鲜明的时代特色。

馆藏民国报纸有抗日战争时期云南的五大报纸,即《云南日报》、《民国日报》、《中央日报》昆明版、《正义报》、《扫荡报》昆明版,及《朝报》《救亡日报》《民意日报》《观察报》《益世报》等,均有堪称齐整的馆藏。上述各报,足以系统反映西南联大在昆时期各种活动的基本线索和抗战轨迹。同时也是研究抗战与中国知识分子的重要史料。

馆藏民国期刊包括云南大学图书馆收藏的抗日战争时期的多种重要刊物。在抗日战争时期,虽然办学经费十分有限,但西南联合大学和云南大学不忘自己的责任,努力采取各种方式争取社会资助创办学术刊物,如:西南联合大学主办了《当代评论》和《今日评论》,云南大学主办了《中法文化》《战国策》《云大学报》《东陆校刊》,以及由两校教师参加创办了《自由论坛》等,此外还有《新动向》《时代评论》《民主周刊》等重要评论性刊物。上述刊物持续数年连续出版多期,云南大学图书馆馆藏接近百分之八十的数量。其他抗战文献还有《814 中国空军抗战纪念册》《大学生战时生活》《大众航军》《中美日报》等。

4　云南大学图书馆馆藏民国文献整理与保护的现状

4.1　设立民国文献特藏书库和民国文献阅览室

云南大学图书馆在东陆馆开设了专门的民国文献特藏书库和阅览室,同时成立了古籍部,将民国文献划归古籍部专门管理,为保护民国文献和开放利用创造了良好的环境和条件。特藏书库面积大、通风良好,定期进行防虫除虫工作,图书、期刊、报纸分类摆放在书架上,并进行了排序,便于查找。另一方面,设置了专门的民国文献阅览室，为师生提供民国文献的室内阅览服务，同时在阅览室里设置了专门的民国文献展柜，展示馆藏珍贵特色民国文献，面向师生开放参观。同时，制定了合理的民国文献书库管理规定和民国文献的借阅制度，安排专门的工作人员进行管理。

4.2　进行数字化加工处理

根据馆藏民国文献的价值、破损程度、利用率，按计划分批次进行数字化加工处理，再提供读者查阅。目前已完成民国期刊170种，共939册67550页的数字化加工处理。同时，将已有的卡片目录和书本目录制作成电子化目录，实现了数字化目录和网络检索，另外还在进一步完善有书无目文献的目录。经过数字化加工处理的文献，在校园网IP控制范围内面向全校师生提供在线阅读。申报了《民国文献资源数字化外包》项目，将普通民国文献数字化项目外包，计划三年内完成普通民国文献的扫描、图像处理、格式转换等数字化工作和数据标引，不仅实现了民国文献的全文数字化阅览，而且加快了民国文献的数字化保护工作的进度。

4.3　设专职修复人员修复民国文献

云南大学图书馆古籍部专门设置了两名专职修复人员，全面开展古籍和民国文献的修复工作。自古籍部成立以来，已经修复了数十幅民国地图及一些民国文献。

4.4　馆藏民国文献的整理和研究

在对馆藏民国文献的整理、清核的过程中，云南大学图书馆展开了专题研究并整理发掘出一些珍贵文献。

4.4.1　建成了民国文献禁毒数据库

云南紧邻"金三角"毒源地，属边疆贫困地区，这里的毒品问题是世界范围内公共卫生调控的关注点，也是当今社会面临的重大挑战。如何认知与应对，成为学术研究与政府决策中无法回避的问题。云南大学图书馆在整理民国文献的过程中，将民国文献中有关毒品的文献进行挖掘与整理，为学术研究、政府决策提供文献支撑，经过几年的持续工作，已完成了 7 万余条数据的全文数字化，并利用 Riss 软件建成网站，服务全校研究人员。

4.4.2　进行剪报资料的分类整理、标引

云南大学图书馆馆藏的中央研究院社会科学研究所剪报室（1929—1934）剪报资料涵盖政治、经济、军事、文化、教育、社会等方面的内容，有中、英、法、日四个文种，是学术研究不可多得的珍贵文献资料。目前，整理、标引、数字化工作正在有序进行中。

5　云南大学图书馆馆藏民国文献保护存在问题

云南大学图书馆历史悠久，馆藏民国文献种类繁多、数量丰富，但是保护工作尚不完善，不尽如人意，民国文献正在急速老化、损毁、面临消失。除了民国文献纸张本身存在严重的酸化问题之外，还存在以下几个方面的问题：

5.1　民国文献保存的硬件条件尚不达标

云南大学图书馆馆藏民国文献，因存放在东陆馆，馆舍陈旧，受条件限制，无法进行恒温恒湿设备改造，虽然得益于昆明地区天然的气候条件，云南大学图书馆民国文献已经过数十年的存放，但是纸张酸化、发黄、老化、变脆的问题也在加剧，有的民国报纸甚至一触即碎，已经不能再进行阅览；另一方面，民国文献特藏书库目前尚无专用的木质书架和书柜存放民国文献；再者，由于民国文献纸张脆化的问题严重，不敢轻易挪动整理，文献除尘工作也是一个棘手的问题。

5.2　家底仍需进一步清点核实

虽然云南大学图书馆馆藏民国文献资源丰富，也建成了专门的特藏书库，但是目前家底仍需进一步清点核实。在建成专门的特藏书库之前，民国文献还散落于不同校区的图书馆，大部分的民国文献已经分批搬迁到特藏书库，但仍然有少部分的民国文献还散落在不同校区的图书馆里。民国图书有的缺失编目数据，

有的甚至没有进行过编目；民国期刊也存在有刊无目、有目无刊、无刊无目的情况。在搬迁的过程中，有的民国图书因为残损严重，出现书页、封面脱落的情况，有的脱落的书页或封面不知道来自于哪本书，得不到及时的修补和保护。

5.3 资金不足

资金不足是高校图书馆面临的长期难题，相比普通的文献而言，民国文献的保护需要的资金量比较大，需要购置相关的恒温恒湿空调设备、防尘防虫书架、专业的修复工具和保护装具，最重要的还有修复民国文献和进行数字化工作所需的扫描仪等大型设备，这些都需要投入大量的资金。由于长期积累的种种问题，拨款经费与实际资金需求之间存在很大的缺口，导致民国文献保护的进度跟不上其损坏的速度。云南大学图书馆的民国文献保护也面临同样的难题，目前的特藏书库缺乏必需的恒温恒湿空调设备、缺乏专门的书架和保护装具，其中的原因之一也是购置资金不足。

5.4 专业的修复人员不足，欠缺修复经验

和很多高校图书馆的情况一样，云南大学图书馆也面临专业的民国文献修复人员缺乏的问题。目前，馆里现有的两名修复人员，虽然参加过国家图书馆举办的文献修复培训，但由于欠缺丰富的修复经验，不具备高难度的专业修复技术，所掌握的技术不能真正投入到破损情况严重而复杂的民国文献的修复实践中。另外，近年来派出到国家图书馆进行学习的馆员，因为参加的都是短期的学习培训，修复技术未能达到熟练的程度，同样不能真正投入到破损严重的民国文献的修复实践中，再加上欠缺专业的修复工具和设备，使得损坏的民国文献得不到及时的修复和保护。

6 高校图书馆馆藏民国文献保护对策

结合云南大学图书馆馆藏民国文献的现状和存在问题，笔者提出了相应的解决对策。高校图书馆应该借助"民国时期文献保护计划"的契机，重视民国文献的保护和开发利用，从资金、保存条件与设备、培养修复人员、数字化等方面着手，为民国文献的保护创造良好的环境。具体有以下方面：

6.1 树立和增强保护民国文献的意识

在思想观念上，作为图书馆工作人员，应该树立和增强保护民国文献的意识，认识到保护民国文献的重要性、必要性和紧迫性。确立以保护为主，兼顾师生使用的原则，因为民国文献是不可再生的珍贵资源，并且保护难度大，只有先进行抢救修复和保护，才能做进一步的开发和使用。另一方面，提升师生读者保护民国文献的意识，加强入馆读者的常规教育。如：每年新生入学进行的新生入馆培训，使他们对图书馆的功能与服务、馆藏资源与布局等有一个全面的认识，能够科学有效地利用馆藏资源和数据库资源等信息资源，尤其强调保护民国文献资源的认识与意识，提高师生读者的信息素养。此外，在日常民国文献阅览室开放时间内，对进入阅览室借阅民国文献的师生读者进行及时的提醒和指导保护民国文献，形成常规化教育，还可以在阅览室显目的位置摆放相关的阅览注意事项和管理制度等。

6.2 加大对民国文献修复和保护的资金投入

加大资金投入是高校图书馆面临的一项长期的难题，民国文献的修复和保护所需资金投入比较大，涉及改善保存书库，安装相关的空调设备，购买遮光防尘的书架、专业的修复工具、保护装具等方方面面。一方面，可以考虑争取政府部门的财政支持，让政府部门也认识到保护民国文献的重要性和紧迫性，民国文献是属于我们的共同的文化财富，考虑设立民国文献修复和保护的专项资金，专款专用于民国文献的修复和保护。另一方面，可以考虑向社会各界发起募集资金，多种渠道筹集资金。图书馆应该通过各种方式向社会各界进行宣传和教育，引起社会各界的共同关注，共同认识到修复和保护民国文献的重要性和紧迫性，正确合理引导社会资金、民间资金以及个人资金投入到民国文献的修复和保护中。如：鼓励相关企业捐赠恒温恒湿空调设备、扫描仪、遮光防虫书架等。

6.3 改善民国文献的保存环境

民国文献的保存环境与其寿命的长短有着直接的影响。在资金充足的情况下，应在民国文献的保存书库安装相应的设备，如：恒温恒湿空调设备、抽湿机、吸尘器等。可以考虑按照《国家古籍特藏书库基本要求》进行改善，一方面，控制好民国文献保存书库的温度，尽可能把保存书库的温度控制在 18℃—22℃，这个温度是保存文献的最佳温度；另一方面，控制好民国文献保存书库的湿度，尽可能保证书库的湿度在 50%—60%，这个湿度是最适宜的，如果书库太过于潮湿，水分含量过多，容易造成文献发霉、粘黏、腐蚀，如果书库太干燥，容易导致文献发脆破损。此外，更换民国文献的保存书架，采用封闭式的樟木书架，针对民国报纸采用专用的装具进行保护；做好书库窗户的防光隔离窗帘，避免阳光照射加速老化破损；定期做好书库的通风换气以及除虫除尘工作。

6.4　摸清家底，进行分级保护和鉴定

2012 年 2 月 23 日，中国国家图书馆召开全国省级公共图书馆馆长座谈会，正式启动实施我国"民国时期文献保护计划"。高校图书馆应该利用好这一契机，一方面，积极踏实开展普查馆藏民国文献，与各个学科的资料室进行合作，确定民国文献的具体数量，包括总量、各类部的数量、复本数量等，摸清家底，做好相关数据的统计登记，进行统一编目，完善现有的目录体系。另一方面，在普查过程中，也要摸清民国文献的破损残缺情况，包括纸张情况、老化程度、破损残缺情况等，做好详细的登记统计。再者，摸清本馆馆藏民国文献的特色，将完整的具有一定规模的专题类文献的情况梳理清楚，以待进一步开发和利用。最后，从史料价值、学术价值、文物价值、艺术价值等方面，摸清民国文献的价值。在上述摸清家底的情况下，建立文献的分级保护和鉴定体系，可以考虑从文献的老化破损程度、文献价值大小、利用频率、复本数量等方面进行分级保护，进行鉴定。

6.5　培养专业的民国文献修复人才

由于民国文献纸张本身存在的酸化问题，使得民国文献的修复不同于古籍的修复。根据图书馆工作人员的情况，加强工作人员对文献修复和保护理论知识的学习，将具有一定文献修复工作基础的人员派往国家图书馆或者一些具备一定的民国文献修复技术水平的图书馆进行培训学习，尽快培养一批专业的民国文献修复人才。

6.6 加快数字化建设，建设本馆民国文献特藏数据库

当今信息化和数字化的快速发展，为保护民国文献提供了新的途径，如缩微胶卷、光盘、扫描、数据库等方式。一方面，可以考虑根据民国文献的价值，对文献全文或者索引进行数字化，也可以考虑根据民国文献自身的纸张状况以及破损程度，选择不同的数字化方式，制成民国文献目录数据库或者民国文献全文数据库，读者通过电子设备终端就可以查阅和利用这些珍贵的文献，减少了对文献的损伤。另一方面，根据对馆藏民国文献的普查，在摸清家底的基础上，经过查缺补漏，可以考虑建设本馆民国文献特藏数据库，进行更深层次的开发和利用。

7 结语

民国文献作为时代烙印，是历史留给我们的一笔宝贵的文化财产，人人都有保护民国文献的责任。作为图书馆的一员，我们更有责任和义务保护好民国文献。高校图书馆应该充分认识到民国文献整理与保护的紧迫性和重要性，结合自身的馆藏状况，积极开展民国文献整理与研究，并积极寻找和探索保护的方法和技术。是我们民国文献管理者的责任和义务。

参考文献

［1］国家图书馆．民国时期总书目［Z］．北京：书目文献出版社，1996．
［2］马子雷．国图报告献策民国时期文献保护［N］．中国文化报，2011-05-19（002）．
［3］刘伟华．民国时期文献价值概览［J］．新世纪图书馆，2015（3）：72-78．
［4］张丁，王兆辉．浓墨重彩沧桑厚重——民国文献的价值及馆藏现状［J］．图书与情报，2011（2）：139-141+144．
［5］中国经济网．拍卖价逐年走高"红色文献"藏市最抢眼［EB/OL］．（2011-06-21）［2014-02-10］.http://news.ch-ina.com.cn/rollnews/2011-06/21/content_8439722.htm.
［6］同［3］．
［7］同［3］．

作者简介

杜宇芳　云南大学图书馆古籍部主任，副研究馆员
杨苏琳　云南大学图书馆助理馆员

整理与利用

民国时期上海地区教育期刊文献整理研究

胡姗姗　俞凯君　龚瑞怡

摘　要：近年民国文献整理和研究工作开展得如火如荼，但查阅相关资料，有关民国时期上海地区教育期刊文献的整理及研究还尚未出现，本文从民国时期上海地区教育期刊的数量、发展轨迹、内容特点等方面进行梳理，并对目前民国时期上海地区教育期刊馆藏情况及数字化情况进行研究，以期抛砖引玉，为学界提供相关参考。

关键词：民国　教育期刊文献　上海

上海自开埠以来，资本主义工商业发达、与西方交流频繁，经历了开埠初期的萌芽及清末大发展，民国时期的上海教育已经步入稳健发展的相对成熟期，上海教育界呈现出一派新气象：新式教育体系的逐步完善，大量近代教育家长期在沪开展教育活动，都为教育期刊的发展创造了条件。民国时期上海出版的教育期刊，记载了全国以及上海教育发展的历史，是上海地方文献的重要组成部分，对上海及中国教育的发展具有宝贵的参考价值。

本文即对这一时期上海地区出版发行的教育期刊进行汇总，并分析这一时期上海地区教育期刊的出版情况、内容特点以及数字化现状。本文调查的民国时期上海地区出版的教育期刊是指 1912 年至 1949 年这一时期出版的教育期刊，包括早期创刊延续至民国期间出版的教育期刊以及部分教育校报。

1　文献调查途径

1.1　网络文献检索

本文在统计民国时期上海地区出版的教育期刊数量情况时，所查阅的数据库为：上海图书馆"民国时期期刊全文数据库（1911—1949）"、国家图书馆"民国中文期刊资源库""大成老旧刊全文数据库""瀚堂近代报刊全文数据库""CALIS 联合目录""CADAL"。同时查阅上海图书馆馆藏目录、复旦大学图书馆馆藏目录、上海交通大学图书馆馆藏目录、华东师范大学图书馆馆藏目录、上海师范大学图书馆馆藏目录信息，确定民国时期上海地区教育期刊刊种及各馆收藏的卷期和年限。

1.2　查阅相关文献及论文参考文献

通过查阅文献及论文参考文献，查找民国时期上海地区教育期刊，如顾明远主编的《教育大辞典》附录：《中国近代主要教育期刊一览表》、《（1833—1949）全国中文期刊联合目录》（增订本）、《民国时期总书目（1911—1949）：教育·体育》。

2　民国时期上海地区教育期刊出版情况

2.1　出版概况

笔者通过上述方式广泛查阅、全面梳理甄别，通过定量分析，确定"民国时期上海地区出版发行教育期刊目录"（以下简称"目录"），见表1，共175种。同时"目录"不包括综合性校报及综合性学生刊物。

表1　上海地区出版发行教育期刊简要目录（按创刊时间排序）

序号	刊　名	创刊时间	出版周期	出版发行
1	儿童教育画	1908	月刊	商务印书馆
2	教育杂志	1909.1	月刊	商务印书馆
3	中华教育界	1912.1	月刊	中华书局
4	通俗教育研究录	1912.6	月刊	通俗教育研究会
5	教育研究	1913.5	月刊	江苏省教育会
6	江苏教育行政月报	1913	月刊	省公署政务厅教育科
7	教育杂志	1914.11	不定期	松江县教育会

续表

序号	刊　名	创刊时间	出版周期	出版发行
8	宝山教育界	1914	四月刊	宝山县教育界
9	中华学生界	1915.1	月刊	中华书局
10	南洋	1915.3	季刊	南洋公学同学会
11	嘉定小学教育研究录	1915	不定期	嘉定县教育会
12	南汇县教育会月刊	1915	双月刊	南汇县教育会
13	江苏省教育会月报	1916	月刊	江苏省教育会
14	江苏省教育会临时刊布	1916	旬刊	江苏省教育会
15	教育与职业	1917.1	双月刊，月刊，季刊	中华职业教育社
16	少年进德汇编	1917	不详	上海少年进德会
17	震旦大学院杂志	1917	不定期	震旦大学院
18	世界教育新思潮	1919.3	不详	有正书局
19	教育界	1919.7	周刊	有正书局
20	教育丛刊	1919.12	月刊	中华书局
21	新教育	1919	月刊	商务印书馆
22	小学教育界	1919	季刊	小学教育共进会
23	美育	1920.4	月刊	中华美育会
24	宝山县教育会年刊	1920	年刊	宝山县教育会
25	奉贤教育汇刊	1920	不定期	奉贤劝学所
26	学生杂志	1920	月刊	商务印书馆
27	中等教育	1921.12	不定期	中华书局
28	中华职业学校半月刊	1921	半月刊	职业市半月刊社
29	华东教育	1921	月刊	华东青年团教育部
30	华东青年团教育部月刊	1921	月刊	华东青年团教育部
31	心理	1922.1	季刊	中华书局
32	青浦县教育月刊	1922	不详	青浦县教育月刊社
33	教育与人生	1923	周刊	上海申报馆
34	奉贤县第一区城市教育会汇刊	1923	不详	不详
35	金山县教育月刊	1923	月刊	上海金山县教育局
36	教师丛刊	1924.1	不定期	中华基督教教育会

续表

序号	刊 名	创刊时间	出版周期	出版发行
37	教育周报	1924.3	周刊	上海民国日报馆
38	江苏第二师范区小学教育研究会年刊	1924.5	年刊	青浦县小学教育研究会
39	教育季刊	1925.3	季刊	中华基督教教育会
40	中华职业学校职业市月刊	1925	月刊	中华职业学校职业市
41	教育公报	1925	不定期	上海华东基督教教育会
42	国语月报	1926.6	月刊	全国国语教育促进会
43	国语报	1926.6	旬刊	全国国语教育促进会筹备处宣传股
44	青浦县教育季刊	1926	季刊	青浦县教育局教育会
45	南汇县学事月报	1926	月刊	南汇县（上海）教育局
46	荷属华侨学生会	1927.1	季刊	上海荷属华侨学生会
47	教育季刊	1927.6	季刊	大夏大学教育季刊社
48	上海县教育月刊	1927.9	月刊	上海县教育局月刊编辑委员会
49	宝山县教育月刊	1927	月刊	宝山县教育局
50	青浦教育	1927	不定期	青浦县教育局
51	上海教育	1928.2	半月刊、月刊	上海特别市教育局
52	儿童教育	1928.3	月刊	开明书店
53	教学研究	1928.11	月刊	上海特别市政府教育局
54	上海特别市教育局月刊	1929.3	月刊	上海特别市教育局编审委员会
55	上海特别市市立学校教职员联合会会刊	1929.3	不详	上海特别市市立学校教职员联合会
56	上海特别市教育局教育周报	1929.5	周刊	上海特别市教育局编审委员会
57	教育建设	1929.6	不定期	大夏教育科同学会
58	教育学报	1929.12	不定期	光华大学教育学会
59	光华教育学报	1929	不详	上海光华大学
60	上海特别市教育设计	1929	不详	不详
61	青浦县教育会会刊	1929	月刊	青浦县教育会

续表

序号	刊 名	创刊时间	出版周期	出版发行
62	宝山民众	1929	半月刊	宝山县教育局
63	南汇教育	1929	不定期	南汇县教育局
64	小学教育	1930.5	季刊	江苏省立实验小学联合会
65	上海市教育局教育周报	1930.7	周刊	上海市教育局编审委员会
66	教育季刊	1930.9	季刊	暨南大学教育学院
67	社会与教育	1930.11	周刊	社会与教育社
68	上海市教育局月刊	1930	月刊	上海市教育局
69	中学生	1930	月刊,半月刊,月刊	开明书店
70	青浦教育月刊	1931.1	月刊	青浦县教育局
71	教育·社会	1931.3	月刊	不详
72	师范生	1931.4	月刊	师范生杂志社
73	教育季刊	1931.5	季刊	上海市教育局
74	上海县教育局年报	1931.5	年刊	不详
75	时代与教育	1931.12	旬刊	中国教育建设社
76	教育研究	1931	年刊	大夏师专同学会
77	学校评论	1931	月刊	学校评论社
78	小学教育的通讯	1932.1	双月刊	中华基督教教育会
79	政治与教育	1932.3	周刊	中国学术社
80	新奉贤教育周刊	1932.9	周刊	奉贤县教育局
81	国语教育	1932	不详	上海国语专修学校
82	嘉定教育	1932	月刊	嘉定县教育局
83	川沙民众	1932	月刊	川沙县教育局社会教育科
84	中华职业教育社社务月报	1933.1	不定期	中华职业教育社
85	教育学期刊	1933.1	半年刊	复旦大学教育系系友会
86	现代父母	1933.2	月刊	中华慈幼协会
87	上海教育界	1933.2	月刊	上海教育会
88	大上海教育	1933.3	月刊	上海市教育局第一科庶务股
89	教育创造	1933.3	不详	上海国立暨南大学教育学院同学会
90	上海市教育统计	1933.8	不详	上海市教育局

续表

序号	刊 名	创刊时间	出版周期	出版发行
91	沪大教育	1933	年刊	上海沪江大学教育研究社
92	教育与生活	1933	不详	上海暨南大学教育学系读书会
93	读书中学	1933	月刊	神州国光社
94	上海各大学联合会会刊	1933	不详	上海各大学联合会
95	宝山教育	1933	半月刊	宝山教育局
96	上海市教育局业务报告	1933	不详	上海教育局
97	大夏大学教育学会会刊	1934.1	不定期	大夏大学教育学会
98	生活教育	1934.2	半月刊	儿童书局
99	大夏	1934.4	月刊	大夏大学大夏学报社
100	健康教育：中华儿童教育社年刊	1934.4	年刊	大东书局
101	教育新闻	1934.4	旬刊	上海教育新闻社
102	童育	1934.8	月刊	童育月报社
103	中山文化教育馆季刊	1934.8	季刊	中山文化教育馆
104	中华职业学校职业市市刊	1934	不定期	中华职业学校职业市
105	教师之友	1935.1	月刊	儿童书局总店
106	社教通讯	1935.2	月刊	社教通讯编辑委员会
107	生计教育	1935.6	月刊	生计教育社
108	中等学校训育研究	1935.7	不定期	中国女子中学
109	金山县教育年报	1935	年刊	金山县教育局
110	新儿童杂志	1935	季刊	中华儿童用品社
111	民生教育	1935	月刊	上海民生教育社
112	宝山新教育	1935	月刊	宝山县教育局
113	心理季刊	1936.4	季刊	上海大夏大学心理学会
114	大众教育	1936.5	月刊	大众教育社
115	中国教育制度讨论专刊	1936.7	不详	商务印书馆
116	上海民众	1936.11	半月刊	上海市市立民众教育馆
117	生活教育研究会会刊	1936.12	月刊	生活教育研究会会刊社
118	国难教育	1936	周刊	国难教育社
119	教育研究通讯	1936	月刊	大夏大学教育学院

续表

序号	刊 名	创刊时间	出版周期	出版发行
120	卫生教育	1936	月刊	上海卫生教育社
121	上海妇女教育馆年刊	1936	年刊	上海妇女教育馆
122	青年教育	1936	月刊	上海青年教育月刊编委会
123	播音教育月刊	1936	月刊	商务印书馆
124	中国卫生教育	1936	月刊	中国卫生教育社营业部
125	新教师	1936	月刊	新教师社
126	社会教育季刊	1937.1	季刊	上海大夏大学社会教育研究会
127	教育论文摘要	1937.1	月刊	上海复旦大学
128	川教新论	1937.3	不详	不详
129	民生教育	1937.4	月刊	中国民生教育学会
130	初等教育	1937.5	月刊	上海市初等教育月刊社
131	现代教育评论	1937.5	半月刊	现代教育评论社
132	宗教教育季刊	1937	季刊	上海中华基督教教育促进会
133	战时教育	1937	月刊，旬刊，半月刊	生活教育社
134	电化教育	1937	月刊	中国电影教育用品公司
135	中华职业教育社社务通讯	1938.3	不定期	中华职业教育社
136	教育通讯	1938.3	周刊，旬刊，半月刊	上海正中书局
137	今日之教育	1938	不详	不详
138	安琪儿	1938	半月刊	小学教育出版社
139	小学教师	1939.3	月刊	上海工部局小学教职员进修会
140	中学生活	1939	月刊	中学生活社
141	生活教育十二周年纪念刊	1939	特刊	生活教育社
142	学与生	1939	不详	学与生月刊社
143	教育月刊	1939	月刊	教育月刊社
144	职教通讯	1940.3	月刊	中华职业教育社上海分社
145	大学季刊	1940.4	季刊	上海大学季刊社
146	时代教育	1940.5	月刊	时代教育月刊社

续表

序号	刊 名	创刊时间	出版周期	出版发行
147	小学教育	1940.7	月刊	小学教育月刊社
148	小教生活	1940.9	不定期	上海中华基督教青年会
149	社讯	1941.3	不定期	中华职业教育社
150	南洋文化	1941.6	不详	南洋文化学会
151	新儿童教育	1941	月刊	上海儿童教育月刊社
152	正言教育月刊	1941	月刊	教育月刊社
153	金山县教育季刊	1942.1	季刊	金山县教育局
154	新学生	1942	月刊	江苏省教育厅秘书室庶务股
155	教师生活	1945.11	月刊	教师生活社
156	教育与文化	1946.1	月刊	教育与文化杂志社
157	上海文化函授学院院讯	1946.3	不定期	上海文化函授学院
158	上海教育	1946.8	月刊	上海教育出版社
159	国民教育辅导月刊	1946.12	月刊	上海市第一国民教育示范区办事处，上海市第二国民教育示范区办事处
160	上海教育周刊	1946.12	周刊	上海教育出版社
161	音乐与教育	1947.7	月刊	音乐教育协进会
162	音乐评论	1947.7	双周刊	音乐教育协进会
163	生活教育通讯	1947	不定期	生活教育社
164	教育学报	1947	不详	上海圣约翰大学教育学会
165	中国教育学会年报	1947	年刊	中国教育学会
166	现代教学丛刊	1948.2	双月刊	华华书店
167	上海教育	1948.2	周刊	上海教育出版社
168	儿童与社会	1948.4	月刊	上海儿童福利促进会
169	生活教育丛刊	1948	不详	生活教育丛刊社
170	教师进修	1949.5	不详	上海国民教育实验区
171	上海教联特刊	1949	不详	上海市中小学教职员联合会筹备委员会
172	华侨教育	192？	不定期	国立暨南大学师范科同学会
173	教育评坛	19？	不详	上海暨南大学

续表

序号	刊 名	创刊时间	出版周期	出版发行
174	嘉定县中心制的教育	192？	不详	嘉定县（上海市）教育局
175	上海教育月刊	193？	月刊	上海县教育局

2.2 出版发展轨迹

经核实，笔者收集到民国期间上海地区出版的教育期刊共有 175 种，除去表 1 内 1908 创刊的《儿童教育画》、1909 年创刊的《教育杂志》以及创刊年份不详的《华侨教育》《教育评坛》《嘉定县中心制的教育》以及《上海教育月刊》，明确创刊时间的有 169 种期刊。这 169 种期刊若以每 5 年作为一个统计点，对它们的创刊时间进行分析可以发现：1912—1916 年间上海地区仅有 12 种教育期刊创刊，占比 7.10%，这一数值在后 10 年间没有发生较大变化，创刊数量整体趋于平稳。自 1927—1931 年开始，上海地区教育期刊的创刊数量倍增，达到 32 种，占总数 18.93%；到 1932—1936 年间到达峰值 48 种，占总数 28.40%；1937—1941 年开始逐渐下降，但创刊数量也达到 27 种，占总数 15.98%；1942—1946 年为最低值，5 年间仅有 8 种，占总数 4.73%；1947—1949 年这 3 年，创刊量又有所增加，有 11 种，占总数 6.51%。见图 1：

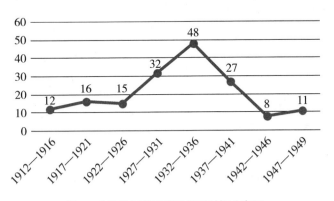

图 1 上海地区教育期刊创刊时间分布图

若以南京国民政府建立、卢沟桥事变爆发、抗战胜利等重大历史事件为时间节点进行统计分析，则得出图 2：

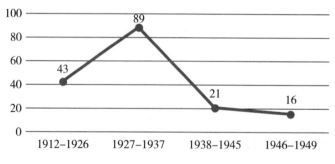

图 2　上海地区教育期刊创刊时间分布图

由图 2 可看出，民国时期上海地区教育期刊的一个明显发展轨迹：

1912—1926 年——初兴阶段。这一时期上海地区教育期刊创刊量有 43 种，占总数的 25.44%。在这一时期出现了中华书局创办的教育月刊《中华教育界》，中华职业教育社编辑并发行的《教育与职业》等。这些发行量大、发行时间长、发行范围广的期刊对整个中国的教育产生了广泛而又深远的影响。但这一时段，由于大革命浪潮的影响，教育期刊也难免会有良莠不齐的一面。

1927—1937 年——蓬勃发展阶段。卢沟桥事变前国内政治局面相对稳定，文化教育事业及教育期刊都得到很大发展，上海地区出版发行的教育类期刊达到 89 种之多，占整个民国时期该地区教育期刊创刊量的 52.66%。该时期的教育期刊有政府部门创办的《上海教育》《上海市教育局教育周报》《教育季刊》；高等院校创办的《教育学报》《教育建设》《教育季刊》《沪大教育》等；还有知名出版机构如商务印书馆、大东书局等创办的《中国教育制度讨论专刊》《健康教育：中华儿童教育社年刊》等；1937 年抗战全面爆发后，还专门创办发行期刊《战时教育》，作为宣传教育抗战和教育救国的刊物，在当时的中国社会发挥了一定作用。

1938—1945 年——低谷阶段。抗战全面爆发，孤岛时期上海的教育事业和教育期刊事业遭到严重打击，大量教育期刊被迫停办，一些新创办的教育期刊，也迫于严苛的环境，在很短的时间内夭折。少数教育期刊如《教育杂志》《战时教育》辗转至重庆、汉口、长沙等地出版。这一时期上海地区教育期刊的创刊量骤跌到 21 种，占比 12.43%。

1946—1949 年——战后恢复阶段。抗战胜利后，大量教育机构回迁，教育期刊出版发行进入恢复重建阶段，即使在国共和谈破裂，内战全面爆发时期仍新增 16 份教育期刊，占比 9.47%。有教育与文化杂志社编辑出版的《教育与文化》，上海教育出版社创办的《上海教育周刊》《上海教育》等等。

2.3　出版发行主体

纵观民国时期上海地区教育期刊文献的出版发行主体，除却个别刊物出版发行机构不详外，政府机构、教育团体、高等院校和出版机构是教育期刊创办的主要力量。

2.3.1　政府机构

民国时期出于教育重建、培植人才、传达政令的目的，政府机构一直没有松懈对教育期刊的创办。此类教育期刊侧重宣传教育行政法令、发布教育言论、报告教育概况。如：上海特别市教育局发行的《上海教育》，上海县教育局创办发行的《上海县教育月刊》、区县教育局创办的《宝山新教育》《奉贤教育》等。

2.3.2　教育团体

上海作为新文化运动的主要阵地之一，汇聚了一大批优秀的新型知识分子，各级教育会、教育研究会等教育团体是创办教育期刊的又一主力军。其中最具代表性的期刊当属 1913 年出版发行的《教育研究》，该刊以研究教育实际问题为主旨，发表有关学校教育、社会教育的论述，各科教学法的研究心得，是研究中国近现代历史、教育的重要刊物。

2.3.3　各类院校

民国时期，上海的高等教育门类在全国是最全且发展规模最好的。上海高等院校积极创办自己教育期刊，倡导新式教育，传播新式教育理念。如大夏大学创办的《教育季刊》《教育研究通讯》，国立暨南大学创办的《华侨教育》，复旦大学创办的《教育学期刊》，沪江大学创办的《沪大教育》，上海圣约翰大学创办的《教育学报》等等。

2.3.4　出版机构

上海作为全国出版业的中心，出版机构通过编写教材、翻译国外著作、创办期刊杂志等手段宣传教育理念、服务教育事业。民国时期老牌的商务印书馆、中华书局、大东书局、世界书局等大量出版机构参与到教育期刊的创办发行中。商务印书馆创办的《教育杂志》以及中华书局创办的《中华教育界》都是中国近代史发行时间较长，影响力较大的教育期刊。其余如 1917 年中华职业教育社创办的《教育与职业》，1928 年开明书店创办的《儿童教育》，1935 年生计教育社创办的《生计教育》，1936 年中国卫生教育社创办的《中国卫生教育》等，内容涵盖职业教育、儿童教育、卫生教育等多个领域。

2.4　内容设置

民国时期，上海地区教育期刊文献的内容设置十分丰富，具有鲜明的时代特征，概括起来有下列几种：

2.4.1　教育思想、理论、方法的研究讨论

各类教育思想的讨论、中外流行教育理论的传播以及新式教育方法的研究是民国时期上海地区教育期刊文献的首要内容。绝大多数教育期刊，如《教育杂志》《中华教育界》《教育周报》《教育季刊》《教育研究》等均设置有学术、研究、时论等栏目，其中最具影响力的《教育杂志》在 1914 年还将第六卷临时增刊为《教育研究实用主义问题》。民国时期上海地区的教育期刊在西方教育理论的传播，国内新兴教育思想、教育方法的实践和研究，推动近代教育事业发展上起着重要作用。

2.4.2　政策法规的宣传

这方面以政府机构创办的各类教育期刊为主。如由上海特别市教育局创办的《上海教育》《上海特别市教育局教育周报》，区县《奉贤教育汇刊》《金山县教育季刊》等，其他诸如《国民教育辅导月刊》设有"重要法令"，《教育杂志》设有"教育法令"，《教育通讯》设有"教育消息""教育法令"相关栏目，用以宣传中央教育部及上海市有关教育的法令、法规，这些文件为我们研究民国时期的教育法案保留了原始资料。

2.4.3　西方教育理论及教育方法的翻译及介绍

民国时期西方教育理论的传播是教育期刊的一项重要内容。教育期刊均会

不定期刊登一些介绍国外教育情况的文章，使读者了解国外的教育理念、方法、趋势及实践。1929 年由光华大学创办的《光华教育学报》翻译了多部外国教育学者著作，对西方先进教育思想的传入起到了引导作用。

2.4.4　各类统计及调查报告

各项重要教育统计资料，各类型教育机构、教育事业的调查报告也是民国时期上海地区教育期刊的一个重要内容。大量教育期刊开设"统计""报告"等栏目，记录了当时教育经费、学校建设、办学规模等情况。如《教育与职业》刊载黄炎培的《江阴南通苏州农业教育调查报告》以及《调查汕头职业学校报告书》，《教育丛刊》刊载刘薰宇的《河南省第一师学校现状》，《教育季刊》刊载的调查报告《上海租界教育（附表）》《市立厂头小学环境调查报告（附表）》，以及有关西方学校办学的考察报告《纽约柏女士经营儿童大学参观记》等。此外像《上海市教育统计》《上海县教育局年报》《上海市教育局业务报告》等官办期刊刊载了大量教育事业统计资料。这些统计数据和调查报告对于了解当时上海乃至全国的教育情况具有重要的史料价值。

2.4.5　其他

民国时期上海地区教育期刊除了传播教育理念、研究教育理论、探讨教育实践、进行教育统计调查之外，还有新闻通讯、教育人物介绍、演讲语录、小说杂文、教育史料、科普文章等等各项内容。还有如《儿童教育画》《中华学生界》等期刊设有图画、游戏、字谜、学生作文等内容。

3　上海市民国时期教育期刊馆藏情况、数字化现状及存在问题

3.1　上海市现存上海地区民国时期教育期刊的馆藏情况及数字化情况

3.1.1　馆藏情况

经调查，上海市馆藏民国时期上海地区教育期刊的单位有上海图书馆、复旦大学图书馆、上海师范大学图书馆、华东师范大学图书馆。

上海图书馆，读者可通过索引卡片查找馆藏民国时期上海地区教育期刊；其余单位读者可通过 OPAC 查询相关馆藏民国期刊基本信息，如题名、责任者、出版社、出版日期、馆藏卷期以及分类号等。

本次调查收集整理的民国时期上海地区出版发行的教育期刊共 175 种，上海现存馆藏 119 种，其中上海图书馆馆藏 109 种，复旦大学图书馆馆藏 33 种，华东师范大学图书馆馆藏 22 种，上海师范大学图书馆馆藏 30 种，各馆馆藏相互之间有重复。

3.1.2 数字化情况

上海图书馆建有"民国时期期刊全文数据库（1911—1949）"，将丰富的馆藏民国期刊文献资源进行了数字化处理，读者可付费使用或在该馆利用馆配计算机查阅，这也是目前收录民国时期上海地区教育期刊最为完备的数据库；上海师范大学利用自身丰富的民国教育类文献，自建了"民国教育期刊数据库"，将馆藏的民国教育期刊做全文数字化处理，但该专题库只允许读者在馆（校）内查阅；复旦大学加入"大学数字化图书馆国际合作计划"，已完成全部民国时期教育期刊的数字化制作，读者可以通过访问"CADAL 民国期刊本馆镜像"，或"CADAL 民国书刊主站"访问；华东师范大学图书馆馆藏上海地区民国教育期刊仅 7 种实现数字化。

3.2 存在问题

3.2.1 馆藏期刊不全，卷期不完整

民国时期上海地区教育期刊散藏于全国各地公共图书馆及高校图书馆，作为上海地区馆藏民国期刊数量最多的上海图书馆，也仍有 56 种期刊无馆藏记录。基于民国时期时局动乱，期刊发行中断或停刊等现象比较普遍，很多民国教育类期刊卷期收藏不完整，部分期刊中间缺失部分卷期或是最后一期无法确定。

3.2.2 产权等相关原因，数据库查阅不便

由于涉及复杂的数字版权问题，各馆数据库开放程度不够，高校图书馆服

务对象和范围狭窄。上海图书馆在书目查询系统中进入"历史文献"栏可看到"近代文献期刊目录",但要求局域网内访问;复旦大学图书馆、华东师范大学图书馆均可通过书刊检索系统检索到相关期刊简单信息,详细内容和数字化期刊访问则要求必须为校内用户;上海师范大学图书馆官网目前禁止外网访问,该校自建的"民国教育期刊数据库"并没有单列出来,而是放置于"教师教育特色资源数据库"下,普通读者寻找起来还是有一定的难度。

3.2.3 数据库中部分期刊信息不全

民国期刊数字化是一项极其耗费人力物力的项目,因此无论是上海图书馆的"民国时期期刊全文数据库(1911—1949)"还是上海师范大学图书馆的"民国教育期刊数据库"在期刊的具体信息介绍中均有少数错漏,如"民国时期期刊全文数据库"中《师范生》出版发行处应为师范生杂志社;"民国教育期刊数据库"中收录的《现代教学辑刊》编辑应为现代教育社,出版社为华华书店,该数据库此处均为空白。

4 结语

民国时期上海地区教育期刊是研究上海历史文化不可或缺的文献资料,由于民国时期动荡的局势,这一时期创办的教育期刊在期刊形态、存续状态等方面不够理想,内容方面也是良莠不齐,但这并不妨碍它对当下上海乃至全国教育发展所具有的不可忽视的文献意义。然而目前上海地区馆藏仍然不够全面,数字化也不完全。对这些极有价值的民国期刊,希望能够通过多馆共建等形式尽早在全国范围内开展查漏补缺,进行保护性的开发。

参考文献

[1] 舒新城. 近代中国教育史料 [M].上海:中华书局,1928.
[2] 上海图书馆. 中国近代期刊篇目汇录(第 2 卷)[M].上海:上海人民出版社,1979.
[3] 上海新闻社. 一九三三年之上海教育 [M].上海:上海新闻社,1934.
[4] 中央教育科学研究所. 中国现代教育大事记 [M].北京:教育科学出版社,1988.
[5] 全国图书联合目录编辑组.1833—1949 全国中文期刊联合目录(增订本)[M].北京:书目文献出版社,1981.
[6] 教育杂志社. 教育杂志 [M].上海:商务印书馆,1909.

［7］中华教育界杂志社.中华教育界［M］.上海:中华书局,1912.

［8］新教育共进社.新教育［M］.上海:新教育共进社,1919.

［9］杨建华.中国近代教育期刊与近代教育发展——以上海近代教育期刊为例［D］.上海:华东师范大学,2005.

［10］刘民钢,蔡迎春.民国文献整理与研究发展报告(2016)［M］.北京:国家图书馆出版社,2016.

［11］顾明远.教育大辞典［M］.上海:上海教育出版社,1992.

作者简介

胡姗姗　上海健康医学院助理研究员

民国医学文献的整理研究 ①

龚瑞怡　俞凯君　胡姗姗

摘　要：民国医学文献真实反映了民国时期医疗卫生体系和社会医学观念转变与发展的历程，具有重要的史料价值和学术研究价值。本文从影印出版、目录整理、专题史料汇编和数字化开发四个方面来回顾和厘清民国医学文献整理的基本情况，对民国医学文献的整理成果进行了初步的汇总、梳理，并加以评述和总结，为后续全面系统整理、开发、出版和研究利用好民国医学文献打下基础。

关键词：民国　医学文献　整理研究

1　引言

民国时期是整个中国社会逐步实现由旧到新的转变时期，也是我国医学事业发生重大变革的特殊时期。在这一时期，现代医学和中国传统医学这两种医学体系产生了最大规模的学术碰撞，由此形成的文献资料真实呈现了民国时期医界的学术全貌，反映了当时医疗卫生体系和社会医学观念整合、调适与发展的过程，是研究民国医学思想、我国医学发展脉络不可或缺的内容。

民国医学文献是指在 1912 年至 1949 年间出版的与医学有关的著作、报刊文章、学术论文、规章制度、调查报告和文书档案等资料[1]。回顾民国医学文献整理之最先者，当推 1920 年陈邦贤先生所著中国首部医学通史《中国医学史》[2]。该书在第四篇"现代的医学"第九章"现代医药书报"中，按解剖学等 32 类分支学科对民国时期出版的医药书籍进行了整理，共收集医药著作 273 种。同时，

---

①　基金项目：2017 年长三角地区高校图书馆联盟 – 图书情报研究基金资助（项目编号：2017B016）

按期刊名称、发行周期和出版社罗列医药杂志 52 种。

受西方思潮影响，民国时期医学界开始有意识地通过期刊计量分析来推断医学进步程度。1929 年《医药学》第 9 期刊出的王吉民《中国医报调查表》为最早关于民国时期医药期刊整理的研究论文[3]。1934 年，王吉民再发表《中国医药期刊目录》一文，对民国时期发行的西医学期刊进行了统计和分析[4]。1935 年，宋大仁、沈警凡所著《全国医药期刊调查记》刊载于《中西医药》第一卷第 1 期，收录 1882 年至 1933 年中医药期刊 137 种、西医药期刊 178 种，并首次以图表的形式对民国中西医学期刊发行的地理分布情况进行了统计分析[5]。

1949 年以后，对于民国医学文献较为系统的整理成果可见于 1987 年李经纬主编，上海科学技术出版社出版的《中国医学百科全书——医学史（上）》，该书附录分别整理了民国时期中医药刊物表、西医药刊物表、中华人民共和国成立前中国西医高等院校设校年表及民国时期中医（中西医合作）学术团体表[6]。此外，2000 年由人民卫生出版社出版邓铁涛、程之范主编的《中国医学通史（近代卷）》，专设章节详细介绍近代中西医学书籍、刊物的出版和医药学术团体，整理了中医药期刊一览表、西医药期刊表等资料[7]。

近年来，民国医学文献的整理取得较大进展，当得益于国家图书馆联合国内文献收藏单位在 2012 年启动的"民国时期文献保护计划"。项目启动以来，相关部门积极策划民国时期专题文献的选题、整理和出版，如《民国文献类编》《民国时期社会调查资源汇编》《（民国时期）期刊索引》等，这些大型综合性丛书的出版在很大程度上推动了民国医学文献整理的进一步发展。

本文着力于对民国以来的医学文献的整理和开发情况进行汇总梳理，以期为相关研究者提供借鉴。

2 影印出版

民国文献的整理和开发主要包括整理出版、编制书目和索引、数字化三种主要方式[8]，医学文献的整理也不外乎如此，其中影印出版的整理成果最为丰富。

2.1 综合性大型丛书的影印出版

2.1.1 《民国丛书》

《民国丛书》1989 年由上海书店出版发行，该丛书第一编至第五编共收书

1126 种，主要收录了民国时期在我国境内出版的中文图书。所收医学文献可见于第一编和第三编[9]。

第一编"综合类"第 100 册《中文参考书指南》据商务印书馆 1939 年版影印，何多源编。该书分上、下两编，下编第八章"应用科学"收有医学及药物学辞典、书目、文献、指南、法规、年鉴等参考书 28 种，"每书之下除著录书名、作者、发行地点年月、页册数、版式及定价等项目外，并撰提要评语，示其用法，论其得失""不惟便利参考，亦且有促进学术文化的功能"。

第三编"科学技术史类"第 79 册据商务印书馆 1947 年版影印，选收陈邦贤《中国医学史》（上海医学书局 1920 年发行）、丁福保译述《西洋医学史》（上海医学书局 1914 年出版）及李廷安所著《中外医学史概论》（商务印书馆 1944 年出版）三种医史专著，为研究民国时期医学问题提供了丰富的史料。

2.1.2 《民国文献类编》

《民国文献类编》是"民国时期文献保护计划"的重要成果，2015 年由国家图书馆出版社影印出版。该书分社会卷、政治卷、法律卷、军事卷、经济卷、教育卷、文化艺术卷、历史地理卷、医药卫生卷、科学技术卷等 10 卷。其收录多以存世较少、较为珍稀的官方出版物、机构出版物、内部文件为主。合计收录文献 4000 余种，成书 1000 册。医药卫生类为全书的第 971—994 册，主要内容为：一、卫生行政，包括卫生署、卫生部的职员录、施政计划等，以及地方卫生行政机关的工作报告；二、医学社团，包括中华医学会、全国医药团体总联合会等的会员录、会务报告等；三、疫情防治，包括中央防疫处的概况、年度报告等，以及各地防疫工作的报告；四、医院报告，包括北平协和医院、仁济医院、中央医院等医院的年度报告、工作概况等；五、各地卫生状况，涉及北平、广东各地的卫生基本状况。收录文献共计 81 种[10]。

2.1.3 《民国籍粹》

《民国籍粹》是《1900—2000 大陆地区出版的人文社会科学学术图书要目》中的第一个项目，主要整理了中国大陆 1949 年以后部分从未影印或重排过的民国图书，并以原貌影印的方式加以复制和抢救，收录民国时期出版的学术图书共计 7380 种 7843 册[11]。该丛书以收录人文社科类文献为主，医学等自然科学类图书虽未专门入选，但经筛选确认，仍发现 7 册有一定学术价值或史料价值的民国医药卫生类图书，见表 1：

表 1 《民国籍粹》出版发行民国医学类书目

题 名	著 者	出版者	出版年	内 容
民族健康论	叶维法	独立出版社	1948	内收发表在报纸上的论文 18 篇，其中有《妇女卫生要论》《民族健康与优生》《实施公医制度之展望》《民族健康与公共卫生》《我国医学教育之改造》等。
气候与健康	顾寿白	商务印书馆	1929	共 6 章。介绍气候的科学意义、分类，气候疗法，养生院疗法及其实际，以及世界模范高山疗养地达佛斯的起源等。
小朋友卫生	陈伯吹	北新书局	1931	以讲故事和歌谣形式向小朋友宣传卫生知识。
心理卫生	邰爽秋等	教育编译馆	1935	教育参考资料选辑单行本之一，收《心理卫生运动的起源和发展》（吴南轩）、《心理卫生与儿童训导》（章颐年）、《情绪的卫生》（艾伟）、《社会控制低能的重要和方法》（吴南轩）、《问题儿童之心理卫生》（吴南轩）等 5 篇论文。
心理卫生十二讲	（美）普莱斯敦著；吴桢译	家杂志社	1948	原书名 *The substance of mental hygiene*，讲述儿童心理卫生知识，全书分 12 讲。
运动与卫生	葛绥成	中华书局	1927	共 8 章。介绍运动与卫生之间关系。
中国药物学史纲	何霜梅	中医书局	1930	近代首部中国药学通史。

2.1.4 《民国史料丛刊》

《民国史料丛刊》2009 年由大象出版社影印出版，从约计 10 余万种民国版中文图书中分类选编 2194 种书籍类稀见基础史料影印出版，内容包括从中央到地方的各种法律条文、规章制度、政策文件、政权结构、政务辑要、政治事件纪实、会议决议记录等第一手文本史料，反映了民国社会的客观情况，可直接用于对民国社会的研究。其中医学文献散见于政治类、社会类、文教类各册，收录史料近 20 种[12]，见表 2：

表 2 《民国史料丛刊》收录医学文献一览

书　　　名	作者	时　间
军政部陆军署军医司工作报告书（上）	军政部陆军署军医司编	1931 年
军政部陆军署军医司工作报告书（下）	军政部陆军署军医司编	1931 年
军委会第一重伤医院工作报告		1933 年
上海市立沪北戒烟医院年报	上海市立沪北戒烟医院编	1935 年
国民革命军平时战时卫生机关系统图表章程编制草案	国民革命军总司令部军医处卫生法规编订委员会	
办理地方卫生须知	内政部卫生署编	1944 年
北平市卫生局第一卫生区事务所第十年年报．第 10 期	北京市卫生局编	1935 年
上海市医院及卫生试验所奠基纪念	上海市医院及卫生试验所编	1935 年
南京市卫生事务所工作报告	王祖祥编	1935 年
南京市生命统计联合办事处第一年工作报告	南京市卫生事务所编处	1935 年
南京市生命统计联合办事处第二年工作报告	许世瑾编	1936 年
山东人体质之研究	吴金鼎撰	1931 年
贵州省卫生行政概况	贵州省政府民政厅编	1937 年
私立北平协和医学院简章	私立北京协和医学院编	1936 年
国立上海医学院		1937 年
国立江苏医学院概览	国立江苏医学院出版组编	1947 年
国立江苏医学院十周年纪念特刊	国立江苏医学院编	1948 年
广西省立医学院一览		1947 年
私立广东光华医科学院概况	私立广东光华医科学院总务处编	1935 年

2.1.5 《民国时期社会调查丛编》

福建教育出版社的《民国时期社会调查丛编》收录了民国时期国内外各主要政治力量和政治派别、各地政府、各学术团体和学校以及学者个人所进行的大量的社会调查资料，第一编收录的文献共计 193 种，按其调查内容大致分为 10 卷，第二编收录文献 500 余种，分成"人口卷""乡村社会卷"等 12 卷。医学文献可见于该丛书第一编《社会保障卷》及第二编《医疗卫生与社会保障卷（上、下）》，收录了民国时期有关医疗卫生方面的社会调查报告共 133 篇，"用现代医学的眼光来观察和检测中国人各方面的体质、营养和卫生状况，可以使我们更准确地了解当时国民的体质状况，也为考察近代以来国人的生活水平和医疗卫生条件的变化提供了比较科学的数据。"[13]

2.2　单行本及专题丛书整理再出版

已经重排或影印的民国文献，除了大型汇编型丛书外，还有诸多单行本、专题丛书和名家文集。如东方出版社 2007 出版发行了丁福保译述的《西洋医学史》，商务印书馆 1957 年和 1998 年先后两次修订出版陈邦贤撰于 1919 年的《中国医学史》，上海辞书出版社于 2009 年再版王吉民、伍连德 1932 年出版的《中国医史》。

1988 年，中国书店依据 1921 年商务印书馆《中国医学大辞典》铅印本进行了全面整理，再版后收录中医词目 7 万余条，分为病名、药名、方名、身体、医家、医书等 7 大类。

由近代江南名医曹炳章先生辑集的《中国医学大成》，1935 年由上海大东书局出版，合计收录新旧医学书籍 4185 种，药物考证类图书 655 种。1988 年，在国医大师裘沛然先生主持下，对 136 种书进行了重刊订正，由上海科学技术出版社结集成 50 册《中国医学大成》出版发行[14]。2000 年，上海科学技术出版社组织上海、南京、成都等地中医药大学文献专家，对未及刊行完成的 118 种医籍进行句读校刊，结集成 49 册，名为《中国医学大成续集》出版刊行[15]。2013 年，上海科学技术出版社选目前最佳善本、珍本为底本进行校勘、句读，简体、横排、精装印制，出版《中国医学大成终集点校本》，对《中国医学大成》未完成的 111 种书目进行整理出版，除已佚的 20 余种外，尽得 82 种，共 32 册[16]。

由王咪咪编著，学苑出版社 2011 年出版的《二十世纪初中医名家医学文集丛编》，收录了 10 位医家的医学论文、生平介绍及现在所能收集到的论文索引[17]。其中，《时逸人医学论文集》收集了时逸人先生自 1923 至 1949 年所撰的 150 余篇医学论文；《陆渊雷医学论文集》收集了陆渊雷先生从 1928 至 1949 年在二十余种期刊上发表的 100 余篇论文；《秦伯未医学论文集》收集了秦伯未先生 1925 至 1955 年间发表的百余篇论文;《曹炳章医学论文集》收集了曹炳章 1949 年以前发表在各期刊上的医学论文 50 篇;《沈仲圭医学论文集》收集了沈仲圭 1923 年至中华人民共和国成立前的近 300 篇学术论文;《张锡纯医学论文集》收集了张锡纯二十世纪二十至三十年代在数十种中医及相关医学期刊上发表的医学论文 150 篇;《张山雷医学论文集》收集了张山雷先生 1923 至 1934 年间发表于十余种期刊上近 80 篇医学论文。

江苏人民出版社 2008 年出版的《民国时期健康教育文集》,搜集精选了民国时期的健康教育文献史料,包含政策法规、论文著作、健康教育工作概况和卫生科普文章等 264 篇,图片文献资料 139 幅,是研究民国时期医学健康教育的宝贵资料[18]。

3 目录整理

3.1 综合性目录

由全国图书联合目录编辑组编辑的《全国中文期刊联合目录(1833—1949)》,共收录 1833 年至 1949 年 9 月中国境内外出版的中文期刊 19115 种。后增收 1949 年前中国共产党出版的党刊、抗日民主根据地和各解放区的期刊及国民党统治区出版的部分进步期刊,并于 1981 年由书目文献出版社出版,记录了中国 50 个省市级以上图书馆所藏中文期刊近 2 万种,其中也包含了医学期刊。每种期刊著录刊名、刊期、编辑者、出版地、出版者、创刊年月、停刊卷期与停刊年月、注释、总藏、馆藏刊期及馆名代号等[19]。

《民国时期总书目》由北京图书馆编,书目文献出版社于 1986 年到 1997 年陆续出版。它以北京图书馆、上海图书馆、重庆图书馆的馆藏为基础编撰,收录了 1911 年至 1949 年 9 月间中国出版的中文图书 124000 余种,基本反映了民国时期出版的图书全貌[20]。其中,医学文献收于《民国时期总书目(1911—1949):自然科学·医药卫生》分册,共收录医学总论、预防医学和卫生学、中国医学、基础医学、临床医学、内科学、外科学、妇产科学、儿科学、肿瘤学、神经病学与精神病学、皮肤病学与性病学、耳鼻咽喉科学、眼科学、口腔科学、特种医学和药学 17 个子类 3863 种文献。

《民国时期发行书目汇编》由国家图书馆出版社于 2010 年 8 月出版,全面系统地收录了民国时期编印的各种图书发行目录，也包括部分期刊发行目录。该汇编由全国性发行目录和书店发行目录两部分组成[21]。第二册现代书局 1933 年编《现代书局图书总目》，收录医学文献 111 种；第三册《邮局代购书籍目录第一期（下册）》，收录医药学文献 241 种；第四册至第五册生活书店 1935 年编印的《生活全国总书目》，收录医学文献 571 种。

其他出版社出版的书目以商务印书馆和中华书局出版的为多。商务印书馆 1981 年出版的《商务印书馆图书目录：1897—1949》，收录民国时期医学文献 381 种[22]；中华书局编辑部 1987 年编辑出版的《中华书局图书总目：1912—1949》，收录民国时期医学文献 112 种[23]。

《中国馆藏满铁资料联合目录》2007 年由东方出版中心出版，全书共 30 卷，它编辑整理了日本情报机构（南满洲铁道株式会社，简称"满铁"）1906 至 1945 年对中国全面调查的情报档案资料及各种图书文献目录约 30 余万种。医学文献收于该书第 14 卷"数学·理学·医学（1）"及第 15 卷"医学（2）·工程学"[24]。

3.2 医学专题目录

医学专题目录是专门著录医学期刊、著作等文献的一种目录。除综合性目录收录有医学文献外，各种医学专题目录也著录了大量丰富的医学文献，"在医学文献的保存、了解、利用等方面具有重要的文献价值"，其中不乏医学人物和文献信息，"对于医学史、医学文献的研究具有重要的史料价值"[25]。

1961 年，由当时中医研究院和北京图书馆联合主编的《中医图书联合目录》是我国第一部全国性的中医联合目录，共辑录现存古代、现代及部分外国中医图书 7661 种。该书目在收录数量、收集范围和分类方法上均超过以往各种医书目录。1991 年，为了满足中医学习研究者和医疗工作者的需要，同时随着各图书馆馆藏情况的变化，由中国中医研究院图书馆编辑、中医古籍出版社出版《全国中医图书联合目录》问世，收录了全国 113 个图书馆 1949 年前出版的中医药图书 12124 种，具有收录齐全、著录完备、分类合理、检索便捷等特点，在中医学术与文献交流方面具有重要意义。1999 年，由鲁军主编的《中国本草全书》由华夏出版社出版，该书收录民国时期中药著作 21 种。上海辞书出版社 2007 年出版的《中国中医古籍总目》是迄今为止收录最全的中医古籍总目，作者是薛清录。该书收录了 1949 年以前中医图书 13455 种，比 1991 年版《全国中医图书联合目录》增加了 2263 种。

各大医学院校图书馆是医学专题目录的主要整理者，整理情况见表 3：

表 3　各大医学院校医学专题目录

目录名称	整理者 / 编者	出版信息	收录年限	收录内容	收录数量（种）
《中国协和医学院图书馆期刊目录》	中国协和医院图书馆编	中国协和医院图书馆，1957 年			
《四川省各图书馆馆藏中文旧期刊联合目录（初稿 1884~1949 第 4 卷）》	四川大学图书馆编辑	四川省重庆市四川大学图书馆，1959	1909 年至1949 年	西医药期刊	244
				中医药期刊	79
《中国医学外文著述书目：1656—1962》	王吉民，傅维康编	上海中医学院医史博物馆，1963	1656 年至1962 年	中西医学图书	188
《医学科学图书联合目录》第 1 辑 中文部分	中国医学科学院图书馆主编	全国图书联合目录编辑组，1963	1930 年至1962 年	西医药图书	6696
《医学科学图书联合目录》第 2 辑 俄文部分	中国医学科学院图书馆编	全国图书联合目录编辑组，1962	1958 年以前	西医药图书	5281
《医学科学图书联合目录》第 3 辑 西文部分	中国医学科学院图书馆编	全国图书联合目录编辑组，1961	1920 年至1958 年	西医药图书	17172
《医学科学图书联合目录》第 4 辑 日文部分	中国医学科学院图书馆主编	全国图书联合目录编辑组，1965	1930 年至1962 年	西医药图书	5464
《上海第一医学院图书馆历年馆藏医药科学期刊目录：中、俄、日文部分》	上海第一医学院图书馆编	上海第一医学院图书馆，1964			
《医学史论文资料索引（1903—1978）》	中医研究院医史文献研究室	中医研究院医史文献研究室，1980	1903 年至1978 年	中西医学论文	630

还有一部分医学专题目录，出现在医学专著和学术研究论文中，整理成果如表 4：

表 4　医学专著和学术研究论文中收录的医学文献

专著或研究论文名称	整理者/编者	出版信息	收录年限	收录内容	收录数量（种）
《中国医学史》	陈邦贤编纂	上海医学书局，1920	民国时期	西医药书籍	273
				西医药期刊	52
《中国医报调查表》	王吉民	《医药学》1929年第9期	1882年至1929年	西医药期刊	74
《中国医药期刊目录》	王吉民	《中华医学杂志》1934年第1期	1912年至1933年	西医药期刊	162
《全国医药期刊调查记》	宋大仁，沈警凡	《中西医药》1935年第1期	1882年至1935年	西医药期刊	178
				中医学期刊	137
《中国国医药月报杂志调查》	曹炳章	《中国出版》1934年第4—6期	1904年至1933年	中医药期刊	119
《抗战期间全国医药期刊调查录》	汪浩权	《华西医药杂志》1946年第1期	1912年至1933年	西医药期刊	140
《民元前后之中国医药期刊考》	蔡恩颐	《中华医史杂志》1953年第1—4期	1880年至1915年		14
《中国医学百科全书——医学史（上）》	李经纬等主编	上海科学技术出版社，1987	1904年至1949年	中医药期刊	392
			1880年至1949年	西医药期刊	203
《中国医学通史(近代卷)》	邓铁涛，程之范主编	人民卫生出版社，2000	1880年至1949年	中医药期刊	135
			1908年至1949年	西医药期刊	382
《中国近代报刊传播西医研究》	潘荣华	安徽大学博士论文，2010年5月	1880年至1949年	西医学期刊	417
《民国时期医学院校创办的医学报刊研究》	潘荣华，杨芳	《辽宁医学院学报（社会科学版）》2011年第9卷第4期	1912年至1949年	西医学期刊	119
《民国中医药期刊的文献计量分析》	付书文	中国中医科学院硕士论文，2015年5月	1897年至1949年	中医药期刊	322
《民国时期（1912—1949）中药文献及其学术考察与研究》	李楠	中国中医科学院博士学位论文，2014年5月	1912年至1949年	中药著作	183

4 医学史料汇编

医学史料包括医嘱、医案、讲义，医学文献史料汇编是除影印出版、目录整理之外医学文献整理的又一成就，医学文献史料的整理出版反映了医学文献学的研究状况。

《中国近代中医药期刊汇编》选编清末至 1949 年出版的重要中医药期刊 49种，集结 212 册，分五辑由上海辞书出版社于 2012 年影印出版[26]。汇编内容包括医案验方、经典阐释、医家介绍、医籍连载、讲义选登、医事新闻、行业动态、政府法规、批评论说，乃至逸闻、小说、诗词、书法，全面反映了近代中医药的状况。汇编基本收全了民国时期所有中医药重要期刊。如《绍兴医药学报》《中西医学报》《医学杂志》《医界春秋》《国医砥柱》《三三医报》《绍兴医药月报》《沈阳医学杂志》《医文》《中国女医》等。

王咪咪编纂的《1900—1949 中医期刊医案类文论类编》（简称《期刊医案类编》），以清末及民国时期中医期刊所载的医案为本，依医案的体裁、内容、形式的不同分为《名医医案》《名医治验汇编》《医案医话医论随笔》（一、二、三）《古医案评述》《专栏医案》（一、二）《验方并怪病奇治》六类共 9 册[27]。其中，《名医医案》收集了 1900—1949 年 100 余种中医期刊中的 340 余例医家医案。既包括当时的中医名家：丁福保、曹颖甫、曹炳章、恽铁樵、秦伯未、陆渊雷、俞慎初等，也收录了一些不知名的医家医案。《名医治验汇编》收集1900—1949 年中医期刊中的各类非医案体例的治验文论 134 篇。《医案医话医论随笔》（一、二、三）选录 1900—1949 年间中医期刊中的 24 种医话、随笔、笔记文献。

《1900—1949 年期刊医案类编精华》2015 年由学苑出版社出版[28]。其中，《妇科医案》选自 1900—1949 年期间 60 余种中医期刊，所收妇科常见疾病医案 400 余例；《儿科医案》选自 1900—1949 年期间 60 余种中医期刊，收入儿科医案 200 余例；《内科医案》（1、2）选自 1900—1949 年期间 60 余种中医期刊，共载医案 1200 余例；《外科、骨伤、皮肤、五官医案》选自 1900—1949 年期间60 余种中医期刊，选录了外科医案约 150 例，骨伤、皮肤疾病医案合计约 50 例，五官医案 100 余例，收入相关文论 200 余篇。

《民国名中医临证教学讲义选粹丛书》精选恽铁樵、秦伯未、张山雷、陈伯坛和承淡安等近代著名中医学家所编撰的中医药教材 39 种，按类分为 15 个分册[29]。《秦伯未国医临证讲义》收有秦伯未编撰的中医临证讲义 3 种，即《内科学讲义》《妇科学讲义》《幼科学讲义》；《秦伯未国医基础讲义》收有秦伯未编撰的中医基础讲义 3 种，即《生理学讲义》《诊断学讲义》《药物学讲义》；《恽铁樵金匮要略讲义》收有恽铁樵编撰的《金匮要略》讲义 3 种，即《金匮要略辑义》《金匮翼方选按》《金匮方论》；《恽铁樵医学史讲义》收有恽铁樵等编撰的中医医学史讲义 2 种，即《医学史》和《医家常识》；《恽铁樵伤寒论讲义》（上、下）收有恽铁樵编撰的《伤寒论讲义》1 种；《恽铁樵临证基础讲义》收有恽铁樵等编撰的中医临证基础讲义 6 种；《恽铁樵临证医案讲义》收有恽铁樵等编撰的中医临证医案讲义 2 种，即《药盦医案》《临证笔记》；《恽铁樵温病讲义》收有恽铁樵等编撰的中医温病讲义 5 种，即《温病明理》《热病讲义》《章太炎先生霍乱论》《霍乱新论》《梅疮见垣录》；《恽铁樵临证各科与药学讲义》收有恽铁樵等编撰的中医临证各科与药学讲义 5 种，即《杂病讲义》《妇科大略》《幼科讲义》《药物学讲义》《验方新按》；《恽铁樵内经讲义》收录《内经讲义》《群经见智录》《课艺选刊》及《答问汇编》4 种；《张山雷脉学讲义》收有张山雷编撰的脉学讲义 1 种，即《脉学正义》；《张山雷中风讲义》收有张山雷编撰的中风讲义 1 种，即《中风斠诠》；《陈伯坛金匮要略讲义》收有陈伯坛编撰的《读过金匮论》讲义 1 种；《承淡安中国针灸学讲义》收有《中国针灸学讲义》讲义 1 种。

5　数字化整理

5.1　综合性全文数据库

国家图书馆出版社开发的"民国图书数据库"是"中国历史文献总库"子库之一，是"民国时期文献保护计划"重要成果，截止到 2019 年 12 月完成五期建设，共收录 20 万种图书。文献来源以国家图书馆馆藏为主，以其他图书馆、档案馆、纪念馆馆藏为补充，基本覆盖国内外重要图书馆馆藏。所收图书类别涵盖各种现代学科，图书内容包含大量名家著作初版本、官方文书、机构文件、内部资料等稀见文献。也收录了民国时期国外机构出版的有关中国的外文图书。

上海图书馆建设的"民国时期期刊全文数据库（1911—1949）"，收录了民国时期出版的 25000 余种期刊，目前共十一辑近 1000 万篇文献全文，囊括了人文、历史、社会科学等各个基础学科领域，内容集中反映民国时期的政治、军事、外交、经济、教育、思想文化、宗教等各方面的情况。其中含医学期刊近 500 种，是目前内容比较全面的民国时期文献数据库。

"大成老旧期刊全文数据库"是大成公司收集整理 1949 年以前文献资料进行数字化后于 2010 年推出的数据库，以收藏 1949 年前期刊为特点，收藏种类多、内容涵盖广、珍本孤本收集较全，使用简单便捷，目前已收藏数字化期刊 7000 多种，15 万多期，分属 21 个类目，220 余万篇，已经成为研究近代史学、文学、政治学、法学、社会学、经济学以及各个学科史等学术研究不可或缺的数据库工具。

5.2　专题数据库

上海图书馆开发的民国专题数据库"近代民国中医药专题库"，精选中医药专题数据库 17 万余条[30]，收录《杏林医学月报》《中医杂志》等中医药学期刊。

中国中医科学院中医药信息研究所研制开发的"民国中医药文献数字资源服务平台"（即"民国医粹"），收集了国内重要的民国相关文献，遴选民国中医药精品医籍 4000 种、民国中医药精品期刊 250 种，内容涉及医经、基础理论、伤寒金匮、针灸、本草、方书、临证各科、医案医语等。

由陕西师范大学出版总社出版，2017 年 9 月正式上线运营的"中医药文献库"（又称"中医药文献数字图书馆"），由中医药文献目录库和图版库两部分组成。截至 2017 年 9 月，中医药文献目录库收录文献约 2.2 万种，中医药文献图版库收录文献原件 4914 种。

南京中医药大学的"民国针灸文献全文数据库"为小型专题型数据库，自 2015 年开始筹建，内容以成书或出版于民国时期的针灸相关书籍、期刊文章、广告等文献资料为主。截至 2016 年 5 月，收有民国时期与针灸相关的电子版文献共 130 种，包含汉译文献 25 种、针灸教材 67 种、《针灸杂志》全文，以及其他 60 余种民国期刊所载之针灸文章 90 余篇、广告 40 余幅[31]。

6　结语

通过梳理分析民国医学文献整理成果，可以窥见，自民国以来各阶段的医学文献整理实践有着鲜明的时代特征。

6.1　发端阶段

民国初年的新文化运动带来了中国社会的文化觉醒和思想启蒙，文化界倡导学术研究和出版刊物，"对于整理国故和介绍西洋学术的论调，大部分是在各种期刊上发表的。"[32]医学界借鉴西方研究方法，最早在西医学期刊上发表了对中国医药期刊和报纸的整理成果，希望医药期刊的消长状况能够引起医药界的重视，从而促进我国医学的发展。如王吉民《中国医报调查表》《中国医药期刊目录》以及宋大仁等的《全国医药期刊调查记》，这一时期的医学文献整理多以期刊为主。

6.2　成熟阶段

中华人民共和国成立至90年代，随着目录和索引编制的蓬勃兴起，医学文献的整理走向成熟，整理成果以目录整理和资料索引为主。民国医学文献散见于各大综合性目录，如《全国中文期刊联合目录（1833—1949）》《民国时期总书目》《民国时期发行书目汇编》等，此类成果规模大、影响广，成为治学的基础和获取文献的源头。医学专题书目方面的整理成果也较为丰硕，但与综合性书目相比可获取性较差，迄今没有一个系统、全面、连续性的民国医学文献专题目录。

6.3　发展阶段

在当前民国文献全面数字化、数据库化的大背景下，汇编、摘要、索引、目录等文献整理成果的价值和效用日渐式微，取而代之的是民国文献的重排和影印以及数字化整理和开发。影印方面多以大型综合性成套丛书为主，医学专题性的影印成果较少，影印整理再出版内容集中在医史和中国传统医学方面，对民国时期国内出版的西医学著作关注较少。民国医学文献的数字化整理和开发为研究者提供了实用便捷的检索途径和智能化的文献引导，在一定程度上推动了学术研究的发展。

参考文献

［1］曾妍，袁佳红，王志昆．论民国文献的界定［J］.图书情报工作，2014（19）：144-148+143.

［2］陈邦贤．中国医学史［M］.上海：上海医学书局，1920.

［3］王吉民．中国医报调查表［J］.医药学，1929（9）：17-23.

［4］王吉民．中国医药期刊目录［J］.中华医学杂志，1934，20（1）：54-64.

［5］宋大任，沈警凡．全国医药期刊调查记（上）［J］.中西医药，1935（1）：120-133.

［6］李经纬，程之范．中国医学百科全书——医学史（上）［M］.上海：上海科学技术出版社，1987.

［7］邓铁涛，程之范．中国医学通史（近代卷）［M］.北京：人民卫生出版社，2000.

［8］陈晓莉，严向东．民国文献的整理与开发问题研究［J］.图书馆，2013（4）：94-97.

［9］《民国丛书》编辑委员会．民国丛书［M］.上海：上海书店，1989.

［10］民国时期文献保护中心、中国社会科学院近代史研究所．民国文献类编·医药卫生卷971［M］.北京：国家图书馆出版社，2015.

［11］中国高校图书馆学会高校分会，教育部全国高校图书情报工作指导委员会．民国籍粹［M］.全国高校图工委，2008.

［12］张研，孙燕京．民国史料丛刊［M］.郑州：大象出版社，2009.

［13］李文海．民国时期社会调查丛编·医疗卫生与社会保障卷（上）二编［M］.福州：福建教育出版，2014.

［14］曹炳章．中国医学大成［M］.上海：上海科学技术出版社，1988.

［15］曹炳章．中国医学大成续集［M］.上海：上海科学技术出版社，2000.

［16］曹炳章．中国医学大成终集点校本［M］.上海：上海科学技术出版社，2013.

［17］王咪咪．二十世纪初中医名家医学文集丛编［M］.北京：学苑出版社，2011.

［18］王东胜，黄明豪．民国时期健康教育文集［M］.南京：江苏人民出版社，2008.

［19］全国图书联合目录编辑组．1833—1949全国中文期刊联合目录（增订版）［M］.北京：书目文献出版社，1981.

［20］北京图书馆．民国时期总书目（1911—1949）：自然科学·医药卫生［M］.北京：书目文献出版社，1995.

［21］国家图书馆典藏阅览部．民国时期发行书目汇编［M］.北京：国家图书馆出版社，2010.

［22］商务印书馆．商务印书馆图书目录（1897—1949）［M］.北京：商务印书馆，1981.

［23］中华书局编辑部．中华书局图书总目（1912—1949）［M］.北京：中华书局，1987.

［24］满铁资料编辑出版委员会．中国馆藏满铁资料联合目录［M］.上海：中国出版集团东方出版中心，2007.

［25］张晓丽．明清医学专科目录研究［D］.合肥：安徽大学，2010.

［26］段逸山．中国近代中医药期刊汇编［M］.上海：上海辞书出版社，2012.

［27］王咪咪．1900—1949年中医期刊医案类文论类编［M］.北京：学苑出版社，2012.

［28］王咪咪，谭美英．1900—1949年期刊医案类编精华［M］.北京：学苑出版社，2015.

［29］孟凡红，杨建宇，李莎莎．民国名中医临证教学讲义选粹丛书［M］．北京：中国医药科技出版社，2017.

［30］段晓林．从影印出版及数据库建设看民国期刊的整理与利用［J］．图书馆，2013，41（3）：107-110.

［31］费琳，赵璟，冷家豪，等．"民国针灸文献全文数据库"的探索与构建［J］．中国针灸，2017，37（10）：1127-1131.

［32］何多源．中文参考书指南［M］．上海：上海书店出版社，1989.

作者简介

龚瑞怡　上海健康医学院图书馆助理研究员

俞凯君　上海健康医学院图书馆副研究馆员

胡姗姗　上海健康医学院图书馆助理研究员

从出版和数据库角度看民国时期
上海妇女报刊的整理与利用

蔡　颖

摘　要：本文梳理了民国时期上海妇女报刊的出版概况，叙述了中华人民共和国成立以后，尤其是近年来对于民国时期上海妇女报刊的整理出版现状，以及图书馆界对民国时期上海妇女报刊的整理开发和数据库建设现状，并对近年来民国时期上海妇女报刊整理及开发利用的特点及存在的问题进行了总结。

关键词：上海妇女报刊　民国　出版发行　数据库建设

上海是近代中国的文化中心，各种新式学校、文化团体等多发轫于此；同时也是近代报刊创办最多、最集中的地区，时人对于上海报刊业的发展给予了很高的评价："全国报纸以上海为最先发达，故即在今日，亦以上海报纸为最有声光。……凡事非经上海报登载者，不得作为征实。"[1]在这股时代洪流中，随着妇女启蒙运动的发展、女性就业人数的增多和参与社会的需求日益增大，妇女报刊开始在上海迅速发展。

虽然国内外学者对于近代上海的报刊进行了多方面的研究，如秦绍德《上海近代报刊史论》、马光仁《上海新闻史》、洪煜《近代上海小报与市民文化研究（1897—1937）》等。但从整体上对民国时期上海妇女报刊的研究还是显得很薄弱，大部分都是对单刊的研究，主要集中在极少部分社会影响较大的妇女报刊上，如《妇女杂志》《玲珑》等。对民国时期上海妇女报刊进行全面介绍和论述的专著和论文较少，查阅到的仅有曹正文、张国瀛的《漫谈上海近代妇女报刊》，李晓红的《女性的声音：民国时期上海知识女性与大众传媒》，宋素红的《女性媒介：历史与传统》，白子阳的《民国时期上海女性报刊发展的艰难历程》等，大都从历史的角度来研究妇女报刊活动的兴衰。本文拟从出版发行的角度，对民国期间出版的上海妇女报刊，及中华人民共和国成立后对这些报刊的整理和利用情况进行概述。

1 民国时期上海妇女报刊的出版情况

本文中的民国时期上海妇女报刊指的是 1912 年至 1949 年中华人民共和国成立前在上海出版发行的妇女专刊和综合性报刊中的女性专栏、专号、专页，刊名中大多带有"妇女"二字，还有些是女校或女子团体所办的校刊或会刊。这些刊物大多以倡导妇女解放，维护妇女权利，反映妇女呼声，指导妇女运动，介绍妇女知识，调查妇女状况为主要内容。

1.1 出版种数

关于民国期间共有多少种妇女报刊存续，根据选取标准的不同而无统一的数字（有些把改名后的刊物和原刊物算作一种，而有些算作两种），甚至差异较大。据《上海妇女志》的统计，民国期间在上海出版的妇女报刊共 161 种[2]。其他的统计数字还有：《中国妇女报刊史研究》录入 98 种[3]，《中国近现代妇女报刊通览》录入 27 种[4]，《中国近现代女性期刊汇编总目录》录入 25 种[5]。由于《上海妇女志》的统计最为详尽，因此本文对民国时期上海妇女报刊的情况统计主要来源于此，以其他参考资料参照补充。

1.2 出版发行机构

妇女报刊是在妇女解放运动兴起的时候诞生的，民国初年、五四时期、抗战时期及抗战胜利后上海妇女报刊发展迅速。经过对民国时期上海妇女报刊创刊机构统计，其中由个人创办发行的报刊有 16 种；由上海广学会，上海女子参政会，中国基督教女青年会等各协会、团体出版发行的 26 种；由该刊编辑部出版发行的有 55 种；由商务印书馆、中华书局、广益书局等专业印刷机构出版发行的有 30 种；属于校报校刊的有 7 种；其余则为综合性报刊的副刊和专栏。

1.3 出版类型及特点

1.3.1 各种商办妇女杂志和综合性妇女刊物

此类刊物不涉及时政,内容多为婚姻、家庭、子女教育、卫生知识、娱乐等妇女所关心的话题,因此出版时间相对较长。如《妇女时报》《女铎》(月刊)、《女子世界》(月刊)、《妇女杂志》(月刊)、《中华妇女界》(月刊)、《女子家事教育》(教育与职业杂志专刊)、《今代妇女》(图画月刊)、《女朋友》(画刊)、《妇人画报》(半月、刊月刊)、《主妇之友》(月刊)、《女声》《家庭与妇女》(半月刊)、《女声》(月刊)、《时代妇女》(月刊)、《家》(月刊)、《现代妇女》(月刊)、《少女》(月刊)、《伉俪》(月刊)等。

1.3.2 争取妇女权益、促进妇女解放类

随着新思想、新观念的传播和新婚姻法律的颁布,中国传统的"以夫为天"的社会观念开始向男女平权转变,一批宣传男女教育平等,女子有选举权、被选举权和从事其他政治活动权,女子有遗产继承权,男女同工同酬等妇女解放思想的妇女刊物如雨后春笋般纷纷而出。此类刊物有:《女权》、《中华女报》(周刊)、《神州女报》(周报)、《女权月报》、《万国女子参政会月刊》、《万国女子参政会旬报》、《新妇女》(半月刊)、《妇女声》(半月刊)、《女子职业教育》(教育与职业杂志专刊)、《女国民》(月刊)、《新女性》(月刊)、《女伴》(半月刊)、《妇女运动》(旬刊)、《现代女性》、《青年妇女》(国庆增刊)、《妇女共鸣》(半月刊、月刊)、《女声》(半月刊、月刊)、《女子月刊》、《现代妇女》(月刊)、《妇女大众》、《孤岛妇女》(双月刊)、《中国妇女》(月刊)、《慈俭妇女》(月刊)、《前进妇女》(月刊)、《新民主妇女》(月刊)等。

1.3.3 文学类

妇女文学刊物以刊登女子创作的文学作品为主,内容包括长短篇小说、诗词、杂文等,此类刊物有:《眉语》(月刊)、《红玫瑰》(月刊、旬刊)、《女作家杂志》(季刊)、《妇女界》(半月刊)、《大地女儿》(月刊)、《新女性》(月刊)、《紫罗兰》(月刊)等。

1.3.4　消遣娱乐类

主要是时尚、娱乐性刊物，而且大多图文并茂，如《玲珑》（图画月刊）、《女神》（图画月刊）、《电影与妇女》（图文周刊）、《女朋友》（画刊）、《舞场特写》、《舞声电》、《女人》（月刊）等。此类刊物在二十世纪三十年代前后的上海并不少，张爱玲在《谈女人》一文中提及"一九三零年间女学生们几乎人手一册《玲珑》杂志"。

1.3.5　宣传抗日救国类

由于广泛动员妇女参加抗战的需要，即便是"孤岛"上海，也有妇女刊物报道全国各地妇女抗战团体的活动，增强民众抗战的信心。这类刊物大多为战时妇女救亡团体所主办，主要有《妇女文化》（月刊）、《战时妇女》（周刊）、《妇女生活》（妇女生活、世界知识等联合旬刊）、《女兵》（旬刊）、《上海妇女》（半月刊、月刊）、《妇女文献》等。

1.3.6　教会主办类

由上海教会主办的刊物一般以增强对信仰的认识、改良社会及家庭为宗旨，内容包括各国各地妇女生活的通讯及家庭生活的常识等，有时也发表文艺作品。此类刊物有：《女青年》（月刊）、《节制》（季刊、月刊）、《民星》（原名《女星》）、《中华基督教女青年会会务鸟瞰》（月刊）、《伊斯兰妇女杂志》、《上海女青年》（月刊）、《女青》（月刊）、《女光》（双月刊）等。

1.3.7　校报校刊

此类刊物以报道女校的校务活动、发表师生原创的散文和诗歌等文学作品为主，如《爱国女校年刊》、《上海女子中学校刊》、《德音》、《上海女中校刊》、《新女性》（半年刊）、《上海女子大中小学校刊》等。

1.3.8　报纸的副刊和专栏

包括《申报》《民国日报》《大公报》在内的一些有影响力的综合性报刊也开办了副刊或专栏，专门刊登有关妇女问题的论著、译述和调查报告、女界名人等。这类刊物数量不少，根据可查资料有以下这些：《妇女周刊》（《时报》副刊）、《妇女评论》（《民国日报》副刊）、《妇女与家庭》（《中华新报》副刊）、《现代妇女》(《时事新报》副刊)、《妇女周报》(《民国日报》副刊)、《妇女与家庭》(《大晚报》副刊)、《新妇女》(《中华日报》副刊)、《妇女与家庭》(《东方杂志》专栏)、《妇女专刊》(《新闻夜报》副刊)、《妇女园地》(《申报》副刊、周刊)、《妇女园地》(《民国日报》副刊)、《妇女专刊》(《申报》副刊)、《现代家庭》(《大公报》副刊)、《妇女与儿童》(《时代日报》副刊)、《妇女与家庭》(《华美晚报》副刊)、《妇女与家庭》(《星夜报》副刊)、《时代家庭》(《时事新报》副刊)、《妇女与家庭》(《大公报》副刊)、《妇女界》(《大美报》副刊)、《妇女界》(《神州日报》副刊)、《妇女与儿童》(《中华日报》副刊)、《妇女》(《大美周报》副刊)、《妇讯》(《联合晚报》副刊)、《妇女生活》(《时事新报》副刊)、《妇友》(《文汇报》副刊)、《妇女与家庭》(《申报》副刊)等。

2　中华人民共和国成立后对民国时期上海妇女报刊的整理与利用

中华人民共和国成立后，民国文献的保护和利用受到重视，各出版机构及图书馆界都在积极开展以保护和利用为目的的民国文献整理。

2.1　民国时期上海妇女报刊的整理出版

2000 年上海社会科学院出版了荒砂、孟燕堃主编的《上海妇女志》，在第十篇第三章第一节里概述了从 1898 年到 1992 年间创刊的上海妇女报刊。

结合中国近现代妇女报刊的整理来看，民国时期上海妇女报刊也是其中的重要组成部分。主要有 1990 年北京海洋出版社出版的田景昆、郑晓燕编的《中国近现代妇女报刊通览》，1996 年北方妇女儿童出版社出版臧健、董乃强主编的《近百年中国妇女论著总目提要》，2006 年开始线装书局陆续出版的《中国近现代女性期刊汇编》三辑共 305 册，2008 年线装书局出版的王长林、唐莹的《中国近现代女性期刊汇编.总目录》全 3 册。

2.2　图书馆界对民国时期上海妇女报刊的整理开发和数据库建设

2.2.1　国外图书馆开发的专题数据库

《海德堡大学晚清和民国时期中国女性杂志资料库》，该资料库收录了德国海德堡大学数字化的民国时期上海著名的四种女性杂志，分别是《女子世界》《妇女时报》《妇女杂志》《玲珑》，它们在中国妇女性别角色转变方面具有重要的影响。

《玲珑》杂志（上海1931—1937）电子版，由哥伦比亚大学进行了数字化，为研究二十世纪三十年代的上海女性的生活，反映一个城市的社会和政治变革提供了一个独特的视角。

2.2.2 国内图书馆开发的大型综合性民国期刊数据库有：

（1）上海图书馆的"全国报刊索引数据库"，内含"民国时期期刊篇名数据库（1911—1949）"和"民国时期期刊全文数据库（1911—1949）"两个子库。读者可从标题、作者、刊名、创刊年、主办单位、出版地等途径对文献进行检索。截至2019年12月，使用期刊导航功能，共检索得到创刊地为上海的妇女报刊约170种。

（2）国家图书馆的"民国中文期刊资源库"，该库是国家图书馆用馆藏的民国期刊的缩微胶片进行的数字扫描，现提供4351种期刊电子影像的全文浏览。

（3）大学数字图书馆合作计划（CADAL）统一检索中的民国期刊部分及其下属特藏子库"民国文献大全（~1949）"数据库中期刊部分。后者内容涵盖上海《申报》《民国日报》，天津《大公报》《益世报》，北京《顺天时报》，重庆《新华日报》，长沙《大公报》等十余种民国大报。

据《上海妇女志》统计，民国期间上海共出版了妇女报刊161种。截止到2019年12月，在以上数据库中查询目前见存的种数及期数，民国时期上海妇女期刊共有93种，数字化占比约60%，具体见表1：

表1 《上海妇女志》中查询目前见存民国时期上海妇女期刊一览表

报刊名称	刊行时间	创办者或主编
女学生（年刊）	1910.3—1912.1	尹锐志，城东女学社编行
妇女时报	1911.5—1917.4	狄葆贤、包天笑等
女铎	1912.4—1950.12	（美）乐亮月、李冠芳、刘美丽
女权	1912.5	张亚昭
神州女报	1913.3—1913.6	张汉昭、汤国梨、谈社英、杨季威

续表

报刊名称	刊行时间	创办者或主编
万国女子参政会旬报	1913.4—1913.6	张汉英、陈德晖
万国女子参政会月刊	1913.6	上海万国女子参政会编
眉语	1914.9—1916.3	高剑华
女子世界	1914.12—1915.7	天虚我生（陈蝶仙）
女子杂志	1915.1.1	上海女子杂志社编辑，广益书店发行
妇女杂志	1915.1.5—1931.12	王蕴章、胡彬夏、章锡琛
中华妇女界	1915.1.25—1916.6	中华书局
新妇女（半月刊）	1920.1—1920.12	上海新妇女杂志社
解放画报	1920.5—1921.12	解放画报社
妇女趣闻丛报	1921.4	上海华文图书馆
妇女评论（《民国日报》副刊）	1921.8.3—1923.5.15	陈望道、沈雁冰、邵力子、杨之华
女青年（月刊）	1922.1—1937.7	上海基督教女青年会全国协会、张采苹、蔡葵
节制（季刊、月刊）	1922.3—1939.3	上海中华妇女节制协会、刘王立明
现代妇女（《时事新报》副刊）	1922.9—1923.8	妇女问题研究会和中华节育研究社
妇女周报（《民国日报》副刊）	1923.8—1926.1	邵力子、向警予
红玫瑰（周刊、旬刊）	1924.8—1946.4	严独鹤、赵苕狂
紫罗兰（半月刊、月刊）	1925.11—1945.3	周瘦鹃
新女性（月刊）	1926.1—1929.12	上海妇女问题研究会，章锡琛
女伴（半月刊）	1926.12—1927.1	女伴半月刊社
妇女运动（旬刊）	1927.7	国民革命军第二路军总指挥部妇委会，谈社英
青年妇女（国庆增刊）	1927.10—1928.10	青年妇女杂志社
现代妇女（月刊）	1928.1—1928.4	现代妇女社
今代妇女（图画月刊）	1928.6—1931.10	今代妇女社
妇女共鸣（半月刊、月刊）	1929.3—1944.12	陈逸云、谈社英、王孝英
女光（周刊）	1930.1—1930.9	黄一鹤
中华基督教女青年会会务鸟瞰（月刊）	1930.1—1932.12	中华基督教女青年会

续表

报刊名称	刊行时间	创办者或主编
上海女中校刊	1931—1936.4	江苏省立上海女子中学
玲珑（图画月刊）	1931.3—1937.3	玲珑图画月刊社
女学生（月刊）	1931.10—1931.11	上海女学生社
女朋友（三日刊、周刊）	1932.9—1933.1	胡考
德音	1932.9—1936	上海私立崇德女子中学
妇女与家庭（《东方杂志》专栏）	1932.10—1939.6	上海东方杂志社
女声（半月刊、月刊）	1932.10—1948.1	刘王立明、王伊蔚
摩登周报（画报）	1932.11—1933.1	胡憨珠、郎静山
女子月刊	1933.3—1937.7	黄心勉、封禾子（凤子）、高雪辉
现代妇女（月刊）	1933.4	上海现代妇女社
妇人画报（半月刊、月刊）	1933.4—1937.7	上海妇人画报社
现代女性（月刊）	1934.7	上海今日学艺社
中华妇女节制会年刊	1935.1	凌集熙
女星（月刊）	1935.2—1941.3	上海广学会
妇女月报	1935.3—1937.7	上海妇女教育馆
妇女月报	1935.3—1937.7	上海妇女月报社
女神（图画月刊）	1935.5.1—1935.12	严次平
新女性（半年刊）	1935.5—1937.6	上海民立女子中学学生自治会
妇女生活（月刊、半月刊）	1935.7—1941.1	沈兹九、曹孟君
妇女大众	1935.11—1936.3	妇女大众社
上海妇女教育馆年刊	1936.4	上海妇女教育馆
女人（半月刊）	革新号1936.5—1936.9	上海小型出版社编行
女性特写（月刊）	1936.5—1936.7	中国图书杂志公司特写出版社
伊斯兰妇女杂志	1936.6	伊斯兰妇女杂志
电影与妇女（图文周刊）	1936.11—1936.12	电影与妇女周刊社
主妇之友（月刊）	1937.4—1937.8	上海主妇之友社
战时妇女（旬刊、五日刊）	1937.9—1938.11	上海战时妇女社
妇女生活（妇女生活、世界知识等联合旬刊）	1937.9—1937.10	上海战时联合旬刊社

续表

报刊名称	刊行时间	创办者或主编
女兵（旬刊）	1937.10	复旦大学主编，五洲书报社发行
上海妇女（半月刊、月刊）	1938.4—1940.6	蒋逸霄、姜平
妇女（半月刊）	1938.5—1938.9	妇女半月刊社
孤岛妇女（半月刊）	1938.6—1939.2	孤岛妇女社
妇女文献	1939.4—1939.5	文献丛刊社
海关妇联年刊	1939.5	海关妇联
舞场特写	1939.6—1939.9	一鸣出版社
舞声电	1939.8	龚月雯
家庭与妇女（半月刊）	1939.9—1941.10	王培真、龚月雯、丁禾菲
妇女与家庭（《申报》副刊）	1939.9—1947.1	申报社
中国妇女（月刊）	1939.12—1945.12	朱素萼、濮大江
慈俭妇女（月刊）	1940.1—1942.11	中国妇女慈俭会
上海女青年（月刊）	1940.3—1940.5	上海基督教女青年会
妇女界（半月刊）	1940.3—1941.11	蔡鲁依
大地女儿（月刊）	1940.7—1941.8	王丹
新女性（月刊）	1940.10—1941.1	上海新女性杂志社
中国女医	1941.1—1941.8	中国女医杂志社
妇婴卫生	1941.11—1949.12	妇婴卫生杂志社
时代妇女（月刊）	1941.12	中国图书杂志公司
女声（月刊）	1942.5—1945.7	（日）佐藤俊子、关露
现代妇女（月刊）	1943.1重庆创刊，1945.10上海复刊—1949.3	曹孟君、胡绣枫
新女性（月刊）	1944.10	中华文化出版公司
上海妇女（月刊）	1945.10—1945.11	上海妇女月刊社
前进妇女（月刊）	1945.10—1945.12	前进妇女月刊社
家（月刊）	1946.1—1949.12	黄嘉音，家杂志社
今日妇女（月刊）	1946.3—1946.11	俞昭明，今日妇女社
伉俪（月刊）	1946.6—1948.10	李浩然、吴好好

续表

报刊名称	刊行时间	创办者或主编
少女（月刊）	1946.6—1949.1	诸葛夫人、陈蝶衣
女青（月刊）	1947.11—1948.1	上海基督教女青年会
绿讯（季刊）	1947.11—1948.9	上海中华全国邮务总工会
民星（继承女星）（月刊）	1948.3—1949.3	上海基督教女青年会
女光（双月刊）	1948.11	马之俊、赵虞慧芬
女人（月刊）	1948.12	二十世纪出版公司
新民主妇女（月刊）	1949.6—1949.7	新民主妇女出版合作社

3 近年来民国时期上海妇女报刊整理及开发利用的特点及存在的问题

（1）出版社积极性不高，影印出版缺乏

相对于中国近现代的新闻事业而言，女性报刊只是其中很小的一部分，更不用提具有一定地域性限制的上海女报了。由于在这个题材上，保存下来的文献少而分散，而搜集、整理的难度又很大，出版社对妇女报刊的整理出版热情不高。目前对民国时期上海妇女报刊进行出版整理的形式仅有少数刊名汇编和目录提要，迄今未有以影印方式对原始文献进行的全貌还原。

（2）目录老旧，出现错误较多

《上海妇女志》出版于 2000 年，当时图书馆界开发馆藏，建立特色数据库还未形成风潮。现与数据库中的电子版相对照，发现"妇女报刊"这一节中的目录错误不少。比如由薄玉珍主编，广学会出版的《民星》（月刊，原名《女星》）在书中于 1926 年和 1948 年两次出现，而根据《基督教妇女传媒与近代中国女性角色的建构》一文考证[6]，《民星》首次发行于 1932 年 1 月，因此不可能在 1926 年出现。再比如《家》在《上海妇女志》记载刊行时间为 1945 年至 1949 年 12 月，而据数据库的全文资料，该刊创刊于 1946 年 1 月。随着各大图书馆对本馆藏书电子化普及程度的提高，尤其 CADAL 作为大学图书馆数字合作计划项目在各个方面能起到查漏补缺的作用，建议今后对民国妇女报刊目录进行重新修订。

（3）数据库尚在开发建设，期刊普遍收录不完整

从已有数据库的规模来看，上海图书馆的"民国时期期刊全文数据库（1911—1949）"收录资料最多。但数据库是工作人员根据实物手工扫描并录入的，由于资料分散在各处，期刊种数缺漏以及已收期刊不完整的情况很普遍，需要时间补充完整。

（4）图书馆文献数字化已有了一定成果，但报纸副刊的数字化程度仍旧很低

在 161 种民国时期上海妇女报刊中，已经被数字化的期刊占了将近 60%，绝大多数有影响力的妇女报刊都被数字化了（《妇女声》和《妇女评论》没有），为需要资料的学者提供了便捷的文献获取渠道。专栏和专页不难找，但其中的 27 种报纸副刊中，被数字化的只有 5 种，分别是：《妇女评论》（《民国日报》副刊）、《现代妇女》（《时事新报》副刊）、《妇女周报》（《民国日报》副刊）、《妇女与家庭》（东方杂志专栏）、《妇女与家庭》（《申报》副刊）。而且其中《申报》数据库有专门的商业数据库，需要用户另行购买。

参考文献

[1] 姚公鹤.上海闲话 [M].上海：上海古籍出版社，1989：128.
[2] 荒砂，孟燕堃.上海妇女志 [M].上海：上海科学院出版社，2000：488-504.
[3] 刘人锋.中国妇女报刊史研究 [M].北京：中国社会科学出版社，2012.
[4] 田景昆，郑晓燕.中国近现代妇女报刊通览 [M].北京：海洋出版社，1990.
[5] 王长林，唐莹.中国近现代女性期刊汇编总目录 [M].北京：线装书局，2008.
[6] 杨照蓬.基督教妇女传媒与近代中国女性角色的建构——以家庭平民月刊《女星》为例 [J].黑龙江史志，2010（21）：43-44+53.

作者简介

蔡颖　上海师范大学图书馆馆员

民国文学家石评梅致焦菊隐信札的发现与整理 ①

刘 琳

摘 要：北京人民艺术剧院戏剧博物馆珍藏着多份文学家手稿和信札，其中民国时期四大才女之一、青年文学家石评梅写给焦菊隐（著名戏剧家，北京人民艺术剧院总导演）的一批信札年代较早、品相完好。本研究对该批信札的内容逐一梳理，对其中所涉及的个人遭遇、历史事件及时代动态进行了深入挖掘，并与其他已公诸于世的信件进行分析比较，最终发现其中的八封信件此前从未披露，它们为当代的研究者提供了更为丰富的第一手资料。

关键词：北京人艺 戏剧博物馆 信札 民国文献

1 北京人民艺术剧院戏剧博物馆概况

北京人民艺术剧院戏剧博物馆（简称"北京人艺戏剧博物馆"）于 2007 年 6 月面向社会公众开放，是国内首家展示话剧艺术的博物馆。博物馆馆藏品以北京人民艺术剧院（以下简称"北京人艺"）自 1952 年建院以来珍存 60 余年的艺术资料为依托，将一个专业的话剧院团自中华人民共和国建立之后的发展历程和艺术创作轨迹作了丰富的展示。

鉴于艺术创作的特点，作家手稿、演员日记、往来信函等文字类藏品在本馆藏品中占有绝对比例，其中仅剧作家、文学家与剧院的合作过程中探讨剧本内容、提出修改意见及谈论演出情况的信札和手稿就有百余件，这些珍贵的手稿真实反映了我国新文化运动以来文人的文学修养、个人风格、对艺术的严谨态度，

---

① 本文图片版权由北京人艺戏剧博物馆所有。

时代跨度大，承载着丰富的社会和历史信息，今天看来，具有较高的历史和文献价值。因此对它们展开全面的研究，无论对于当代的戏剧和文史资料研究，抑或为博物馆自身最大程度地实现对观众的教育功能，都具有不可多得的意义。

2 一封 92 年前的信札和它的主人公们

在北京人艺戏剧博物馆的焦菊隐展厅，陈列着一封民国时期女作家石评梅写给焦菊隐导演的信札，此信由焦菊隐家人在 2004 年焦菊隐诞辰百年前夕捐赠，其寥寥数行，却内涵丰富。这封信写于 1926 年，素白的信笺、传统的毛笔竖行书写方式（见图 1），全文为：

菊弟：

听晶清说你匆匆返津了。

看报很挂念你，和你的双亲妹妹！如平安时乞告我一声！这些天惊魂未定，吊死慰伤，真觉人间何世！我愿早瞑目，不闻不见这些事才好，然而天啊不许我。

祝弟弟的珍重！

梅姊　三月二十四号

打完电话后，这封信换了个信封仍寄给你。

梅姊又及

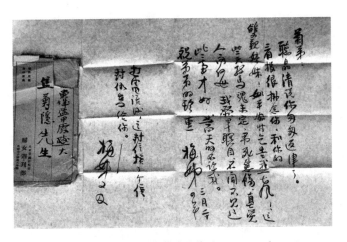

图 1　石评梅给焦菊隐的信（1926.3.24）

　　这封写于 92 年前的信札，读来感情充沛，表面看来，写信人仅以简短的六句话、四个感叹号表达了对收信人及其家人的关切之情，并抒发了自己近来的悲愤以及消极的情绪。但放眼那个大时代，特别是深究 1926 年 3 月的北平，渐渐清晰的却是一段为了争取国家之主权付出青春血泪的历史。

　　石评梅，原名石汝璧。中国著名女作家，"民国四大才女"之一。山西平定人，出身书香门第。父亲石铭为清末开明举人，儒学教官。石评梅之母，是父亲的续弦，亦是官宦之后。父亲中年得女，待小女若掌上明珠。石评梅自幼便得家学滋养，有深厚的国文功底，亦喜书画音乐，被誉为才女。12 岁入太原女子师范学校，成绩优异。"五四"后赴北京，本拟报考北京女子高等师范学校（1925 年更名为北京女子师范大学，即今天的北京师范大学）国文系，但由于当年该系不招生，改报体育系。

　　在北京女子高等师范学校读书期间，她结识了冯沅君、庐隐、陆晶清等一众好友，乘"五四"之风，他们经常在一起开会、演讲、畅饮、赋诗，尽情享受着那段时期特有的自由与浪漫。就在这个阶段，石评梅开始文学创作，在各文学报刊发表诗歌、散文、游记等，其中尤以诗歌见长，有"北京著名女诗人"之誉。1923 年，石评梅大学毕业后，留校任附中女子部主任兼体育、国文教员。

　　焦菊隐，原名焦承志，生于天津。曾祖父焦佑瀛为道光十九年（1939）举人，因文思敏捷，咸丰十年（1860）由肃顺推荐，任军机大臣。咸丰皇帝临终前托孤给八位辅政大臣，焦佑瀛是其中唯一的汉人，后因反对慈禧太后垂帘听政，被免职处分，蛰居天津。

　　焦菊隐自幼学业优异，五四运动开始时，他受进步思想的影响，参加学生组织的新剧社。1924 年进入燕京大学攻读欧洲语系，后改修政治系，课余时间一直从事校园文学、戏剧活动。1930 年，参加筹办北平中华戏曲专科学校，并任校长，为京剧界培养了一大批表演艺术家。1935 年，留学法国，并于 1938 年获巴黎大学文学博士学位。

　　抗日战争爆发后，焦菊隐回到祖国，在广西、四川一带参加救亡戏剧活动。在艰难动荡的环境中，他一边教书、排戏，一边翻译了俄、法、美等国的多部戏剧作品、小说、诗歌等。抗战胜利后，焦菊隐返回北平，任北平师范大学西语系教授兼主任。

　　1952 年北京人民艺术剧院建院，焦菊隐被任命为第一副院长、总导演、艺术委员会主任。先后导演了《龙须沟》《虎符》《茶馆》《智取威虎山》《蔡文姬》

等名剧。焦菊隐治学严谨，勇于创新，是一位永无止境的探索者。他善于把中国戏曲艺术的美学观点和艺术手法，融会贯通地运用到话剧艺术当中，从而创立了自己的导演学派。

焦菊隐与石评梅的结识可以追溯到 1924 年，当时焦菊隐还是高中二年级的学生，在 1924 年 2 月 13 日的日记中，他首次记录了他与石评梅的来往："晚收评梅女士来信，寄到《病》（小说）一篇，评梅为大学毕业生，现在师大附中教书。"资料显示，这篇小说最早发表在 1924 年的《绿波周报》上[1]，这正是焦菊隐和友人共同发起的绿波社专刊，可见，两位最早的相识是因投稿之缘。

石评梅比焦菊隐大 3 岁，是典型的新女性，当时自北京女子高等师范学校毕业，在附中任教。焦菊隐钦佩石评梅的文采，他们熟识后以姐弟相称，且时常通信，在信中互相倾诉对社会、文学、时政的看法[2]。

距离写下这封信之前的一周正是 1926 年 3 月 18 日，那一天北平发生了震惊世人的"三一八"惨案，石评梅虽未亲临事件现场，但惨案中被杀害的女学生刘和珍以及受伤的陆晶清（信开头提及的晶清，与石共同编辑《京报副刊》）都是她的好友。第二天，石评梅即赴医院看望受伤的好友，其后的一周内，她一边在报纸上发表文章斥责段祺瑞政府的残暴，一边忙于对伤亡友人的抚慰和凭吊，心情十分低落[3]。

再回到这封信的内容，石评梅首先对焦菊隐表达了惦念之情。想来这里还有前情，那就是 1926 年 3 月 5 日，是石评梅的男友高君宇去世周年忌日。高君宇生前曾对石展开热烈的追求，而后者由于曾经感情受挫，不肯轻易接受高君宇的炽热感情，却未成想高英年早逝，生命戛然而止，这使得石评梅后悔不已，留下终生的遗憾。这一年的时间里，悔恨和悲伤的情绪一直折磨着她。为了避免她触景伤情，焦菊隐约了几名好友到陶然亭公园高君宇的墓前植树，没想到却在那里碰到了正在凭吊的石评梅，可见她的悲伤心情并未平复，而同时她也感受到了作为好友的焦菊隐对她和亡人的深厚友情，因此信中流露出对菊弟及其家人诚挚的惦念。

此后表达的，便是对这连续发生的事件的无奈、消极情绪，甚至说出"我愿早瞑目"这样的话语，不幸的是一语成谶！两年后，石评梅便因病去世，想来这与她所处的政局纷乱的时代及个人遭受的打击有着必然的关系，一个有才华的女作家就这样陨落了。

3 石评梅致焦菊隐信札概览

此信是北京人艺戏剧博物馆保存的年代较早的藏品之一, 其余还有自 1925 年到 1926 年间石评梅写给焦菊隐的另九封信件 (见表 1), 这十封信件均保存完好, 最早一封推测为 1925 年 3 月高君宇病逝后十几天石评梅的手书心迹, 距今已 93 年。所有信件中的字迹清晰可辨, 下笔纯熟流利。其中八封用毛笔书写, 笔体遒劲有力, 女作家特有的豪气和才气呼之欲出。另两封用钢笔书写, 字迹则玲珑秀丽。

表 1 石评梅致焦菊隐信札 (北京人艺戏剧博物馆馆藏)

序号	写信时间	信封样式	信纸样式	页数	品相	主要内容
1	1925.3.16	北京蔷薇社专用信封, 燕京大学收	小 8 开宣纸信纸, 泛黄底儿竖排红格, 毛笔书写	1	完好	遭受打击后身体患病, 心情沉重和忧郁, 坚持用笔名冰天。
2	1925.3.29	北京蔷薇社专用信封, 燕京大学收	泛黄素纸, 无格	1	完好	似为高君宇追悼会当日, 诉不能回乡为父祝寿心情, 嘱菊隐注意安全, 不必参加团体活动。
3	1925.9.5	北京蔷薇社专用信封, 燕京大学收	竖条纹纸, 钢笔书写	1	完好	惦念菊弟身体健康, 谈及学校情况。
4	1926.2.19	北京蔷薇社专用信封, 燕京大学收	小号宣纸信纸, 毛笔书写, 草体笔体遒劲	8	完好	在佳节之际思念高君宇, 倾吐沉郁心情。
5	1926.2.25	北京蔷薇社专用信封 (小), 燕京大学收	素白信纸, 无格, 8 开	1	完好	高君宇去世一周年忌日快到, 应友人提议, 约菊隐一同赴陶然亭看望。
6	1926.3.6	北京蔷薇社专用信封 (小), 燕京大学收	泛黄素纸, 无格	1	完好	谈酒后心情, 适逢高君宇忌日, 一夜未眠。

序号	写信时间	信封样式	信纸样式	页数	品相	主要内容
7	1926.3.7	淡绿色小号信封，燕京大学收	泛黄纸，两张胶水相接	1	完好	倾诉给高君宇扫墓后的心情，懊悔自己的悲伤影响了菊弟。
8	1926.3.24	《妇女周刊》专用信封	素白信纸	1	完好	"三一八"惨案后吊死慰伤的心情
9	1926.4.15	无信封	京师公立第一女子中学校用笺	1	完好	谈《京报副刊》停刊撤稿事。
10	1926.7.23	淡绿色小号信封，天津法界西开大利里焦承霭转焦菊隐收	竖格小号信纸，钢笔书写	2	完好	谈及自己文章在《庸报》发表，表达谦逊之情，劝菊弟适应社会，不必发牢骚。

注：序号 4、7 书信内容已由《石评梅作品集（戏剧 游记 书信）》收录刊载。

据 2007 年出版的《焦菊隐》画传记载，石评梅给焦菊隐的信共有十五封保留下来，而 1985 年出版的《石评梅作品集（戏剧 游记 书信）》[4] 收录了石评梅给焦菊隐的书信共九封，如表 2，其中前六封最早见于 1929 年出版的《华严月刊》第一卷第二期（此刊为石评梅的好友、女作家庐隐创办），而笺二、笺六两封的原件正在本馆所藏的十封信札之中；后三封为 1985 年出版《石评梅作品集（戏剧 游记 书信）》时首次披露，2012 年出版的《石评梅大全集》[5] 依然照原样收录，未见新增。由此可见，本馆现馆藏的另八封信札均为尚未披露的原件，则迄今为止，已发现的石评梅给焦菊隐的信札至少应为十七封，写信时间是从 1924 年 7 月到 1926 年 7 月的两年间。

表 2　石评梅致焦菊隐信札
（《石评梅作品集（戏剧 游记 书信）》《石评梅大全集》先后收录）

序　　号	写信时间	主要内容
寄焦菊隐之笺一	无	谈读焦菊隐创作的诗《夜哭》的读后感。
寄焦菊隐之笺二	无	倾诉给高君宇扫墓后的心情，懊悔自己的悲伤影响了菊弟。

续表

序　号	写信时间	主要内容
寄焦菊隐之笺三	从行文推断应为 1925 年年末或 1926 年年初	抒发和焦菊隐等友人相聚酒后的心情。
寄焦菊隐之笺四	无	回应焦菊隐的来函，鼓励他努力求学上进，勿失意。
寄焦菊隐之笺五	从行文可推断时间为 1926 年 3 月左右	君宇忌日临近，抒发悲伤心情，并嘱菊隐不要挂念她。
寄焦菊隐之笺六	与本馆馆藏 4 号内容相同，写信时间应为 1926.2.19	在佳节之际思念高君宇，倾吐沉郁心情。
又致焦菊隐信之一	廿一号（按行文推断应为 1924 年焦菊隐高中二年级考取燕京大学之前）	对焦菊隐的回函，自诉她的性格是孤僻的。
又致焦菊隐信之二	4 月 1 日午后	嘱菊隐不要参加团体活动，因时局附中停课。
又致焦菊隐信之三	1926.6.17	谈对家人的惦记，嘱菊隐要注意身体。

注：笺二、笺六原件由北京人艺戏剧博物馆馆藏。

4　该批信札之于民国文献研究的意义

作为民国时期才华卓著的年轻女作家，石评梅在新文化运动和现代文学史上有着十分重要的地位，由于她的早亡，未能留下太多的史料和手稿，这一批信札的留存和研究无论对于其个人和那个特殊的时期都有着重要的意义。这批信札将在如下诸方面提供更多的研究物证。

4.1　为当代对民国文学家石评梅的研究提供最新的一手资料

石评梅的创作高峰期主要在 1919 年进京后到 1928 年去世的八九年间，由于身处"五四"时期，作为一个热爱文学、才华出众且多愁善感的青年作者，她留下了大量的诗歌、散文、小说等作品。虽然她自称性格孤僻，但身边仍聚集了一批理想、志趣相投的好友，因此她与好友日常的通信也有相当的数量，但由于书信的私密属性，披露于世的并不多，在其作品集中收录了给四位友人的共 33 封书信，已属难得。此次新发现的八封信札（如图 2），恰是石评梅短暂人生最重要阶段的见证，对于研究她在当时的社会活动，特别是高君宇去世前后和历经"三一八"惨案过后的伤痛心路，提供了更丰富的一手资料。

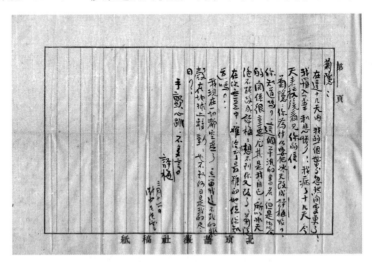

图 2　石评梅给焦菊隐的信（1925.3.16）

4.2　为研究戏剧家焦菊隐早期从事文学活动的轨迹提供最新资料

由于在中国戏剧界、教育界卓越的成就，焦菊隐后来成为戏剧家、翻译家、教育家，他学生时代即热爱文学，虽也为后来人所共知，但尚未见专门的研究与梳理。此批信件的发现，有助于今天的研究者对焦菊隐青年时代从事文学活动的轨迹做更清晰的梳理。

4.3　为"五四"时期的青年作家、学生的文学社团活动以及京津地区文学刊物的创建与兴衰提供研究细节

详读此批信件的内容，除了友人间的相互关心，还涉及如投稿事宜、讨论用何笔名等，甚至使用的信笺、信封，收寄信地址，都与他们当时所服务的文学社团有关，大致数来，这一时期与他们有所关联的社团有绿波社、蔷薇社，他们经手主办、编辑并作为主要发表阵地的刊物有《绿波周报》《晨报副刊》《京

报副刊》《妇女周刊》《蔷薇周刊》《语丝》等多个刊物，更牵引出邵飘萍、孙伏园、瞿菊农、孙席珍等众多中国早期报人在那个局势动荡的时代，秉持社会良知、艰难办报的轨迹。

4.4　为当代研究民国时期的历史事件提供更多的证据支撑

毋庸置疑，除了石评梅个人的经历，此批信中还能牵引出更多重要事件和历史当事人的线索和遭遇，包括石评梅的好友陆晶清、庐隐等人的踪影，都可从中获知一二，如图3：

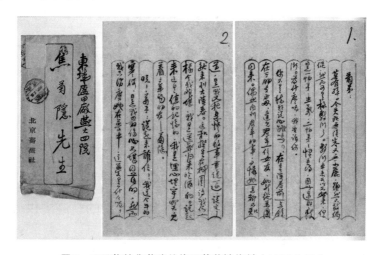

图3　石评梅给焦菊隐的信及蔷薇社信封（1926.2.19）

参考文献

［1］石评梅.石评梅大全集［M］.北京：新世界出版社，2012：363.

［2］焦世宏，刘向宏.焦菊隐［M］.北京：中国戏剧出版社，2007：23.

［3］王庆华.北京文史资料选编.第十四辑：石评梅传略［M］.北京：北京出版社，1982：40-46.

［4］石评梅.石评梅作品集（戏剧 游记 书信）［M］.杨扬，编.北京：书目文献出版社，1985：99-108.

［5］石评梅.石评梅大全集［M］.北京：新世界出版社，2012：347-353.

作者简介

刘琳　北京人艺戏剧博物馆副研究馆员

编目与保护

民国时期所出敦煌汉文文献编目成果述评 [①]

——从目录学角度进行的考察

宋雪春

摘　要： 目录是揭示文献内容的主要途径，是研究的先导和出发点。民国时期所出的敦煌汉文文献编目成果达十余种之多，主要集中于中国国家图书馆藏、英国国家图书馆藏以及法国国立图书馆藏敦煌汉文文献。民国时期产生的敦煌汉文文献编目成果不断推进敦煌汉文文献研究的进步，为二十世纪后半叶敦煌学的蓬勃发展奠定了坚实的基础。

关键词： 敦煌汉文文献　编目成果　著录条目

1　引言

1900 年 6 月 22 日，道士王圆箓一次偶然的机会发现了莫高窟藏经洞，从而使举世闻名的敦煌宝藏呈现在世人面前，并由此产生了一门国际性显学——敦煌学。敦煌文献在发现以后并没有得到应有的保护，致使其中的大部分先后流散到英、法、俄、日等国。现在，英国国家图书馆、法国国立图书馆、俄罗斯科学院圣彼得堡东方研究所和中国国家图书馆是世界上敦煌文献的四大主体收藏机构。由于政治原因，俄藏敦煌收集品在数十年中一直处于"秘藏"状态，直至 1960 年召开莫斯科国际东方学家大会期间才正式公诸于世。日本藏敦煌文献较为分散，不少贮于私立机构或个人藏家之手，中国学者对日本所藏敦煌文献的调查，始于二十世纪五十年代饶宗颐对藤井有邻馆的考察。故民国时期产生的编目成果主要集中于中国国家图书馆藏、英国国家图书馆藏以及法国国立图书馆藏敦煌汉

---

① 本文系国家社科基金重大项目"英藏敦煌社会历史文献整理与研究"（10&ZD080）、中国博士后基金面上资助"当代敦煌学研究（1949—2016）"（2016M601536）的阶段性成果。

文文献，代表性的目录达十余种之多。其中国图藏敦煌汉文文献的目录主要有《敦煌石室经卷总目》、陈垣编《敦煌劫余录》《敦煌石室写经详目》及《敦煌石室写经详目续编》；英藏相关成果主要有蒋孝琬初编草目、罗福苌译《伦敦博物馆藏敦煌书目》、向达著《伦敦所藏敦煌卷子经眼目录》；法藏相关成果主要有罗振玉发表的《敦煌石室书目及发见之原始》、罗福苌译《巴黎图书馆敦煌书目》、陆翔译《巴黎图书馆敦煌写本书目》、王重民编《伯希和劫经录》。不可忽视的是，这一阶段还产生了系列重要的专科性目录，如刘师培编辑《敦煌新出唐写本提要》、李翊灼编《敦煌石室经卷中未入藏经论著述目录》、王重民撰《敦煌古籍叙录》、姜亮夫辑《瀛外访古劫余录·敦煌卷子目次叙录》和《瀛涯敦煌韵辑》，傅芸子撰《敦煌变文丛钞》、许国霖纂辑《敦煌石室写经题记与敦煌杂录》等，由于属于分类辑录或研究性强的目录成果，暂不归入本文的探讨范畴。

"目录是研究的基础，也是一切学科进一步发展的基础"[1]。目录是揭示文献内容的主要途径，是研究的先导和出发点。不同时期的编目成果体现了学界在某一阶段对于这批文献的整理和认识，民国时期所出的编目成果即反映了这一时期的研究水平和学术高度。白化文先生所著《敦煌文物目录导论》[2]，对国内外敦煌文献编目成果的编纂体例及优缺特点等论述精当，其中涉及民国时期所出的多种目录。荣新江先生介绍了不同庋藏地敦煌文献的来源、收藏、编目和研究状况，极富参考价值[3]。笔者谨在前贤研究的基础上，分国家图书馆藏敦煌汉文文献、英藏敦煌汉文文献、法藏敦煌汉文文献三个方面评述相关编目情况，拟重点对民国时期所出敦煌汉文文献编目成果的著录得失与条目兴废进行考察，以揭橥百年来国内外学界在敦煌文献编目领域所取得的进步与成就，为未刊敦煌文献及其他古籍目录的编纂提供参考。不当之处，敬祈方家教正。

2 国家图书馆藏敦煌汉文文献编目简介

1910 年，距王圆箓发现藏经洞足有十年之久，在罗振玉等人的积极呼吁下，清政府学部才下令将剩余敦煌文献悉数运京。由于当时政治腐败，王圆箓得以在起运前藏匿转移若干，运京途中续有流失，抵京后又有人监守自盗，致使敦煌文献再一次遭受"劫掠"。剩余部分入藏京师图书馆后，引起京城内外学人的极大关注。1925 年正式成立的"敦煌经籍辑存会"即为"最早从事敦煌学研究的学术团体"[4]，致力于敦煌经籍的搜集、整理、保存和研究工作。

从 1910 年敦煌文献入藏京师图书馆后，相关工作人员就开始对这批文献进行整理和编目，首先挑选出较为完整的遗书编为《敦煌石室经卷总目》（以下简称《经卷总目》）八册本，依《千字文》用字排号，共著录 8679 号。该目最初没有列入题名，仅著录编号、尺寸与起止字三项，是一个以财产登记为目的的流水目录，一直没有正式公布。在其后的岁月中，该目录内容不断丰富，包括拟名、修订数据、添加附注、分号、添加皮藏号等。在《敦煌石室经卷总目》完成之后，国图对敦煌特藏又做的整理编目成果有《皮藏册》和《数据目录》。其中《皮藏册》是国图早期对馆藏敦煌特藏进行鉴别定名，并按照文献内容重新编排皮藏次序时所编；《数据目录》是与《皮藏册》相配套的目录，作用是将遗书按照文献归类以后，依据原卷采集该遗书中的各种数据：所属序号、千字文编号、经名卷次、起字、止字、长度、纸数、行数、首尾经文起讫、备注等十项。1931 年刊布的陈垣所编《敦煌劫余录》（以下简称《劫余录》）十四帙，著录 8679 号，以经名为纲，每行为一个条目，自上而下著录原号、起、止、纸、行、卷次、品次、附记八项。《敦煌劫余录》是敦煌学史上公布的第一个馆藏敦煌汉文文书目录，从图书馆学的角度来观察，《劫余录》也是世界上公布的第一个敦煌汉文文献的分类目录，为后世国图藏敦煌写卷的编目发挥了引领作用。1929 年，合组后的国立北平图书馆成立写经组，主要工作是为馆藏敦煌遗书编纂目录。经过全体成员的不懈努力，为原《敦煌劫余录》著录的这部分遗书重新编纂了一个更加完善的分类目录，定名为《敦煌石室写经详目》（以下简称《写经详目》）。该目每号著录内容包括经名卷次、千字文编号、皮藏号、起止字，长度、纸数、行数、首尾残况、子目及首尾经文起讫，总目号数、备考等。目录中时而有一些简略的考证及说明，并纠正了《敦煌劫余录》中的定名错误。其后，写经组仿上述《敦煌石室写经详目》的体例，为《敦煌石室经卷总目》未编余下的 1192 号相对比较完整的遗书编纂了目录，定名为《敦煌石室写经详目续编》。

3　英藏敦煌汉文文献编目成果简介

斯坦因（M.A.Stein）分别于 1906—1908 年和 1913—1916 年两次中亚考察期间从藏经洞获取大量敦煌宝藏，其中汉文文献多达 14000 号，涉及诸多研究领域，一直以来备受国内外学界的关注。英藏敦煌文献编目滥觞于斯坦因 1907 年在千佛洞对敦煌宝藏的检示。蒋孝琬是斯坦因在第二次中亚考察期间的主要助手，协助斯坦因从王圆箓手中骗取了数千件敦煌宝藏。据斯坦因考古报告记载，蒋孝琬于 1907 年在和田受斯坦因之托为其得自藏经洞的汉文文献作了粗略的目录登记，至少著录全部写本数量的三分之一。此后，蒋氏又于 1915 年在疏勒为斯坦因第三次中亚考察自藏经洞所劫敦煌文物初编目录（以下简称《蒋目》）。在斯坦因所获敦煌文献运抵伦敦后，马伯乐（H. Maspero）、翟理斯（Lionel Giles）对这批文献进行重新整理和编目的过程中，都一定程度上参考了蒋孝琬的编号目录。一般而言，蒋孝琬先用朱笔在敦煌文献的卷首（卷端）或卷尾（卷末）背面书写苏州数码，对收集品进行登记编号；然后用墨笔或朱笔书写文献名称。由于编者学识所限，《蒋目》具有简单、随意的特点。无论如何，蒋孝琬都算得上敦煌学史上整理敦煌文献并为之编目的第一人。

1923 年，罗福苌发表《伦敦博物馆藏敦煌书目》（以下简称《伦敦目》），披露了英藏敦煌汉文文献目录 400 余条，大概分四部书、社会文书和佛教文献等类别。《伦敦目》揭示于英藏敦煌文献"秘不示人"的上个世纪初叶，是国人认识英藏敦煌汉文文献的第一份目录。

向达于 1936 年 9 月至 1937 年 8 月在伦敦阅读敦煌卷子，但遭到当时的写卷管理员翟理斯的各种刁难，一年中只查阅了汉文及回鹘文写卷约五百余号，以卡片形式记录编号、卷子名称、长短、所存行数，并前五行及后五行的内容。向氏简编发表的《伦敦所藏敦煌卷子经眼目录》（以下简称《向目》），列举编号、经卷名称、所存行数及纸背内容，共计 469 号。

4 法藏敦煌汉文文献编目成果简介

1908 年，伯希和（Paul Pelliot）从王道士手中骗取大量敦煌宝藏，其中写本文献现藏于法国国家图书馆。据统计，法藏敦煌汉文文献达 4000 多件，种类丰富，为各国藏品最为精良者。不同于斯坦因收集品的先期锢闭英伦，国人对伯希和所获敦煌文献的了解较早。1909 年伯希和到北京时，曾将随身携带的敦煌文献珍本展示给罗振玉等人参观，由此引发了我国学者研读、抄录和出版敦煌文献的第一次高潮。可以说，伯希和的北京之行客观上促成了我国敦煌学研究的肇始。

1909 年，罗振玉发表《敦煌石室书目及发见之原始》（以下简称《罗目》），是向世人报导敦煌文物发现品的第一个目录，由此揭开了"敦煌学"研究的序幕。《罗目》披露伯希和所劫敦煌文献四十余种，大部分是抄录自伯希和所携简目，只有少数是罗氏亲见。在敦煌写本文献入藏法国国家图书馆后，伯希和便开始对汉文写本进行编目，自 1909 至 1920 年，他先后完成了 P.2001—

3511、P.4500—4521 号的法文原稿，辑成《伯希和敦煌收集品目录》，但没有正式刊布。这份目录传入国内之后产生两种译本，一是罗福苌译《巴黎图书馆敦煌书目》（以下简称《罗译目》），前 700 号所据乃叶恭绰抄录的伯希和目录；二是陆翔译《巴黎图书馆敦煌写本书目》（以下简称《陆译目》），根据的是张凤游学巴黎时所抄的稿本。《陆译目》在《伯希和劫经录》出版之前，一直是学术研究参考和利用法藏敦煌文献的一部最好、最有用的目录[5]。在敦煌经籍辑存会的努力下，由历史博物馆编辑的《海外所存敦煌经籍分类目录》（以下简称《海外分类目录》）收录法藏 136 件大乘经，分列华严部、方等部、法华部、般若部和涅槃部。编者以上述"佛经之部"为"第一类"，但不知何因，后续各类未得刊布。王重民于 1934 年至 1939 年留居巴黎专门调查敦煌汉文文献，并编制了一套流水号的卡片目录，1962 年出版的《伯希和劫经录》（以下简称《王目》）即脱胎于此。《王目》是法藏敦煌文献的全部汉文写卷的第一个相对完整的目录，详细著录首尾题、题记等重要信息，并附说明和索引。

5 民国时期所出编目成果著录条目的兴废

著录条目的设置反映了编目者对文献内容与价值的认知程度。众所周知，敦煌文献具有文物、文献和文字的三重价值，方广锠先生首创的"条记目录"，分别从文物研究价值、文献研究价值、文字研究价值三个层面来厘定每件文献的各个知识点，具有重要的开拓意义。"条记目录"尽可能全面、准确地反映图版内容，为研究者提供各种信息，使未能亲眼见到原卷的使用者通过目录即可较全面、清晰地了解文献情况[6]。现已广泛应用于《国家图书馆藏敦煌遗书》和《英国国家图书馆藏敦煌遗书》的编撰中，受到国内外学界的好评。"条记目录"亦被一些古籍研究和整理者所采用，并取得良好的效果。

考察各种目录的成就与特色、相互间异同，有益于甄别诸种编目成果的得与失；而比较诸种编目所著录条目之多寡，则有助于明晰编目工作动态的进步之道。上述十种民国时期所出的敦煌汉文文献目录各具特色，将之与"英图目"的"条记目录"相比对，可呈现出民国时期诸种目录所著录条目之多寡，著录条目的成就与特色，有益于甄别诸种编目成果的得与失。为了便于比较和说明，笔者谨将所涉条目汇总如下。表 1 的著录项目主要参考了方广锠《英国国家图书馆藏敦煌遗书》之"条记目录·凡例"，其中"√"表示已成体例的著录条目；"＊"表示编目中有所提及，但并未形成统一体例的著录条目。

表 1 民国时期所出敦煌汉文文献编目成果著录条目一览表

		目录	蒋目	伦敦目	向目	罗目	海外分类目录	伯希和目录		王目	经卷总目	劫余录	写经详目及续编	英图目
								罗译目	陆译目					
年代			1908	1923	1939	1909	1926—1927	1923、1932	1933—1934	1934—1939	1912年6月前	1931	1929—1935	2011至今
收录范围			数量不详	400余	10—6963	40余	P.2015—3504（不连贯）	P.2001—3511	P.2001—3511	P.2001—5579	8679号	8679号	8679+1192号	英藏敦煌汉文文献全部
1	著录条目	斯坦因编号	√		√									√
		伯希和编号					√	√	√	√				
		千字文编号											√	
		皮藏号									√	√	√	
		文献名称（卷本、卷次等）		√	√	√	√	√	√	√		√	√	√
		文献作者		*		*		*	*	√				√
		蒋孝琬编号	√											√
		文献语言类型				*			√					

续表

著录条目		蒋目	伦敦目	向目	罗目	海外分类目录	伯希和目录 罗译目	伯希和目录 陆译目	伯希和目录 王目	经卷总目	劫余录	写经详目及续编	英图目
年代		1908	1923	1939	1909	1926—1927	1923、1932	1933—1934	1934—1939	1912年6月前	1931	1929—1935	2011至今
收录范围		数量不详	400余	10—6963	40余	P.2015—3504（不连贯）	P.2001—3511	P.2001—3511	P.2001—5579	8679号	8679号	8679+1192号	英藏敦煌汉文文献全部
总体数据	长度				*				*			✓	✓
	高度				*			*					✓
	纸数				*						✓	✓	✓
	行数（区分正背）			✓	*			*	*		✓	✓	✓
	每行字数				*				*				✓
每纸数据	每纸长度												
	抄写行数												
文献外观	装帧形式	*	*		*	*	*	*	*				✓
	首尾存况		*		*	*	*		*			✓	✓
	纸质纸色				*		*		*				✓
	墨色				*				*				✓

2

续表

目录　著录条目	蒋目	伦敦目	向目	罗目	海外分类目录	伯希和目录 罗译目	伯希和目录 陆译目	伯希和目录 王目	经卷总目	劫余录	写经详目及续编	英图目
年代收录	1908	1923	1939	1909	1926—1927	1923、1932	1933—1934	1934—1939	1912年6月前	1931	1929—1935	2011至今
范围	数量不详	400余	10—6963	40余	P.2015—3504（不连贯）	P.2001—3511	P.2001—3511	P.2001—5579	8679号	8679号	8679+1192号	英藏敦煌汉文文献全部
护首、轴、天竿等												√
残破情况及其位置		*										√
尾部情况												√
附加物												√
裱补及其年代												√
界栏					*							√
修整												√
同件抄写多个文献的情况		*						√				√
同件不同文献之间的关系								√			√	√

续表

	著录条目	蒋目	伦敦目	向目	罗目	海外分类目录	伯希和目录			经卷总目	劫余录	写经详目及续编	英图目
							罗译目	陆译目	王目				
年代		1908	1923	1939	1909	1926—1927	1923、1932	1933—1934	1934—1939	1912年6月前	1931	1929—1935	2011至今
收录范围		数量不详	400余	10—6963	40条	P.2015—3504（不连贯）	P.2001—3511	P.2001—3511	P.2001—5579	8679号	8679号	8679+1192号	英藏敦煌汉文文献全部
3	起句		*							√	√	√	
	首部文字与对照本核对结果								*				√
	讫句									√	√	√	
	尾部文字与对照本核对结果								*				√
	录文（内容）								√				√
	说明	*							√				√
4	文献首题		*			*	*		√				√
	文献尾题		*			*	*		√				√
5	标注同类文献						√	√					√
6	可相缀合的文献										√		√

续表

序号	著录条目	蒋目	伦敦目	向目	罗目	海外分类目录	伯希和目录 罗译目	伯希和目录 陆译目	伯希和目录 王目	经卷总目	劫余录	写经详目及续编	英图目
	年代	1908	1923	1939	1909	1926-1927	1923、1932	1933-1934	1934-1939	1912年6月前	1931	1929-1935	2011至今
	收录范围	数量不详	400余	10—6963	40余	P.2015-3504（不连贯）	P.2001—3511	P.2001—3511	P.2001—5579	8679号	8679号	8679+1192号	英藏敦煌汉文文献全部
7	题记、勘记等	*			*	*	*		√		*		√
	印章	*			*	*	*	*	*				√
	杂写		*										√
	护首及尾页内容		*		*								√
8	年代				*	*	*	√	*				√
9	卷背内容					*	√	√	*				√
字体	书法						*	*	*				√
	武周新字					*	*	*	*				√
	合体字												√
10 二次加工情况	句读												√
	点标	*											√
	科分												√

续表

著录条目 \ 目录	蒋目	伦敦目	向目	罗目	海外分类目录	伯希和目录			经卷总目	劫余录	写经详目及续编	英图目
						罗译目	陆译目	王目				
年代	1908	1923	1939	1909	1926—1927	1923、1932	1933—1934	1934—1939	1912年6月前	1931	1929—1935	2011至今
收录范围	数量不详	400余	10—6963	40余	P.2015—3504（不连贯）	P.2001—3511	P.2001—3511	P.2001—5579	8679号	8679号	8679+1192号	英藏敦煌汉文文献全部
间隔号												√
墨涂	＊											√
行间加行												√
行间加字												√
朱笔					＊	＊	＊	＊				√
倒乙												√
删除												√
重文												√
兑废												√
11 近代人所加内容												√
12 此前公布图版												√
13 从本卷揭下另行编号的裱补纸												√
14 作者按语				＊								

续表

		蒋目	伦敦目	向目	罗目	海外分类目录	伯希和目录			经卷总目	劫余录	写经详目及续编	英图目
							罗译目	陆译目	王目				
年代		1908	1923	1939	1909	1926—1927	1923、1932	1933—1934	1934—1939	1912年6月前	1931	1929—1935	2011至今
收录范围		数量不详	400余	10—6963	40余条	P.2015—3504（不连贯）	P.2001—3511	P.2001—3511	P.2001—5579	8679号	8679号	8679+1192号	英藏敦煌汉文文献全部
15	著录条目 备注												
16	索引 分类										√	√	√
	编号												√
	专名												√
	题名												√
	拼合								√				√
	人名												√
	年号												√
	寺名												√
	地名												√
	俗字		*										√
	缺笔字												√
	武后新字												√
	研究论文												√

6　民国时期所出编目成果的著录特点

不同时期的编目成果呈现出独有的时代特色，上述民国时期所出的十多种目录体现了不同的编目特征：第一，从编目类型来看，分类目录有《伦敦目》《劫经录》《写经详目及续编》《海外分类目录》等，其他均按馆藏流水号编目。《伦敦目》没有斯坦因编号，大概以类相从罗列英藏敦煌文献的部分内容。需要指出的是，《经卷总目》虽以"千字文"号编目，却仍属一份流水号的财产账。另外，向达著有《记伦敦所藏的敦煌俗文学》，可视作《伦敦所藏敦煌卷子经眼目录》的不完全分类目录。第二，从所依文献载体来看，《蒋目》《向目》《经卷总目》《劫经录》《写经详目及续编》《王目》均是依托原卷进行的编目，其他则各有所据：《罗目》大部分是抄录自伯希和所携简目；《伦敦目》翻译自沙畹抄录的临时陈列之目录；《罗译目》和《陆译目》主要是翻译自第三方抄录的伯希和之编目成果，属于对"成品"的二次加工，几经传抄的人为失误不可避免；《海外分类目录》基本是据《罗译目》进行的分类，所以对《罗译目》中伯希和未能准确定名的"残经"未作分类，甚至连一些与佛经分类无关的信息都照搬过来。第三，从编目效果来看，《蒋目》对首尾题完整、内容清晰的写卷定名准确率略高，而对于首尾题不存、文献构成复杂、性质不明的写卷之定名则缺乏精确性，《蒋目》属于馆藏草目性质，只能算是一份不全的馆藏财产账，不能列入规范编目的范畴；《伦敦目》《罗目》和《海外分类目录》属于介绍性的知见目录，囿于客观条件，辑录文献数量较少，著录体例简单，如《伦敦目》没有编号标识，条例类似商品展示；《罗目》刊布于伯希和正式编目之前，所以只见题名，没有编号；《罗译目》《陆译目》反映的伯希和目录具备一定的体例，但颇显潦草[7]，可窥知伯氏编辑目录时挑选性强，稍具主观性和随意性；《王目》和《劫经录》的著录体例相对成熟。第四，从著录特色看，《罗译目》加入了作者按语，提示一些参考资料信息，具有开创价值；《王目》对四部书的著录和定名贡献较大，提要式的"说明"对初学者具有较大的启发意义；《劫余录》第一个采取博物馆式和图书馆式双重编目方式，在反映敦煌文献的文物价值方面极有见地。第五，从相互关系看，《伦敦目》与《蒋目》存在一定的联系；《罗译目》《陆译目》都以伯希和目录为母体，《陆译目》在翻译精确度上较《罗译目》更佳；《经卷总目》是《劫经录》形成的基础。总体而言，早期目录的著录项目较为简要，随着时间的推移，新的条目不断得到增加，原有条目也逐渐得以细化，民国时期所出敦煌汉文文献编目成果为后来形成完善的专门针对敦煌文献的著录范式提供雏形。

7　结语

目录工作在敦煌学研究中具有决定性的作用，甚至可以说"敦煌学"是通过目录工作才得以确立和定名的。诚如陈寅恪先生所言："夫敦煌在吾国境内，所出经典又以中文为多，吾国敦煌学著作，较之他国转独少者，固因国人治学，罕具通识，然亦未始非以敦煌所出经典，涵括至广，散佚至众，迄无详备之目录，不易检校其内容，学者纵欲有所致力，而凭籍未由也。"[8]民国时期所出敦煌汉文文献编目成果，是老一辈学人或远赴重洋、历经艰辛，或伏案数十载、呕心沥血编纂而成，具有筚路蓝缕的开创意义。但由于产出时间较早，民国时期所出有关敦煌汉文文献的编目成果不可避免地存在一些弊端。首先是收录不全，虽然前举十种目录收录数量从四十余种跨越到八千余号，但均不属于完全性目录；其次是编目质量不高，后出的补勘成果改进颇多。综观民国时期所出的三种藏地的敦煌汉文文献目录，各具特色。

国家图书馆藏敦煌汉文文献编目成果主要依托馆藏原卷编目，故在编纂时长和著录精度上具有先天优势。现知国家图书馆藏敦煌汉文文献共有六种代表性编目成果，其中四种产生于民国时期。值得一提的是，历时长达30年的《中国国家图书馆藏敦煌遗书总目录》编纂工程于2012年告竣。该目在充分吸收民国时期编目成果的基础上，第一次著录了一百年来入藏国图的全部敦煌文献，使得国图藏敦煌文献的各种研究价值得以全面展现，同时为研究者从各个角度收集资料、进行研究提供了可能。

英藏敦煌汉文文献编目成果比较稀少，《蒋目》为翟理斯编写《大英博物馆藏敦煌汉文写本注记目录》（*Descriptive Catalogue of the Chinese Manuscripts from Tun-huang in the British Museum*）提供了重要的参考依据；《向目》为刘铭恕编写《斯坦因劫经录》提供了体例参考和内容对照。

相较英藏敦煌汉文文献的编目成果，法藏敦煌汉文文献目录出现最早，几乎与伯希和获取敦煌文献相同步。罗振玉、董康等根据将亲见写卷及伯氏所寄照片及时影印出版，给敦煌文献的研究提供丰富资料，同时激励国人远赴巴黎调查抄阅敦煌文献，自上一世纪二十年代开始，刘复、王重民、于道泉、姜亮夫等学者先后踏入法国国家图书馆，对其馆藏敦煌文献进行专门的调查和研究，并取得丰富的成果，为二十世纪后半叶敦煌学的蓬勃发展奠定了坚实的基础。

参考文献

[1] 方广锠.关于敦煌遗书的编目[J].北京理工大学学报，2000（2）：23.

[2] 白化文.敦煌文物目录导论[M].台北：新文丰出版公司，1992：89-103.

[3] 荣新江.敦煌学十八讲[M].北京：北京大学出版社，2001：108-115.

[4] 孙玉蓉.“敦煌经籍辑存会”成立时间探究[J].理论与现代化，2008（4）：106-109.

[5] 王重民.敦煌遗书总目索引·后记[M].北京：中华书局，1983：547.

[6] 宋雪春，董大学.百年来英藏敦煌汉文文献编目成果述评[J].敦煌研究，2016（5）：113-119.

[7] 同[5].

[8] 陈寅恪.敦煌劫余录序[J].国立中央研究院历史语言研究所集刊，1930（1：2）：231-232.

作者简介

宋雪春　上海师范大学图书馆馆员，人文学院图书与情报专业硕士导师

纸张成分检测技术在民国文献鉴辨中的应用

蔡梦玲

摘　要：民国时期所形成的文献，其所用的纸张种类和成分表现出了区别之前各个时期的明显的时代特征。根据这些特点，本文通过运用电子显微镜微观检测法和文件检验仪无损检测法检测纸张的种类和成分，从文献的载体材料角度对民国文献进行了鉴辨。同时结合传统经验鉴定法中的外形鉴定法，对民国文献的外形进行观察和测试，综合判断得出鉴辨结论，能使其结果更加准确、客观。

关键词：文献鉴辨　民国文献　载体材料

　　纵观历史，我国的文献鉴辨起源于古代的文献辨伪。自文献辨伪工作出现以来，直至二十世纪之前，经验鉴定是鉴辨文献的主要方法。经验鉴定法依靠辨伪者广博的学识和大量的鉴定实践积累，对鉴辨人员有较高的学识和经验要求。随着辨伪技术的不断发展，传统的经验鉴定方式受到越来越多的限制，正面临新的挑战。于是很多学者开始呼吁将传统的经验鉴定方式与现代科技相结合，借助适用的物理化学方法和一些仪器设备来开展古籍、书画和文献的鉴辨。技术鉴定的方法从载体材料或记录材料的微观结构出发，鉴定结果能客观、直接地呈现出来，可以弥补传统的经验鉴定法过于主观的缺陷，由此提高鉴定过程的便捷性和鉴定结果的准确性。

　　民国时期作为我国由近代社会向当代社会过渡的一段特殊时期，期间所形成的文献，其所用的纸张种类和成分表现出了区别之前各个时期的明显的时代特征。本文以"民国文献"为鉴辨对象进行研究，根据民国文献所用纸张的种类、成分所具有的特点，选择在司法、考古和书画等领域普遍使用的、鉴定效果较为明确的方法——电子显微镜微观检测法和文件检验仪无损检测法，通过检测纸张的种类、成分，从文献的载体材料角度对民国文献进行鉴辨。同时对民国文献的外形进行观察和测试，通过对比的方法，综合判断得出鉴辨结论。

1 民国文献所用载体材料的特点

1840 年鸦片战争以后，西方资本主义和科学技术的入侵，给我国传统的造纸工业带来了极大的变革与影响。由于民国文献所用的载体材料一般都为纸张，因此，这段时期所形成的文献，其所用纸张的种类和成分相较于此前的任何一段历史时期，具有明显的特点。

1.1 造纸原料中出现木浆

1853 年 Charles Watt 和 Henry Busgl 发明木浆之后[1]，木材从民国时期开始成为又一种主要的造纸原料，在今天仍被广泛应用于造纸领域。用于造纸的木材可分为针叶木和阔叶木两种，两者的共同特征是纤维上存在较多的具缘纹孔，区别在于针叶木中不含导管，且纤维长而宽；而阔叶木的最大特点是有舌状尾的导管分子，且通常较针叶木细而短。根据以上纤维的特征，在运用电子显微镜观察纸张的纤维成分时，只要发现其中存在木纤维，就可以判断该纸张的生产年代应该在十九世纪中期之后。因为在此之前，用于造纸的原料只有麻、韧皮、竹、草等。由此可见，木纤维可作为区分出民国时期及以后所生产的纸张的依据。

1.2 开始生产机制纸

1881 年，中国引进西方的机械造纸技术，开始建立机器造纸厂[2]，于是从民国开始有了与传统的手工纸相对应的机制纸。传统手工纸的造纸工具多使用竹、木制作，而机制纸由机器生产而成。同时，现代的手工纸与传统手工纸的概念也出现了细微的区别。传统手工纸的制造过程基本上不使用动力机械，"而现代对凡是采用竹工具或框架滤网等简单工具，以手工操作抄制而得的纸"[3]，都可称其为手工纸。

机制纸的造纸浆料可以分为机械浆和化学浆两种。机械浆多由木浆或草浆制作而成，由于造纸过程中没有进行脱木素处理，纸浆中的木素成分被保留了下来；而化学浆在造纸过程中经过了脱木素处理，所以纸浆中几乎不含木素或仅含微量。传统手工纸在造纸过程中，一般会通过加入石灰、草木灰等弱碱成分来去除木素，这属于早期的化学法制浆，与现代通过加入强碱、亚硫酸盐等来除木素的化学浆不同。但无论是手工纸浆还是现代的化学浆，纸浆中的木素含量都很低。因此，可以利用纸张中含有木素这一特征将机械浆区分开来。由于木素与 Herzberg 染色剂反应后呈现黄色，而不含木素的纤维与染色剂反应后呈蓝色，所以在用电子显微镜观察纸张纤维结构时，如果看到的木纤维或草纤维呈黄色，表明该纸浆未经过脱木素处理，属于机械浆，由此可判断该纸为机制纸。

1.3　未使用增白剂

传统的手工纸通常利用日光和臭氧产生的反应来进行纸张的漂白，即使用天然漂白的方法。但该方法作用时间长，反应缓慢，极大地拉长了造纸的生产周期。造纸厂为了提高生产效率、实现批量生产，开始改用化学漂白的方法，即在造纸过程中加入漂白粉，由此可大大缩短漂白的时间，从而缩短造纸的生产周期。从二十世纪五十年代开始，有些造纸厂直接在造纸过程中加入了荧光增白剂，以此来达到增白纸张的目的。由此可见，在中华人民共和国成立之前，纸张中不可能含有荧光增白剂，民国文献所用的纸张中自然也不可能会有，而之后的文献用纸在造纸过程中则可能会添加。由于造纸过程中加入了增白剂，会使纸张具有荧光特性，所以可以用紫外光来检测纸张中是否含有增白剂，从而来区分出中华人民共和国成立之前或之后的文献用纸。

2　纸张成分检测技术在民国文献鉴辨中的应用

案例：两封民国书信的鉴辨

书信（1）　　　　　　　　书信（2）

图 1　两封内容完全一样的书信

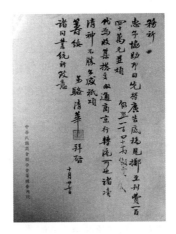

图 2　与书信（2）在内容上相连的书信第二页

2.1　背景信息

图 1 中的书信（1）是市场上出现的一份所谓的"民国文献"。从内容上看，该份文件是一份书信，收信人为觉民，但书信的内容明显不完整，只有这一页纸。在调查过程中发现，某文献馆保存有一卷有关觉民本人的文献。觉民是民国时期南京市银行商业同业公会的理事长，与他相关的文件种类有会议记录、电报、账目、书信等。这些文献所用纸张有手工纸和机制纸，字迹有打印墨迹、钢笔字迹、墨汁字迹等，其中数量最多的是其他人用墨汁写给觉民的书信，多达 27 封，其中就有一封书信的第一页与书信（1）的内容完全一样，如图 1 中书信（2）所示，这份书信中的书写笔迹、字间距等都十分相似。但是该文献馆保存有此封书信的完整版，第二页如图 2 所示，落款处写明了写信人为骆清华。

书信（1）和书信（2）上都没有标注年代，但是图 2 中文献的左下角标注有"中华民国商会联合会筹备用笺"的字样，而且根据书信从上而下、从右到左的书写体例，以及有关收信人觉民的人物身份背景，可以断定书信（2）是形成于民国时期。书信（2）为文献馆保存的原始凭证，书信（1）是否为后来临摹或伪造的，需要加以鉴辨。

2.2　外形鉴定

从视觉上，两份书信所用的纸张尺寸相同，都存在明显的帘纹，书写字迹都为墨迹，且纸浆分布都很均匀，但书信（1）相较于书信（2），所用的纸张更白，帘纹间距也有差异；从触觉上，两份纸张都很柔软，但书信（1）所用纸张更厚；从听觉上，两张纸抖动后发出的声音十分相似。对这两份书信的规格、定量、厚度、白度和帘纹等参数进行测定后，所得数据如表1所示：

表 1　两份书信的外观比较

	规　格	定　量	厚　度	白　度	帘　纹
书信（1）	19.1×26.6cm	32.40 g/㎡	0.68mm	77.50%	8 道 /cm
书信（2）	19.1×26.6cm	30.14 g/㎡	0.52mm	53.70%	16 道 /cm

注：表1中定量、厚度、白度和帘纹四项数据均为测量五次后的原始数据取平均值所得。

由以上数据可知，这两份书信的规格相同，但是书信（1）所用纸张比书信（2）的更厚、更白，而且两者的帘纹间距也有所差异。由于古纸的帘纹自古以来就存在细纹和粗纹，帘纹之间的距离在每个朝代都有不同的变化，所以其不具有时代特征，即无法根据帘纹的间距来推断这两封书信的形成时间，或判断其形成时间的先后。通过对这两份书信的外形进行初步观察与测量可知，它们所用的纸张种类不同，纸张中所添加的成分也不同。

2.3　技术鉴定

从文献所用纸张的纤维种类和成分角度出发，首先运用 XWY–VIII 型智能纤维测量仪对以上两份书信所用纸张的纤维进行了观察与测量。两份纸张的纤维形态如下图所示：

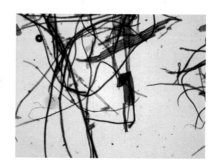

10 倍物镜下的纤维形态　　　　　　　　20 倍物镜下的纤维形态

图 3　书信（1）纸张的纤维形态

10 倍物镜下的纤维形态　　　　　　20 倍物镜下的纤维形态

图 4　书信（2）纸张的纤维形态

依据书信（1）的纸张纤维在 10 倍物镜下的染色情况来看，纤维与 Herzberg 染色剂反应后呈蓝色和深红色两种颜色，且呈深红色的纤维较长，呈蓝色的纤维却很短。从纤维形态可以看出，该纸由两种纤维混合抄造而成，其中一种为细长的韧皮纤维。根据 20 倍物镜下发现的锯齿细胞及长导管，我们可以判断另一种纤维为草。为进一步确定韧皮纤维的种类，需要对其长度和宽度进行测量。测量结果为：203 根韧皮纤维的平均长度为 2.13mm，205 根韧皮纤维的平均宽度为 11.57um。由此可知，该韧皮纤维不属于长纤维，应为檀皮。对檀皮和草纤维的配比情况进行测量与统计，结果为：其中含 47.1% 的檀皮、52.9% 的草。

由图 3 和图 4 中的纤维形态可以清楚地发现，书信（2）所用的纸张与书信（1）的完全不一样。根据书信（2）的纸张纤维在 10 倍物镜下的染色情况来看，纤维染色后出现淡蓝色和红色两种颜色，且呈现淡蓝色的纤维较宽。从纤维形态可以看出，呈红色的纤维上有明显的横节纹，应为韧皮纤维；呈淡蓝色的纤维上存在明显的具缘纹孔，为木纤维。由于有导管的存在，且纤维中明显没有竹或草纤维，所以一定含有阔叶木纤维。但是阔叶木的纤维较针叶木细而短，10 倍物镜下的纤维较宽，因此对木纤维进行了长度与宽度的测量。测量结果为：204 根木纤维的平均长度为 1.94mm，203 根木纤维的平均宽度为 45.51um。由平均宽度可知，该张纸的造纸原料中既有针叶木，也有阔叶木。除此以外，由图 4 中右边 20 倍物镜下的纤维形态图可知，部分纤维断裂、发生帚化，说明在造纸过程中纤维经过了机器的加工处理。

根据书信（2）的造纸原料中含有木浆，且纤维存在经过机器加工的痕迹，验证了该封书信写于民国时期。但是从造纸纤维的原料上无法否认书信（1）形成于民国时期。

依据经验鉴定法对两封书信的外形进行鉴辨的结果，发现图1中书信（1）所用的纸张较书信（2）的白，于是猜测书信（1）的纸张中加入了增白剂。由于造纸过程中加入了增白剂，会使纸张在紫外线下呈现荧光特性，因此可以从文献所用纸张的成分角度出发，使用 WJY-2 文件检验仪，结合刑侦图像处理软件，来观察纸张是否具有荧光特性，从而判断纸张中是否添加了增白剂。

将两封书信一起放入文件检验仪的工作仓内，选择 365nm 的特点光源，激发光和底光都调到最小，刑侦图像处理软件中的图像如图5所示：

图5　书信（2）（左）和书信（1）（右）

可见，书信（1）所用的纸张在紫外线的照射下，呈现出细微的荧光效果，表明其中加入了少量的增白剂。

2.4　鉴定结果分析

2.4.1　经验鉴定的结果

依据感官来鉴辨这两份书信，很难发现它们之间的明显差异；从外形鉴定所得数据可知，这两份书信所用纸张的种类不同，纸张中添加的成分也不同。

2.4.2　技术鉴定的结果

书信（2）的造纸原料为木浆和韧皮纤维，且纤维存在经过机器加工的痕迹；书信（1）所用纸张的原料为檀皮和草浆。因此，这两份书信所用纸张的种类不同，而且在书信（1）的纸张中检测出了少量的增白剂。由于我国从二十世纪五十年代开始，才在造纸过程中加入增白剂，表明书信（1）是在二十世纪五十年代之后形成的，是后来经临摹仿制而成的。

3 结语

根据民国文献载体材料所具有的特点，借鉴司法、考古和书画等领域普遍使用的电子显微镜微观检测法和文件检验仪无损检测法，来检测纸张的种类和成分，并结合传统的经验鉴定方法中的外形鉴定法，可以对民国文献进行有效的鉴辨。

其实，每一种鉴定方法都存在自身的局限性。从文献所用纸张的种类、成分角度来鉴辨，只能依据所得结果将文献的形成时间缩小到某一范围，不能给出具体的年代，也不能单凭技术鉴定所得的结果就做出肯定的论断。事实上，无论是经验鉴定，还是技术鉴定，运用一种方法鉴定后的结论可以一票否决某份文献的真实性，却不能借此单一地做出肯定的论断。因此，在实际的文献鉴辨中，需要将多种技术鉴定手段、传统的经验鉴定与技术鉴定方法分别结合起来使用，从文献的宏观（内容）和微观（载体材料和记录材料的成分）两方面出发，运用综合评断的方法对文献进行鉴辨，从而使鉴辨结果更加准确、客观。

参考文献

[1] 刘畅，李晓岑，王珊，等. 纤维种类与纸龄相关性研究 [J]. 中国造纸，2013，32（8）：63-68.

[2] 王连科. 造纸机的发明与发展 [J]. 黑龙江造纸，2006（3）：67.

[3] 刘江霞. 纸张真伪鉴定数据库的建立与应用研究 [D]. 北京：中国人民大学，2010.

作者简介

蔡梦玲 中国人民大学信息资源管理学院档案学博士

谈民国线装图书的修复和保护

张 华 任欣欣

摘 要：民国线装书具有重要的史料价值、文物价值和艺术价值。民国线装书作为民国文献的一部分，目前同样存在着纸张酸化、老化严重等问题。本文从文献修复的角度，介绍了针对民国线装书的修复方法，总结修复经验，对民国线装书的保存与保护进行了探析。

关键词：民国 线装书 修复 保护

民国文献是我国悠久历史文化宝库中重要的组成部分。民国时期正值中西文化交流，新旧思想碰撞的特殊历史时期，虽然社会政治经济衰败，但文化思想却百家争鸣，繁荣发展，产生了大量的高水平的学术著作和历史史料。而民国时期线装书更是弥足珍贵，兼具较高的史料价值、文物价值和艺术价值。

众所周知，民国文献由于纸张酸化老化严重以及保护措施不当等原因，正面临着消亡的局面。据统计，全国民国文献中，中度以上破损比例达到了90%以上，而民国初年的文献更是100%破损[1]。图书馆界已经认识到民国文献保护的重要性和紧迫性，2012年，国家"民国时期文献保护计划"正式启动，并作为"文献典籍保护重点项目"被纳入文化部《全国公共图书馆事业发展"十二五"规划》。

既是古籍又是民国文献的民国线装书，也同样存在着纸张脆化的严重问题。本文结合工作实践，对民国线装书的修复和保护进行探析，提出针对性的方法。

1 从线装到精平装：民国线装书的概念与特点

中国是造纸术和印刷术的发源地，中国古籍经过千余年的发展，历经卷轴装、经折装、旋风装、蝴蝶装、包背装，明朝中叶出现了线装书[2]。线装，顾名思义是用线进行装订，把书页连封面装订成册，订线露在外边的装订形式，这种装帧形式一直到民国时期，流行了几百年，因此线装书也成了我国古籍的别称。民国线装书是指民国时期（1911年"辛亥革命"爆发至1949年9月止）中国出版发行的线装书。

民国时期是中国书籍装帧形式从线装到精平装的过渡时期，民国初期大量的文献装帧形式与古籍类似，从外形上无法区别。但是民国线装书在用纸材料上，有的已经摒弃了传统手工纸而采用了西方的机械纸，或者有的虽为手工纸，但不是按照传统工艺进行生产，这与民国时期西学东渐、造纸材料混杂有关。

我国传统手工纸的制法，在选料上多用植物的韧皮纤维，在工序上经过泡料、煮料、洗料、晒白、打料、捞纸、榨干、焙纸等过程。按此工序生产出的纸张耐久性非常好。由于采用纯手工工艺，没有加入太多的化学原料，使得纸张在完成初期呈现中性或偏碱性，故有"纸寿千年"之说。民国时期纸张多为机械磨木浆纸和酸性化学浆纸，特别是1930年以前，我国大多数造纸厂采用亚硫酸盐制浆法造纸，其含酸量达到6%~10%，pH值介于3.1~3.4之间，这些纸张在完成时酸性高，耐久性较差[3]。所以在历代文献的保存中，民国时期文献的寿命最短。

2 "酸的救治"：民国线装书的修复方法与实践

笔者从事古籍修复工作，在工作实践中，亦觉得民国线装书难度最大，问题最多。一些书的纸张脆化十分严重，特别是书籍前后部分的书叶，由于暴露于空气的面积大，有的已经完全失去韧性，书叶变成大大小小的碎片纸屑，不能翻阅，亟待抢救和保护。

我国古籍修复技术是一门古老的手工艺，伴随着图书的产生一起发展，千百年来逐渐形成了一套传统的修复技法和一定的修复准则以及修复理念。传统的古籍修补方式是将筒子叶揭开，书叶背面向上放在补书板上展平，先去掉书叶破损处的纸屑和污物，用毛笔在破损处或孔洞周围涂上浆糊，补上纸，将多余的补纸撕下。如果书叶霉变或书叶破损絮化严重，纸张强度降低，可在书叶的背面托一张薄皮纸起到加固书叶的作用。也可采用掏补的方式，即不拆书的情况下，将补纸从筒子页中间送到破损处进行补好。面对一些民国线装书，书叶已经又薄又脆，一触即破，若将筒子叶揭开显然会造成书叶更大的破坏。针对民国线装书的特殊性，笔者谈谈在修复工作中遇到的问题以及采取的修复方法。

2.1　修复前准备与修复方案的制定

任何古籍的修复都要事先做好准备工作以及制定细致的修复方案，切不可草率。即便民国线装书不是采用传统的手工纸，我们也要根据书皮、护叶、书叶分别选配颜色、薄厚相近的手工纸进行修补，颜色不接近还要进行染纸染线，要与修复本体颜色协调并具有色差，使其在修复后达到"远观一致，近视可辨"的效果。

修复方案的制定是整个修复工作的关键，具体问题具体分析，针对不同情况制定不同的方案，切忌盲目操作。拿民国线装书来说，纸张脆化是普遍问题，这就涉及如何在工作中避免纸张的折损、掉渣，如何去酸等问题。修复方案的制定要以保证古籍安全与原状为原则，修复材料与修复措施应具有可逆和可再处理性，修复行为应根据实际需要控制在最小限度，添加的修复材料应尽量少，避免过度修复。只有在工作前将可能遇到的问题都考虑到并制定解决办法，才能在工作中尽可能减少失误。

2.2　脆化严重书叶的修补

纸张老化、酸化都会使书叶变脆，失去原有的韧性，严重的往往书叶已不完整，成为大大小小的残渣，如果翻阅就会造成书叶的进一步损坏。这种形势下，可采取先正面补，再背面补的方法。具体方法是将书的单页取下，不展开筒子叶，先将书的残渣用镊子一块块轻轻拼完整，然后用毛笔在书叶正面全部涂上浆糊，选择薄而透字（小于 $4g/m^2$）的棉纸或马尼拉麻蒙在上面，这样书叶就固定了，不会再断裂脱落了。书页两面都拼好并加固后，再将书叶轻轻揭开，在背面用补纸将破损处或孔洞补好，然后再托上一层薄皮纸，起到加固书叶和加强书的韧性的作用。

实际上，薄棉纸的透字效果很好，此时的书叶完全可以正常阅读，但是，"修旧如旧"是文献修复的基本原则，所谓"修旧如旧"就是以保持文献原貌为基础的修复技术，目的是保证文献的资料价值、文物价值不因文献修复受到损失。为了保证这个原则，又将书叶喷水变潮，将棉纸揭下。所有书叶都修补好后，按原书眼进行装订。经过修补后，书叶完整，韧性加强，延长了书的使用寿命。

2.3 书叶的脱酸处理

酸是促进纸质文献脆化变质的重要因素。纸张的基本成分是纤维素，酸化后导致纤维素分子水解，聚合度降低，纸叶的强度也随之降低。当纤维素聚合度降至一定程度时，纸张就会完全脆化，如果完全水解成葡萄糖，纸张就会粉化[4]。民国线装书正是因为纸张本身含酸量就高，才会酸化得更加迅速。特别值得注意的是，在此水解过程中酸仍会越积越多，危害也就越来越大。文献持续酸化，终将失去收藏和使用价值，这对于属不可再生资源的纸质古籍来说，如果保护和修复不利，势必造成巨大损失。

目前，文献酸化引起了业界高度重视，关于纸张脱酸方面的研究成果大量出现，主要方法包括湿式脱酸法、有机溶剂处理法、气相脱酸法、湿气真空微波脱酸法、超临界流体技术脱酸法等[5]。特别是气相脱酸，有科研单位已研发了大型的脱酸仪器，利用碱性气体对书籍进行大批量的脱酸处理。然而，这种方法投资较大，在工艺上要求较高，不能普遍适用于古籍收藏单位，况且缺乏长时间的检验，是否对图书有安全隐患也尚不可知。

日常修复工作中最简单易行的是液相脱酸，通常采用氢氧化钙、碳酸氢钙、碳酸氢镁等溶液浸润书叶来去酸，对于破损或酸化较重的书叶，浸泡易造成纸张的损坏，可采取用软毛刷或毛笔蘸取脱酸液或用雾状喷壶喷洒书叶，再用吸水纸将书叶上的水分吸去的办法。对于酸化不是很严重，书叶仍有很好的柔软度的线装书来说，使用纯净水清洗书叶也可以不同程度的去酸，在清洗过程中，水分会稀释和带走一定的酸，这种方法可起到清洗和去酸的双重目的，还避免使用添加剂造成书叶的损伤，也不失为一种好方法。脱酸后纸叶呈中或碱性，书叶脆度降低，韧性增强。

2.4 水渍、霉渍书叶的处理

与早期线装古籍不同，部分民国线装书由于使用了机械纸或者非传统手工纸，在水渍或霉渍侵蚀下，书叶更易板结、粘连。这种情况下不宜采用湿揭法，因为纸张失去强度，润湿后书叶易絮化。不如就用干揭法，用启子轻轻插入空隙处，轻轻、慢慢地移动，使书叶之间空隙不断增大，直至把一张书叶全部分离出来。如果粘连比较严重，使用干揭法不易全揭开，可用蒸揭法，即把书用净纸包好，立放在蒸锅内蒸，使热气穿透书叶，几分钟后取出，趁热将书叶揭开，需要注意的是此法须反复操作，且每次不宜蒸时间长。揭开后的书叶可用毛笔蘸 70 度左右清水刷洗，去除或减轻污渍。

3　抢救修复和开发替代：民国线装书的保存与保护

根据国家图书馆修复专家的研究，民国普通报纸的保存寿命一般为 50 至 100 年，民国图书的保存寿命为 100 至 200 年[6]，状况实不容乐观。目前民国文献的保护与修复尚未有具体的标准，图书馆只能根据现实情况，采取多种保护措施，开发民国文献的替代品、编制索引，加快民国文献的数字化，建立健全阅览制度，改良保存环境和装具，采取适当的修复方法进行抢救。

就修复而言，相对传统的古籍修复，既是古籍又是民国文献的民国线装书是一个新的课题。

（1）一些单位往往将民国线装书与其他民国文献放在一起，没有放入古籍书库，保存环境未达到恒温、恒湿、防尘、防晒、防虫等要求，这样就不能有效地控制和降低书籍的老化进程，而老化正是修复工作中最难以攻克的难关之一。有些图书没有函套保护，有些破损严重的书籍甚至用报纸进行包裹，这更加速了纸张的酸化。

（2）对民国图书的修复必须要求修复可逆，如果将来有更好的修复技术出现，可以消除目前的修复状态恢复原状，改用更为先进的技术，以便更好地保护遗书。不做技术超前的修复，不在修复条件不具备的情况下冒险进行修复，不做破坏纸张的修复，重视在修复前进行纸张成分检测和集体制订修复方案[7]。

（3）要进行抢救性的修复，重点、集中修复酸化、破损严重的书籍。民国图书的保存寿命已经很短了，这部分古籍如果不抢救的话，将会永远消失，成为历史的遗憾。

（4）制作复制本提供阅览不失为解决问题的良好途径。对于利用率比较高的民国线装书可以制成缩微文献、数字化文献或者整理、影印出版，用这些替代品来提供阅览服务。另外可以指导读者利用图书馆购买的民国文献数据库、新版民国文献以及网上免费民国文献资源，为读者提供更多、更方便的民国文献资源。

　　民国文献是一批非常重要的文献，是中华文化宝库中重要组成部分。面对大量的亟待抢救的民国线装书，对于古籍修复人员而言，探索出一条成熟可行的民国文献修复道路，任重而道远。

参考文献

　　[1]许彤.民国文献的修复与保护：图书馆永远的痛——以重庆图书馆为例[J].理论界，2010（9）：107-108.

　　[2]李致忠.简明中国古代书籍史（修订本）[M].北京：国家图书馆出版社，2008：122.

　　[3]陈桂香.被遗忘的角落——民国线装书探析[J].农业图书情报学刊，2014（9）：154.

　　[4]周崇润，李景仁.谈谈图书馆纸质文献的酸化与脱酸[J].图书馆界，2004（4）：55.

　　[5]张金玲，方岩雄.古籍文献的酸化与现代修复技术[J].图书馆学刊，2011（8）：24.

　　[6]王会丽.图书馆民国文献的保存与修复探析[J].兰台世界，2013（23）：83.

　　[7]裴文玲，普武胜.浅淡民国文献的抢救与保护[J].当代图书馆，2008（1）：60-62.

作者简介

　　张华　吉林大学图书馆馆员

　　任欣欣　吉林大学图书馆馆员

民国文献的保护需求与策略选择

阎　琳

摘　要：针对民国文献保护需求迫切却进展缓慢的现状，从文献保护的本质和原则入手，分析影响民国文献保护需求的因素。提出以保护需求、技术手段相对应的模式制定区分性的保护策略，提升民国文献保护效率。

关键词：民国文献　保护需求　保护策略　阶段性保护

1　研究背景综述

2005 年开始，社会媒体连续报道了民国文献保护形势严峻的问题，以此为契机，国内图书馆及专家学者逐渐关注到民国文献保护问题。2012 年"民国时期文献保护计划"启动后，民国文献保护研究从保护观念深入到宏观的保护体系构建、个性化的保护政策实施方面。在民国文献保护对策、保护体系构建、保护方案方面论述颇丰。其中有从民国文献整体保护研究现状出发，提出改进对策与方案的，如：《图书馆民国文献保护探析》[1]、《图书馆民国文献的保存和修复探析》[2]、《图书馆民国文献保护之我见》[3]。有从个馆馆藏的特殊性出发提出保护策略及发展方向的，如：《国家图书馆藏民国文献调研与分析》[4]、《我国高校图书馆民国文献保护对策研究》[5]、《浙江图书馆民国图书资源调查》[6]、《南京图书馆民国文献保护与开发研究》[7]、《民国书刊酸度调查与分析》[8]等。

除了上述具体描述性的保护策略外，荣杰[9]、张玉文[10]、王新才[11]、张春梅[12]等概括提炼出了民国文献分级保护的思想，具备一定"次序性、计划性"的实践指导意义。其中王新才、张春梅还结合文化遗产保护理论，构建了民国文献保护体系模型，使民国文献保护更具系统性。综合分析现有研究成果可知，民国文献保护策略的研究越来越具有针对性、规划性，"文化遗产""新版本学"等理论视角的引入，拓宽了研究思路。但是，尚有一定局限性，具体表现为四方面。

其一，个案分析中调查事项具有局限性。现有的研究成果中，个案分析主要着眼于馆藏文献的价值，主要是内容价值和版本价值，未能综合其他影响文献保护策略的因素加以分析。部分学者提出了影响文献保护的因素，却未能深入论述。如荣杰提出："根据老化程度、文献价值、流通程度、复本数量这四个要素确定文献保护级别。"[13]张玉文提出："在摸清家底、熟悉馆藏的基础上依据文献的重要程度施以不同的整理、保护措施。"[14]王新才提出："根据文献实体破损状况的不同决定原生性保护次序，再根据馆藏特色、文献地域性和重要性决定再生性保护次序。"[15]上述成果都隐含着"区分保护、次序性"的观念，但是，可操作性不强。只有对所有影响因素进行全面明确的调查，才能了解文献保护的需求，制定可行的保护方案。现有研究成果中，主要关注文献内容及版本价值，对其他因素关注较少。虽然有极少数保护机构关注了文献老化情况、利用情况，如国家图书馆[16]、南京图书馆[17]、中国第二历史档案馆[18]对民国文献的老化破损情况进行了调查统计；国家图书馆还分析了保存阅览室民国文献的利用情况[19]，但后期分析中缺乏与其他因素的交叉整合，故而未充分发挥调查结果的效力。文献调查是分级保护的基础，只有明确调查对象应涵盖哪些方面，才能保证保护方案实施的可操作性。

其二，缺乏文献保护理论支持。只有真正理解文献保存的本质与宗旨，保护方案的制定才不会流于形式。但目前民国文献保护策略的提出多以文献价值分析及保护现状为出发点，欠缺文献保护理论的支撑阐述。文献保护在国际上是专业性较强的系统科学，具有相对完备的理论。国内文献保护实践活动开展之前应有所借鉴，从系统理论出发，少走弯路。

其三，方法论欠缺。民国文献收藏比较分散，保护需求都很迫切。文献保护方案的制定离不开收藏单位的个体实际，不同的资金、人员条件下，同样的藏书可能得出的保护方案是不同的。目前民国文献的保护策略中，研究者对馆藏价值分析较多，但对于切实的保护方法介绍流于经验事例的浅显论述，尤其欠缺方法论方面阐述。这就使得保护对策建议的可移植性较差，条件不足的图书馆面对大量的待保护文献毫无头绪。任何图书馆，无论规模、经费、人员何种情况，都应该而且有条件采取一定的保护措施。方法论的提升总结，可以帮助各个图书馆根据其自身条件的不同，制定可行性强的民国文献保护策略。

其四，未能纳入图书馆整体发展规划。作为文献收集、典藏、传播的重要机构，使入藏文献资料得到长期保护、安全存放且为人所用是图书馆的重要使命。美国东北文献保护中心（NEDCC）指出文献保护计划的制定应成为图书馆全面战略计划的一部分[20]。目前国内图书馆文献保护工作的展开主要集中于"特藏部""古籍部"等部门，缺乏与图书馆整体发展部署相结合。鲜有图书馆展开根据图书馆经费和人员、馆藏量身定做"文献保护计划"的工作。如果不能将文献保护计划纳入馆藏发展和利用计划，那么在具体实施中可能被视作竞争成分，与图书馆其他部门协调沟通不畅，也不能得到管理层面的重视。

综上，本文将从文献保护的本质和原则入手，梳理影响民国文献保护策略的影响因素，从方法论角度提出制定民国文献保护策略方法和路径，以期提高民国文献分级保护的可行性。

2 文献保护的本质与原则

文献保护指为使馆藏文献免遭自然的和人为的损毁，延长文献保存期限和使用寿命，尽可能保持其原来形态的技术和措施[21]。文献保护包括原生性保护与再生性保护。按照保护手段的作用对象和方式的不同，原生性保护又可分为预防性保护与善后性修复两类。前者侧重于从整体上预防所有藏书的恶化；后者是针对特定文献的补救性保护措施。后者是一项精细的工作，需由经过培训的专业人员完成，耗时长、花费高，只能局限于在整体收藏中的一部分进行。不同保护方式具有不同的特点和优势，故而，需要综合权衡各方面因素，灵活使用各种保护方式，实现保护效益的最优化。

2.1 IFLA 资料保护原则的变迁

由国际图书馆联盟（IFLA）颁布的资料保护原则是图书馆行业文献保护的公认国际指针。该原则共有三个版本，分别发表于 1979 年、1986 年、1998年。其中 1986 年版本是 1979 年版本的修订版，1998 年版本则不是简单的修订，而是新增了重要内容。这三个版本的标题分别为 *Principles of Conservation and Restauration in Libraries*、*Principles for the Preservation and Conservation of Library Materials*、*IFLA Principles for the Care and Handling of Library Material*。从标题变化可见，1986 年版本将前一版本中的 Restauration 替换为 Preservation，在文献内容上也将修复的部分舍去。1998 年版本则将 Conservation 也舍去，用 Care and Handling 强化、扩展了原来的 Preservation 的概念。这种指导性的文献保存原则的变迁，引导图书馆行业将文献保护的焦点从修复转入预防性保护。

　　根据 IFLA 的解释，Conservation 是为了防止图书馆、档案馆资料的劣化、损伤、消失所开展的政策和事务，侧重于技术层面的考量。Preservation 则涉及图书馆、档案馆资料及信息保存的运营层面、财政层面，包含保存硬件设备、人员的专业性、政策、技术、方法等所有内容。由两者释义可知，Preservation 和 Conservation 都不是具体的个案的保存行为，而是宏观保存方针的总体指向。就具体的图书馆文献保护工作而言，文献保护并非仅与某个部门、个别职员相关，而是涉及图书馆整体运营各个方面的行为。保护设备的采购、经费的分配、人员的调度、具体工作规则的制定都是图书馆运营的一部分，只有从宏观角度认识文献保护的真意，才能真正落实这项工作。其次，由这三个版本的变迁可知，文献修复是一种技术层面的善后性手段，在文献保护工作中面对的对象比例并不高。

2.2　阶段性保护

　　"阶段性保护"（phased preservation）是美国国会图书馆在 1970 年提出的资料保护政策之一，旨在利用有限的条件高效益地实现文献保存。从"阶段性"的字面理解，容易误解它是指按照一定时间顺序对不同文献实施保护。但实际上它强调的是对文献保护手段的划分，它将文献保护分为三个层次。第一层次是针对所有馆藏的书库环境的改善，第二层次是由专业人员负责的对部分资料类别的保护方案的实施，第三层次是针对个别资料的修复性保护[22]。实际上，将这一概念译为"区分性保护"更容易被理解。"区分性"的概念在文献保护计划的制定中有很强的借鉴意义。它实际上是一个藏书维护系统，其中包括一个密集的调查程序，以决定哪些项目应该得到最紧急的照顾。"美国图书馆文献保护之父"彼得·沃特斯（Peter Waters）在其《分阶段保存：一种哲学概念和实用保存方法》[23]一文中用多个例子说明了分阶段保护的实施过程。

　　这是针对大量需要保护的文献材料构建的理论，最大的贡献在于将各种保护措施作为一个整体，而不是专注于个别手段，这一文献保护体系中包括调查建立优先级，灾难规划、环境控制和资产维护等。沃特斯指出，要取得最好的结果，分阶段的保存方法必须通过图书馆管理者、图书馆员和专业保护人员等所有相关人员的合作来实施。

3　文献保护的需求与策略选择

3.1　保护需求的确立

保护需求是个性化的，与图书馆文献资源的特点、经费、人员、发展规划等方面息息相关。具体来说，文献保护策略的选择是保护需求与保护技术对应选择的过程，某种保护需求可能对应很多保护手段，需要在这之中选择最为合适的保护手段。

当然，在实践过程中，常会出现两种情况：第一，不能合理的选择合适的保护手段，即保护策略无法确定；第二，对文献保护的需求不明确，保护策略不恰当，在有限的人力物力投入下效益不高。造成这两点问题的原因首先在于不能明确把握保护需求。其次，虽然对每种修复技术都有所了解，但是不能将各种保护技术作为整体来把握，不能了解各个技术间的相互关系。因此，在保护策略实施过程中会出现需要抢救性保护的文献错过了时机的情况，可以以预防性保护、替代性保护为主的文献又进行了更高昂却效益不大的善后性修复。无法统筹安排保护技术，使文献保护陷入无序、混乱而效益低下的境况。

为了避免这种低效益的"为了保护而保护""孤立的保护"的状况的发生，将保护策略选择作为科学体系来考虑是很有必要的。这种科学体系实际上是一个关联模型，一方面是保护需求，另一方面是保护技术，其中保护需求是判断的依据。

图书馆的性质、发展方向、经费配置、馆藏文献不同，保护需求必然各有差异。但是，有一点是所有图书馆共通的，即是"为利用而保存"。任何文献的保护其目的都在于延长其寿命、促进其传播，为更多的读者所用，为后代子孙所用。之前有学者提出将复本数量、流通程度作为文献保护的影响因素，也是基于这个原因。故而，确立保护需求时需要考虑三个因素：载体价值、破损状态、利用率。如图 1 所示：

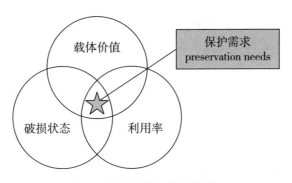

图 1　确立保护需求的三要素

如图 1 所示，三个因素的交集部分为最优先保护的对象。其中载体价值强调文献的实物价值，珍贵的历史文献同时具有文献性和文物性。文献的纸张是反映造纸工艺变迁的重要实物，印刷、装帧则是印刷、出版技术的发展佐证，某些文献还经历过战乱，带有历史印记。利用率是决定文献保护经济效益的重要因素。利用率高的文献优先采用替代性保护手段，利用率低的文献可以采取保守的改善存放环境的保存方式。需要注意的是针对某些有特殊价值的文献，即使有替代资源可用，也应重视其原生性保护。

每个因素可以划分为三到四种不同的程度，这样三项因素综合起来可以有三十六种细化的不同需求，再与保护技术手段对应即可使保护策略更具针对性，提高保护效益。每种因素的具体细化标准如表 1 所示：

表 1　保存需求的分级判断表

载体价值 （原物保存的必要性）	原物保存价值高，一定要保存
	有一定价值，尽量保存
	有可代替的资源
	仅有短期利用价值，可以废弃
破损状态	有严重损伤，若不修复在利用中有继续劣化的风险
	有一定损伤，在利用时需要小心处理
	轻微损伤，基本不影响利用
利用率	频繁利用
	偶尔利用
	极少利用

根据上表的划分，可以选择相应的保护手段。例如，对于利用频率低的文献，如果载体价值也较低，那么则不需要采用修复的保护手段，仅进行预防性保护就足够了。

3.2 策略选择的核心要素

根据调查数据所呈现的问题，选择相对应的保护措施，综合形成完整的保护方案。选择的核心要素有三点：（1）锁定对象范围。（2）确定优先顺序。（3）区分可能性。锁定对象范围实际是确定保护方案涉及对象的过程，明确不同文献保护的必要性。例如，破损状况调查中无论何种指标，文献的破损程度基本可以分为完好、轻微破损、中等破损、重度破损、严重破损五个等级。这种情况下，如果仅仅以破损程度为依据，那么对所有轻微破损程度以上的文献皆需要采取相应保护措施。如果在文献载体价值较高、经费预算和人员充足的情况下，当然可以制定这样的保护方案。但是对大多数图书馆来说，用于文献保护的经费有限，专业人员也比较少。在这种情况下，优先针对严重破损的文献开展保护措施是比较切合实际的。而如果文献载体本身价值也不高，那么保护方案的制定就又有不同。文献载体本身价值不高，只是具有一定的文献内容价值，那么在有可替代资源的情况下，对于重度破损和严重破损的文献可以采取预防性保护方案，而集中人力物力着力于中度破损的文献。这种方案的制定看似与"抢救第一"的原则相违，但实际是具体分析了个体文献的载体价值后做出的合理判断。也可以极端的认为，锁定对象范围的过程实际是将一部分文献"舍弃"的过程。但是其最终目的是在有限的时间和经费条件下，对馆藏文献实施更有效益的保护。

锁定保护对象后，需要制定具体的保护措施，在考虑时间和经费的基础上，确定其中的优先顺序。NEDCC 认为在文献保护资源有限的情况下，可以综合考虑"措施影响力""措施可行性""措施紧迫性"三点选择优先采取何种保护策略。影响力、可行性越大，紧迫性越强越优先考虑[24]。需要注意的是对保护迫切的文献除了确定相应的保护手段外，还需要对所花费的时间有所预期，以保证未来数年的经费预算和人员分配。

最后是区分可能性，简单来说就是需要判明图书馆自身是否有能力采取对选定文献采取相应的保护措施。如果文献载体本身价值不高，破损又十分严重，但是图书馆无相应专业人员和设备进行抢救性修复，那么秉持"安全性"的修复原则，对这部分文献则采取保守的改善存放环境的保护方式为宜，把有限的经费和人力用在有能力实施保护的部分文献上。

4 民国文献保护策略

4.1 问题与现状

随着民国文献保护计划的实施，越来越多的图书馆对民国文献采取了一系列保护措施，尤其民国文献的数字化、再出版等工作进展迅速，很多图书馆的民国文献修复工作也从无到有。但是，目前突出的问题有：第一，保护方案的设计与图书馆实际保护能力不符，实际保护工作无法有针对性的采取区分性保护。目前基层图书馆民国文献保护方案的设计往往有"面面俱到"的倾向，原生性保护与再生性保护相结合，预防性保护与修复相结合。而实际运行中，常发生的状况有：再生性保护中对文献原件造成严重损伤；在条件不足或必要性不高的情况下，盲目的投入资源对文献进行修复；面对的文献数量巨大，保护手段安排不合理，保护工作效率低下。第二，缺乏长期规划，保护方案不连续。目前民国文献保护在图书馆以"保护项目"形式展开，经费划拨和工作计划皆以"年"为单位。保护工作是一项长期而持久的基础工作，"项目制"显然不利于文献的长期保护。在实践过程中，项目制的保护方式容易受管理者更迭、经费预算等变化的影响。以华东师范大学图书馆为例，近些年对民国文献也采取了一定的保护措施。主要是借调人员进行民国文献修复和对民国文献加馆藏条形码。民国文献修复工作开展了近三年，后期因人事变动修复工作停止。而民国文献加条形码的工作则是交给外包公司以短期项目形式展开，其中因为有部分图书系统无记录，需要重新编目，与外包公司价格产生分歧，中间停滞了近一年。这两项工作都投入了经费、人员，初衷都是为了"保护"，而效果却差强人意。修复工作由于条件不足，采用的修复材料、修复技术在现在来看欠妥当，修复效果不佳。民国图书加条形码的过程，很多图书脱页、掉渣，需要重新编目的部分被单独抽调出来，打乱了原有的顺序，搁置在编目室近一年，没有任何保护措施。

随着民国文献保护计划的展开，必然有更多图书馆着力于民国文献保护、开发、利用工作，发生上述问题的概率很大。无论是投入了人力财力，保护结果却差强人意；还是面对大量文献资料，保护措施仍毫无头绪。在文献保护体系尚不健全的当下，这些情况在各个图书馆都时有发生。

4.2 对策与反思

目前民国文献保护面临的上述问题的原因主要在于未能在文献保护方案制定前期做好调查评估工作，将各种保护技术与保护需求建立恰当的对应关系。"走一步看一步""眉毛胡子一把抓"的保护方式，即使保护工作效益低下，又有可能对文献造成更多的不必要的损伤。以保护需求、保护手段对应选择的模型为出发点，可以综合对比各种技术手段的优势，有效解决这些问题。实践中能否根据个馆实际建立高效的、贴合实际的民国文献保护体系，尤其重要的是以下四点。

第一，保护方案的制定应经过系统的流程化分析过程。文献保护方案的确定应按照有条理的模式和方法，而非仅靠单纯的经验与主观认识。文献保护是为了最大限度地延迟文献老化的速度而采取的系列措施。它包含着三个重要的要素："保护对象""保护原因""保护措施"，也即"是什么""为什么""怎么做"三个要素。故而，保护方案的确定应遵循这样的流程：文献调查，基于调查结果的保护需求的确立，区分各种措施的优先顺序及可能性，具体保护方案的确定，保护措施的实行，实践检验。任何文献保护方案都应遵循这一科学方法，才能使文献保护方案的确立有据可依，摆脱"无从下手"或"盲目进行"的状况。

第二，重视保护需求评估调查。面对大量的文献资料，确定保护对象是首要的问题。明确的目标是展开后续行动的基础。故而保护需求的评估调查是一切工作的基础。虽然国内民国文献普查有一定阶段性成果，但是调查事项不全面，未能与保护策略建立直接关联。如果说古籍由于纸张和装帧形式的稳定性优势，即使多次普查，补充数据完整性影响也不大的话，那么民国文献就状况堪忧了。即使再小心地翻阅都无法避免掉渣或者断裂问题的产生，更何况大规模普查时往往借助非文献保护专业人员，可以说每次大规模的普查、编目等处理都对民国文献造成重大的伤害。这就要求图书馆在对民国文献进行大规模处理时，必须从多角度充分考虑，力求对文献的各个方面信息充分掌握，普查"一气呵成"，而不要"多次返工"。想要做到这一点，明确所有影响保护的因素尤其重要，在展开调查前，需要拟定详细的调查表，充分论证再投入使用。

第三，健全组织架构，将文献保护规划纳入图书馆整体发展规划中。作为具有文物属性的古籍与民国文献，是图书馆珍贵的不可再生文献资源。目前国内图书馆文献保护多由特藏部、古籍部等部门负责，缺乏专业人员的长期整体规划，导致文献保护工作在图书馆的众多工作中被边缘化。文献保护工作的顺利展开需要切合实际并且可操作性强的保护策略与规划，而具体的实施离不开必需的资源援助和人力保障，这都需要图书馆管理层协调各方面发展需求，进行人力物力资源分配。故而，成立专门的直接由馆长领导的文献保护小组是推动文献保护工作有序发展的必要保障。文献保护小组需要通过系统调查明确图书馆的全部保护需求，结合图书馆具体情况，设计文献保护的策略与长期规划，使得文献保护活动与图书馆其他工作相联系。

第四，形成文献长期保存的优先次序。从纵向的时间轴看，文献保护是长期的，从横向的策略来看，文献保护是需要综合区分对比的。短期的以"年"为单位的工作计划，孤立的某种保护措施的开展都不适合文献保护工作的特殊性。每个图书馆都应宏观把握每种保护措施的利弊，综合选择适合本馆具体情况的保护方案，并且设立长期的保护规划，以保证其稳定有序地进行。

参考文献

[1] 谢雷.图书馆民国文献保护探析 [J].图书馆建设，2012（8）：13-14+17.

[2] 王会丽.图书馆民国文献的保存和修复探析 [J].兰台世界，2013（23）：83-84.

[3] 顾晓宁.图书馆民国文献保护之我见 [J].图书馆界，2014（3）：12-16.

[4] 荣杰.国家图书馆藏民国文献调研与分析 [J].国家图书馆学刊，2012，21（4）：30-34.

[5] 王新才，王珂.我国高校图书馆民国文献保护对策研究——以武汉大学馆藏民国文献为例 [J].图书情报研究，2013，6（1）：16-19+42.

[6] 徐由由.浙江图书馆民国图书资源调查——现状与思考 [J].图书馆理论与实践，2008（6）：95-97.

[7] 全勤.南京图书馆民国文献保护与开发研究 [J].国家图书馆学刊，2014，23（2）：44-47.

[8] 邵金耀，冯庆.民国书刊酸度调查与分析 [C] // 国家档案局.创新：档案与文化强国建设——2014年全国档案工作者年会优秀论文集.北京：国家档案局，2014：8.

[9] 同 [4].

[10] 张玉文.民国文献的价值 [J].图书馆学刊，2012，34（6）：65-67.

[11] 王新才，周佳.民国时期文献遗产分级保护标准与原则初探 [J].图书情报研究，

2013，6（1）：12-15.

[12] 张春梅.浅析民国文献分级保护体系的构建——基于复旦大学图书馆民国文献管理的思考 [J]. 大学图书馆学报，2015，33（3）：61-67.

[13] 同 [9].

[14] 同 [10].

[15] 同 [11].

[16] 馆藏纸质文献酸性和保存现状的调查与分析课题组.馆藏纸质文献酸性和保存现状的调查与分析 [R/OL].[2017-10-26].http：//www.docin.com/p-22201964.html.

[17] 顾晓宁.民国文献保护的思考——基于南京图书馆民国文献酸化抽样测试结果 [J]. 图书情报工作，2014，58（S1）：62-65.

[18] 同 [8].

[19] 刘崇民，李凤环.读者对保存本阅览室民国文献利用及阅读需求情况调研 [J]. 学理论，2013（15）：209-211.

[20] NEDCC.What Is Preservation Planning [EB/OL].[2017-04-20].https：//www.nedcc.org/free-resources/preservation-leaflets/1.-planning-and-prioritizing/1.1-what-is-preservation-planning.

[21] 周文骏.图书馆学百科全书 [M].北京：中国大百科全书出版社，1993：521.

[22] WATERS P. Phased Conservation [EB/OL].[2017-04-21].http://cool.conservation-us.org/coolaic/sg/bpg/annual/v17/bp17-17.html.

[23] WATERS P. Phased preservation：a philosophical concept and practical approach to preservation [J].Special libries，1990，81（1）：35-43.

[24] NEDCC.considerations-for-prioritizing [EB/OL].[2017-04-26].https：//www.nedcc.org/free-resources/preservation-leaflets/1.-planning-and-prioritizing/1.4-considerations-for-prioritizing.

作者简介

阎琳　华东师范大学图书馆馆员

美国图书馆民国文献自建数据库调查与分析 [①]

赵　星　肖亚男　杨明博

　　摘　要：目前学界对国内民国文献数据库建设的研究较多，但较少涉及国外民国文献数据库建设现状的研究。文章选取收藏中文文献最多的美国国会图书馆和十所美国高校的图书馆，考察其中文文献收藏情况及数字化情况，分析其民国文献数据库建设的基本情况，发现美国这十一所图书馆的中文文献收藏各有特色，为读者进行中国学方面的研究提供了珍贵的资料。在民国文献的数字化方面，哈佛大学燕京图书馆堪称表率。

　　关键词：民国文献　自建数据库　美国图书馆

　　民国文献在学术界有"新善本"之说。近年来，各大中型图书馆和数字出版公司都启动了民国文献的整理、发掘与利用工作，建设了一批综合性和专题性的民国文献数据库。综合性民国文献数据库有国家图书馆的"民国中文期刊资源库"，上海图书馆的"民国时期期刊全文数据库（1911—1949）"，大学数字图书馆合作计划（CADAL）的"民国文献大全（~1949）数据库"，北京尚品大成数据技术有限公司开发的"大成老旧刊全文数据库"，北京瀚文典藏文化有限公司开发的"瀚文民国书库"等。专题性民国文献数据库有国家图书馆的"民国法律资源库"，上海图书馆的"近代民国中医药专题库"，南京图书馆的"中国近代文献图像数据库"，北京师范大学图书馆的"馆藏解放前师范学校及中小学教科书全文库"，人民教育出版社的"中国百年中小学教科书全文数据库"，上海师范大学在建的"民国教育文献全文数据库"，等等。

　　学界对民国文献数据库的研究主要集中于三方面。一是综述国内民国文献

---

① 本文系北京高校图书馆研究基金项目"民国文献特色数据库建设研究"的研究成果，项目编号：BGT2016042。

数据库建设现状，如段晓林[1][2]、穆卫国[3]等的研究；二是探讨国内民国文献数据库的建设实践，如费琳[4]、廖晓云[5]、吴丽杰[6]分别对"民国针灸文献全文数据库""广西民国照片数据库"和辽宁省图书馆民国数据库的建设实践进行了探讨；三是国内民国文献数据库的比较研究，如杜慧平[7]、徐洁[8]对三种《申报》数据库的收录范围、检索和浏览功能、销售模式、个性化服务等方面进行了比较研究。虽然学界对国内民国文献数据库的研究较多、较深入，却未涉及国外民国文献数据库的研究。本文考察了美国十一所图书馆的民国文献数据库的建设现状和特点，文献出版年代严格限定于1911—1949年间，主要分析其民国文献数据库收藏的数量规模、文献类型、数据库的功能特点，以期为国内民国文献数据库建设提供借鉴与参考。

1　数据收集

根据美国东亚图书馆委员会（Council on East Asian Libraries，简称 CEAL）发表的最新年度统计[9]，截至 2016 年 6 月 30 日，全北美（含加拿大）被收入该年度统计的 49 所图书馆，收藏中文文献最多的前 11 所是：美国国会图书馆、哈佛大学燕京图书馆、加州大学伯克利分校史带东亚东图书馆、普林斯顿大学葛斯德东方图书馆、耶鲁大学东亚图书馆、芝加哥大学东亚图书馆、哥伦比亚大学史带东亚图书馆、密歇根大学亚洲图书馆、斯坦福大学图书馆、康奈尔大学图书馆和加州大学洛杉矶分校东亚图书馆。这 11 所图书馆收藏的中文文献总量占到 49 馆中文文献总藏量的 60.19%。图书馆自建的民国文献数据库，多以自己收藏的民国文献为底本，因而笔者选取了这 11 所中文文献藏量最大的图书馆，考察其民国文献数据库的建设情况。

2　美国各馆数字化民国文献调研

2.1　哈佛大学燕京图书馆

哈佛大学燕京图书馆首页的"中文收藏"版块列出了哈佛燕京文献中的"中国研究数字资源"[10]，其中包括"数字人文项目"和"数字化项目"。

"数字人文项目"中并没有专门针对民国特藏的项目。"数字化项目"中单列出一项民国时期文献，含 1052 种文献，内容涉及政治、经济、军事、外交、文学各方面。其余各项数字化项目，笔者对文献出版年代进行了限制，仅查阅 1911—1949 年间的文献，哈佛燕京图书馆数字化的民国文献如表 1 所示：

表 1　哈佛燕京图书馆数字化项目中的民国特藏文献

项目名称	文献数量	文献内容
哈佛燕京图书馆藏民国时期文献	1052 种	宗教、社会、政治、法律、经济、教育、语言文学、艺术、历史、军事均有涉及； 绝大部分是图书，也有少量手稿和期刊
与傅斯年图书馆合作的 273 件馆藏珍本	47 种	清人文集； 少量清末奏稿
基督教传教士文献	66 种	基督教文献
莫里森中国老照片（1933—1946，有专门的页面介绍）	5000 张	地点涉及北京、河北省、陕西省、山西省、山东省； 内容涉及建筑、景观、人物、农业、商业、文化、娱乐、宗教
大学讲义	19 种	哲学、国学、经学、音韵学、修辞学、社会学
明清妇女著作（与 McGill University Library 合作项目）	19 种	诗话、诗稿
蒙文古籍	13 种	宗教
韩南教授藏书	127 种	小说
齐氏兄弟（齐耀琳、齐耀珊）藏书	185 种	文学作品、奏稿、律法、公文、信稿等
齐如山藏书	11 种	小说
毕敬士中国穆斯林老照片（1920s—1930s，有专门的页面介绍）	1000 多张	关于中国穆斯林的照片

上表所列哈佛燕京图书馆数字化的民国文献，全部实行开放获取模式，文献目录集成于哈佛的馆藏目录，无须登录哈佛校内账号，外网即可访问、查询哈佛馆藏目录，在查询到的具体条目下点击"在线查看"（View Online）即可在线浏览数字化全文，选择需要保存的页码并提供邮箱地址，还能保存和打印选择的文献，最大限度为读者提供了方便。

综上，哈佛燕京图书馆在民国文献的数字化和开放获取方面都居于领先地位。

2.2　美国国会图书馆

美国国会图书馆是中国以外全球范围内收藏中文文献较多的图书馆[11]，也是美国收藏中文文献最多的图书馆，中文文献收藏始于 1869 年，至今藏量超过 120 万册。美国国会图书馆收藏的中文文献以人文和社会科学领域居多，尤以古典文学、清代文献档案（1644—1911）、民国时期文献（1911—1949）和中国医书为著。这些中文文献在国会图书馆的在线书目系统可检索到。

美国国会图书馆收藏的 1912 年到 1958 年间出版的中文文献约 18000 册[12]。这一时期的文献包括中国社会、政治、经济、历史和文学研究方面的资料，还涉及抗日战争期间（1937—1945）的官方文件和政府档案。特色民国时期文献有 1945 年转移到国会图书馆的满铁文献 6 万册，剔除日文、韩文等其他语种，剩余中文文献 488 种计 6896 册。

2005—2010 年，美国国会图书馆将馆藏的 2360 件珍贵中文文献数字化。但是，真正能通过外网自由查阅的数字化珍本图书文献仅 271 件，这 271 件数字化的中文文献存储于世界数字图书馆中[13]，如果再将年份限制为"1900—1949"，符合条件的检索结果仅 14 条，包括字典、地图、海报和文集。剩余的 2089 件中文文献，有 907 件只能在美国国会图书馆的亚洲部阅览室和台湾"中央图书馆"的内网查看，外网无法访问；另有 1866 件文献可在读者申请后提供数字化版本。

2.3　加州大学伯克利分校史带东亚图书馆

加州大学伯克利分校（又称伯克莱加州大学）史带东亚图书馆的中文文献收藏始于 1896 年[14]，馆藏集中于人文社科领域，收藏的中文文献主要有拓片、印本、佛经、海报、方志等。其中的 1800 多部中国当代电影光盘、6000 册地方志、"文史资料"系列中的 11000 册清末民初当事人讲述的资料，是其特色馆藏。

民国文献的数字化方面，加州大学伯克利分校史带东亚图书馆于 2015 年入藏了方保罗（Paul Kendel Fonoroff）收藏的中国影视资料，成为北美地区拥有最大最全的中国影视研究资料的图书馆。藏品包括二十世纪初期至二十世纪九十年代大中华区的超过 70000 件影视方面的期刊、海报、照片、剧本等。这些藏品记录了大中华区电影娱乐业的发展历程，是中国流行文化和社会生活的剪影。目前图书馆专门制作了网页展出了这批藏品[15]，读者可在网页浏览 103 种影视期刊的封面图片、133 张影视海报、74 张影视张贴画、11 张定妆照、31 张电影票根、29 种影视剧本、11 张剧院传单、4 份方保罗的宣传报道。

2.4　普林斯顿大学葛斯德东方图书馆

普林斯顿大学葛斯德东方图书馆的收藏[16]偏重于人文学科，尤其是文学和历史方面的文献。中文文献的藏量约为 425000 册，涵盖哲学、宗教、地理、古典文学各学科，如《四部丛刊》《丛书集成》《四库全书》《四库全书存目》和武英殿版《古今图书集成》，值得一提的还有中医典籍的收藏。普林斯顿大学葛斯德东方图书馆藏有 102000 册线装书，大部分为明刻本和清代早期刻本，这使得普林斯顿大学成为明代文献和明代研究的中心。葛斯德东方图书馆的中文特藏有年代早于 1711 年的《佩文韵府》稿抄本，1544 年版的《资治通鉴》，《昌黎文史》的明代抄本，1529 年版的《文选》，5000 册《碛砂大藏经》部分为宋元版本。然而 1984 年之前的中文馆藏只能通过卡片目录查询。

普林斯顿大学葛斯德东方图书馆对 147 种文献进行了数字化[17]，绝大部分是古籍，其中子部 64 种，经部 34 种，集部 19 种，别集类 18 种，史部 4 种，医药类 54 种，上述分类有重叠。这部分数字化了的古籍，有 54 种医药类古籍和 14 种"其他类文本"被另外制成了 PDF 版本[18]，外网可查看全文；其余的古籍从外网点击，一直打不开页面。民国文献的数字化方面，曾朴先生的《回想录》和《象记》的稿本已经完成数字化，外网可查看。

2.5　耶鲁大学东亚图书馆

耶鲁大学东亚图书馆的中文特藏[19]主要是手稿和文档类的一手文献，包括清末民初时期中国留学生的手札、照片、剪报等。其中含中华民国首任内阁总理唐绍仪的相关资料和中国历史上第一个留学生容闳的信件、手稿及其家人的文件；多位耶鲁学者在不同时期（1831—1972）访问中国的旅行日记和文集、手稿,这些旅行札记的年代从 1831 年跨越至 1972 年,是那段中国历史的见证;美国大使、学者、记者记录的十九世纪至二十世纪与中国的外交往来的书信、笔记和文件;耶鲁学者 1932—1937 年间关于中国协和医学院的日常记录;美国传教士十八世纪至二十世纪在中国的传教工作的记录;耶鲁学者民国时期在中国北京、广州、长沙创办学校、医院、教会的记录。

耶鲁大学图书馆对许多珍贵的手稿、图片、期刊、书籍都进行了数字化[20],但一些数字化的资料仅限耶鲁大学内部访问,外网无法查看。在民国文献的数字化方面,中国教会大学图像数据库[21]收藏了亚洲基督教高等教育联合委员会和岭南大学董事会档案中的 7500 多幅照片和照片描述,是二十世纪上半叶中国教育、医疗、建筑、社会的重要研究资料。目前这个数据库仅限耶鲁大学内部访问。

2.6 芝加哥大学东亚图书馆

芝加哥大学东亚图书馆创建于 1936 年[22],目前约有 85 万册藏书,文献的主要语种为中文、日文和韩文。中文收藏涵盖的学科领域主要在古代经典、哲学、考古、历史、文献学、艺术史和文学,文献以地方志、丛书、戏剧、艺术和历史居多。在 1949—1978 年钱存训教授主管芝加哥大学东亚图书馆期间,他注重加强有关近、现代中国文献资料的搜集[23],特别是系统搜购全套期刊、政府公报、地方文献和中国战乱时期的出版物,丰富了之前图书馆以古籍为主的收藏格局。

芝加哥大学东亚图书馆将本馆的 96 种特藏集合进行了数字化,但涉及中国研究的特藏仅一种,这一种数字特藏恰好处于民国时期。这份题名为"亚洲城市——19 世纪晚期至 20 世纪早期的地图"[24]的数字化特藏,含一幅 1900 年前后的北京地图(法语)、一幅清末民初的福州市地图、一幅 1909 年的香港地图、一幅 1903 年的天津地图。值得一提的是,芝加哥大学东亚图书馆数字化页面的分类浏览功能类目清晰,且以多角度呈现。以这份涉及中国研究的特藏为例(见图 1),其页面左侧显示特藏名称,中间显示文献形制"数字化、地图",右侧显示主题"中国研究、日本研究、韩国研究、地图",而不仅是提供一个搜索框供读者用关键词进行查找。这种事先的类目划分具有引导性,也为读者缩小了检索范围,读者能更快了解到自己的研究领域应该和哪些类目匹配。

图 1　芝加哥大学东亚图书馆数字特藏分类示例

2.7　哥伦比亚大学史带东亚图书馆

哥伦比亚大学史带东亚图书馆的中文收藏始于 1902 年[25]，主要是家谱、地方志、个人收藏（文学）、甲骨文、中国政治、考古、法律史、艺术史、中国文化、电影、清末民国时期的材料与文件，许多材料是哥伦比亚大学东亚图书馆独有的，宋版《零玑断璧》是其所藏珍本，家谱收藏居北美之冠。哥伦比亚大学柏克图书馆[26]的"传教士研究图书档案室"也收藏了不少清末民国时期美国传教士在中国收集的文献资料和他们记录的中国见闻。

哥伦比亚大学史带东亚图书馆重视文献的数字化工作，他们将 1033 种古籍目录上传到台北市汉学研究中心的中文古籍联合目录中，可供查看；和浙江大学合作，将其珍藏的 126 块甲骨文进行了数字化；一册刻印了满文和汉文的玉书的文字部分也已经数字化。此外，其所藏的明刻本《新编相对四言》、清末年间的《古巴华工调查录》、民国期刊《玲珑》、传教士安妮·古德里奇（Anne S. Goodrich，1895—2005 年）收集的门神纸马共计 231 幅都已经数字化。

2.8　密歇根大学亚洲图书馆

密歇根大学亚洲图书馆创建于 1948 年[27]，原名远东图书馆，1959 年更名为亚洲图书馆。密歇根大学亚洲图书馆是在日本研究中心成立一年后创建的，前十年集中于日本文献的收藏，中文文献的收藏在当时虽然相对较少，但也包含一些大部头的原始资料。截至 2012 年 6 月，图书馆藏有约 785000 册中、日、韩文文献，2100 种连续出版物和 8 万种微缩资料。

密歇根大学亚洲图书馆积极促进纸质资源的电子化，在参加 Google Book 项目的各图书馆中，密歇根大学亚洲图书馆是第一个提供大量东亚书籍进行数字化的。截至 2012 年 6 月，亚洲图书馆超过 80% 的纸质书籍已经完成数字化，在 Hathi Trust[28]可查看。此外密歇根大学亚洲图书馆还将文革时期的剪纸收藏、满语研究杂志及二十世纪四十至五十年代开始表演的中国舞蹈家们的 1500 幅舞蹈照片进行了数字化。纵观密歇根大学亚洲图书馆的数字化文献，笔者在 Hathi Trust 检索到的民国时期文献约计 778 种，然而并不对外网开放。

2.9　斯坦福大学图书馆

斯坦福大学收藏中文文献较多的图书馆有东亚图书馆、胡佛研究所的图书馆和档案馆。

斯坦福大学东亚图书馆是主要收藏东亚研究类文献的图书馆，藏有 68 万册人文社会科学类文献[29]。东亚图书馆的中文特藏[30]主要有：黄宗智和白凯两位教授收藏的十八世纪中叶至二十世纪八十年代约 2500 件法律案件文献；安德森小姐于二十世纪二十至四十年代在中国拍摄的 2900 张照片；陶百川先生捐赠的 1950—1996 年的 18 本日记、信函等文件；二十世纪五十至七十年代的 300 册连环画。东亚图书馆的数字化状况在网站未找到介绍。

斯坦福大学胡佛研究所的图书馆和档案馆收藏了许多研究现代中国的珍贵文献[31]，包括著名的蒋介石日记。胡佛研究所的许多文献资源记录了辛亥革命、军阀混战、内战时期和 1949 年以后中国的政治、经济和社会发展。此外还有 1949 年以前国民党政府的文件和中国共产党的文献资料；中国军官、工程师、记者以及塑造或见证中国事态发展的学者的记录文献。然而其图书馆和档案馆的档案基本都没有进行数字化，想要调阅文献必须经过胡佛研究所。

民国文献的数字化方面，笔者在图书馆网站上找到的有弗朗西斯·斯塔福德于 1909—1933 年在中国拍摄的照片，数量为 5 幅。

2.10　康奈尔大学图书馆

康奈尔大学图书馆的东亚文献收藏始于 1902 年[32]，中文文献约 431000 册，关于中国历史和文化的文献收藏颇丰。1918 年，查尔斯·沃森将他的毕生收藏悉数捐献给图书馆，其中包括《永乐大典》的部分原卷，十七世纪刻有康熙帝铭文的玉书。为纪念查尔斯·沃森，康奈尔大学图书馆将东亚文献的收藏称为沃森收藏。除了中文文献、期刊，图书馆还藏有许多 1900—1949

年间就读于康奈尔大学的知名中国籍校友的档案和照片，如胡适、赵元任、茅以升、杨杏佛等。康奈尔大学还有许多深入中国的美国校友，如二战期间在美国驻华军队服役的阿尔弗雷德·哈丁，他的捐赠就包含延安时期毛泽东和朱德的亲笔签名照片。

康奈尔大学图书馆将不少关于中国的特藏进行了数字化[33]，包括：1750—1929 年间出版的多达 1200 项主题合计 220 卷的"中国：文化与社会"系列手册，绝大部分是英文；1880 年的厦门老照片；《时事画报》（1905—1912）；《中国学生月报》（1905—1933）。这些数字化的内容需要登录后方能查看。据此，康奈尔大学图书馆目前并没有数字化民国文献。

2.11　加州大学洛杉矶分校东亚图书馆

加州大学洛杉矶分校的理查德·鲁道夫东亚图书馆创建于 1948 年[34]，第一批馆藏来自于东方语言系主任理查德·鲁道夫在中国和日本的大力搜购。截至 2013 年 6 月 30 日，东亚图书馆所藏中文文献共 367496 册[35]，主要为考古、宗教、民俗、艺术、近代历史和典籍类文献，近年来致力于搜集中国本土历史档案、电影、年鉴、家谱、戏剧类文献。

加州大学洛杉矶分校东亚图书馆的中文特藏包括韩玉珊捐赠的 500 份清代科举考卷，250 种 1796 年之前的珍贵古籍，谭精意（简·拉森）和路易斯·良·拉森捐赠的其外祖父留下的保皇会（康有为、梁启超创建）资料，1982 年中国第三次人口普查的数据。加州大学洛杉矶分校图书馆的数字资源，从网站检索的结果来看，目前并没有民国文献被数字化。

3　小结

根据上面的调研结果，可知美国东亚图书馆在中文文献收藏方面有以下一些特点：

3.1　中文文献收藏特色鲜明

文章调研的十一家图书馆收藏的中文文献都有自己的特色，且搜集了不少独一无二的藏品。如美国国会图书馆收藏的满铁文献，加州大学伯克利分校史带东亚图书馆的中国影视资料，普林斯顿大学葛斯德东方图书馆的明刻本和曾朴先生的稿本，耶鲁大学东亚图书馆的传教士档案、手稿和照片，哥伦比亚大学史带东亚图书馆的家谱收藏和传教士档案，斯坦福大学胡佛研究所的近代中国重要历史人物的珍贵手稿，康奈尔大学首批赴美留学的中国籍校友的珍贵档案和手稿，加州大学洛杉矶分校东亚图书馆的清代科举考卷。这些珍贵的中文文献收藏得益于各家图书馆在很早之前就确立的中文文献收藏政策，美国政府和各高校对图书馆的重视，图书馆馆长对文献收藏的重视，各校学者的慷慨捐赠。

3.2 数字化建设积极稳步推进

哈佛大学燕京图书馆在中文文献的数字化方面是引领者，2017 年 8 月 1 日哈佛大学燕京图书馆在 Facebook 上发文宣布馆藏的 4200 部 53000 卷中文善本特藏数字化工程已全部完成，网友可以免费在线浏览、下载，整个数字化项目耗时十年。消息发布之后国内媒体争相报道，引起极大反响。如此大规模的供网友免费在线浏览和下载的中文善本特藏数字化项目，哈佛大学在世界范围内做到了首家。

其余十家图书馆在民国文献的数字化方面，耶鲁大学东亚图书馆和密歇根大学亚洲图书馆对大量民国文献都进行了数字化，只是外网无法查看，优先保障本校读者的科研需求。其他图书馆也都存在这方面问题，能供读者在外网自由访问的数字化文献比较少。在数字化内容的显示和检索方面，哈佛大学燕京图书馆和芝加哥大学东亚图书馆为我们提供了有益借鉴。

总的来说，美国十一所收藏中文文献最丰富的图书馆，其中文收藏颇具特色，哈佛大学燕京图书馆、耶鲁大学东亚图书馆和密歇根大学亚洲图书馆在民国文献的数字化方面做的工作较多，哈佛大学燕京图书馆在数字化民国文献的开放获取方面做得最好。

参考文献

［1］段晓林. 从影印出版及数据库建设看民国期刊的整理与利用［J］. 图书馆, 2013（3）：107-110.

［2］段晓林. 民国文献数据库开发现状研究［J］. 图书馆学研究, 2016（20）：42-45.

［3］穆卫国，段晓林.公共图书馆民国文献自建数据库研究［J］.上海师范大学学报（哲学社会科学版），2017，46（4）：94-101.

［4］费琳，赵璟，冷家豪，等."民国针灸文献全文数据库"的探索与构建［J］.中国针灸，2017，37（10）：1127-1131.

［5］廖晓云，冼育华.广西民国照片数据库建设与思考［J］.四川图书馆学报，2009（4）：26-29.

［6］吴丽杰.民国文献数据库建设管见——以辽宁省图书馆为例［J］.图书馆工作与研究，2011（11）：35-38.

［7］杜慧平，王雅戈《申报》数据库比较——兼论民国文献数据库建设［J］.图书馆杂志，2016，35（11）：67-71.

［8］徐洁.探寻民国资料数字化建库模式——基于三种《申报》数据库的比较研究［J］.图书馆学研究，2014（20）：44-48.

［9］Statistics Committee CEAL. Council on East Asian Libraries Statistics 2015-2016 for North American Institutions［J］. Journal of East Asian Libraries，2017（164）.

［10］Harvard Library. Research Guide for Chinese Studies［EB/OL］.［2017-10-25］. https：//guides.library.harvard.edu/c.php?g=310134&p=2071022.

［11］The Library of Congress. Chinese Collection［EB/OL］.［2017-10-25］. https：//www.loc.gov/rr/asian/ChineseCollection.html.

［12］The Library of Congress. Pre—1958 Chinese Collection［EB/OL］.［2017-12-25］. http：//loc.gov/rr/asian/pre58.html.

［13］World Digital Library. Chinese rare books from Library of Congress collections［EB/OL］.［2017-10-26］. https：//www.wdl.org/en/search/?languages=zho&institution=library-of-congress.

［14］University of California，Berkeley Library. East Asian Library Collections［EB/OL］.［2017-11-03］. http：//www.lib.berkeley.edu/libraries/east-asian-library/eal-collections.

［15］University of California，Berkeley Library. The Paul Kendel Fonoroff Collection for Chinese Film Studies［EB/OL］.［2017-11-08］. http：//exhibits.lib.berkeley.edu/spotlight/fonoroff-collection.

［16］Princeton University Library. The East Asian Library and the Gest Collection［EB/OL］.［2017-11-09］. http：//library.princeton.edu/eastasian/about.

［17］Princeton University Library. East Asian Library Digital Bookshelf［EB/OL］.［2017-11-09］. http：//pudl.princeton.edu/collections/eal.

［18］Princeton University Library. East Asian Library and the Gest Collection［EB/OL］.［2017-11-09］. https：//library.princeton.edu/eastasian/diglib/.

［19］https：//guides.library.yale.edu/chinasubjectguide.

［20］Yale University Library. All Digital Collections［EB/OL］.［2017-11-10］. http：//web.library.yale.edu/digital-collections/all.

［21］Yale University Library. China Christian Colleges and Universities Image Database［EB/OL］.［2017-11-10］. http：//web.library.yale.edu/digital-collections/china-christian-colleges-

and-universities-image-database.

［22］The University of Chicago Library. About the East Asian Collection［EB/OL］.［2017-11-12］. https：//www.lib.uchicago.edu/about/directory/departments/eastasia/about/.

［23］钱存训.留美杂忆——六十年来美国生活的回顾［M］.合肥：黄山书社，2008：63-65.

［24］The University of Chicago Library. Asian Cities—Late 19th and Early 20th Century Maps［EB/OL］.［2017-11-12］. https：//www.lib.uchicago.edu/collex/collections/asian-cities-late-19th-and-early-20th-century-maps/.

［25］Columbia University Libraries. About the Chinese Studies Collection［EB/OL］.［2017-11-12］. http：//library.columbia.edu/locations/eastasian/chinese/about.html.

［26］Columbia University Libraries. Chinese Rare Books & Special Collections［EB/OL］.［2017-11-12］. http：//library.columbia.edu/locations/eastasian/chinese/rarespecial.html.

［27］University of Michigan Library. About Asia Library［EB/OL］.［2017-11-15］. https：//www.lib.umich.edu/asia-library/about-asia-library.

［28］Hathi Trust. Hathi Trust Digital Library［EB/OL］.［2017-11-15］. https：//www.hathitrust.org/.

［29］Stanford Libraries. East Asia Library［EB/OL］.［2017-11-15］. http：//library.stanford.edu/libraries/eal/about.

［30］Stanford Libraries. Chinese studies［EB/OL］.［2017-11-15］. http：//library.stanford.edu/subjects/chinese-studies.

［31］Stanford Libraries. Hoover Institution［EB/OL］.［2017-11-15］.https：//www.hoover.org/library-archives/collections/china.

［32］Cornell University Library. The Wason Collection on East Asia［EB/OL］.［2017-11-17］. https：//asia.library.cornell.edu/collections/wason/history.

［33］Cornell University Library. Wason Chinese Collection History［EB/OL］.［2017-11-17］. https：//asia.library.cornell.edu/collections/wason/china/history.

［34］UCLA Library. East Asian Library（Richard C. Rudolph）［EB/OL］.［2017-11-18］. http：//www.library.ucla.edu/eastasian/about.

［35］UCLA Library. East Asian Library（Richard C. Rudolph）［EB/OL］.［2017-11-18］. http：//www.library.ucla.edu/eastasian/collections.

作者简介

赵星　北京师范大学图书馆馆员

肖亚男　北京师范大学图书馆副研究馆员

杨明博　北京师范大学图书馆馆员

专题研究

清代及民国时期老教材的收集整理和研究运用

李保田　李铭阳

摘　要：我国的老教材实物遗存很少，从已见遗存看，清代的科举及学堂教育教材分三部分，一是传统科举教材及类教材，二是早期学堂教育教材，三是西学启蒙教材。民国时期各政府学校教育教材，分为三大板块：一是北洋政府及国民政府学校教育教材（含国民政府所属各地方政府所编教材）；二是各伪政府所编教材（含伪维新政府、汪伪政府、伪满洲国政府、伪冀东防共自治政府、伪蒙疆自治政府、伪华北政务委员会等所编教材）；三是各红色根据地政府所编教材（含陕甘宁、晋冀鲁豫等十大根据地所编教材）。中华人民共和国成立以来，只有书目文献出版社和上海辞书出版社各做了一次文字目录整理，笔者作为私人藏家做了一次封面图录整理。而收藏老教材的机构，以辞书出版社、人民教育出版社的最多，各有一万册左右，私人藏家以笔者的最多，有两万册左右（成套书约 1300 套）。对老教材的整理研究和开发运用，需要在国家层面完成整合，形成国家资源，再统筹整理、研究，使其及早惠及子孙。

关键词：清代　民国　老教材　收集　整理　研究　运用

　　我国有五千年的文明史，有近五千年的教育史，教育活动历史悠久，教学研究源远流长。在漫长的教育实践中，教材始终是整个教育活动各环节中最关键的一个抓手。但是在过往的教研中，却普遍对教材的关注甚少。尤其是各期的《中国教育史》，虽然均是皇皇巨著，但对教材这一重要抓手却往往只是偶尔提及，并没有把它作为教育史的一个重要组成部分来加以重点研究，以至于现在许多研究教育史的专家学者，对过往的老教材并不熟悉，究其原因，除了认识方面的差异，当然也主要和我国目前的老教材实物存世量太少有关。我国的老教材历来是官方不存，民间不藏。历朝历代都没有在政府层面做过老教材的收集、整理与研究工作。由于长期无人重视，导致这些实物迅速灭失，以至于我们现在能看到的清代及民国时期老教材实物，在时间上，最早的也不到三百年；在数量上，把机构收藏和民间的规模收藏加在一起，其中尚有可用价值的，也就是两万册左右。如果再不加以有效保护，那么在一个不太长的时期内，将会加速灭失，而一旦灭失，将不可再生，这些饱含着先贤教育智慧的珍贵教育史料，将永远离我们而去。为此，我们现在探讨老教材的收集整理和研究与运用，不但是形势逼人，而且是使命使然。

我们所说的老教材，是泛指民国时期及以前的教材；我们所说的教材，是指中华人民共和国成立后的教材，也就是大家俗称的课本或教科书。在此，我们必须先准确定义并理顺广义上的教材、课本和教科书三者之间的关系，才便于进一步的理论研究。

对三者之间的关系，目前学界的论述比较混乱，尚未形成共识。笔者依据近300年来的万余件实物史料和十几年整理研究的感悟，将三者关系定位如下：

教材：就是教学所使用的物质材料。主要包括两大类：一是课本及教科书（亦别称教本、读本、讲义），二是教辅。

课本和教科书，两者之间的相同之处在于都是指学生学习所用的蓝本，而不是360百科所定义的"课本——通俗地说就是在学校使用的书，也叫'教材'或'教科书'。它是教师教育学生的蓝本"。我们要特别强调，教师教育学生的蓝本主要指教师所用教授书而不单指课本。两者之间不同之处是：首先从时间上讲，课本的名称，从实物资料可上溯至1745年，用汉语能解释清楚其本意，就是教和学的规范蓝本；而教科书却只能上溯至1904年，在此之前，即使偶有教材名称为教科书，也并不具备现代意义上教科书的特征，教科书的名称用汉语不能准确解释其含义，是一个舶来品。其次从内容上讲，1905年以前的课本属科举时代（科举与学堂教育并存的短暂交叉期不计），内容为单一的四书五经，没有学制，不分年级，未明确课时，授课时间由先生自行掌握。而自1904年商务印书馆出版了《最新教科书》系列以后，才开启了现代意义上的教科书时代。其最大的特征有以下几点：一是教材按学制规定分年级编写；二是分了许多学科；三是有了教师专用的教授书，明确规定了授课时间，后期的部分教科书还出现了课后练习；四是课文中广泛采用了插图。两者之间的关系：课本的概念涵盖了教科书，而教科书则是后期被赋予了特殊含义的课本。所有的教科书均可别称为课本，而只有 1904 年以后，具备上述现代意义教科书要素的课本，才可以称教科书。

而教辅则包含了尺牍、文集、教授书、复习资料、教科图、挂图等涉及教学用工具的其他物品。

为了行文表述的含义准确，以下行文将所涉及的各类名称为课本、教科书、教本、读本、讲义及各类教辅等清代及民国史料，统称为"老教材"。

1　清代及民国时期的老教材衍变历程及实物遗存

在我国的教学实践中，从何时开始使用教材，已不可详考，已见的各时期《教育史》，对此也大多语焉不详。而从理论上讲，至少在隋大业元年（605）实行科举后，就应该有系统的教材存在，但由于历朝历代政权都没有政府层面的实物收藏和资料记载，以至于形成今天这种没有完整目录的现状，我们的收集整理工作也只能按"见则谓其有，未见谓其无"的原则来进行。即使中华人民共和国成立以来，政府也很少做这方面的工作，形成事实上的教材实物史料灭失，致使教科书的编写也难以很好地传承这些优秀的传统教育智慧，教研工作也因缺乏资料而受到很大限制。我们要考证这些老教材的衍变历程，只能从已见的老教材实物史料和零星的文献资料来有限地还原。

1.1　晚清及以往的教材衍变及实物遗存状况

我国从隋大业元年开始实行科举制度，一直到清光绪三十一年（1905）废止，期间约 1300 年。在清中叶以前，科举按照不同政权的政治需求作了一些相应的调整，但总体上还是以四书五经为核心。反映在教材方面，分为两个阶段。一是蒙学阶段，二是科学阶段。在蒙学阶段，以识字为主，无论是否理解，先要求认字，一般目标在 2000 字以上，具体教材除了我们现在熟知的《三字经》《百家姓》《千字文》和《千家诗》以外，还有《急就篇》《蒙求》等，张志公先生在《传统语文教育初探》中附了一份《蒙学书名稿》，仅类别就列入了二十一大类，可见其数量巨大，品种丰富。可惜这些蒙学教材实物因年代久远，现在已不可见。在科学阶段，教材主要为以四书五经为核心的儒家经典，还有一些释义及会参之类的类教材，该类教材尚有一定的存世量，但系统性较差。

至清末，经历了鸦片战争和甲午战争，西方的现代文明已经直接或间接地影响到我国，反映在老教材方面，构成则比较复杂，概括起来主要有三条发展主线：一是科举教材及传统的教材仍有一定的市场；二是由传教士等编译的各类西方现代自然科学教材，已经有了一定的影响；三是 1904 年商务印书馆的《最新教科书》系列出版，标志着我国第一套真正现代意义的教科书诞生，我国进入现代教育的时代。上述三条主线同时并存且重叠交叉，在内容上表现为传统文化尚在延续，西方文明的直接和间接影响也已开始渗入。分述如下：

1.1.1　传统科举教材及类教材

包括了用于科举考试、内容为四书五经的各种课本及类课本，以"三、百、千、千"为代表的传统识字教材及各类杂字以及各种启蒙类教材。包括现在已知存世最早的课本《四书朱子本义汇参》以及私塾用各类教材。木刻印刷，各刻坊出品，官版较少，市场有一定的遗存，但多为残品，不缺页不伤字的稀少。

1.1.2　早期学堂教育教材

受西方文明日本化直接影响的早期学堂教育教材，包括了源于传统、运用现代意义教科书体例编辑的国文、修身、历史等教材和引入西方文明各自然学科编辑的格致、理科、博物等教材。其中包括了早期美华书局的《绘图蒙学捷径》、文明书局的《蒙学教科书》系列等，同时期的广智书局、彪蒙书局、中国图书公司等出版机构，也出版了不少课本，但都没有成系列、上规模，关键是没有及时对应学制拿出适用的拳头产品，包括当时影响较大的文明书局，也逐步被淘汰。而横空出世的则是商务印书馆，自 1898 年抓住机遇出版了该馆的第一本课本《华英初阶》而一炮走红以后，继而出版《华英进阶》《文学初阶》等，直至 1904 年，推出影响我国教育进程的世纪之作《最新教科书》系列，并附教授书，编写出了我国第一套真正现代意义上的教科书，其编辑体例一直影响到现在，并且在清廷学部的癸卯、壬寅两个学制所定学科之外，创立了"国文"学科，最后迫使学部事后追认"国文"为学制所定学科，并自编《国文教科书》而跟进，创造了教科书编纂史上的一个传奇。

《修身教科书》在当时是一个主科，修身的内涵源于我国传统的"修齐治平"，但是以教科书的形式出现，已经不同于传统私塾讲授的四书五经，在内容上已经受到西方现代文明的影响，先是在日本出现《修身书》《修身教科书》，于1895年甲午战争后，大批留日学生翻译后传入我国，比较有名的是蒋智由的《中学修身教科书》一套三册。商务印书馆的《最新教科书》系列，出版了初小、高小用的《最新修身教科书》，蔡元培编写了《中学修身教科书》一套五册与之配套，但并未采用《最新中学修身教科书》这个名称。其他出版机构如会文学社等也出版了各类《修身教科书》及《女子修身教科书》。学部也出版了《修身教科书》。

珠算、笔算、算学、算术、数学类课本在各学堂中普遍使用。我国传统的算学是珠算，出版了大量的珠算类课本，现在仍有一定的遗存。笔算传入我国后在当时是一个很先进的学科，从现有的实物看，如天津北洋武备学堂遗存的《笔算数学》，可能是在课本的名称中第一次出现"数学"这两个字，再后期的如《官话数学》，直至商务印书馆出版了《最新笔算教科书》，使该学科在学堂教育中得到了普及。

《地理教科书》的出现，终结了以往"地理"就是堪舆的理念，早期的有张之洞的《蒙学读本舆地歌韵》，之后有张相文的《中等本国地理教科书》和《初等本国地理教科书》，在此首次使用了"教科书"的名称，又编写了《蒙学中国地理教科书》和《蒙学外国地理教科书》，以及谢洪赉的《瀛寰全志》、陈独秀的《小学万国地理新编》等，至商务印书馆的《最新地理教科书》系列的出现，按学制分年级的教科书逐步推行。

历史类的教科书源远流长，我们熟知的《三字经》也应该算早期的历史类启蒙课本，后期的《普通新历史》等至商务印书馆的《最新历史教科书》及会文堂的《中国历史教科书》出现，历史类教科书在学堂教育中得以定型。

英语类教科书早期的有《英话注解》《英字入门》，形式上相当于英汉对照，后期得到学界公认的最早英语课本是商务印书馆出版的第一本英语课本，也是该馆出版的第一本课本《华英初阶》，继而又出版《华英进阶》，同时期还有伍光建等学者编译的《帝国英文读本》等英语课本。

其他学科的教科书如《格致》《手工》《音乐》《写字》《体操》《武术》《图画》《卫生》《物理》《化学》等，由于各地学堂多为选修，这些学科的教科书亦有一定量的出版。

上述类型的教科书，其出版时期为木刻向石印的过渡时期，从现存实物看，印刷多为石印，存世量稀少，成册成套的更少。

1.1.3 早年西学直接引入的各类教材及改编后的各类课艺教材

自十八世纪下半叶始，来华传教士零散地翻译了部分西方先进的自然科学作为教材用于教学，如傅兰雅、狄考文等编译了如《天文须知》《地理须知》等几十种须知，但这些教材均为传教士凭个人特长自由翻译，所译教材互相之间没有关联，既没有使用"教科书"的名称，也没有一个统一的体系，尽管如此，对我国的政界、学界还是造成了很大的影响。全国各级学堂纷纷编辑了《西学大成》类的各种课艺，在美国传教士丁韪良任京师同文馆总教习期间，也编译了如《化学》等西学类教材，在 1900 年八国联军入侵前，自京师同文馆以下，各地方学堂、北洋武备学堂及各地方武备学堂，都在使用这类教材。还有一些地方学堂，将上述内容加以改编，多以书院《课艺》形式教授的教材。该时期的教材是典型的中西结合的产物，内容上是西方现代自然科学，而印刷的形制又仿中式，多为木刻，麻纸印刷。由于当时的学生人数有限，所以当时印制的数量也不会太大，现在可见的实物，多为京师同文馆、各格致书院、武备学堂等当时一些学堂的零散遗存，文字完整已属不易，成册成套已基本不可求。

1.2 民国时期的教材衍变及实物遗存状况

民国时期的特点是政权的分立、交叉与重叠，不少政权都各自编写并出版了教材，我们先按照北洋政府和国民政府、各敌占区伪政府及边区根据地政府的区属分为三大种类。再依现有实物分别叙述。

1.2.1 北洋政府及国民政府教材

该板块是民国时期教材出版的主流，以上海为中心，以商务印书馆和中华书局为骨干，加上世界书局、开明书局、广益书局、大东书局等民办的教科书出版机构，以及公办的国立编译馆、中正书局等出版机构，构成了民国时期我国教材出版的绝对主流。

商务印书馆是在清末时期用其《最新教科书》系列取代文明书局的《蒙学教科书》系列后，才占据了教科书出版的头把交椅的。但一进入民国时期，商务印书馆就有了一个实力强劲的竞争对手，即自己员工出走后成立的教科书出版机构——中华书局。民国初年，商务印书馆出版了《共和国教科书》系列，含《共和国教科书新国文》《共和国教科书新修身》《共和国教科书新算术》《共和国教科书新理科》《共和国教科书新地理》《共和国教科书新历史》等，均为初小八册、高小六册以适应学制。出版后深受市场欢迎，尤其是《共和国教科书新国文》，一版再版，出版数量巨大，单册的印刷达到了惊人的 2560 次，从实物遗存看，也是老课本中存世量最大的一种，同时也是国文类教材编辑水平最高的一套，现在我们学习老课文，许多经典的篇目，都出自于这套教材。后期出版的比较有影响的教材有《女子国文教科书》及《实用教科书》系列、《新学制教科书》系列、《新法教科书》系列、《新时代教科书》系列等。1932 年日本飞机轰炸上海，首先炸毁了商务印书馆，该馆损失惨重，连同已经收集的大量教材也毁于炮火。但该馆没有倒下，随即恢复生产，为纪念这一国耻，该馆出版了《复兴教科书》系列，还用被炸毁的该馆照片作为教科书的封面。该馆出版的其他教科书不再一一列举，总而言之，商务印书馆是民国时期出版教材最多的出版机构。民国时期的教材出版竞争激烈，坚持走过整个民国时期的民营教科书出版机构，只有商务印书馆、中华书局、世界书局和开明书店四家。商务印书馆能在遭受重大挫折后又重新站立起来，早期的商务印书馆人付出了多年的艰辛，我们现在所能看到的实物遗存，几乎有一半是他们出版的，不但数量占比大，而且品种也最多，为我们今天的老教材研究打下了坚实的实物史料基础。

中华书局是以陆费逵为首的原商务印书馆职员离职创办的。先后加入的还有原同事戴克敦、沈颐等。成立之初，便推出了《中华教科书》系列，由于顺应民国初期的政治要求，又是按学制编写，所以一炮走红，占领了一定的市场，在教科书出版领域扎下了根基。《中华教科书》系列包括了《中华初等小学国文教科书》《中华高等小学国文教科书》《中华初等小学修身教科书》《中华高等小学修身教科书》《中华初等小学算术教科书》《中华高等小学算术教科书》《中华初等小学习字帖》《中华初等小学习画帖》《中华初等小学体操教授书》《中华高等小学历史教科书》《中华高等小学地理教科书》《中华高等小学理科教科书》《中华高等小学英文教科书》等，上述每套书都有对应到每一册的教授书。后又出版了《新式教科书》系列、《新编中华教科书》系列、《新制教科书》系列、《新中华教科书》系列等，整个民国时期与商务印书馆在竞争中发展，在发展中壮大，为我们留下了仅次于商务印书馆的老教材实物史料，尤其值得一提的是，中华书局收集了晚清及民国时期的许多成套教材，到中华人民共和国成立后移交给辞书出版社大约有 18000 册。

除了这两大书局以外，还有世界书局。其创始人沈知方有在商务印书馆和中华书局的工作经历，世界书局出版教科书也驾轻就熟，再加上沈知方个人出众的营销能力和融资能力，世界书局很快就成为仅次于商务印书馆和中华书局的第三大教科书出版商，出版了不少有一定影响的教科书，如"世界第一种""世界第二种""世界第三种"教科书系列，涉及学科较广，后因为和开明书店的官司受到重大打击，导致发展受挫。

后期的教科书出版商还有开明书店。开明书店拥有众多的学者作为作者和编辑队伍，如夏丏尊、叶圣陶、林语堂、丰子恺等都是该书店的基本骨干，早期有影响的教科书是林语堂的《开明英文读本》和《活页文选》，后期的是叶圣陶亲自编写的《开明国语课本》，基本是原创和再创作，再加上丰子恺的精美插图，当时一经面世即广受欢迎，至今仍有巨大的影响。

其他也出版教科书的书局，民办的除了前述四家外还有大东书局，属于零星出版，未成规模；官办的如国立编译馆、正中书局，主要出版一些政治性较强的教科书，如《童子军课本》《三民主义课本》等，也零星出版一些其他学科的教科书。

国统区的一些地方政府也出版了一些教材，其中比较典型的是山西的阎锡山政府，出版了《通俗国文教科书》系列，初小、高小用《国语课本》系列，《国民教育补习学校用教科书》系列，《民族革命课本》系列，《兵农合一制度下课本》系列等，其特点是简单实用，通俗易懂，非常适合在那个战乱年代使用。山东省政府也编写了一些教材，但数量、种类和影响力都远不及山西，其他的地方政府偶有学校教育以外的单种课本，但数量太少，几乎可以忽略不计。这类地方政府编写的教材，编辑及设计风格不一，形制各异，用纸也不统一。山西省政府印刷的教材一般由太原市的印刷厂如范华印刷厂印制，而山西省内的各地也翻印一些教材，水准很低，形制、用纸及印制方式五花八门，对这类实物遗存，初入门者很难分辨哪一本为正版。

在社会教育方面，结合当时文盲人口占比较大的国情，不少出版社都出版了各种形式的千字课本，如由教育部编写、不同印刷厂印刷的《民众学校课本》和《三民主义千字课》，商务印书馆出版的新时代民众学校用《识字课本》，中华平民教育促进会出版的《市民千字课》，世界书局出版的三民主义教育《民众千字课本》、平民教育用书《千字课本》及教学法，中华书局出版的《民众千字课本》和平民教育适用《平民千字课本》，青年协会书局出版的《平民历史》，福建省政府教育厅编写出版的《国民课本》，贵州省政府教育厅编写出版的《三民主义千字课》，山西省政府编写出版的《农民千字课》等，对当时推动社会教育、民众教育起了很大的作用。这类实物多为竹纸印刷，板式精美，内容简练易懂，大多朗朗上口且贴近生活，但现在的存世量极少，很难凑册成套。

在整个国统区区域内，从所出版教科书的学科看，约有四十多个学科。早期的国文学科，在 1920 年左右改为国语，这也是我们今天的语文学科前身。修身学科由北洋政府进入到国民政府时，在国统区终止。珠算、笔算、心算、算学、算术、历史、地理、物理、化学、习字、书法、图画、美术、音乐、唱歌、体操、武术、手工、自然、尺牍、应用文、文集、常识、动物、植物、矿物、生物、卫生、生理、生理卫生、教育史、心理学、英语、日语、德语、法语及宗教类课本和华侨用课本等，贯穿了整个民国时期。其中的理科、博物学科逐步为植物、动物等取代，后期的理科还增加了物理和化学的内容。短暂存在的学科还有商业、经济、哲学、论理、家事、裁缝、公民、三民主义、社会、党义、童子军等。

从现存的实物看，国统区的教材数量占比巨大，品种相对丰富，是现有实物的绝对主流，和敌占区尤其是和根据地的教材相比，印刷质量高。但用纸多为竹纸，保存到现在已历经百年左右，纸质开始发脆，如果翻动书页，则很容易掉渣。采取有效措施对其保护，已经迫在眉睫。

1.2.2　各敌占区的教材

民国时期日伪占领区域中，由伪政府编写了学校用教科书的，有伪满洲国政府、伪汪精卫政府、伪冀东防共自治政府、伪蒙疆政府和伪维新政府。其各自编写出版的规模及特点如下：

伪满洲国政府的存续时间较长，伪政府主管教育的"文教部"，在日本人的指导下，已制定了一个相对完备的学制。出版了一定数量的教科书，从现有的实物看，有"国文"、"国语"类的教科书，还有满语读本、评注满文读本、满洲语读本、满语"国民"读本、"建国"精神、论语、孝经、论说精华、地理、历史、修身、算术、理科、农业汛论、林业汛论、农园必携、物理、化学、算术代数、土木工作法、商业珠算、商业簿记、教育学、日语"国民"读本、"国语"（日语）、生物、矿物、自然、图画、图画帖、书道、畜产、家事、缝纫、英语、作物、满语、裁缝、手艺等教科书，这些教科书均使用"康德"年号纪年。在地理教科书的课文中，介绍山海关以西就是外国，历史教科书中有很多介绍日本历史的内容，修身教科书的内容和同时期日本的修身教科书内容相近，日语"国民"读本教科书是主科，整体而言，奴化教育倾向十分严重。目前这类教材已极度稀缺，即使现在开放旅游的伪皇宫，内部的小学堂都没见有一本当年的实物，伪皇宫外的古玩市场也难觅其踪影，原本不多的实物大多已经散失毁坏，有幸拥有的藏家，基本也不愿再将这类教材流通。

汪伪政府脱胎于国民政府，等于是在国民政府的辖区中划去一块，它是在伪维新政府的基础上成立的。在统治区域上和国民政府交错重叠。在其统治期间教科书出版的学科上，基本承袭了国民政府教科书出版的框架，主要学科有国语、算术、修身、地理、历史、物理、化学、矿物、植物、动物、自然、日语、英语等，增加了伪《国定教科书》系列，但未沿用国民政府开设的三民主义、社会、公民、党义等学科。其中的《修身》学科，从现有实物看，最晚的一直延续至 1943 年还有出版，是我国最后的修身学科教育。这类教材也使用中华民国纪年，许多教材和国统区的很像，很容易混淆。在教材印制上，一部分像国统区教材，一部分像日本教材，绝大多数的课本是由伪教育总署编审会编写发行，由北京的新民印书馆印刷出版。就存世量而言，比国统区的要少很多，尤其是伪《国定教科书》系列，近年来已难得一见。

伪冀东防共自治政府首府在唐山，存续时间很短，但也编写了课本。现有的实物史料，能看到有"国语"、算术、常识和自然教科书。介绍该伪政府的相关文献史料也很少。

伪蒙疆政府，首府在张家口，下属察南和晋北两个伪政府。伪察南政府也在张家口，伪晋北政府在大同。这个伪政府的存续时间也很短，但也编写了课本，并且在课本的内页印上了"日察如一，铲除共党，民族协和，民生向上"的反共内容，从实物遗存看，有算术、论语、唱歌，出版署名有的是伪"察南政府"，也有的是伪"晋北政府"，还有伪"蒙古自治邦政府"，出版时间使用了成吉思汗纪元。

伪维新政府，即汪伪政府的前身。存续短短几年，后并入汪伪政府，但也编写了一些课本，从现有遗存看，有《国语教科书》《国民读本》《常识教科书》《地理教科书》《修身教科书》《日语教科书》等，在《国语教科书》中，有鲜明的反共内容。

前述伪冀东防共自治政府、伪蒙疆政府和伪维新政府的共同特点是存续时间短，尚没有完备的学制，所编写出版的课本属于过渡性的课本，还没有来得及改进完善，政府就已经覆灭。所出版的课本，在当时的出版量也不大，原本不多的遗存，又由于课本中有明显的反共内容，经历当年的战乱和中华人民共和国成立后的多次运动以后，能留存到现在的实物是少之又少。在整个敌占区的教科书遗存中，汪伪政府教科书的遗存比其他几个伪政府教科书的遗存相对要多一些，但也已经难得一见，随着时间的流逝，这类教科书将越来越少。

1.2.3　各红色根据地教材

在红色根据地中，编写了学校用教科书的有井冈山根据地、陕甘宁根据地、晋冀鲁豫根据地、晋察冀根据地、华北人民政府、晋绥根据地、中原根据地、山东根据地、东北根据地等。

井冈山根据地编写的教科书，是最早的红色根据地教科书。现有实物可上溯至 1932 年，当时的小学大多称为"列宁小学"，课本名为《共产儿童读本》，内容简单实用，和当时的形势紧密联系，主要有歌颂红军及学习、生产、共产儿童活动等内容。这类教科书现在大多已不完整，已经稀缺到片纸难求的程度。

陕甘宁根据地的教科书在时间上仅次于井冈山根据地，从 1938 年到 1949 年的十一年间，前后改编出版了四版，其他根据地教科书的编写，基本都受其影响。从现有实物遗存看，主要学科有国语、算术、历史、地理、自然等，国语教科书初小部分前后四版的名称依次为《初等小学国语课本》《初级新课本》《初小新课本》和《初小国语》，高小有《高小国语》，另外还有《初小算术》《高小算术》《高小地理》《高小历史》《高小自然》等几个学科，针对根据地文盲较多、文化程度普遍不高的实际情况，《初级新课本》的编辑董纯才和《初小国语》的编辑辛安亭，还分别另外编写了《识字课本》和《日用杂字》等几类识字课本，解决了社会教育急需，在当时都产生了很大的影响。

晋冀鲁豫根据地的教材中的初小国语类有《初小国语课本》《初级临时课本》《初小临时课本》《初级新课本》《初小新课本》，还有的是国语常识合编，并有相应的高小《国语》，其他学科还有《初小算术》《高级地理课本》《高小历史》《初小常识》《战时新课本》和各类《冬学课本》，根据地内各地翻印较多，现在可见实物形制不一，版式各异，可见当时的普及程度相对较高。

晋察冀根据地的国语类教材，曾先后重编了六次，出版了《初小国语课本》《抗战时期初小国语课本》等，我们现在看到的实物有初级小学《国语课本》系列、高级小学《国语课本》系列、《国民政治课本》系列、初级小学《算术课本》、高级小学《算术课本》、初级小学《常识课本》系列、高级小学《历史》和《地理》等。

晋绥根据地的教科书出版和晋冀鲁豫、晋察冀两大根据地相比，品种和数量均相对较少。可见的实物，有初小和高小《国语》，有算术、历史、地理类教材，还有识字类课本，是否还有其他学科，还有待于以后的发现。

华北人民政府是由晋察冀和晋冀鲁豫两大根据地合并后，于 1948 年 9 月成立的人民政府。合并后以晋察冀根据地的原有课本为基础，编写了一系列教材。主要有初小和高小《国语》《算术》，高小《地理》《历史》《自然》，还编写了一套初中用《初中国文》（也有的称为《中等国文》）。

中原根据地存续时间短，基本没有来得及编写成型配套的教科书，就已经建国。在可见的教材中，成套的只有一套《高中国文》，华中新华书店出版，其他的还有一些零星的文选类教材。

山东根据地的教材多而杂，从现有实物看，主要有以下四个来源；

一是由山东省人民政府教育厅编审出版的课本，有初小《国语》《常识》《算术》《历史》《自然》《地理》等，按 6 个年级每年级一册，每年级又按两个学期分为了上、下册，共计每学科 12 本。

二是由胶东新华书店出版的课本，有初级、中级、高级小学《国语课本》和《算术课本》，还有高级小学《地理》《历史》和《自然》课本。

三是编写人不详，由胶东印刷厂印制的初级、中级、高级小学《国语课本》。

四是编写人不详，由西海印刷厂印制的初级、中级、高级小学《国语课本》《国防国语课本》《国防算术课本》《国防常识课本》《国防历史课本》《国防政治课本》和《国语文选》等。

东北根据地的教材也基本上已成系统，已见的实物有《初小国语》《高小国语》《高小地理》《高小自然》《暂用高小自然》《高小历史》《高小政治常识》《初小常识》《初小算术》《旅大初小国语》等。

另外，还有散见于各根据地的冬学教材、各类文选，苏北根据地的初级小学用《常识课本》、抗日军政大学政治部编写的《中国近代政治简史》等。

以上所述各根据地课本的共同特点是简单明快、通俗实用，适合在战争年代的特殊环境下使用，但比较普遍的特点是编写艺术水平一般。在用纸方面，晋冀鲁豫根据地课本印制多为麻纸，其他根据地的课本麻纸、竹纸兼有。在印制水平上，整个根据地课本总体印制水平较差。在数量上，当时的印刷量很小，各地小刻坊虽有一些粗制滥造的翻印，但总体的量也不大。历经数十年的战乱和七八十年的岁月变迁，能侥幸留存下来的相当少。现在可见的实物中，已有相当比例的实物原件破损不堪，凑册成套已基本不太可能，现在全国尚没有一处能完整地同时提供各根据地全套课本的收藏机构和个人藏家，笔者历十几年努力，也只是凑全了几套。在政府层面，也未见有国家机构已经对此进行专项收集和保护，该项宝贵史料仍处于自生自灭的原始状态。

2　中华人民共和国成立后老教材的整理工作及当下存世状况

2.1　老教材的整理情况

中华人民共和国成立以来，对老教材的收集整理工作，政府层面也没有出面组织。老教材实物史料的收集整理与研究工作已经出现事实上的断层。期间偶有机构涉及这个领域，但也只是做了两次简单的文字目录汇编，并不是在某一系统内有计划地分步骤进行整理，两次整理之间各自为政、毫无关联。第一次是 1985 年，书目文献出版社出版了《民国时期总书目》，在其众多分卷中，其中有一卷是北京图书馆和人民教育出版社合编的《中小学教材》卷。从编辑说明看，该书所列老教材，绝大多数是以人民教育出版社图书馆馆藏为主，另有部分北师大图书馆馆藏，其他机构的收藏并不包括在内，合计 4055 种。第二次是 2010 年，辞书出版社申报的社科选题《中国近代中小学教科书总目》获得批准，于是向全国的图书馆发函征询馆藏老教材，结果在全国范围内，只有包括国家图书馆的 17 家图书馆（含台湾"国立编译馆"）藏有，《中国近代中小学教科书总目》编委会将征集的 17 家图书馆的目录合并，编纂了该总目，由于种种原因，当时并未见到实物，该总目只是 17 家图书馆提供的老教材目录合并总计，是一个从目录到目录的汇总，尚不能确定实际存世量是否与此相符。随后多家图书馆接到了建立老教材电子版数据库的任务，所以必须将这批文献扫描，而这批老教材的用纸大多是竹纸，纸质发脆不能折叠，为了能够扫描而又尽量不破坏内页，最后不得不忍痛将部分教材的书脊切开，切开后的残本，有的装在了信封里，而有的又重新装订，虽保存了一些电子版史料，但从古籍保护的角度看，纸质老教材的文物价值则受到严重损害，尤其是线装书，没有了装订线，也就无法保证文献史料的原始性和完整性。

从以上两次整理的目录看，所涉及的老教材有两个共同特点：一是在系统性上，成册成套的极少；二是在时间段和地域范围上，清代教材极少，民国时期教材则仅限于国统区的政府主导教材，而包括国统区内的地方政府自编教材及红色根据地教材、各片敌占区的教材均非常稀少。难以反映我国老教材的家族全貌及其发展衍变的整体历程。

2.2 老教材的存世现状

我国有意识收藏老教材的发端者，当属商务印书馆和中华书局，可惜 1932 年日本轰炸上海，第一颗炸弹就将商务印书馆所藏的教材毁灭殆尽。中华书局所藏万余册国统区老教材于中华人民共和国成立后调拨给辞书出版社，后辞书出版社又分出 5000 余册给人民教育出版社，其中辞书出版社所藏老教材，由于用纸多为竹纸，在历经数十年南方潮湿气候的自然损害后，原件翻动已受限；人民教育出版社所藏老教材，在"文革"时期由于存放在防空洞一段时间，部分老教材也已受损。其他成规模地收藏老教材机构也就只有北师大图书馆，目录显示约 4000 册。民间收藏近十几年来虽然发展迅猛，但以笔者有限的了解，个人收藏 1000—3000 册的不超五人，即使像笔者个人这样大投入的专职收藏，至 2017 年底，也仅达 13000 余册，其中成套的有 1100 余套。从现状看，有三种发展趋势：一是资源不可再生，再随着岁月延续而逐步损坏，导致存世量继续减少；二是随着相对活跃的流通，使原本不多的老教材为更多的人分散收藏，有更多的老教材正在退出流通；三是因资源稀缺，若想拼凑成套或寻找更多更全的品种，其难度越来越大。

在此希望引起大家关注的是个人收藏。个人收藏和政府机构收藏相比，人力、财力和影响力虽然都处于明显的劣势，但个人收藏有着采购灵活、便于调整的优点。在国家没有专门机构设专项资金收集整理的大背景下，民间收藏就成了国家收藏的一个不可或缺的重要补充。

3 清代及民国时期老教材的特点和整理思路、运用设想

3.1 清代及民国时期老教材的特点

我们要收集、整理和研究运用老教材，就必须先分析各时期老教材的特点，然后根据这些各自不同的特点，设计出整理思路，才能设想其运用的方法。在实践中，我们往往会遇到一种情况，即同时期、同学科的几本教材放在一起，比如民国时期的国文、修身、算术等，按照传统的思路看，应该就是同一套教材，但它们之间明显不是一个系列，我们很难搞清楚它们之间的亲缘关系。如果按照原有的思路，将整个老教材分为课程标准、小学、中学、师范几个大类，则只是一个平面设计，无法解决实际问题。清代是同时期内有不同性质的教材并存，民国时期不同政权同时并列，又交叉重叠，仅仅以时间作为指标来区分，显然还是不够完善。按照这个思路整理，对于专家来说，可以从作者、出版机构等信息来判断它是哪一个政权的出版物，但是对绝大多数普通读者来说，往往是不明就里而一头雾水。如果要将这些老教材清晰地定位，就必须有一个立体的框架，给每一本老教材一个唯一的识别号，才能使已有的和将来发现的每一本老教材都有自己的专属位置。为此，我们必须抓住不同时期老教材的特点，然后根据其特点再设计出架构。

3.1.1 清代老教材的特点

清代的老教材构成比较复杂，尤其是清末，如前所述，我们可以把它们归纳为三条主线。

一是传统科举教材及类教材。自隋大业元年起实行的科举制度，于清光绪三十一年（1905）废止，但仍有一定的影响。

二是1862年左右陆续出现并在用的、由传教士等编译的各类西方现代自然科学的教材。由于1900年八国联军入侵，大多学校被毁而停用。虽未普及，但已经让国人对西学有了一个基本的认识。

三是1904年，受日本现代教育的影响，商务印书馆的《最新教科书》系列出版，标志着我国第一套真正现代意义的教科书诞生，我国的理论思潮已势不可挡地走向现代教育。

上述三条主线，在时间上重叠交叉，在内容上表现为传统文化尚在延续、

西方文明的直接影响和间接影响已开始渗入。该时期是我国教育发展的大转型、大变革时期，对该时期老教材的整理，如果单纯而机械地只按年代排序或只按学科分类，往往会给人混乱无序的感觉，也就不可能给每一本教材准确的坐标。只有先厘清了这三条主线，才能分清这些老教材之间错综复杂的关系，从而给现存的老教材准确定位，也给以后出现的老教材预留了空间位置。

3.1.2　民国时期老教材的特点

进入民国时期，我国的教育有了基本完备的学制，教材的编辑体例基本统一，商务印书馆和中华书局基本取代了文明书局、美华书局、广智书局、彪蒙书室等一大批以出版教科书为主的出版机构，成为教科书出版业的领头羊。一大批学贯中西的大师级人物，在教育界的领导岗位、教学一线、编辑出版一线，为我国的现代教育事业呕心沥血，创造了具有汉文化特色的教材编辑体例，为我们留下了极为宝贵的精神遗产。纵观民国时期老教材的发展脉络，可以概括为以下几个特点：

（1）学科的衍变与传承。许多学科为适应时代的发展，在传承清末原有学科的基础上，又有了一些发展变化。如原有的《格致》，本是以传统的"格物致知"之意来概括西学中的各项自然科学，后因时代发展，决定了其需求增大，且学科逐步详细，改为《理科》《博物》，后又详分为《物理》《化学》《植物》《生物》《矿物》等，清末教材偶有《物理》《植物》等教材和《格致》混杂，在民国时期得到了逐步统一。《国文》于1919年后改为《国语》，1949年经叶圣陶提议取两者中各一字，"语"和"文"，才有了我们今天的《语文》。国民政府时期又新增了不少学科，如《三民主义》《党义》《公民》《童子军》《常识》《社会》《自然》等。

（2）教材的编辑水平达到巅峰。民国初年的教材编辑，在经历了自1904年以来一段时间的实践以后，教材的编辑已得心应手，编辑人员已将我国传统文化的优势和西方文明有机地结合起来，尤其体现在《国文》和《修身》这两个学科，既有传统，又有视野，所编课文简洁明快、朗朗上口、意境高远、韵味十足，使这两个学科教材达到了一个巅峰状态，至今难以逾越。

（3）政权的交替与并立。1912—1949年的38年间，其主旋律是内战与外战，且各政权交替并存与穿插。这其中大部分政权都编写了教材，从现有实物看，存数量极不均衡，特点是国统区之外，其他地区的教材存世量极少。

为便于区分，我们可以按所属政权性质将这些教材分为三种颜色：

一是蓝色。即北洋政府到国民政府时期的教材，这时期是民国时期教育事业发展的主要阶段，各时期学制完备，学科齐全，现存老教材主要来自这一阶段，人教社、北师大、辞书出版社等机构现存绝大部分是这一时期教材。另外在国民政府的统辖区域内，一些地方政府也自编了教材，如山西省、山东省等，其中山西省的自编教材学科较多，且学制相对完备，水平较高，极具地方特色。

二是黑色。即伪政权的教材。日寇入侵以后，在我国扶持了一批伪政权，如伪满洲国、伪维新政府、伪汪精卫政府、伪冀东防共自治政府、伪蒙疆政府及其下属伪晋北政府和伪察南政府、伪华北政务委员会等，都自编了教材，这类教材为黑色辅线教材。其中伪满洲国政府和伪汪精卫政府自编教材较多，且学制完备，学科设置也较多，特点是奴化教育明显；伪维新政府和伪冀东防共自治政府存续时间较短，所编教材不多，但反共倾向严重。这些黑色教材虽存世极少，但特点鲜明，是我们今天研究敌罪证据，研究那段特殊历史不可或缺的重要史料。

三是红色。即共产党抗日根据地的教材。从江西苏维埃政府教材，到陕甘宁根据地教材，以及后期晋冀鲁豫、晋察冀、晋绥、苏南苏北、山东、中原、东北等各根据地的教材，侧面反映了我党我军在各历史时期的战斗历程，是党史、军史的重要补充部分，如我们大家非常熟悉的《狼牙山五壮士》，当时的课文叫《七勇士死守狼牙山》。我党创始人之一的陈独秀，还是我国编辑地理教材的先驱之一。这些重要的史实，都因史料的缺失而长期未能深入研究，随着系统性老教材史料的出现，都为我们今后的详细研究奠定了基础。

3.2 清代及民国时期老教材的整理思路探索

要在上述复杂的背景中列出一个清晰的整理思路，必须先参阅中国历史和中国教育史，把教材还原到历史中去，以教育史为背景，构建一个立体的架构。再以时间为主线，将清代和民国时期两大部分分别开列子目。

清代部分，先列出传统科举教育、西学启蒙教育和早期学堂教育三大板块，子目分学科按照时间排列。

民国时期部分，先以政权分块，而后在每一政权板块内再分学科按时间排序。以北洋政府及国民政府（含地方政府）为主线，而后以各红色根据地政权和各伪政权为两大辅线。

按这个思路去排列目录，指导思想是形成一个立体的架构，给所有的老教材一个唯一坐标，将来新增的老教材也可根据这个原则马上进入自己的位置。简列如下：

第一部分：清代科举及学堂教育教材

一、传统科举教材及类教材

二、早期学堂教育教材

三、西学启蒙教材

第二部分：民国时期各政府学校教育教材

一、北洋政府及国民政府学校教育教材

二、国民政府所属各地方政府编教材

三、伪维新政府编教材

四、汪伪政府编教材

五、伪满洲国政府编教材

六、伪冀东防共自治政府编教材

七、伪蒙疆自治政府编教材

八、伪华北政务委员会编教材

九、各红色根据地政府编教材

十、港台及华侨用教材

十一、其他各类教材

以上目录架构，各大类学科及以下子目从略。实物史料只是以笔者个人收藏的老教材情况而列，主体架构基本完备，但子目以下尚有补充空间，待新本出现，在相应条目内补充即可。

3.3 清代及民国时期老教材的运用

我国的老教材从来没有规模化的收集整理，当然也就没有实际运用的先例可供参考，作为一项填补空白性的工作，笔者设想以下大的思路。

3.3.1 抢救、整合老教材资源，填补教育史料空白

目前我国尚没有一部相对完整的老教材目录，老教材资源稀缺且现主要保存机构各自为政。所以我们今天整理老教材，首先必须清理地基，将老教材的全部家底摸清摸透，将老教材的发展脉络理顺厘清，才好有效地开展教学研究工作。为此，我们应该在国家级的层面上进行资源整合，以某一机构，如大学、出版社或教研机构为主，整合其他资源，建立国家级的老教材库，形成国家级资源，然后在不损坏老教材原件的前提下，整理出电子版数据库。这样既可以最大限度地保护好这批不可再生的珍贵史料，又为以后详细而深入的研究工作打下一个必不可少的物质基础，以比较方便的方式提供给广大教研人员使用。还可以通过展览，展示我国辉煌的教育文明，对内可以提高我们全民族的文化自信，对外可以提高我国的文化软实力。

3.3.2 编辑中国教材史，丰富《中国教育史》中所涉教材部分的内容

我国在不同的历史时期，出版并使用了不同版本的教育史，自 1905 年黄绍箕、柳诒徵著《中国教育史》始，历经民国后期直至现在在用的各版本《中国教育史》，其内容主要涉及各个不同历史时期的教育方针政策、规模、制度及该时期教育代表人物的教育思想，以及对后世产生巨大影响的书院、学堂等。不同版本各有侧重，但是，所有这些过往的各类教育史都有一个共同的特点，就是几乎没有涉及教材，即使偶有提及，也多语焉不详，或者表述不够准确。而我们写教育史的目的，无非是总结过去，以期开创未来。而总结过去，就是总结经验和教训，总结不同时期不同教育思想、不同教育方式的得失，而这种得失的检验标准，是教育内容对学生所产生的影响力。可是我们原先一直忽视的一个重要问题是，学生接受教育内容的效果，与教育史中所重点关注的教育政策方针及该时期教育代表人物的教育思想，都不是直接的授受关系，而真正直接影响学生的，是老师每天向学生讲授的教材。只有精准地研究教材发展的历史，才可以写出有血有肉真正接地气的教育史。教材史是中国教育史的一个重要补充，是目前教研工作中一项不可或缺的艰巨任务。它不但可以填补空白，还历史欠账，而且可以还原我们的教育从哪里来，从而指导我们今天的教育应该往哪里去，为我们制定教育方针提供重要的参考依据。

　　以上为笔者十几年来收集整理和研究老教材的心得体会，一孔之见，不一定正确。笔者更深的体会是我国虽然在经济上有了长足的发展，但还没有关注到教育文明中已经出现的这一断层，借此平台，希望有更多的学研机构参与其中，使这些不可再生的史料得以有效利用，也希望有更多的专家学者选题研究，让先贤的教育智慧能惠及后人。

作者简介

　　李保田　天津市传统文化研究会副秘书长

　　李铭阳　南开大学周恩来政府管理学院硕士研究生

基于知识图谱的民国警察研究现状分析①

蔡成龙　刘　莉

摘　要：以 CNKI 中 1037 篇关于民国警察的期刊论文为研究对象，统计分析了论文年代分布、基金资助和期刊分布情况，利用信息可视化软件 CiteSpace Ⅴ 研究了作者合作网络、发文机构和研究热点，分析了高被引文献的共被引情况。研究发现，目前研究热点主要是警察教育、警政、民国监狱等，民国警察研究获得的基金资助较少，作者间合作关系不密切。提出有必要增加学者之间的学术交流，建立民国警察史料共享平台。

关键词：民国　警察　知识图谱　CiteSpace

中华民国成立于 1912 年，从政治、经济、民族关系、社会风气、文化教育、对外关系等角度来看，中华民国的成立在中国历史上有着重要意义。清末时期，警政建设得到重视，创办了京师高等巡警学堂，着重培养高级警务人才，研究警务理论的同时积极吸收西方警务经验成果。民国临时政府成立之后，内务部总揽全国警务，设立警务局承办警察行政管理工作。随着警察在社会服务方面发挥的作用日益增加，专业警察队伍逐渐形成，有司法警察、铁路警察、消防警察、卫生警察、水上警察、矿业警察等。中国共产党领导的人民公安在第二次国内革命战争期开始建立，在抗日战争时期和解放战争时期得到快速发展，各级人民政府相继建立了公安机关。

中华人民共和国成立之后，国内学者从警察社会服务[1][2][3][4]、警察种类[5][6][7][8]、警察教育[9][10]、警察制度[11][12]、警察服装[13]、警察违法[14][15]等角度对民国警察开始了研究。本文从文献计量学视角，通过知识图谱的形式

---

①　国家社会科学基金项目"民国警察史料整理与研究"（项目编号：16BTQ038）。

对中华人民共和国成立以来学者对民国警察的研究状况进行分析。

1 研究方法与数据来源

1.1 研究方法

知识图谱又称科学知识图谱，具有知识图形可视化和知识谱系序列化的双重特征[16]，概念源于美国国家科学院组织的"知识图谱测绘"会议。知识图谱结合了应用数学、信息科学、图形学、计量学等学科方法，利用可视化图谱生动形象地展示知识之间结构关系与知识发展进程。知识图谱对学科研究具有切实的参考价值，经常用于研究学科的发展历史、核心结构和前沿热点等。常见的知识图谱分析软件有 CiteSpace、PaperLens 和 ArnetMiner 等，CiteSpace 主要依托于共引分析理论和寻径网络算法[17]，融合了社会网络分析、聚类分析和多维尺度分析等方法，侧重对特定领域内的文献进行计量分析，从而探究学科核心知识、知识间结构关系、研究前沿及演变趋势等。本文以研究民国警察的文献为分析对象，利用 CiteSpace V 软件对相应数据进行处理，从作者、发文机构、来源期刊、热点趋势等角度分析民国警察研究现状。

1.2 数据来源

CiteSpace 软件对数据来源和格式要求较高，选择 CNKI 的期刊库为分析民国警察研究现状的文献来源。在 CNKI 的期刊库中以"民国警察"为检索词进行主题检索，反馈 16 条检索结果，与实际发文数明显不符。分析"民国警察"这个概念，发现由时间限制词和职业类型限制词构成，而抗日战争、北洋政府、国民政府表示的时间都属于民国时期，因此，时间限制的检索公式可以表达为：SU=（'民国'+'抗战'+'抗日战争'+'北洋政府'+'国民政府'）。同样的，警察职业的相近表达可以是公安、治安、犯罪、监狱等，警察包括女警、盐警、税警等，因此，职业类型限制的检索公式可以表达为：SU=（'警'+'公安'+'犯罪'+'监狱'+'治安'）。2017 年 12 月 7 日，登陆 CNKI 期刊数据库，选择专业检索方式，输入检索式：SU=（'民国'+'抗战'+'抗日战争'+'北洋政府'+'国民政府'）and SU=（'警'+'公安'+'犯罪'+'监狱'+'治安'），时间不限，共获得 1037 篇期刊论文，其中 366 篇来源于核心期刊，162 篇被 CSSCI 收录。

2 民国警察研究现状分析

2.1 基础分析

2.1.1 文献年代分布情况

对获得的 1037 篇论文进行年代分布统计，结果如图 1 所示，其中 2017 年文献量统计不全。由图 1 可以看出，随着时间推移，民国警察研究成果在数量上整体呈现上升趋势，从 1986 年到 2004 年上升趋势比较平缓，每年都有 20 篇左右的研究成果，在 1995 年出现了短暂的研究热潮，当年共有 40 篇研究成果发表。2005 年开始，学者对民国警察的研究热情明显增强，2015 年共发表了 102 篇研究成果。

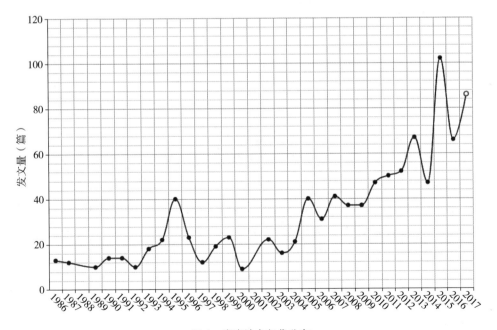

图 1   发表论文年代分布

2.1.2　论文基金分析

获得基金资助的论文往往代表着该研究领域的核心趋势，基金论文比经常作为重要指标用于评价科技期刊的学术质量[18]。分析获得的 1037 篇文献，发现共有 41 篇论文获得基金资助，主要资助基金有国家社会科学基金、中国博士后科学基金、上海市重点学科建设基金、国家科技支撑计划等。41 篇论文中获得国家社会科学基金资助的论文最多，达到 29 篇，分析这 29 篇论文的年代分布情况，如图 2 所示，可以发现主要分为两个阶段，2013 年之前整体呈现上升趋势，到 2013 年资助论文数达 7 篇，历年最高，2014 年出现了明显的下降情况，之后呈现稳步上升趋势。

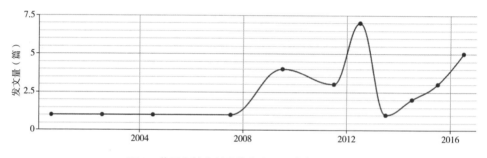

图 2　获国家社会科学基金资助的论文年代分布

2.1.3　载文期刊分析

期刊是论文的主要载体，特定主题的学术论文经常分布在很多期刊上，往往呈现不均匀性，分析论文在期刊上的分布情况有助于了解在特定研究领域内该期刊的学术影响力。统计获取论文的刊载期刊，按发表的论文数量排序，前 14 种期刊（发文数超过 8 篇）如表 1 所示，《兰台世界》以载文 20 篇排在第一，接着是载文量都为 17 篇的《民国档案》和《犯罪与改造研究》，载文量不低于 10 篇的期刊依次还有《民国春秋》《黑龙江史志》《江苏警官学院学报》《党史纵横》和《北京档案》。从表 1 中可以看出，前 14 种期刊共载文 164 篇，占比 15.8%，说明研究民国警察的论文分布比较分散，反映了目前国内涉及该研究领域的期刊较多。

表 1　高发文数期刊情况

序号	期刊名称	论文数量
1	兰台世界	20
2	民国档案	17
3	犯罪与改造研究	17
4	民国春秋	16
5	黑龙江史志	13
6	江苏警官学院学报	10
7	党史纵横	10
8	北京档案	10
9	世纪	9
10	中国人民公安大学学报（社会科学版）	9
11	档案春秋	9
12	文史春秋	8
13	文史博览	8
14	抗日战争研究	8

2.2　知识网络分析

2.2.1　作者分析

将 1037 条数据导入 CiteSpace V 软件，分析研究民国警察的核心作者和合作网络，如图 3 所示，图中节点表示作者，节点大小代表作者在民国警察研究领域的发文数量，节点越大表示发表的论文越多，节点之间的连线表示作者之间的合作关系，线条越粗代表合作越多。

在特定研究领域发文 6 篇以上的学者可以视为该研究领域的核心作者[19]。徐家俊、艾晶、孙静发文均在 6 篇以上，是民国警察研究领域的核心作者。论文数超过 4 篇的作者还有丁芮、曹发军、柳岳武、孟庆超、施峥、杜泽江、马振犊、杨玉环、鄢定友，他们在民国警察研究领域也具有较大的影响力。

从图 3 中可以看出，作者之间存在合作关系，但这种关系比较零散，具有显著的区域性。在民国警察研究领域具有较大影响力的学者相互之间合作甚少，图中看不出明显的合作关系。分析民国警察研究领域核心作者徐家俊、艾晶、孙静的发文情况，徐家俊对监狱历史、大事记等做了介绍研究，与凌德宇合作发文一篇[20]；艾晶侧重于研究民国时期的女性罪犯，分析了女性罪犯的经济状况、职业状况和家庭婚姻状况，探究了女性犯罪的原因、法律问题、犯罪趋势等，其中两篇论文与张洪阳合作完成[21][22]；孙静主要研究了民国时期警察的教育、社会形象、福利保障等，其中《南京国民政府警察福利保障制度探析》和《李士珍警察教育思想述评》两篇论文分别与李红艳[23]和刘嘉[24]合作完成。

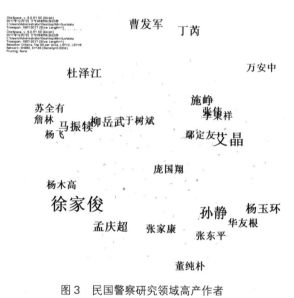

图 3　民国警察研究领域高产作者

2.2.2　研究机构分析

分析 1037 篇文献的发文机构和机构之间合作关系，如图 4 所示，图中节点表示发文机构，节点大小代表该机构在民国警察研究领域的发文数量，节点越大表示该机构发表的论文越多，节点之间的连线表示机构之间的合作关系，线条越粗代表合作越多。

分析发现，论文数不低于 3 篇的有 30 个机构，不低于 4 篇的有 13 个机构，超过 4 篇的有 6 个机构，从高到低分别是中国人民公安大学、中国第二历史档案馆、华东政法大学、四川大学历史文化学院、江苏警官学院和沈阳师范大学社会学学院。这 6 所机构在民国警察研究领域具有较大影响力，这与机构性质和重点学科建设密不可分。

从图 4 中依稀可以看到一些代表机构合作的线条，这说明机构之间存在合作关系，但合作程度不紧密。机构之间合作不紧密与作者之间合作不紧密相符，作者合作发文较少必然带来机构之间很少合作的现象。图中还能看出发文较多的研究机构之间没有明显的合作关系。分析中国人民公安大学、中国第二历史档案馆、华东政法大学、四川大学历史文化学院在民国警察研究领域的发文情况，发现中国人民公安大学只有 1 篇论文是合作完成[25]，合作者是中国人民公安大学学者；中国第二历史档案馆合作完成了 3 篇论文，合作者所属机构都是中国第二历史档案馆；华东政法大学有 1 篇论文是通过合作完成，合作者来源机构是江苏省扬州市广陵区人民法院；四川大学历史文化学院合作发文 2 篇，合作者均是本学院学者。分析高发文机构发现，学者研究民国警察时合作较少，在较少的合作中更倾向与同单位学者合作。

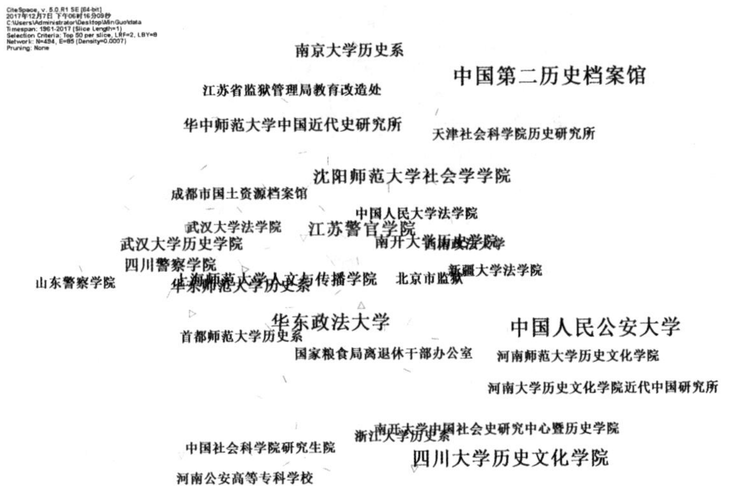

图 4　民国警察研究领域高发文机构

2.2.3　关键词分析

分析研究热点和学科前沿可以参考的指标较多，高频关键词是其中常用的一种[26]。关键词是学者对论文所研究主题的精炼表达，词间关联性可以揭示研究领域中知识的内在联系。通过 CiteSpace V 软件对获取的文献做关键词词频统计，词频超过 20 的关键词有"抗日战争时期""北洋政府""南京国民政府""抗战期间""抗日根据地""日本帝国主义""国民党军""民国时期"，利用可视化图谱展示关键词共现情况，如图 5 所示。分析图 5，发现关键词共现网络密集，并未出现多个主题明确的聚类，很多研究围绕"北洋政府""抗日战争""南京国民政府"等代表历史时段的关键词展开。

图 5　民国警察研究高频关键词共现情况

分析词频超过 20 的 8 个高频关键词，发现基本都是表示民国某个时期的词语，与本研究主题的时间段和检索式一致。本文希望对民国时期的警察开展研究，因此选取高频关键词中与警察相关的关键词，如表 2 所示。可以看出，现代学者对民国警察的研究涉及多方面，有"社会治安""警察教育""监狱""警察制度"等。分析高频关键词相应文献，发现警察教育往往结合警校和当时代表人物一起研究，如施峥从警校风潮的角度分析了民国时期警察教育的困境[27]，陈竹君、龚维秀、孙静等人分别研究了李士珍的警察教育思想[28][29]，鄢定友和郑佳研究指出袁世凯在创办警察学校、培养警政人才、制订警察教育规范、探究警察教育办学模式、构建学科体系和警察教育学制等方面推动了警察教育的勃兴[30]；民国监狱研究更多地与教育制度、教育理念紧密相连，吴萃研究了民国时期监狱教诲教育制度的主要内容[31]，张东平和胡建国研究指出宗教教诲是民国时期监狱行刑的重要特色[32]，张东平分析了民国时期监狱的教育刑理念[33]。

表 2　与警察相关的高频关键词

序号	关键词	序号	关键词
1	社会治安	7	军人监狱
2	警察教育	8	警察制度
3	警备司令部	9	监狱学
4	治安强化运动	10	李士珍
5	京师警察厅	11	首都警察厅
6	模范监狱	12	中央警官学校

2.2.4　共被引文献分析

高被引文献是指某研究领域被引频次比较高的文献，一般都是具有奠定性意义的论文，对该研究领域能够产生较大影响。文献共被引分析是一种揭示学科结构的研究方法，在一定程度上能够反映该领域的研究前沿和关注热点。分析高被引文献的共被引情况能够了解该领域的研究前沿，对后续研究有指导性作用。因此，选择民国警察研究领域中被引频次超过 4 次的 120 篇论文，分析这 120 篇论文的共被引文献，借此了解民国警察领域的研究前沿。

分析同时引用至少 5 篇民国警察研究领域论文的文献，如表 3 所示，可以发现共有 9 篇文献符合要求，都是博硕论文。王丽娜从高级警察教育、中级警察教育、初级警察教育三个层次分析了南京国民政府时期警察教育的资金投入、知识结构和教育政策等，肯定了当时警察教育的成就，同时也指出了存在的一些不足[34]；赖光洪对 1927—1937 年南京政府时期的警政进行了研究，指出当时的警政逐步适应了社会发展和时代潮流，完成了历史性的转变，具有了近代警察的特征[35]；王燕概述了国民党政府监狱的分布、分类及其原因，介绍了监狱官制，分析了监狱的管理体制，详述了国民党政府对监狱进行的改良措施，最后对国民党政府狱政做出了历史评价[36]；裘珊珊剖析了女子警察的设立背景、求职动机、招收标准、工作情形、训练流程和社会评价等[37]。具体分析这 9 篇论文，可以发现关注的热点主要是警察教育、警政、民国监狱等，与高频关键词分析结果相符。

表 3　高被引文献共被引至少 5 篇的文献

序号	作者	文献名称	文献类型	出版年份
1	王丽娜	南京国民政府时期警察教育研究	博硕论文	2009
2	赖光洪	南京国民政府警政研究（1927—1937）	博硕论文	2014
3	李萌华	战争与监禁——抗战时期的湖北监狱研究	博硕论文	2014
4	贾康	南京国民政府时期警政制度研究	博硕论文	2016
5	王燕	国民党政府的狱政研究	博硕论文	2010
6	王红	1929—1937 年济南警政建设研究	博硕论文	2013
7	秦娟莉	民国时期陕西监狱建设与管理研究	博硕论文	2015
8	裘珊珊	从"红装"到"武装"：民国时期上海的女子警察	博硕论文	2017
9	苏寒沙	近代湖南警政研究（1898—1926 年）	博硕论文	2015

3　结论

本研究以历年来 CNKI 收录的国内关于民国警察研究的论文为研究对象，采用计量统计的方式分析了论文年代分布、基金资助和期刊分布等情况；利用信息可视化软件 CiteSpace V 进行了可视化分析，通过知识图谱的形式研究了民国警察研究领域的作者合作网络、发文机构和研究热点；分析了高被引论文的共被引情况，借此了解民国警察研究的关注焦点。研究发现，目前民国警察研究呈现如下特点：（1）民国警察研究成果数量从 1986 年到 2004 年呈现平缓的上升趋势，在 1995 年短暂出现了研究热潮，2005 年开始，学者对民国警察的研究热情明显增强；（2）获得基金资助的论文不多，资助基金中国家社会科学基金占比最高，达 71%；（3）徐家俊、艾晶、孙静在民国警察研究领域比较活跃，中国人民公安大学、中国第二历史档案馆、华东政法大学、四川大学历史文化学院、江苏警官学院和沈阳师范大学社会学学院在民国警察研究领域发文量较多，具有较大影响力；（4）合作网络方面，作者之间存在合作关系，但比较零散，区域性显著，学者更倾向与同单位学者合作，跨机构合作甚少；（5）

关键词方面，共现网络密集，未出现多个主题明确的聚类，警察相关的高频关键词有社会治安、警察教育、监狱、警察制度等；（6）高被引文献的共被引情况显示，目前民国警察研究关注的热点是警察教育、警政、民国监狱等。

目前，国内关于民国警察研究处于不断发展阶段，取得了一定的研究成果，但依然存在较多不足：（1）历史研究普遍需要花费不少的人力和物力，民国时期具有历史特殊性，很多史料遭到破坏，给史料整理工作带来了诸多不便，民国警察研究需要更多的基金资助；（2）研究民国警察的学者之间合作甚少，合作范围比较局限，跨机构合作鲜有发生，不利于研究体系的形成，可以经常开展全国性的学术交流；（3）民国警察史料分散，增加了史料收集的难度，而且容易产生重复劳动，建立史料共享平台对民国警察研究具有重要意义。

参考文献

［1］段锐.警政与民国政府城市社会管理——以战后南京警察为视角的考察［J］.暨南学报（哲学社会科学版），2014，36（3）：97-103+164.

［2］陈静.清末民国时期警察与城市卫生现代化研究［J］.兰台世界，2011（25）：14-15.

［3］丁芮.北洋政府时期京师警察厅的妇女救助——以济良所和妇女习工厂为例［J］.北京社会科学，2011（1）：43-48.

［4］丁芮.北洋政府时期北京警察对结社集会的管控［J］.兰台世界，2013（18）：37-38.

［5］李开民.中国森警的历史演变（之二）——中华民国森林警察的创立时期［J］.森林防火，1994（4）：38-39.

［6］黄政溶.森林警察管理体制研究——以广西为例［D］.北京：中国政法大学，2011.

［7］刘海波.晚清民国铁路警察史研究述评［J］.河北青年管理干部学院学报，2017，29（4）：97-102.

［8］王慧杰.民国时期成都城市消防研究［D］.四川：四川师范大学，2014.

［9］鄢定友.民国时期警察素质提高的路径依赖考论［J］.兰台世界，2012（31）：89-90.

［10］王丽娜.南京国民政府时期警察教育研究［D］.山东：山东师范大学，2009.

［11］潘益民.国民政府在大陆执政时期警察组织制度考略［J］.民国档案，1995（4）：131-136.

［12］邹剑锋.民国时期宁波警察制度的一个断面——以《宁波市公安局季刊》的记载为分析对象［J］.犯罪研究，2011（1）：37-43.

［13］徐全卫.查找民国警服始末［J］.湖北档案，1911（3）：40.

［14］李常宝.民国成都警察违法原因初探——基于成都市民国档案的分析［J］.四川档案，2011（6）：30-33.

［15］曹发军.抗战时期国统区警察腐败问题研究［J］.兰台世界，2012（7）：45-46.

［16］陈悦，陈超美，刘则渊，等.CiteSpace知识图谱的方法论功能［J］.科学学研究，2015，33（2）：242-253.

［17］陈悦，陈超美，胡志刚，等.引文空间分析原理与应用——CiteSpace实用指南［M］.

北京：科学出版社，2014：12.

［18］刘睿远，刘雪立，王璞，等.基金论文比作为科技期刊评价指标的合理性——基于 SCI 数据库中眼科学期刊的实证研究［J］.中国科技期刊研究，2013，24（3）：472-476.

［19］李玲.基于馆际互借与文献传递的文献信息资源共享服务知识图谱研究［J］.现代情报，2015，35（5）：98-104.

［20］徐家俊，凌德宇.犯人"提前释放"之谜［J］.检察风云，2006（9）：64-65.

［21］张洪阳，艾晶.民国初年女性被告人的经济和职业状况分析——基于1914—1919年司法统计［J］.中国人民公安大学学报（社会科学版），2010（6）：61-70.

［22］张洪阳，艾晶.民初女性被告人的婚姻家庭状况分析——基于1914~1919年司法统计的考察［J］.学术论坛，2010（10）：181-185

［23］孙静，李红艳.南京国民政府警察福利保障制度探析［J］.兰台世界，2014（23）：91-92.

［24］孙静，刘嘉.李士珍警察教育思想述评［J］.广州市公安管理干部学院学报，2008（4）：60-62.

［25］孟庆超，牛爱菊.试论近代中国警员警管区制［J］.江西公安专科学校学报，2005（2）：59-64.

［26］邱均平，温芳芳.近五年来图书情报学研究热点与前沿的可视化分析——基于13种高影响力外文源刊的计量研究［J］.中国图书馆学报，2011（2）：51-60.

［27］施峥.从警校风潮看民国警察教育的困境［J］.杭州师范大学学报（社会科学版），2015（3）：132-136.

［28］陈竹君.李士珍的警政思想探析［J］.北京人民警察学院学报，2007（2）：96-99.

［29］龚维秀，郝骥.李士珍警察教育思想探析［J］.江苏警官学院学报，2008（3）：87-92.

［30］鄢定友，郑佳.袁世凯与清末民初警察教育的勃兴［J］.山西档案，2014（1）：122-125.

［31］吴萃.浅析民国监狱教诲及教育制度［J］.法治研究，2008（12）：71-73.

［32］张东平，胡建国.论民国时期监狱的宗教教诲［J］.河北青年管理干部学院学报，2011（3）：87-91.

［33］张东平.南京国民政府时期监狱教育刑的理念及其表现［J］.鄂州大学学报，2010（6）：29-32.

［34］同［10］.

［35］赖光洪.南京国民政府警政研究（1927—1937）［D］.贵州：贵州师范大学，2014.

［36］王燕.国民党政府的狱政研究［D］.山东：山东师范大学，2010.

［37］裘珊珊.从"红装"到"武装"：民国时期上海的女子警察［D］.上海：华东师范大学，2017.

作者简介

蔡成龙　江苏警官学院馆员

刘莉　江苏警官学院研究馆员

民国时期开滦煤矿人事管理本土化问题探析 ①

张　阳　董劢伟

摘　要：英人锐意经营的开滦煤矿，是近代中国华北首屈一指的大煤矿，企业三十余年的繁荣，成就了秦皇岛、唐山等近代城市的形成和发展。本文着重分析开滦矿务总局在人事管理中采取的本土化策略或展现的本土化意识，审视一个英国管理的"中外合资"企业对所在地社会资本的利用。开滦在民国时期的长盛不衰，除在华所获政治特权、拥有雄厚资本和技术优势外，不断针对中国社会做出的本土化经营和管理也是企业成功不可或缺的重要因素。

关键词：开滦　人事管理　本土化　民国时期

开滦煤矿是近代中国华北首屈一指的大煤矿。十九世纪末二十世纪初，英国、比利时等资本主义国家对开平煤矿进行骗占，开平矿权丧失，从此开始了一系列的收开活动。1912 年，直隶总督陈夔龙收开计划失败后，开滦矿务总局成立，1934 年国民党政府二度收开，开、滦二矿修订联合合同，中英合办开滦，英人拥有开滦合法权益，利润平分。直到 1952 年，唐山人民政府接管开滦，至此，开滦矿权才全部收归国有。开滦矿务总局在其发展历程中，官方往来文件皆以英文为正式语种，总经理和高级员司薪金也由英镑结算，可见实为英资主导[1]。

1　问题的提出

本土化概念属于社会学范畴。"行动者借助于所在社会网络或所在群体中的

---

① 此文系 2015 年度教育部人文社会科学研究青年基金项目"秦皇岛港藏民国时期外文人事档案的翻译、整理与研究"的阶段性成果（项目批准号：15YJCZH227）。

联系和资源，除利用政治经济等因素外，还尽量利用社会、文化、心理等其他因素共同为某一目标提供帮助和支持，以获取最大收益。"[2] 它不是一种制度的建设，而是一种融入当地，适应当地文化、习惯的努力，是一个事物为了适应当前所处的环境而做的变化，通俗地说就是要入乡随俗。笔者近年来关注秦皇岛港藏的开滦人事档案，发现民国时期英国人管理的开滦和秦皇岛港，在组织机构、激励机制等方面，均呈现出一定的本土化特征，遂由此角度出发，进一步梳理了民国时期开滦的人事管理。

学界对开滦煤矿的研究多集中在如下几个方面。第一类是一些史料的出版。如《帝国主义与开滦煤矿》（魏子初，神州国光社 1954 年版）、《开滦煤矿矿权史料》（熊性美、阎光华，南开大学出版社 2004 年版）、《开滦煤矿志（1878—1988）》（第一卷，新华出版社 1992 年版；第二、三卷，新华出版社 1995 年版；第四、五卷，新华出版社 1998 年版）、《〈开滦史鉴〉文萃》（开滦集团档案馆，2003 年，内部资料）、《开滦煤矿档案史料集》（李保平等，河北教育出版社 2012 年版）和《秦皇岛港口史料汇辑》（王庆普，秦皇岛港务局史志编审委员会，2000 年版。这本史料主要是基于秦皇岛港藏开滦外文档案编写的，笔者注。）等，这些史料多是集中于矿权的丧失和演变，角度多从清廷官员腐败和帝国主义对中国进行经济侵略来展开书写，涉及人事管理的部分，提及的多是管理制度的变迁，高级员司的待遇与低级员司或工人的状况形成鲜明的对比等。但是毫无疑问，这些史、志类丛书和陈列在开滦、秦皇岛等地的档案，是开滦研究必备的基础。第二类为研究型文献的出版。二十世纪八十年代之前的研究多集中在矿权交涉、工人制度等方面，涉及人事管理的有《开滦煤矿人事管理的历史考察》（丁长清，《南开经济研究》1986 年第 4 期）、《旧中国开滦煤矿工人队伍的形成》（郭士浩、阎光华，《南开学报》（哲学社会科学版）1984 年第 4 期）等。二十世纪八十年代中期以后，关于开滦的研究开始呈现多个视角和维度。学者们开始注重对开滦经济活动的考察①。黎仁凯、云妍等也开始从开滦对华北

---

① 相关成果有：刘佛丁发表在《南开学报》的《开平矿务局经营得失辨析》，1986 第 2 期；孙海泉发表在《徐州师范学院学报》的《开平煤矿近代化进程简论》，1992 年第 1 期；张国辉发表在《历史研究》的《从开滦煤矿联营看近代煤矿业发展状况》，1992 年第 4 期；以及一些应用现代经济学方法进行的研究如王玉茹发表在《中国经济史研究》的《开滦煤矿的经营效益分析（1903/04-1936/37）》，1993 年第 4 期；王玉茹发表在《近代史研究》的《开滦煤矿的资本集成和利润水平的变动》，1989 年第 4 期。

地区的辐射作用、开滦与华北社会经济发展的关系等方面展开论述[①]。可见，学者们开始逐步关注开滦的经营发展与社会的相互影响和互动。但反过来，社会环境对开滦产生的影响等方面的研究，开滦作为外国经营的"中外合资"企业，在多大程度上受到中国社会和文化影响这方面的研究还十分鲜见。云妍在《近代开滦煤矿研究》的第三章"制度变迁"和第四章"技术进步"中，提到了开滦的"在地化"[3]，但并未将开滦的本土化[②]策略进行深入细致地考察。因此，本文将从本土化视角展开针对开滦的研究。将民国时期开滦矿务总局的人事管理情况纳入"本土化"的视野中进行考察，分析和研究作为近代中国的"中外合资"企业，开滦如何主动适应中国社会环境，利用中国的社会网络和群体中的联系和资源，为企业获取利益提供帮助和支持，从而进一步还原和丰富民国时期开滦与中国社会的互动。

2 开滦煤矿人事管理本土化问题探析

本文所探讨问题的时间范畴，是 1912 年开滦矿务总局成立后，开平矿权落入英人手中，到 1952 年开滦矿权收归国有这段时间。这个时期内，开滦虽为"中外合办"，但英人占据主导，在人事管理方面，开滦为融入中国社会、适应中国习惯而采取了一些带有本土化特征的举措。

2.1 组织机构的本土化调适

2.1.1 包工制的沿用

开滦矿务总局在人事管理上最具"在地化"特色的手段就是沿用了包工制。包工制在开滦也称为"外工制"。"自开平矿务局创办，所雇用的工人就分两种用工形式，即由矿方直接雇用管理的为里工，其福利待遇较高；由包

---

① 详见黎仁凯发表在《中国经济史研究》的《开平矿务局与华北社会经济的发展》，1993 年第 4 期；云妍的《近代开滦煤矿研究》，人民出版社，2015 年出版。

② "本土化"和"在地化"对应的英文单词都是"localization"，有人认为"在地化"是客观融入当地，"本土化"指主观融入当地。在本文中，作者从英文表述出发，将其理解为外来者融入所在地的种种举措。

工者（个人或公司大柜）管理使用的为外工，绝大部分系井下采煤、开拓、掘进之工人。"[4]包工制在中国的其他地域也称作"拿摩温"①制，王强对"拿摩温"制度定义如下："工厂企业主通过拿摩温（工头）在企业内部建立的一种生产劳动管理制度，即企业主并不直接参与工人和车间管理，而是将这些管理权交与拿摩温，企业主只要付出一定的薪金，所有工人的雇用、奖惩、管理、薪资等，都由拿摩温负责。"[5]英国资产阶级掌握开滦的统治权之后，一开始就利用封建包工头来招募工人，管理大约占开滦工人 70% 的外工。1933—1934 年开滦总经理回顾开滦的历史时说："驾御工人是承担一项特殊的管理任务，如果不是专家，至少也要对这种工作有天资，并且过去在这方面还要有些经验。自从我们矿开始生产以来，我们事实上是依赖包工去做这项工作"[6]。

中国本土既有的包工制在如下几个方面对开滦的经营产生了积极作用。首先，在组织生产、监督工人和节约成本等方面，包工制起到了巨大的推动作用。通过包工头或大柜，开滦实现了对中国本土社会关系的直接利用，减少了自己作为外来管理者重新构建社会关系的成本。直到 1948 年唐山解放，包工制度一直是开滦这"一架巨型机器中的一个不可缺少的车轮"[7]。其次，旧中国存在大量的廉价劳动力，为了赚取更多的利润，英商宁愿大量雇用工人，而减少机器的使用，从而降低成本、增加利润。云妍在《近代开滦煤矿研究》第四章"技术进步"中也提到："采掘工作面上机械化程度较低，是中国近代采煤业在整体技术上的一个特点，它也体现了西方技术引进后的'在地化'特征。"[8]但是，开滦对包工制的利用非常灵活，除了上文提及的积极作用，这种制度还是统治工人的一个好工具。"历年来，开滦资本家对包工头的控制采取两种手段，当各包工公司有损于矿方利益的时候，就用降低包价和严格扣罚款等方法来节制包工公司；在包工公司有困难时，就给予包工头'恩惠'，加以扶持，以使包工头们更好地为其利用和服务。"[9]可见，英国管理者在面对并未形成资本主义劳动力市场的半封建、半殖民地的中国社会时，利用包工制成功实现了管理上的快速对接。

当然，包工制本身是种落后的制度，对工人来说是个噩运。"开滦的骡子很壮健，许多工人很瘦弱"[10]，对工人低工资、低福利甚至零福利的描述不胜

---

① 源于英语"No.1"的音译，为管理工人的工头。

枚举。这些虽不是本文讨论的主题，但不容否定的是，尽管在中国企业近代化的过程中，包工制发挥了重要作用，但其自身的负面特点最终导致它不合历史潮流而退出历史舞台。

2.1.2 中方总经理的任命

一般认为，"中外合资"企业的人事管理本土化，不仅指产业工人大部分为本地人，另一个重要之举，就是管理人员、工程人员、技术人员等均有本地人的参与。在英国统治开滦初期，就比较注意多雇中国职员，"能放手给中国人的完全给中国人"[11]。"'开滦煤矿'是在这样一种方针指导下进行经营的，即：少数英国人驱使中国人以及其他外国人，为追求利润而服务"[12]。"英国人掌握人事、经理以及供销部门，比利时人主要负责采煤技术，中国人担任劳务、警备、土地、教育部门的工作及现场作业。另外，在日本势力所及之处，则采用日本人，使其负责同日本机关的联系交涉"[13]。可见，最初，华人在开滦矿务总局并没有担任要职。

1912 年那森·爱德对开滦草合同的解释中，在安排华人副经理时，说"应委派的，只有两三个低薪的人"，但也出现了"符合中国习惯"这样的字眼[14]。开平、滦州煤矿合并后，开滦的人事雇佣总方针是：在外国人统治开滦的情况下，吸收一部分中国人参与管理，为其服务。由股东推选董事，成立董事会，由董事会推选英、中总理各一人，统辖全局。董事中、英各半，凡属重要职务，均以英人为正，华人为副。尤以执掌财权的会计长，均由英人充任[15]。开、滦二次合并后，在 1934 年 9 月 15 日第 686 号总经理通告中，新任总经理那森·爱德发文宣布，开滦矿务总局委任顾振先生和他本人做联席总经理[16]。在开平矿权丧失于帝国主义之手后，第一次出现了中方总经理与英方总经理共同行使最高权力的局面。

顾振，1894 年生于江苏，是开滦矿务总局第一任中方总经理，在其首开先河后是孙多钰（1938—1945 年任开滦中方总经理）和王崇植（1945—1948 年任开滦中方总经理）[17]。顾振早年考取"庚子赔款"留学生，赴美国康奈尔大学留学。他在康奈尔大学机械工程系获得学士学位后，又取得工商管理硕士学位，之后回国参与铁路建设。1929 年在入开滦后先后担任过开滦上海经销处、秦皇岛经理处助理，1934 年才升至天津总局经理。1933 年 6 月 25 日那森·爱德在致特纳的信中，除对顾振的学历、工作能力以及身体情况进行比较详细的介绍外，还说他"具有不平凡的精神上和体格上的勇气，……他有一种幽默感和几乎独有的友谊精神。……他在思想上以及在行为上是一个士君子"[18]。

从 1912 年开、滦两矿合并成立开滦矿务总局，由英人主导，到 1934 年任命中方总经理，实则是个漫长的过程。顾振成为开滦首任华人总经理并非是历史的偶然。第一，中国人对于收回开平煤矿的呼声一直都在。第二，国民党政府颁布《矿业法》之后，英人占主导的开滦面临着补交矿税的情况。第三，顾振当时代表的滦矿也希望借此机会能够与英人在开滦平起平坐。所以，在第二次"以滦收开"中，通过顾振的斡旋，国民党政府、开平和滦州煤矿三者都"各得其所"。开滦取得了合法矿权，滦矿获得了一半的利润，为此选派一位代表来行使意志，而国民党政府则得到了 50 万元的"预付矿区税"。在整个二次收开的谈判过程中，英人注意对中国人"面子"的把握、人情的把握，充分利用了政府的低效和混乱局面进行"拖延"，体现了开滦英人对中国文化的理解和利用。而联合顾振这个有着海外留学经历和在国民党政府重要部门任职经验的"高级经理人"，也是英人本土化意识的关键体现。除年龄、学历和能力水平等方面的考量外，顾振因其履历而形成的丰富的社会关系网络，成为英人的重要"关系中介"，节约了与中国直接建立社会关系所需要的成本。

2.2 激励机制的本土化举措

人事管理的激励功能，意在使企业生产经营活动的主体——参与企业活动的人始终保持旺盛的士气和高扬的热情，从而使企业经营实现较好的绩效。开滦充分利用了所在地民众的文化、心理等因素，激发员司动机，使企业更好地运转。

2.2.1 培训机制的本土化举措——外籍员司学习汉语

1932 年 6 月 3 日总经理通告第 645 号规定，1923 年 4 月 20 日颁发的关于外籍员司学习汉语的管理条例即总经理通告 325 号不再适用，即日起使用新的规定[19]。新规定要求所有刚到中国的外籍员司都要学习汉语，设有学习奖励制度，安排集体授课和单独辅导，授课方式和授课时间都非常灵活。新规定中列举汉语教学的大纲、教材和考核办法等，提到了当时外国在华人士禧在明编纂的《华英文义津逮（汉语及怎样学汉语：初学者手册）》。新规定还决定建立

"语言委员会"，在矿务总局各个区域都任命汉语学习部主任，从行政上保障了汉语教学的顺利开展。总体来看，开滦针对外籍员司的汉语培训已经形成较为成熟的教育体系。

开滦为什么要培训外籍员司学汉语呢？通过开滦存留的档案基本为英文记录，可以判断，除部分通知需要翻译成汉语外，开滦的工作语言为英语。但开滦中、高级员司在中国工作和生活，一定会接触汉语。因此，开滦英人掌握汉语不仅有利于开滦的管理，更有利于开滦中、高级员司在中国的生活即社会关系的构建。制定学习汉语的规划，不仅说明开滦意识到了这个辅助措施的重要性，更是外国管理者一种姿态的展现，即放下"高高在上"的身段，表达愿意融入和适应本土习惯的意愿。这种举措，便于企业管理的开展和制度、政策的实施，更易在情感上取得企业所在地人们的一定的认同。英人在开滦推行外籍员司必须参与的汉语学习，考虑了外来管理者与当地文化的融入和情感的互通，结果必然是更加利于推行自己的管理从而达到完善经营、优化利益的最终目的。

此处我们可反观秦皇岛港在日本军管理期间推行的日语教育，将之与上述开滦矿务总局推行的汉语教学作一比较，窥见语言学习政策对"中外合资"企业经营管理的影响。在日本对秦皇岛港实行军管理期间，不仅鼓励中国员司学习日语，还给成绩优良者评定等级翻译职称，并给予晋级增薪奖励[20]。王向远指出："语言问题是文化的核心问题，也是教育的核心问题。将自己的民族语言有意识地向外族渗透与推行，则是帝国主义殖民主义文化的核心问题。"[21]日本在台湾、伪满及华北沦陷区等地推行的日语教育，是其进行殖民统治的一个重要方面，其目的在于语言背后的思维和文化。而日军在秦港实施的日语教育可以说是其在侵华过程中所实施的社会教育的一隅，但由于其教育对象是与日本在港利益息息相关的港口职工，因此，在实施的具体措施与特点上与普通的社会教育略有差异，但实质与各侵占地无异，均为通过普及日语进行文化侵略，从而进一步达到经济掠夺的目的，结果是必败无疑的。

2.2.2 福利制度的本土化举措——旧历年花红发放

在秦皇岛港藏开滦档案的一卷总经理通告中，就出现四次年终花红发放，分别是 1928 年 12 月 7 日，1929 年 12 月 14 日，1935 年 1 月 7 日和 1935 年 12 月 17 日。其中 1935 年的两次通告是专门针对秦皇岛的花红发放规定[22]。规定中"文职人员、管理人员和低级员司"按工作年限获得花红奖励，"里工和技术人员"按一年中的出勤天数给予花红奖励，"工头和登记工"按出勤记录获得花红，档案显示 36 次记录中至少出勤 32 次等，说明一年当中每月大概考勤 3 次，"与承包商签订半永久合同的工人"，和里工一样计算该拿多少花红。年终花红按等级发放，规定明确，人人有份。

年终福利是企业管理中工资和福利待遇的一部分，在人事行政的实际运作中，负担的是保健机制的功能[23]。对于人事管理来讲，福利能起到良好的激励作用[24]，是员工企业归属感营造的重要手段之一，更能稳定员工情绪，使之安心工作。档案中显示的旧历年花红发放的次数之多、条目之详细，充分反映出开滦资方对中国旧历新年的重视。看上去花红发放完全是开滦作为近代企业，实施企业管理的一个手段，并无他图。但春节自古以来对中国人的重要性不言而喻，尽管存在地域和风俗差异，但都会重视此节日的庆祝。约翰·斯坦纳和乔治·斯坦纳在论述企业必须面对的文化环境中提到，"跨国公司面临的环境包括各种文化，每一种都由不同的民族、语言、宗教和价值观构成。……在国外的管理者必须适应各种既微妙又显著的差异，包括……赠送礼物习俗……等等"[25]。从"义和团"运动到反对资方剥削的工人罢工，外来管理者在中国经营企业，必须面临的问题之一就是，民族主义情绪与帝国主义侵略的双重作用下，中国社会随时可能爆发的排外情绪。开滦选择旧历新年的时机给中国员司发放红利，有利于取得中国员司的情感支持和心理认同，是帮助自己构建良好社会关系的重要举措。

3　结论

作为在华经营的"中外合资"企业，英人管理的开滦矿务总局，无法避开其帝国主义掠夺中国资源和财富的前提，但开滦在实现利益最大化目标的同时，充分利用了中国的社会资本，其人事管理策略具备本土化的特质。当然，其本土化的意识并非仅仅体现在人事管理上，在缴税上，开滦一直向地方主动多交些税，在运输上，开滦也注重对相关单位的"打理"。这些都是其具备本土化意识的举措，也为维护企业的良好运作，起到了重要作用。

作为民国时期矿冶业佼佼者的开滦，其长盛不衰的原因并非仅仅因为本土化的人事管理意识和策略，但这些本土化的策略和意识，是开滦蒸蒸日上的重要原因。开滦企业本土化的人事管理过程，是开滦适应中国环境与社会的过程，是开滦影响中国、加速中国民族资本主义发展的过程，也是开滦中国化的过程。同时，中国的文化与社会，也通过开滦的人事管理和经营，完成了近代化历史进程中与外界的互动。

参考文献

［1］云妍.近代开滦煤矿研究［M］.北京：人民出版社，2015：95.

［2］王强.近代外国在华企业本土化研究——以英美烟公司为中心的考察［M］.上海：上海人民出版社，2012：1.

［3］同［1］86.

［4］开滦矿务局史志办公室.开滦煤矿志第三卷［M］.北京：新华出版社，1995：168.

［5］同［2］47.

［6］1933—1934年开滦总经理年报，开滦集团档案馆藏，转引自丁长清.开滦煤矿人事管理的历史考察［J］.南开经济研究，1986（4）：21.

［7］1920—1921年开滦总矿师年报，开滦集团档案馆藏，转引自丁长清.开滦煤矿人事管理的历史考察［J］.南开经济研究，1986（4）：20.

［8］同［1］136.

［9］同［4］271.

［10］同［4］279.

［11］［日］水町实弘.关于开滦煤矿劳务管理的考察，开滦集团档案馆藏，转引自丁长清.开滦煤矿人事管理的历史考察［J］.南开经济研究，1986（4）：23.

［12］同［11］.

［13］丁长清.开滦煤矿人事管理的历史考察［J］.南开经济研究，1986（4）：22.

［14］熊性美，阎光华.开滦煤矿矿权史料［M］.天津：南开大学出版社，2004：514.

［15］河北文史资料（第二辑）［M］.石家庄：河北人民出版社，1981：97、98.

［16］秦皇岛港藏开滦档案2—13—4419.

［17］开滦矿务局史志办公室.开滦煤矿志第五卷［M］.北京：新华出版社，1995：325-327.

［18］开滦集团档案馆藏开滦档案14—1—52.

［19］同［16］.

［20］王庆普.秦皇岛港口志［M］.大连：大连海事大学出版社，1997：403.

［21］王向远.日本在华实施奴化教育与日语教学的强制推行［A］.中国地方教育史志研究会，《教育史研究》编辑部.纪念《教育史研究》创刊二十周年论文集（12）——日本侵华教育史研究［C］.中国地方教育史志研究会，《教育史研究》编辑部：中国地方教育史志研究会，2009：6.

［22］同［16］.

［23］娄成武.行政管理学［M］.沈阳：东北大学出版社，2002：128.

［24］周三多等.管理学——原理与方法［M］.上海：复旦大学出版社，2003：529.

［25］约翰·斯坦纳，乔治·斯坦纳.企业、政府与社会［M］.诸大建等，译，北京：人民邮电出版社，2015：33、34.

作者简介

张阳　东北大学秦皇岛分校外国语言文化学院讲师，外国语言学及应用语言学硕士

董劢伟　东北大学秦皇岛分校社会科学研究院教授，历史学博士

看似平常实奇崛：《大公报》创始人英敛之性格特征及喜好特长的考察

——基于《英敛之日记遗稿》①的视域

施　欣

摘　要：作为《大公报》的主要创始人及早期十年主持实际报务的"总理"，英敛之的个性、喜好及品质、特长对该报的涵蕴及潜化的功用是显而易见的；这位"大公"探路人与开拓者的禀赋与天性深深地作用与影响了它的风范与品格，既是人报一体、报人合一的代表，又是报以人兴、人以报名的典型。透辟分析与审读"我手写我心"的《英敛之日记遗稿》不难发现，其为人、脾性与好恶体现在：高度重视外国语言的习得；写信作函成为他人生的重要组成部分；容易生气，常怀悲观；终日忙忙，不顾疲劳；交游广泛，阅历颇丰；重视感情，喜欢交友；热心公益，无私奉献；忠直耿介，嫉恶如仇。

关键词：《英敛之日记遗稿》　英敛之　外国语　信函　交游　公益　报格

---

① 本文依据与参考的《英敛之日记遗稿》（自光绪二十四年（1898）至三十三年（1907），即从戊戌至丁未）一书，是由方豪编录、台湾文海出版社（有限公司）1974年出版的排印本。该书被收入沈云龙主编的丛书——《近代中国史料丛刊续编》（第三辑），包含附录《英敛之先生年谱及其思想》。《英敛之日记遗稿》原本为十二册，裒然巨帙、皇皇数十万言，经过方豪编录、规整后刊为三巨册。"日记遗稿"起于光绪二十四年戊戌（1898），止于光绪三十三年丁未（1907），主要系庚子、辛丑前后约十年间所作。日记按（逐）日记述与纂录（其中也有遗失或跳动），真实记载了创设《大公报》之始末、聘请主笔的经过、购买机器的艰辛、消弭罢工的苦心、杜绝近亲繁殖的果断、排除外来干涉（宗教势力与殖民当局）的努力等等。对《大公报》从筹备到初创、从草创到发展、从简陋到进步的有关人事、掌故、轶事作了原原本本的记录，对办报心路历程作了刻画，对晚清至民国初期的报界情况作了翔实报道，成为了解、透视《大公报》史和英敛之本人的第一手资料和窗口。

在历史宏大的叙事中，"个人的历史中的命运，个人面对某一历史事件的喜怒哀乐，个人被历史所裹挟的人生轨迹等等往往被宏大的叙事所遮蔽"[1]。细微之处显真章，平凡之中见精神，历史的真相和人物的特质往往匿藏、掩映于历史的细微的"情节"或"片段"之中。历史研究及学术论著常"以个人生命史为纵坐标、以历史事件为横坐标，将个人命运与历史变迁交织在一起，构成对历史的整体呈现"[2]，已成为一种历史叙事与学人写作的时尚与风范。笔者汲汲探察《英敛之日记遗稿》，就是为了找寻出历史的真实情况和英华思想的蛛丝马迹。综观整个"日记遗稿"，于整体上观之，它是英敛之个人喜好、日常生活、思想情感、对外交往、诗词唱和等等的真实记载；同时，也涵盖了他的办报过程、言论发声、报章出台、人生履历及心理变化等内容，充分反映出他丰富的内心世界与确切的自我认知。就这个意义而言，"日记遗稿"是比较真实确切、翔实可信的人物历史、纪实档案，已然成为研究英敛之本人及其所属时代的史料凭据①。

日记，一是指用来记录个人思想情感、生活状貌等为主要内容的"私密"信息方式及载体；二是指一种隶属于记叙文的应用文体。从日记内容来讲，基本上来源于人们对社会的观察、对生活的感悟、对自己的反思；从记录主题来讲，可以写人记事，也可以写景状物，还可以记述各种经历与活动；从日记读者来看，大多是写给自己看的，有"立此存照""日后翻检"之意，也有给亲朋子孙阅读或供他人研究之用。之所以英敛之选择日记这种方式作为心灵的窗口与思想的诉求对象是因为：一则他迫切需要一种便捷、适宜、私密、独有的沟通媒介，倾吐心声、排遣郁闷、汲取精神力量、得到情感抚慰；二则他急切需要一种心灵的独语或告白式的方法，类似于心理疏导或宣泄，以"宣导精神压力、松弛身心、调节单调乏味的日常生活"[3]。通过对《英敛之日记遗稿》的解读，可获得不少英敛之真确的细节与片段，亦可得到他身心上的全息图景和综合感观。从现存的"日记遗稿"（部分散佚）中映射出来的性格特点、为人处世风格如下：

---

① 基于《英敛之日记遗稿》的考察，一方面不仅真实反映和充分展示了英敛之本人的个性特点与气质脾性；另一方面，办报过程、报刊言论、新闻人物方面的详实记录与拷问又不失为研究中国报史的重要资料。因此，《英敛之日记遗稿》具备较大史学研究（报人、报刊、报业三者研究）价值，是难得的辅助和补充资料。

1 高度重视外国语言的习得

英敛之研习的重点为法语法文 ①，也融通一定的日语日文、德语德文、英语英文，在赴日旅行、兵营参观或与洋兵、洋学生打交道时都要用到，在受教（做礼拜、望弥撒、告解与祷告等宗教仪式）及传教（布道、洗礼、规诫）过程中经常需要使用法语法文，因而他对于法语的习得与使用异乎寻常的重视，并积极运用于传递改良思想、阐释宗教教义、各地游历采风以及外事交涉、商务谈判等活动中去。在当时，能够对"番鬼番语"如此重视的开明知识分子比较罕见，能够潜心探究、钻研外国语言文字（学）者更是寥若晨星，他们往往被视为"异数""外人"甚或"汉奸"。每个社会或朝代都有走在时代前列的先见之人、先识之士、先觉之民，英华便是其中之一。实际上，传统读书人、士子们"大都在一个由相似传统、意见和习惯组成的基本环境中成长，他们不能摆脱这些东西的桎梏"[4]，同时也必然排斥非传统的"意见和习惯"。由于英敛之的成长经历、工作环境、周围情形的作用与影响，他必须习得一门外语以便增强与外国人工作、生活及思想的交流，尤其是在皈依了天主教之后这个理由显得更加充分且必然。

在与教堂（包括境外教堂，如安南教堂）打交道、与神职人员（如大主教、神父 ②）、与买办商人（如商号、钱柜、银行的捐客）、与外交人员（如日本驻华使节及其夫人）、与军官兵弁（如法国兵营军官及士兵）等人际交往的过程中，英敛之逐渐意识到外国语学习的极端重要性，将学习法语法文（含英语英文、日语日文）当作重要的一项日常工作或学习宗旨，并且使之成为生活的一种习惯、一种常态。积极学习与运用外国语言文字，给英敛之带来了诸多方便和很大好处（如出入官府、会见官长总是更受尊重与待见），当然也使他们这类人成了老百姓眼中憎恶的"假洋鬼子""二鬼子"而遭到唾骂、冷眼。外国语言及其文化的习得，给予了英敛之以极大的帮助与裨益，尤其是在教堂事务、教学过程、交涉谈判、境内外游历等时刻发挥了较大作用。正所谓"技多不压身"，

---

① 英敛之受洗入教的天主教堂是隶属法国驻华天主教会，受法国大主教及教宗（主）掌管。中国天主教堂及主教、教父等神职人员，是作为罗马教廷在当时远东（东亚或亚洲）大中华区的分支派出机构。

② 天主教教内同样有着较为严格的等级秩序及工作分工，按身份及地位可大致分为：慕道者、教友（信徒）、（修士、修生、修女、会士等）、神父、主教、教宗（最高者教皇），这与佛教、道教等神仙职位划分相类似。

习得或掌握一门外语，即拓展了观察和思索世界的渠道，也获得了一项生存技能、拥有了一种沟通工具，成为中西交流中的得力"助手"。与此同时，这也让他拥有了不少包括法国、比利时、德国、俄国等不同国籍的朋友、同事、学生，认识了一些外交官以及新闻工作者（包括报人、评论家、翻译家等）。由此，也就不难理解，他之后会托其好友法国人雷鸣远教父将自己的儿子带到欧洲去游历、去留学、去改革思维，让儿子更好地学习西学西语、西艺西法及西方文化，了解西方社会及风俗（他儿子很小便受洗入教），使其开拓眼界、扩展见识、变革脑筋。通观全部日记，"购法字典""借法语小词典""阅法文书""晚阅字典""早起阅法文书""灯下阅法文良久""与其法语交谈""与法兵操法语"等句子在他的日记中反复出现，随处可见，学习外语的事例占据了他相当多的业余时间，成为他日常生活的一部分，亲朋好友（包括妻子在内）亦司空见惯。事实上，他本人一有空闲便抓紧时间阅读法语法文和背法文词典，却因为"忆甚差""年老忆衰""数日辄忘"，致使效果不佳。对英敛之这个年龄来说，不可能如年轻人那么富有成效，对此他颇感遗憾和无奈（这样的提法日记中比比皆是），和他少年时仅用一月目力便阅读完《四库全书总目提要》相比较，显然"岁月不饶人"。

2 读书和写信作函成为他人生的重要组成部分

综观英敛之的一生，读书和写信作函成为他人生的重要组成部分，收信阅函亦随之成了他人生当中的一大赏心悦目、孜孜不倦的乐事，并且，这一习惯坚持了一生。英敛之花销在邮资上的费用超过普通人很多倍，甚至在困窘穷迫之时仍不惜借钱来购买邮票、信纸，支付邮资（哪怕是海外邮寄之资）。他每到一个地方或经由某处，一有空暇便浏览、参观该处书肆（坊），寻求和购买有价值、有意义的书刊（包含西方著作，内容包括宗教、政治、小说、寓言、诗词），既淘购一些古书古籍，又留意于一些新近出版、传播过来或翻译、推介出来的书刊，对于学术前沿、最新思想界动态倾心相向。因此，他无论何时何地，必购买和阅读大量新、旧书籍且及时翔实地将思想记录下来，他乐此不疲地买书、阅书、讲书、荐书、寄书、写书、刻书，养成了手不释卷、勤奋笔耕的终身理念与爱好志趣，沉浸在读书、买书、用书、写书的世界里。通读日记遗稿，"作书一函""复××书一函""寄家信一封""写函三封，一某某、二某某、三某某"的记载遍布其间,有的书信甚至"长达十二页之多",有的回信"不期,竟已有万言"。在经济窘迫之时,即便是借钱也要购买邮票用于邮寄书信;尽管亡命天涯、漂泊海上,还是不顾颠簸困顿之苦写信若干函,在登陆以后便四处寻觅邮局发送(有时候也托友人代为转送);即使是工作、会谈、办事、看戏、游戏等活动或事项结束以后,哪怕时间已经很晚,身体也非常劳累,他还是要"阅书至三更""阅毕,已天明"。

由上可见,阅读和写作是英敛之灵魂的出口,已经成为他生命中的一部分,或者说已然和他的生命融为一体。与书为伴、与文为伍且又深耕笔墨、陶醉其中,敛之的一生与文字、书法有着割舍不下的情结与难以舍弃的联系,可谓是一位爱文懂文、好学好问的传统士大夫,也是一位具有一定现代知识和较深宗教意识的近代文人。整部日记遗稿充斥着他作书、作函、作信的字眼。另外,赠送书籍或信函已成为英敛之沟通情感、表达意见的工具,通过赠予、转寄、唱和等方式,构成了他与友人之间感情共鸣与思想统一的一个重要的"桥梁"。若回过头来看,英敛之走上报人生涯是顺其自然的选择,柴天宠选择他作为办报的代理人也是理所当然的决定——发挥他酷爱写作、钟情阅读的特长,符合他喜欢说话、喜欢议论的性格。敛之太喜欢写信了,几乎每一两天都要写一函;他太喜欢收信了,得到朋友们写来的信件他总是第一时间拆阅,如果把他的书信全部搜寻集中起来,只需稍加梳理与规整即可结集出版一本厚厚的"英敛之书信集"①。哪怕再遥远的朋友(如在蒙自和越南海防的朋友),也经常通过"鸿雁传书"的方式保持着联系,沟通思想,询问意见。还有一点,他非常喜欢与一些文人墨客诗词唱和、互相寄语,经常去某地(风景极佳处)游历作诗,甚至常引用、转载他认为文辞优美、立意深远的他人诗词。可以这么说,写作是敛之的人生态度、人生的意义和行为方式;日记,不仅是他的心灵独白,更是他的心路历程。那么,我们也不难理解,他最终选择办报显系"心灵的选择",他能以报刊为舞台权操自我地进行挥洒。

英敛之就是这么一个人:哪怕再累,也要阅书少时;即便是看剧等娱乐之

---

① 英敛之的书信内容非常丰富,主题多种多样,可从一个侧面了解当时的社会、政治、历史、文化等情况。其实,英敛之在晚年有过收集、整理书信并刊行的打算,只是由于时间、精力、经费及书信难以找全并规整等各种原因未能如愿。如果真能将敛之所有的书信收集起来出版,对研究他本人及《大公报》大有益处。

后，也要略阅书；难过的时候、醉醒之后，也不忍空闲、不愿虚度，阅书片刻、笔谈少顷均是生活的常态；甚至海上漂泊（坐船）、生大病无法出行之时也能够静下心去读书，这种沉潜的读书精神令人感佩。我们可以叫他"书虫"、唤他"书痴"。今人有言，"有阅读习惯的人心里最踏实，有阅读习惯的人不寂寞，阅读时接触的世界永远都那么清晰"[5]，成了他生命的注脚。此外，他还习常练习写大字、撰述对联、题某处风景诗、覆答某君书等，意蕴飘逸，情愫潇洒，笔力遒劲，书法刚毅。一言以蔽之，他钟情作诗，是内心深处的真正爱好；他嗜好书法，是一种独特的、毕生的艺术癖好①。类似"归家作大字良久""镇日，未下楼，作大字"的记述在日记中屡见不鲜，英敛之始终将书法作为生活里的一项爱好、一种调剂、一种情趣（其实，这种脑体结合的运动方式也是治疗麻痹症的方法），坚持练习，坚持摹写，对书法艺术研习钻研，颇有心得体悟，成为香山一带有名的书法家，所作大字不少被保留了下来（如石刻），有的还被及时刊印出来了。

3　容易生气，常怀悲观

每个人的性格都会有缺陷，英敛之也不例外。他在性格上有弱点、在情商上有缺憾。他有时不太能够求同存异，有时还有点求全责备，有时还会腹诽怨望②，武人出身的他"情商"略显不足。"不爽""甚为不爽""大不快""闷闷""连日闷闷"这样较为鄙俗的词语反复出现在日记中，大多数的时候是用以描写身体状态不好、心绪状况不佳的。当然，有时也表明他的心情低落、情绪萎靡、感觉郁闷（"不甚佳"），是面对生活、家庭与事业的压力与逼迫的内心表露。英敛之的一生颇为动荡不安、壮志难酬，他或疲于奔命，或焦头烂额，或难以

---

① 根据官修史书《清史稿·列传》记载：英华，博学善诗文，工书法。著书立说，中外知名。可见，英敛之的书法有着较高的造诣。参见赵尔巽等编纂：《清史稿》卷二七三《列传》，北京中华书局1977年版，第13436页。

② 比如，日记中记叙：且于该处立足不稳，去就不能自主，故亟愿他去，另觅枝栖，免被所误；予性褊隘，每见贪侫猥琐之辈，恶之甚深，常不能耐，于愚鲁蠢顽之辈，尚可容恕，因其意不恶也；若遇有豪侠仗义、慷慨激昂之流，甘心顶礼师事焉。参见（清）英华撰，方豪编录：《英敛之日记遗稿》，载沈云龙主编：《近代中国史料丛刊续编》（第三辑），台湾文海出版社1974年版，第5页。

招架，或左右为难不兼顾，或前后吃力不讨好，日记的记述真实反映出身体与心情的双重"不妙"。这与敛之身体一直不大好有关，也与他小时候贫窘的境遇有关，尤其是与他之前得过全身"痿痹"（即患"半身不遂"的恶病）关系密切。英敛之曾悲痛欲绝、感叹万状地说："嗟乎！此身多病，不耐微劳，学问一无所成，事业一无所就，此生从此已矣！予向来志甚壮，不以贫贱动其心，自二十七岁忍患半身萎痹，不能观书作字，后虽少愈，但行不数里便疲惫不堪，自分（忖）此生已矣！万念灰颓，毫无兴趣，纵有悬梁刺股之志，而身不自主，力不从心，奈何之哉！天实为之，非我之罪也。"[6]尽管，"瘫痪症"后来竟然奇迹般地痊愈（一方面是接受西洋药物的治疗，即近代医学的治理；一方面是英敛之少年习武的恩惠，身体的抵抗力较强），但他身体的"底子"还是很薄弱，体质没有恢复，又加上寻医问药耗费精力、访朋问友四处奔走、报馆事务如负巨石，"他的身体原本不佳，常年办报生涯又费心劳神，精神低沉、身心俱疲"[7]。种种原因综合在一起，造成了他身体状态不佳、心情也时有不爽。另外，醉酒、熬夜、生病（哪怕是一场小小的腹泻）也令其常感苦痛不已。英敛之的身体底子差表现在：一旦行路过远、时间过久，就"腿疼难忍"；一旦生病，偶感风寒，就卧床不起；到了最后，时不时腿脚（下半身）痛到"难以履地""昏昏如病，不能步履，卧半日之久"[8]。

英敛之常怀强烈的怀才不遇①之感，空有济世报国的理想抱负与匡时救弊的本领才干而无法施展的失落、迷惘与伤感——深受儒家传统思想熏陶的他仍如大多数封建士大夫一样，希望"横空出世"，希冀有所作为，期许以身报国，凭借自己的才华与能力去振衰起废，再创辉煌。他深知，"穷则独善其身，达则兼济天下"；他也深信，"道不行，乘桴浮于海"。通过他所作的"五古"一章，大致可以参见其此种心境："寰宇竟多事，豪杰乃牢笼。肯随赤松子，安觅黄石公。英雄蛰屠狗，下士走雕虫。慷慨世诟病，萎靡翕成风。抗直鄙袁粲，謇谔嗤陈东。窃闻穷则变，变久何无通？咄哉少陵叟，不作长乐翁。莫谓庙堂拙，终过草野工。身卑轻尚义，禄厚兢保躬。浪劾无疾呻，自诩杞人忠。苦想梁公节，徒羡绛侯功。果教铸错铁，终使伤驼铜。结鬖发为白，淋漓泪洒红。郁郁扼塞意，咄咄剩书空。"[9]该诗词较为真确与贴切地表达英敛之致病之后的心境与情绪。

---

① 一方面是对自己怀有文武双才却不能经世济民的感叹，另一方面是一种对中国能否实现君主立宪的困惑。

另外，因为劳累过度、忧心忡忡，敛之透支了休养生息的时间、缩减了睡眠积蓄时间，导致他过度地消耗自己的健康、体能。同时，因为经常要操心报馆业务，处理相关人事纠纷，策划各种社交活动，应对诸多干涉纷争，也致使英氏经常性生气动怒、熬夜通宵，导致他形容憔悴、身心俱疲（人事关系的处理及应付内外压力，着实是一件非常费脑伤神的事情）。或许，这是每一个想干事创业之人所必须经历的阶段。英敛之本人自然清楚自己的身体每况愈下，因而伤感、悲观、担惧之情感常在日记里流露，他曾记载说："觉脑气忽涌，两肘作麻，心中明镜，为欲成痿痹之由。忙敛神定气，旋即过去，然已觉右腿微有不力。予意终尔必成此症，因受病已深，脑久受损。"[10]对于健康及生命他无法气定神闲、淡然处之，总是抱一种担忧与哀伤的心态，这恐怕是英敛之寿命不长的一大诱因。

应该指出的是，英敛之在处理错综复杂的人事关系上存有一定的缺陷：有时不太具有包容的精神、存异的境界以及豁达的胸襟，不懂得求同存异、互为谦让的道理，总是希望别人按照、遵从他的意图或喜好从事；有时略微显得傲慢与冷骄，他常常鄙薄、厌恶和排斥、讥讽那些不能志同道合的人。事无巨细均必躬亲，确实对办报伊始的他来说是好事，但也不利于报馆的长远发展和人才培养，英敛之为此也付出了身体健康、心理平稳等大代价。其实，人生犹如一部厚重的大书，某一章节写错了、失败了都不要紧，最要紧的是不能失去信心和斗志，迅速转换观念、变化角色，重新振作精神，另起一行，即从头再来，不忘初心；只要有矢志不渝的态势、锲而不舍的精神，就一定还能写就动人的诗篇、辉煌的历史、精美的华章。假如英敛之在清王朝被推翻、君主立宪梦破灭之后，不逃避、不失意、不隐居，毋要悲观，无须叹气，他和他的报仍可在民国初年大有作为，还是可以在新的政治体制与新的报业环境下大干一场的。

4　交游广泛，阅历颇丰

英敛之特别喜欢出游，出游不仅令他眼界大开，而且让他脑质大变①。人生经历不同的地方、观赏不同的风景、感受不同的风土人情（甚至异域风情），是一桩既美好、享受，又可拓展见闻、增进学养的好事情。考查他的日记，关

---

① 《也是集》中刊登的《西京游记》和《日光游记》二文就是英敛之受日本领事之邀东渡日本考察后所作。

涉旅游的记录或叙述也是非常之多，有些游记（比如《关外旅行小记》《日光游记》《北京视察识小录》）洋洋洒洒数万言，可以视为考察报告、新闻通讯或散文随笔。这些游记，不仅仅是写景抒情，而且还描述了官吏的无知、帝国主义的丑恶和国人的麻木不仁，是活生生、真切切的社会风貌与人情世故的真实记载。或许，是因为他骨子里有一种世外隐士风范使然；抑或是因为他向往陶渊明一样的超然洒脱、物我两忘的境界。其实，一遇见怡人的景色，他便欣然陶醉，流连忘返，原本不开心的心情也会为之大悦，山水景色足以怡情、足以陶醉，他骨子里有着隐士气度与侠士风范。哪怕在迁徙流转中、烦躁郁闷时，他也常常趁机出游，连新建的大楼、破旧的庙宇、外国的兵营甚至坟地，都是他时常游览的地方（有时一个人独游，有时约上家人或三两好友）。他的游览，是既"游"又"记"的，他特别喜欢描写周围环境和景观，比如说天气情况、气候变化，用以衬托心情，烘托气氛，起到画龙点睛、烘云托月的作用。但凡见到优美的景点、高雅的景致，便"心情舒畅、神色清明""顿觉大爽"——无怪乎他日后会选择隐居香山，息影京西，寄情于山水之中，徜徉于万松林里，沉醉在这样的美景之中当然会有一种"久在樊笼里，复得返自然"之感。关于旅游景观及其心情、人物的描写，颇为精彩，真实、细腻、富有哲思，而且可读性强，气候变化的描写也很好地烘托了英敛之的心情及情绪。在他的笔下，毫不避讳对山水的钟情和对隐居桃源、不问世事的向往，借以养身、养神、养性。早年的出游，往往是迫于政治的压力或者说是为了回避政治压迫，以及为了生计着想而被动进行的游历和迁徙；中年时期的出游要么是受到邀请（如日本友人），要么是自主选择（如呼朋唤友），显得从容不迫、兴趣盎然；晚年出游的主要目的是颐养天年、休养生息和开阔眼界。

依据日记记载，英敛之经常驻足、停留的地方包括内地与沿海、关内与关外、国（境）内与国（境）外以及租界（使馆、领事馆）内外，比如广州、雷州、湛江、云南、北京、天津、上海、香港、安南以及海防等地，当时交通条件简陋、运输能力有限，游历这些地方只能通过坐船（含商船、大小船只、舢板）、骑马、抬轿、步行方式往来，费时颇多，旅途艰辛，中途经历了不少劫难①。

---

① 游历之时，历经千难万险，遭遇许多危机，甚至有几次危及到了生命安全。比如，在英敛之（包括向导、仆人）队伍行进当中受到外邦（族）人（包括土匪、海盗）的跟踪、骚扰、勒索；英夫人因动荡不定和颠沛流离（加上医疗水平限制）而导致流产；所居留的县城被反教会人士（排教运动）攻打，差点城破家亡。

英敛之游目所见往往濡墨及之，尤其是遇见好的景致就如同遇见美食一样，他一定会心情大好，必定进行详尽的描摹与充分的渲染①。其中，由于购买印刷设备中转或路过，或拜访亲友及外国友人，经常来往于上海商埠（包括租界、洋行等），笔端常常涉及上海及其周边地区的风土人情、历史典故、名人轶事、外国趣闻（含寓言故事）等，这些新奇内容在日记中占据了较大的篇幅。本文仅举几例，以作管窥之用。

其一，畅游龙华寺。在光绪二十七年（1901）八月二十五日的日记中，英敛之这样写道："步至西门，乘车去龙华寺。过桥，入制造局路，夹道密排短树，无少间断。至见庙宇虽宽敞，而庄严富丽远不及京中各大刹。门外右傍宝塔一幢，高近十丈，为层七级。近日封闭，不能登临，茶舍小坐。归路于一花园摘花数色；见一轧绵房，踏机皆妇女，可十馀具，每具二人合作，皆赤臂，胸前仅挂一兜肚，实北方所无。"这段记载颇为简短，较之之前其他的观赏日记有所不同，表现在：一是龙华寺庙宇轩昂、富丽堂皇，但略显浮泛、缺少庄重，与京师各大名寺古刹相比稍逊一筹。但该记述，仍不失为上海地方（宗教）史料，因为英敛之的宗教身份，他对儒释道各教有一些比较；二是对制造局的赞许与感叹，对妇女的穿着打扮的简评，这里描述龙华寺反倒成了次要的。距今一百年前，英敛之游龙华寺，路过制造局，树木葱翠、繁花似锦，踏机妇女们衣着新奇、辛勤劳作，以敛之眼光，感到讶异。面对新鲜事物和从西方流传过来的东西，他充满了好奇。

其二，郊区一（半）日游。北京是英氏老家所在及父母亲人居住所在地，天津是他平生新闻事业及言论理想的所在地（办报之地）。然而，与京津北方地区相比，东南沿海的"东方巴黎"——上海却独具魅力。因该处经济繁荣、思想活跃、社会开放、传教自由、交通便利、信息丰富等原因，成为英氏较为钟爱的城市。据日记记载："近九点至黄浦岸，登飞渡小火轮，南驰至董渡，复有木船一只，沈耕莘等十数人在，遂拖木船，行经制造局，至百步桥河口轮停，木艇进港。遥望高台上有二人，乃马相伯及黄司铎也。至见沿河花园一所，树木交柯，安置颇雅洁，乃徐汇堂中避暑别墅也。同众登台，望大河萦带，帆篷往来，西面田畴井井，洵有尘外之景。"[11]根据上述记述，上海开埠后黄浦江两岸一片闹热繁忙景象，沿河花园树木交柯、雅洁怡人。上海自从通商以后，

---

① 游记之中非常多次流露出对山水之景与田园风光的向往，也可以印证他晚年选择退居香山之事。

生态环境、城市建设、市民面貌等方面均有了日新月异的进步,这给他留下了深刻印象。

其三,睹津门沦陷惨景。英敛之思家心切,悄悄潜回天津,目睹了天津城市被战火毁于一旦、繁华被隳灭殆尽,以及人民被戕害、被蹂躏、被奴役的一幕幕惨状。美国历史学家马士曾亲历津门沦陷,记录说:许多满洲贵族和无数的妇女都自尽;成千成万的人在以屠杀为乐的疯狂放荡下被杀了;留下来的幸存者像被鞭打过的猎犬一般在犬舍里畏缩着[12]。光绪二十六年(1900)庚子七月二十四日,英敛之自海上抵达大沽口,正值八国联军借口义和团事件无耻且蛮横地侵略中华之后,既攻陷我城池,又占据我要地;既狼奔豕突,又为非作歹;既残害拳民,又滥杀无辜。遭此劫难,废墟破壁,倾颓隳堕,一片瓦砾,惨不忍睹。强盗们不仅侵入京师、掠夺杀戮,还强占天津,设立所谓的"都统衙门"这样的赤裸裸的殖民机关。满目萧瑟的故土、一片肃杀的城邦,深深刺痛了英敛之的内心,使之悲愤不已,甚至写入日记时仍有不堪回首之感。他在日记里如实地描述说:"七月二十五日。见各炮台皆插俄、日旗,至塘沽下船,见一带房屋焚毁,惨不可言。留下者皆插外国旗,洋兵住用,火车为俄人掌管,往返亦不索钱,至十一点上车,近十二点开,见铁路两旁,村舍皆墟,只馀墙壁,并无一人,不知妇孺皆去何处。玉石俱焚,伤心惨目。午后二点馀,至天津火车站,一片瓦砾,并无脚力,即有一二华人,亦须佩有外国字据,候至数点之久。李敬宇先生至,已换西服。初见之,不识。少话云:予五弟尚在此,令其寻数人运行李,又良久始至,先同之行。至领事府,敬宇家已移此,晤嫂及大姐等,述五月危时,枪炮如急雨,真万死一生!地窖中藏伏,苦楚万状。"这些记录在日记中的实况,真实客观地叙述了国破家亡、主权沦丧的凄凉惨状和人民被伤害、侮辱的人间悲剧。越一日,也就是二十六日,他接着记载曰:"早见孔子明来,同其至万安栈,看张逸帆。紫竹林大街一带俱焚,惟街西房尚存,红楼后一带,房未毁,街中一望空空焦土,可怜不堪回首,殊难料有今日也。所馀华人惟教友,亦须手执洋字凭始得行,余有华人为洋人强捉住,为之操作者。"在庚子事变平复以后,英敛之曾作故地重游,一回念至此仍然心有余悸。特别是天津城一前一后、一盛一衰的今昔比对,天津一邑劫后余生,天津人民凄凉萧疏,让他生发出物是人非、情何以堪的感叹与悲哀。在同年(1900)七月二十七日的日记中,英敛之再次写道:"至福音堂路一游,房皆未毁,再北马家口一带,皆成灰烬,惟余破壁。由紫竹林街绕回，伤心惨目真浩劫！昔日之人民拥挤，今则路静人稀，一片瓦砾，殊有天渊之别！"回忆起往事，英敛之再也克制不住内心情绪的爆发，有悲伤，有呐喊，有困惑，有怒火，深具爱国主义情怀的他像屈原一样哀国家之不幸、痛民人之沉沦，对于这场浩劫甚至不忍心再去回顾，希望祖国强大后再也不要重复这样的悲剧（日记这种写情叙事体例及情感寄托方式刚好适宜英敛之直抒胸臆、表达感慨的特点）。国危民弱、国难民辱让他羞赧、激愤的同时也增强了其爱国心与报国情。

5 重视感情，喜欢交友

综观整个英敛之的一生，他喜欢并且善于交朋结友，其中的不少朋友，最终成为了他终身的知己、事业上的同业、思想上的同志、感情上的同怀和追求上的同人。他擅长与社会不同阶层的人打交道，甚至是贩夫走卒、引浆卖车者，哪怕是洋人兵士，都可以攀谈、对话和商量、往来。而亲朋好友众多、信息渠道广泛，成为他办报成功的一个重要因素——较其他报馆更容易获得独家新闻或隐秘新闻，在时效性、真实性及原创性上更胜人一筹。因为英敛之比较坦荡和真诚，所以对周围的人有一种吸引力和亲和力，他的好友式如曾不解地发问："本地无一人喜我者，无一与我有真情者，皆与你甚好，何其怪也。"[13]从侧面可以看出，英敛之独特的人格魅力（亲和力与感染力），能够团结和聚拢一批诚挚的朋友在自己身边。敛之一生都很看重朋友的交谊、很重视朋友之间的友情，郁达夫与其出游时曾说："人生万事无味，惟二三知己，相与谈心，论说经世有用之学，为大快事！"[14]敛之对此深以为然，人生存在的意义之一，便在于茫茫人海之中拥有一二贴心之挚友、净友。

在英敛之的朋友之中，有的一度成为挚友，有的长期引为同调，有的是事业助手，有的是家庭的伙伴，有的是诗词上的互相切磋者，有的是惺惺相惜的志同道合者。英敛之是个闲不住的人，除非是生病卧床或海上漂流，他在家里或旅行时喜欢四处拜访朋友，除工作或业务原因外，更多的是因为他的个人人际关系网较大，相互应酬、彼此走动比较频繁。事实上，他经常去朋友处交流、沟通与谈话、讨论，经常走访、宴请海内外的朋友，且使之成为日常生活的一部分，这占据了他很大部分时间，也成为他生命中的美好时光。但是，哪怕是自己最好的朋友、最亲密的兄弟，甚或被其称之为"某兄""某公"的人物，也会有龃龉或分歧的产生,某些涉及切身利益的极端情况下甚至会不顾前情,断然断交。譬如,在与张逸帆交恶之后,他表态说:"人处困穷之地,最易招尤纳侮,纵甜言密语,自诩情谊,颇通,而言不副行,不免愈增他人嗤鄙,能不呼天三叹,搔首长吟。直愿披发下荒,蒙袂过市,若长此迍遭困顿,则不效贡禹之弹冠,姑任管宁之割席云。"[15] 某些情境下,英敛之会为琐屑小事生气,有时候还会有私心作祟,显示出缺少包容与耐心的一面。或许性格使然,他不太懂得求同存异、不太明悉宽宥缺陷,是倔强、固执且自尊心极强的人。朋友之所以成为朋友,是因为欣赏和赞同,是一种惺惺相惜和志同道合,在乎思想上的相通、感情上的共鸣。朋友之间的相处之"道"很重要,维护两者之"法"是一种大智慧。朋友贵在交融、贵在相知、贵在持久、贵在宽容,唯有将心比心、推己及人,才能呵护好友谊之花;己所不欲,勿施于人,才能将友谊衍化为兄弟骨肉之情;唯如此,方可成为知音。概言之,英敛之交游甚广且多,足迹遍及大江南北,朋友结交布满天下。与之成为脾气相投、志趣一致和心灵默契、终生相随的挚友有过不少,对其人生事业、道德文章都有过很大帮助,对其思想、学问、识见也有大的裨益。

第一,何沃生、胡翼南这两位近代著名的思想家、大学问家。当时,生活在香港的具有新思想(接受西方思想)的众多学人(者)当中,英敛之最为钦佩的是何沃生(启)与胡翼南(礼垣)两位先生(两者合著有《新政论议》一书,后者撰有《新政始基》一书①),甚至清高、傲岸的他愿意执"弟子礼"。可见,英敛之真心实意地佩服他们二人的人品及学问,为之倾倒、膜拜和衷心服膺,不仅亲自登门拜会、邀请座谈,而且一直虚心请教、听取意见(去信去函),非常信任。比如说,帮助何、胡二位先生在京津及上海地区出版、推介他们的著作;恳请何、胡二人帮助选聘合适的报馆主笔和购买滚轮机、字模等设备。光绪二十四年戊戌(1898)三月十六日记云:"是晚始句读何沃生、胡翼

---

① 关于《新政论议》一书,"前作几近四万言,何其洋洋洒洒,如长江大河之一泻千里耶!真近世有数文字"。关于《新政始基》一书,"《新政始基》数篇,予极服其剀切详明,爱莫释手;但觉其冗句太多,不免词费,恐人阅未半,而欠伸思睡耳"。参见(清)英华撰,方豪编录:《英敛之日记遗稿》,载沈云龙主编:《近代中国史料丛刊续编》(第三辑),台湾文海出版社1974年版,第21页。

南两先生《新政论议》讫。服其立言明白晓畅，说理深透切中，直欲向书九叩，不止望空三揖也。其《新政始基》，尤觉为中国之顶门针、对证药，非抄袭陈言偏执一见者之能望其项背。惜予过香港时，未能拜谒，一伸钦挹之忱。并恨未能多购若干，分赠朋友，使多欣赏奇文也。"[16]英敛之认为，何沃生、胡翼南两先生思想前位、目光如炬，对中国的国情看得透彻，对历史的走向判断准确，对社会的发展估测到位，他由衷推崇《新政真诠》等书籍，不仅仅自己反复拜读、拍案叫绝，而且还推荐给身边的朋友阅读（有时当作礼物送给朋友），这实际上是一种古代订立的"文字交"。虽然，起初英敛之与何胡尚未谋面、不通音讯，只不过通过读其著论而油然产生尊崇之感，可知文字（本）凝聚人心、汇集人脉的力量之大，以及所映注的思想、所投射的感染之深，英氏未识其人、先通其书的敬仰与向往，谓之"神交已久、心向往之"。

第二，与吕氏姐妹的缘分与交往。吕氏三姐妹（大姐吕惠如，二姐吕眉生，三姐吕碧城，四妹吕坤秀）出身官宦家庭，是大家闺秀，她们不仅受过教育，能够识文断句，而且文笔颇佳、文采飞扬，与男子一样读书求学，巾帼不让须眉，自然惹得文人士夫们钟情与喜爱。吕氏姊妹在与英敛之相识并交往之前，便已在文学界、诗学界小有名气了。据查，吕惠如、吕碧城姊妹原籍安徽，擅长诗词丹青，腾誉艺苑。其中，惠如工词，善花卉；碧城懂词曲，善属文；梅（眉）生知音律，善操琴。这里要特别讲述一下吕碧城与英敛之的交往，尤其是敛之慧眼识才成为一段佳话，他们之间的关系有一个起伏——从亲密友好到隔阂渐生、从情投意合到分道扬镳。有点类似于恋人的"恋爱周期"：一开始的蜜月期，之后的疲倦期，最后的分手期。事实上，两人之间的关系曾一度相当亲密，英敛之带着妻儿出游时，常常也带着吕碧城，甚至有时候两人单独外出游玩，确实存在一些男女暧昧，引起了英夫人的警觉、醋意与不满。清末民初男子是可以纳妾的，但囿于天主教徒的身份，英敛之却不能纳妾。

吕碧城，字圣因，号遁天，是清末民初的杰出女词人、女记者，不仅容貌姣好，而且诗词非凡，还擅长文章绘画篆刻，成为士林有名的奇女子和女才人，其盛名之隆甚至远播东瀛（如日记中有"日本学者山根虎臣偕管洛声等与碧城笔谈"的记载），引发不少男士的爱慕，著有《信芳词》《晓珠词》以及其他多种文集。自光绪三十年（1904）甲辰年二月起，英敛之开始较多记录吕碧城三姊妹之事，以较重的笔墨书写与他们之间的来往。此后，关于吕碧城的有关事情比比皆是^①，包括吕碧城生病英敛之夫妇前往探视，与吕碧城两人在报纸上刊文进行论战，推荐并支持吕碧城担任女学堂总监^②等，她似乎成了英敛之家庭中的一员。吕氏不仅来津下榻馆中，还与之同出同行，而敛之亦为之抄稿、改稿、荐稿。可见敛之与碧城交谊之密切。但花无百日红，人无千日好，两人因为一些琐事，几度产生摩擦、分歧与龃龉，即便后来经由吕眉生劝解和好，仍给他们各自的心里留有阴影与创伤。这种观念上的差异、立场上的不同，导致两人情感上的分离与思想上的分裂。之后，两人原本亲密的关系难以弥合、渐行渐远，以至于濒临决绝^③。吕碧城，是英敛之一手栽培起来的女词人，是《大公报》着意培育出来的女作家，吕、英二人由惺惺相惜到心生嫌隙，令后人唱叹万分。

6 热心公益，无私奉献

英敛之汲汲于慈善事业，热衷于公益活动，特别是到了晚年，这一特点尤为明显与突出。人之将老，其言也善、其行亦笃。不再过问报馆事务之后，敛之便有了比较充裕的闲暇时间，不用再像办报时期那样劳心又劳力了。但是，他并没有闲下来完全做一名"寓公"，唤醒民族的信念从来没有停止。因此，他将精力放在了兴办教育、普及文化、做好慈善上面，这些也是拯救国家的当务之急。根据《大公报》及《英敛之日记遗稿》的记录可知，曾经有一段时间内，敛之大力倡议国民捐，赈济灾区（主要为水灾），由他亲自撰写或委托报馆撰述的各种"国民捐"的告白常常见诸报端，言辞恳切，话语真诚，令不少人读

---

① 比方说，日记记载："碧城车至日本领事府，晤高尾夫人及速水，复晤伊集院总领事夫人"，带着碧城进出日本领事馆；日记又记载："光绪三十年二月廿三日。碧城女史书曩作《满江红》词一阕，极佳。""六月初一日。碧城妹为画团扇白菜二棵，颇淡雅"，对碧城的诗词表示极欣赏之态度；日记再记载："八月初一日。碧城代镌图章一枚，文曰敛之氏。""光绪三十一年二月初九日。印惠如、梅生、碧城三姊妹集稿。"

② 吕碧城于天津设立女学堂，实赖英敛之全力以赴的支持，不仅为之四出奔走、多方求援，而且还极力促成吕碧城担当女子学堂的总负责人——尽管敛之的不少好友坚决予以反对。两人友谊可谓至深至亲。

③ 如"光绪卅一年八月十一日。晚饭后至医院，与碧城数语，觉其虚骄浅薄之状，甚可恶，遂即辞归。""十二日。至医院，与梅妹闲话极久，受其和婉之劝勉，心为之大快。伊不愿我与碧城显此龃龉冷淡之情状也云云。"

之动容，纷纷解囊相助。并且，他不仅仅是嘴巴说说而已，还落实在实际行动上来，带头捐款，率先垂范。比如面对直隶等地的水旱蝗灾，他总是第一时间发出呼吁，自己领头捐款，鼓励周边的朋友一同出钱出力，以便起到示范和带头作用；又比如，他还不断倡导义卖字画、义务演出、免费提供场地等等，募集公益慈善基金、成立慈善机构，为救济水灾、赈济难民而奔走呼号，所有的这些行为都是出于自愿，以公益为目的，断没有经济利益上的回报。正是因为青少年时期家贫无法接受正规教育，意识到妇女的社会地位低下、女子接受教育的极端重要性，懂得女性是人类的母亲、女子是社会的未来、女学是开智的源头的道理；正是因为出身贫贱又信仰天主教，对贫苦百姓有着怜悯之情，才使得敛之在晚年几乎将全部精力都安放在教育上面，全部情感都投入到慈善之中，反倒对办报不似先前那么热忱与倾心，教育救国的理念更凸现。英敛之敏锐而深刻地觉察到事物的对立统一，觉察到国家维新改良的高深、公民利益的弥足珍贵，觉察到人性以及政治的复杂多变、波谲云诡，直至觉察到世界的真相与韵律。为了公众共同的利益，从事于公共利益的事业，是英敛之的钟爱。

7　忠直耿介，嫉恶如仇

英敛之骨子里嫉恶如仇、眼睛里容不得半粒沙子，他主笔的《大公报》敢言他人之所不敢言、敢登他刊所不敢登、敢评他报之所不敢评，使该报渐有了一定的声名、积累了不少人气并占领了报业市场，打开了舆论局面，也打响了《大公报》抢跑时代的"第一枪"。虽然，当时的英敛之可能并不知道"铁肩道义，辣手文章"的道理，也可能没有听过"向导国民，监督政府"的媒介功能，但说自己想说的话、说底层百姓愿说的话、说对国家民族有益有利的话却是他话语的底线和执业的初衷。终其一生，他都抱定了说真话、说自己的真实想法和不自欺、不欺人，更不欺世的话语准则，履践了"媒体应积极履行自身所肩负的社会职责，以维护社会的稳定，促进民众心智的健康发展，推动我国文化改革的顺利进行……媒体应当意识到自身所肩负的公共责任，珍视自己的话语权，并借助舆论传播的先天优势，积极为民众发声并维护人民的权益"[17]，无愧于报人职务、无负于报界天职。

关于报纸忠直的发声、坚贞的操守、高尚的品德、敬业的精神与独立的昌言，他深以为："报纸之天职，所以为君耳目，作民喉舌者也。若夫民之冤苦、官之贪邪,知而不言,则有负天职。"[18]英敛之主持下的《大公报》,倚仗租界的优势（舆论自由与治外法权）与教会（朝廷及官员畏惧教会、害怕洋大人）的庇护,不害怕达官贵人、不回避黑暗现实,亦不忌惮权臣豪强,原原本本论说,公公正正评议,是之为是、非之为非,大而不惧、公而忘私,践行了该报的一如既往、雷打不动的办报宗旨,凸显了该报崇高无尚的报刊品质,表达了独一无二的"大公""刚正"报格。这一点,尤其是在对慈禧的冷酷批判和与袁世凯、刚毅等不懈斗争的过程中表现得淋漓尽致,"嘴"里毫不留情、笔下挥斥方遒,进而,为报纸博得了"敢言"的美名（北方清议之望）,为报馆赢得了中国报界"首脑"的地位,特别地,得到广大民众的欢呼与拥护和知识分子的赞誉与尊敬。

英敛之主政下的《大公报》及其创始集体,犹如一只传说中的"独角兽"（古代神话中的神兽,文言称为"解豸",是法律的化身,拥有很高的智慧、懂人言知人性。它总是怒目圆睁,令人望而生畏,一遇奸邪即用"触角"击倒而吃掉）,时不时地抨击腐败透顶的末代朝廷、贬抑毫无章法的政治当局、反击帝国主义的侵略（对粗暴干涉中国宗教事务的教会和破坏中国主权完整的租界当局也毫不留情）,不仅能辨是非曲直、识善恶忠奸,而且知诉讼、懂时政,代表着公平、正义,象征着勇猛、刚强,让大众知所取舍、明所趋从,成为人们行为"正大光明"、报纸议论"清平公正"的标帜。《大公报》以"时评"为基础、以"论说"为主打,去评价时局、匡扶时弊、讥刺权贵、抨击外敌,视奸邪为仇雠、目贪腐为天敌并且内容精彩纷呈、报章可圈可点,其思想性、可读性和时效性、针对性均比较强,是一部成功的"舆论批评史"。在英敛之披荆斩棘、破浪前行的干事创业的气魄和开山辟莽的精心运营下,《大公报》终于站稳脚跟,名誉声望渐隆,慢慢成为京津地区乃至整个北方的舆论中心和清议之主导,逐渐成为一份有良知的"政论大报"和有分量的"文人论政"报,创造了报业的辉煌与以文论政的传奇。

参考文献

[1]帅彦.乱世浮生:1937-1945知识分子生活实录［M］.北京:中华书局,2007:2.

[2]梁景和.第三届中国近代社会文化史国际学术研讨会论文集［C］.北京:社会科学文献出版社,2015:117.

[3]陈伯海.上海文化通史［M］.上海:上海人民出版社,1990:722.

[4]［法］勒庞.乌合之众［M］.冯克利,译.北京:中央编译出版社,2004:121.

［5］罗维扬.纸本书挽歌［M］.武汉：武汉大学出版社，2012：2.

［6］（清）英华，方豪.英敛之日记遗稿［M］//沈云龙.近代中国史料丛刊续编·第三辑.台北：台湾文海出版社，1974：25.

［7］佚名.旗人英敛之：他创办了《大公报》和辅仁大学［N］.江海晚报，2014-09-11（B12）.

［8］同［6］186.

［9］同［6］14.

［10］同［6］39.

［11］陈左高.历代日记丛谈［M］.上海：上海画报出版社，2004：189.

［12］赵长天.孤独的外来者——大清海关总税务司赫德［M］.上海：文汇出版社，2003：24.

［13］同［6］8.

［14］同［6］25.

［15］同［6］25.

［16］同［6］19.

［17］陈黎.邹韬奋新闻思想研究［D］.湘潭：湘潭大学，2014：33.

［18］曲振明.英敛之的《报馆铭》［N］.中老年时报，2014-06-9.

作者简介

施欣　湖南师范大学历史文化（新闻传播）学院博士（现已毕业）

"牛轧糖"的"轧"怎么读？

——以《申报》为中心的考察

周广西

摘　要: 对《申报》(上海版)中牛轧糖(Nougat)广告进行了研究，根据出现多种读音相近的中文糖果名称这一事实，认为 1925 年上海美商沙利文糖果西餐店出售的洋糖果 Nougat，是此后中国市售牛轧糖的源头。从 1930 年开始，冠生园食品公司等企业先后采用牛轧糖、鸟结糖、钮结糖、纽结糖等译名，翻译时均采用音译法。从 Nougat 的英文读音和上海方言中"轧"字的音和义的角度分析，认为最初牛轧糖的"轧"字应读 gá，zhá 或 yà 是后人的误读。

关键词:《申报》　牛轧糖　Nougat　广告　上海方言　冠生园

1　引言

牛轧糖是我国群众喜爱的糖果，冠生园食品公司牛轧糖的生产历史悠久（见图 1）。由于"轧"在普通话中是多音字，有 yà、zhá 和 gá 三种不同读音，常用词典中没有收录"牛轧糖"词条，而市售牛轧糖外包装上通常只有中文和英文名称，极少有拼音注音，这给"轧"字怎么读带来了困扰。

有传说认为牛轧糖起源于中国明代，该传说被较多文献引用[1][2]。暂且不论其真假，这则传说显然回答不了"轧"字怎么读的问题。敖萌先生概述了三种不同读音支持者的主要观点及理由，但没有表明自己的观点[3]。钱乃荣先生认为牛轧糖是外来音译词，由 Nougat 翻译而来，轧字应读 gá[4]。这一观点可看作一种推测，尚待进一步证明。为了解决这一具有争议的读音问题，笔者根据《申报》刊载的大量牛轧糖广告，力图较为完整地再现民初洋糖果 Nougat 进入上海后中文名称的变化过程，并据此论证牛轧糖首次出现时"轧"应读 gá。

图 1　一种市售冠生园牛轧糖

2　众说纷纭

2.1　从牛轧糖外包装看

1958 年《汉语拼音方案》颁布前，牛轧糖的外包装上自然不会有拼音注音。《汉语拼音方案》颁布以后，牛轧糖商品外包装中仍很少有注音。公私合营时期（二十世纪五六十年代），上海冠村糖果厂出品的敦煌牛轧糖包装纸上，罕见地出现了拼音注音——dun huang niu ga[5]（见图 2）。时下天猫超市出售的踢克踏克牌牛轧糖，在包装盒上的拼音注音为 niu zha tang[6]（见图 3）。淘宝网上有一种牛轧糖的包装盒出售，包装盒上的拼音注音也是 niu zha tang[7]（见图 4）。

图 2　敦煌牛轧糖包装纸

图 3　踢克踏克牛轧糖包装盒

图 4　一种市售牛轧糖包装盒

2.2　从词典收录情况看

常用词典《新华字典》《现代汉语词典》和《辞海》中均未收录"牛轧糖"词条。《现代汉语大词典》和《上海话大词典》收录了"牛轧糖"词条,"轧"字的注音为"gá"[8][9]。但因这两部词典不是常用词典,普通民众很难接触到。

2.3　从电脑输入法看

对于"轧"字怎么读,当前主流电脑输入法的意见也不统一。搜狗拼音输入法中,输入"niuzhatang"时,出现的第一个候选词是"牛轧糖"。输入"niugatang"或"niuyatang"时,出现的第一个候选词也是"牛轧糖",但在轧字后添加了读音(zhá),这表明搜狗拼音输入法认为"轧"字应该读"zhá"。QQ 拼音输入法中,输入"niuzhatang""niugatang"或"niuyatang"时,出现的第一个候选词都是"牛轧糖"。这表明 QQ 拼音输入法对"轧"字应读什么音并没有明确表态。

2.4　从抽样调查看

为了了解当前老百姓怎么读轧字,笔者对 50 位微信好友进行了抽样调查(调查日期:2017 年 11 月 20-21 日)。调查结果为:读 zhá 的 43 人,读 yà 的 3 人,读 gá 的 2 人,不会读的 2 人。显然,读 zhá 的占绝大多数。

"轧"字究竟怎么读?要想解决这个问题,只要搞清第一个采用"牛轧糖"作为商品名称的生产商怎么读即可。道理很简单:第一个生产商总不至于不知道"轧"字怎么读吧？笔者无意证明牛轧糖是否起源于中国 ①。搞清"轧"字怎么读，比研究牛轧糖起源于哪个国家可能更有现实意义。

北京爱如生数字化技术研究中心申报数据库，收录了晚清至民国期间（1872—1949）上海申报馆出版的《申报》（含上海版、汉口版和香港版）、《申报月刊》和《申报周刊》三种报刊。该数据库可全文检索，为《申报》的相关研究提供了极大方便。笔者以"Nougat""NOUGAT""牛轧糖""鸟结糖""钮结糖""纽结糖""钮矩糖"等检索词检索，共得到约 210 条结果（都在上海版中），绝大多数为牛轧糖广告 ②。根据《申报》（上海版）上刊载的大量牛轧糖广告来看，1925 年美商沙利文糖果西餐店出售的洋糖果 Nougat，是此后中国市售牛轧糖的源头。不管后来这种糖果的中文名称如何变化，它对应的英文名称一直都是 Nougat。

3 Nougat 初至上海

在 1925 年《申报》（上海版）上，开张不久的美商沙利文糖果西餐店刊登了一则糖果广告，这是 Nougat 在我国近代文献中的最早记录[10]（见图 5）。广告内容如下：

> 美商沙利文糖果西餐店新从美国聘到糖果专家一人，亲自监制各色糖果，花样翻新。又定于每星期五选出糖果一种，特别半价出售。本星期五之半价糖名"法国杏仁樱桃糖"（French Nougat）。
>
> （《申报》1925 年 10 月 16 日）

---

① 传说中国明朝举人商辂为了感谢文昌帝君托梦使其三元及第，依照梦中做法做出了牛轧糖。因传说中有"牛"，且商辂之"辂"，有"迎接"之意，故名之曰"牛辂糖"。又因"辂"与"轧"同音，"牛辂糖"逐渐写成"牛轧糖"。到了清代，西方传教士来华，亦将牛轧糖带回欧洲，加入奶油、蛋白、奶粉之类，成为法国知名的糖果。

② 本文中引用的《申报》资料均来自于该数据库。为节省篇幅，不在文后参考文献中一一列出，只在正文引用位置注明报纸出版日期。

图 5　最早的洋糖果 Nougat 广告

1926 和 1927 年，沙利文糖果西餐店又在《申报》刊登了 Nougat 的广告促销信息。

今天特地拣选上等糖果两种，名"法兰纳"与"周流纳"（French nougat and cherry nougat）。

（《申报》1926 年 11 月 15 日）

双料半价，只此一天。芬兰糖（French nougat），卖半价。樱果糖（cherry nougat），也半价。原价每磅一元半，半价几何君试算。

（《申报》1926 年 12 月 17 日）

美糖两种，今日半价。佛兰糖，名久扬。樱花糖，最清芳。（French nougat and cherry nougat）

（《申报》1927 年 11 月 25 日）

为便于分析，现将沙利文糖果店在《申报》上刊登 Nougat 广告时所用中、英文名列表如表 1：

表 1　沙利文糖果店 Nougat 广告使用的中、英文名对照表

报纸出版日期	英文名称	中文名称	翻译法
1925.10.16	French Nougat	法国杏仁樱桃糖	意译 + 类别词
1926.11.5	French Nougat	法兰纳	音译
	Cherry Nougat	周流纳	同上
1926.12.17	French Nougat	芬兰糖	音译 + 类别词
	Cherry Nougat	樱果糖	意译 + 类别词
1927.11.25	French Nougat	佛兰糖	音译 + 类别词
	Cherry Nougat	樱花糖	意译 + 类别词

在 1925—1927 年这四则 Nougat 广告中，英文名称保持不变，中文名称一直在变①，并且主要采用音译法。此外，广告中说得非常清楚，"新从美国聘到糖果专家一人，亲自监制各色糖果"。美国专家监制的这种糖果，肯定不是土生土长的中国糖果。这些都表明当时 Nougat 刚从海外来到上海。如果 Nougat 是土生土长的糖果，短期内中文名称一变再变的现象应该不会出现。当然，笔者不排除洋糖果 Nougat 最初的起源地为中国的可能性，牛轧糖的起源地问题也非本文研究的重点。

4 牛轧糖就是 Nougat

几年之后，冠生园食品公司、华欧制糖厂、ABC 糖果厂及伟多利食品有限公司等企业也开始生产、销售 Nougat，所用中文译名仍然不断在变。从 1930 年开始，冠生园食品公司在《申报》上刊登广告时先后采用"牛轧糖""鸟结糖""钮结糖"和"纽结糖"等中文名称（详见表 2），均属首次使用。

表 2 《申报》所见冠生园使用的各种牛轧糖中文译名

报纸出版日期	中文译名	翻译法
1930.11.22	牛轧糖	音译＋类别词
1934.10.20	鸟结糖	音译＋类别词
1936.6.4	钮结糖	音译＋类别词
1937.1.9	纽结糖	音译＋类别词

1930 年 11 月 22 日《申报》第 18 版上，冠生园采用"牛轧糖"这一名称来刊登广告。这是我国近代文献中首次出现"牛轧糖"这一中文糖果名称（见图 6）。广告内容如下：

---

① 在冠生园采用"牛轧糖"译名后，沙利文在 1937 年 10 月 22 日的广告中也使用了"牛轧糖"这一名称。

今日礼拜六半价部冠生园总店巧格力糖部每逢礼拜六有大牺牲之半价糖出售，今日之售半价者有：原价每磅二元之牛轧糖、原价每磅一元六之鲜奶油糖……概收半价，但只限总店发售，请各界注意。

（《申报》1930 年 11 月 22 日）

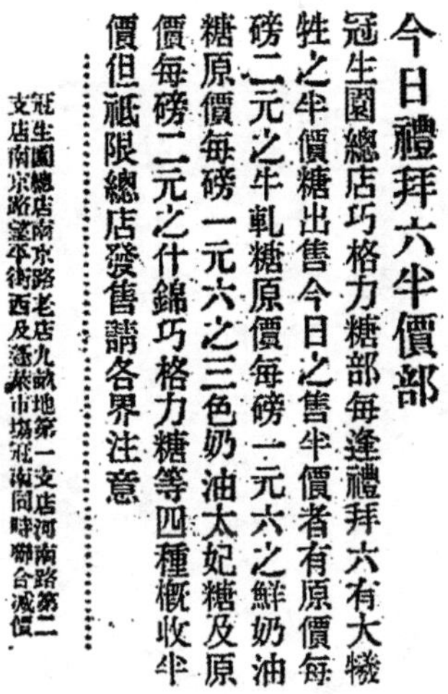
今日禮拜六半價部
冠生園總店巧格力糖部每逢禮拜六有大犧牲之半價糖出售今日之售半價者有原價每磅二元之牛軋糖原價每磅一元六之鮮奶油糖原價每磅一元六之三色奶油太妃糖及原價每磅二元之什錦巧格力糖等四種概收半價但祗限總店發售請各界注意

冠生園總店南京路老店九畝地第一支店河南路第二支店南京路望平街西及蓬萊市場冠南同時聯合減價

图 6　最早的牛轧糖广告

从广告中的"原价每磅二元之牛轧糖"这句话看，冠生园开始生产牛轧糖的日期应早于 1930 年 11 月 22 日。

到 1934 年 10 月，冠生园用"鸟结糖"代替"牛轧糖"来刊登广告。1936 年 6 月改为"钮结糖"，1937 年 1 月又改为"纽结糖"。这就容易理解，1937 年 2 月 6 日《申报》第 14 版刊登冠生园十大糖果征文揭晓的消息时，采用的名称是"纽结糖"。该条消息配有十大糖果的手绘图片，第七名是巧格力纽结糖，第十名是杏子纽结糖。第七名图片上中、英文名称都有——冠生园纽结糖 / K.S.Y. NOUGAT，这是近代文献中最早的牛轧糖商品图片，清楚地表明纽结糖和 Nougat 乃为同物（见图 7）。虽然笔者没有找到当时冠生园采用"牛轧糖""鸟结糖"和"钮结糖"等名称时的商品照片，但由于这些名称读音相近，时间相隔也很近，应该只是采用的译名稍有不同而已，实际所指均为 Nougat。显而易见，当时其他译名如钮搿糖（《申报》1932 年 10 月 23 日）等，都可作如是观。

至此，可以得出以下结论："牛轧糖"这一名称最迟于 1930 年出现在上海，是英文 Nougat 多种音译词（法兰纳、周流纳、佛兰糖、芬兰糖、牛轧糖、鸟结糖、钮结糖、纽结糖、钮搿糖等）中的一种。

既然"牛轧糖"是 Nougat 的音译词，从英文 Nougat 的读音［′nuːɡɑː］来看，"轧"字就一定读 ɡá，而绝不读 zhá 或 yà①。换个角度看，发 ɡɑ 音的汉字，在上海话和国语中都不多，"轧"是上海话中最为常用的发 ɡɑ 音的字。既然如此，在翻译英文 Nougat 时，上海方言中读 ɡɑ 音的"轧"字，自然成为最佳候选词之一。

图 7　冠生园十大糖果

5　上海方言"惹的祸"

其实，轧在上海话中是个常用字，并且只有一种读音——ɡá，《上海话大词典》中共收录含"轧"字的词条 40 多个。"轧"字用上海话拼音方案注音为 ɡhɑk，用汉语拼音方案注音为 ɡá。在上海话中，"轧"字的主要义项有：（1）〈形〉

① 鸟结糖、钮结糖、纽结糖等名称极可能是根据 Nougat 的另外一种读音［ˈnuɡət］来音译的。

挤，拥挤："大世界"~得来勿得了，侪是人。（2）〈动〉得到，结交：朋友~了多少辰光了｜~好道。（3）〈动〉查对，核算：辦笔账要好好叫~一~。（4）〈动〉看准：我去~~市面看。（5）碾压，压：~钢｜昨日马路浪~煞一个人｜一只铅笔盒子~坏脱了。（6）〈动〉买：~头寸。（7）〈动〉农机脱粒：~稻。◇义项（2）为英语 get 音译的引申[11]。

"轧"字的这些义项，在 1930 年前后的《申报》中几乎都出现过，试各举一例如下表 3：

表 3 《申报》所见"轧"字的常见用法举例

报纸出版日期	例　　　　句	对应义项
1930.1.15	沪西水浅，船只挤轧	挤
1929.8.25	现在三民主义，男女轧朋友是平常的了	得到，结交
1928.12.2	农行基金，每十日应轧账清解一次	查对，核算
1930.1.7	汽车轧断乡童腿骨	碾压、压
1934.11.30	今日为金融界月底轧头寸之日	买
1933.5.25	永义厂出品的丹心牌轧稻机，可以说是尽善尽美	农机脱粒

根据《常用字字源字典》中的解释，轧字本意为用轮或圆轴压路，读 yà，通"压"字。现代以来变音为 zhá，但意义不变，用于现代重工业中轧辊（gǔn）、轧钢、轧钢机等。gá 为现代江浙地方的变音，引申义为挤，拥挤，又引申转义为结交，又转义为查对（账目）[12]。

对比这两部字典的解释可知，普通话或国语中轧字只有 yà 和 zhá 两种读音，gá 是现代江浙地方轧字读音的变音。在上海方言中，轧字只有 gá 一种读音，普通话或国语中读 yà 和 zhá 这两个音的义项，和上述上海话中轧字的义项（5）碾压相对应，这一点也得到了两位 70 多岁老上海人的证实。可是，随着时间的推移，用上海方言翻译出来的译名"牛轧糖"进入书面语后，对上海以外地区的人来说，"轧"字怎么读就自然成了一个问题。

6　结语

牛轧糖的"轧"字怎么读，真可谓众说纷纭、莫衷一是，公说公有理，婆说婆有理，似乎谁也说服不了谁。本文根据可查的史料，通过推理和证明，认为"牛轧糖"是 Nougat 的音译词之一，最初"轧"应读 gá。

考虑到多数人都把"轧"误读作 zhá 或 yà，笔者建议在汉语词典（特别是常用词典）中增加"牛轧糖"这一词条，并给出正确的注音，也建议各牛轧糖生产厂家在中文名称后添加拼音注音。

即便如此，"轧"字怎么读未来在民间仍将出现分歧。但进行学术探讨，搞清问题的来龙去脉，仍是很有意义的事情。

参考文献

［1］你知道牛轧糖的故事吗？［N］.新民晚报，2007-11-06（B16）.

［2］晨风.牛轧糖的由来［N］.中山商报，2008-02-19（B4）.

［3］敖萌."牛轧糖"的"轧"怎么念［J］.小学生优秀作文，2015（16）：39-40.

［4］钱乃荣.上海方言与文化［M］.北京：中国国际广播出版社，2015：249.

［5］钱乃荣.糖纸头海派文化的童年情结［M］.上海：上海大学出版社，2011：30.

［6］踢克踏克牛轧糖［EB/OL］.［2018-01-08］.https://chaoshi.detail.tmall.com/item.htm?spm=a230r.1.14.81.788a9c743uc5li&id=541913771509&ns=1&abbucket=16.

［7］牛轧糖包装盒［EB/OL］.［2018-01-08］.https://item.taobao.com/item.htm?spm=a230r.1.14.54.186dc1c7KjRedG&id=561112713615&ns=1&abbucket=16#detail.

［8］阮智富，郭忠新.现代汉语大词典（下册）［M］.上海：上海辞书出版社，2009：2281-2282.

［9］钱乃荣.上海话大词典（拼音输入版）［M］.上海：上海辞书出版社，2008：276.

［10］左旭初.百年上海民族工业品牌［M］.上海：上海文化出版社，2013：132-134.

［11］同［9］.

［12］高景成.常用字字源字典［M］.北京：语文出版社，2008：317.

作者简介

周广西　南京理工大学图书馆副研究馆员

南京艺术学院图书馆馆藏民国文献《中国艺术论丛》与地质学家毕庆昌

刘春华　　陈　亮

摘　要：文章从整理南京艺术学院图书馆馆藏民国文献《中国艺术论丛》说起，由该书页上的购书记入手挖掘梳理了地质学家毕庆昌的基本情况以及其与该书的因缘关系，并由此分析推断该书入藏图书馆的时段。

关键词：民国文献　艺术文献　中国艺术论丛　毕庆昌

1　关于《中国艺术论丛》

2017 年深冬，我们在馆里整理馆藏民国艺术文献时，发现一册很有意义的小书。这就是 1938 年 7 月由商务印书馆发行的滕固编纂的《中国艺术论丛》，书名页如图 1：

图 1　《中国艺术论丛》书名页

据《同舟》第五卷第八期《长沙分馆三十年大事纪》一文记载，商务印书馆自光绪三十三年（1907）始，在长沙设立分馆。"七七"事变后，随着北平、上海、南京等大城市的沦陷，商务印书馆总管理处编审部搬至长沙分馆。长沙分馆在抗战时期发挥了巨大作用，出版了不少好书[1]。

而美术理论家滕固先生主编的这本《中国艺术论丛》正是早期中国美术史论著述中的好书之一，版权页如图2：

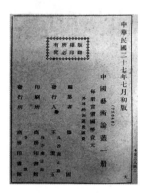

图2 《中国艺术论丛》版权页

2 特别的《中国艺术论丛》

在这册《中国艺术论丛》封面页后面有数行小字（如图3），躬录如下："廿六年四月自杭返京参观第二次全国美展，当时躬逢其盛，不知后此胡氛焚火中，盛世之难再也。爰购此纪念，抑兼以志会前毕生永忆之快游焉。

廿八年二月底宙迁志于昆明。

图3 《中国艺术论丛》封3记录文字

这段文字说的是一个叫宙迁的人，于 1939 年 2 月底在昆明买了这本《中国艺术论丛》，回想其 1937 年 4 月从杭州回到南京参观"第二次全国美展"所见到的盛况，有感于之后由于日本侵略的战火，盛况难以再现，于是购买了该书作为纪念，同时以此纪念其参观美展前愉快而永生难忘的游玩经历。将近 80 年过去了。这个叫宙迁的人是到底谁？怎么会在昆明？这本书大约什么时候成为馆藏的？

2.1　关于毕庆昌

借助相关资料查证，原来"宙迁"是一个名叫"毕庆昌"的人的字。据《中国大百科全书》介绍，毕庆昌是地质学家，字宙迁，江苏仪征人，1911 年生，2001 年卒于台北。1936 年毕业于中央大学地质学系，主攻大地构造学，曾任中央地质调查所技正，台湾省地质调查所所长。30 年代末，抗日战争期间，先后在湖南、云南、陕西、甘肃和青海等地进行野外考察[2]。这册书，应当是其在云南考察时所购。

毕庆昌（如图 4）出身于名门望族，与清朝总理衙门事务大臣李鸿章、淮军将领刘铭传均属姻亲。祖父毕畏三是淮军主将刘铭传的外孙，父亲毕倚虹是清末民初"鸳鸯蝴蝶派"才子。外祖父杨云史是李鸿章的孙女婿，母亲杨芬若是李鸿章长子李经方的外孙女。1926 年 5 月，毕倚虹三十四岁因病早逝，那一年，毕庆昌只有十五岁，此后，他由张学良、叶楚伧等捐钱上完中学和大学[3]。

图 4　毕庆昌像

毕庆昌在上海民立中学读书期间，在校刊《民立学生》（1931 年第 1 期）发表了《课艺：国文之部：学生自治之必要》《课艺：国文之部：植树》《Why We Are Taxed》《Why China Needs Roads and Railways》《Choice of a Calling》《SILK》《Portrait of a Miser》《石油在中国》《月球之地理》《求过于供之氦》《中国边疆之两大瓯脱地——帕米尔与江心坡》等文章，已经可以看出他对于地学方面的偏爱。

在中央大学读书期间，他于 1933—1934 年间先后在国立中央大学出版组编印的综合性刊物《校风》。发表了《汤山纪游》《汤山地层巡礼》《雨花台石子绝句》《中国人所知之化石》《"震旦"变迁小史：附表》《老虎头之山崩》《龙潭探煤记》《西湖地质旅行诗：重见湖山》《西湖地质旅行诗（续）》

《杭州北高峰与将台山间之地质构造》《杭州北高峰与将台山间之地质构造（续）》等文章，既有诗文，也有地质学专业文章。充分展现了其多才多艺的一面。

民国年间，媒体兼容并蓄、开放自由，人们经常在报刊上登载各种各样的启事和简讯。在 1933 年 4 月 18 日《晶报》第 3 版（如图 5）有署名为"狮"的一则消息："故毕倚虹先生之长公子庆昌，近在中央大学习地质学，甚有进步，中央刊行之《校风》杂志，庆昌撰《汤山地层巡礼》《中国人所知之化石》诸篇，考据文字均佳。我国地质学家，如丁文江、翁文灏等不多，故庆昌注意此学。"[4]《晶报》是民国时期上海滩上的著名小报，主持者为余谷民，别署大雄，有时署名宝凤、神狮。毕倚虹是《晶报》的特约撰稿人，他去世以后，余大雄作为"倚虹遗孤教育扶助会"的主要成员，自然对毕庆昌的成长倍加重视，在其报纸上宣传一下老报人毕倚虹的公子，让读者有所知晓也就是可以理解的事了。

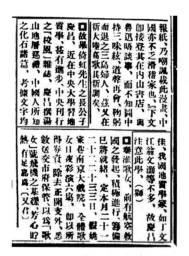

图 5　1933 年 4 月 18 日《晶报》第 3 版

中央地质调查所的前身为民国政府实业部矿物司地质科，1913 年改名为地质调查所。地质调查所人才选拔非常严格。1928 年以后，地质调查所从北京大学、中央大学、清华大学等高校学生中选拔优秀人才加入，人才有所增加，队伍得到充实。1932 年，作为中央大学地质系的优秀学子，毕庆昌一边学习，一边参加地质调查所的研究工作[5]。

2.2 毕庆昌与《中国艺术论丛》

1936 年毕庆昌从中央大学地质学系毕业，从此册《中国艺术论丛》上的购书记可知，他在 1937 年 4 月，是从杭州回到南京参观第二次全国美展的，说明先生不仅是地质专家，兴趣爱好也涉猎到艺术领域，参加当年繁盛的全国美展，足以证明其一定的艺术审美品位。留下了"毕生永忆之快游"，说明这段时间他应当是在杭州工作，而且是毕业之后故地重游，并购买《中国艺术论丛》做购书记借此感怀，其快乐的心绪自是可以想见的了。

毕先生对文艺的兴趣从他的小诗可见一斑。地质调查所于 1938 年 8 月在云南昆明设立了办事处。昆明办事处最初设在昆明翠湖通志馆内，后为逃避空袭而迁至城北瓦窑村，毕庆昌就曾在这里办公，1940 年 10 月昆明办事处撤销，人员陆续回到北碚的地质调查所[6]。在瓦窑村，毕庆昌作了两首《瓦窑村春回》的小诗（如图 6）。其一："新红已着隔年枚，旧院春回客未回，原是天涯花国事，相传聊替故乡梅。"其二："万物村居细考量，方知哀乐两非狂，温柔凄厉皆生意，入叙茶花澈夜狼。"后来用毕宙迁之名发表在《文史杂志》第 2 卷第 4 期第 74 页上[7]。

图 6 《文史杂志》第 2 卷第 4 期第 74 页

由此可见，具有文艺才情的毕庆昌先生为什么会对一册《中国艺术论丛》情有独钟。

由于抗战后期"开发西北"的舆论呼声很高。因此地质调查所于 1942 年开始筹备组织创办西北分所。1943 年正式通过行政院的批准在兰州萃英门内 13 号成立，4 月起，为了加强地质调查的实力，具有文艺细胞的地质专家毕庆昌与叶连俊、何春荪、陈梦熊等人先后被调往兰州开展工作[8]。

1945 年 10 月台湾光复后，毕庆昌被派往台湾接管地质工作。1946 年台湾地质调查所成立，任第一任所长。1946—1972 年，任台湾大学地质系主任和教授、私立中国文化学院教授，作为著名的地质学家，他打破两岸地质学界几十年对立的壁垒，积极推动两岸地质学家学术交流。

3 《中国艺术论丛》入藏溯源

南京艺术学院的前身是 1912 年创办的上海图画美术院，由中国美术教育奠基人刘海粟先生和画友共同创办，1930 年更名为上海美术专科学校。1922 年，颜文樑先生在苏州创办了苏州美术专科学校。1952 年全国高等学校院系调整，上海美术专科学校与苏州美术专科学校及山东大学艺术系的美术、音乐两科，合并成为华东艺术专科学校，地址在江苏无锡社桥。1958 年华东艺专迁校南京，地址在南京丁家桥。1958 年 6 月更名为南京艺术专科学校。1959 年定名为南京艺术学院。1967 年迁址于南京市虎踞北路 15 号。在百年办学历程中，学院图书馆随着并校与搬迁，馆藏也在不断地扩充与增加。毕宙迁所购的这册《中国艺术论丛》，根据图书馆财产登记簿显示，财产号为 52955，来源为"宁古籍"，价目为 1 元，当为从南京古籍书店以标价购得。书上所钤馆藏章为"南京艺术专科学校图书馆藏"，当为 1958 年下半年入藏，因为 1959 年学校已经改名为南京艺术学院了。该书八十年前在长沙出版，次年在昆明为"宙迁"购得，六十年前不知何故流落到南京古籍书店，辗转被南京艺术学院图书馆采购成为艺术特色馆藏，这期间见证了多少鲜为人知的故事，真可谓是一册很特殊的馆藏民国文献了。如果不是"宙迁"当时留下了七十字的购书记，后人又哪里会知晓这其中的故事呢？

参考文献

[1] 商务印书馆.长沙分馆［EB/OL］.（2014-08-01）［2017-12-27］.http://www.cp.com.cn/Content/ 2014/08-01/1732277845.html.

［2］三凤堂堂主.扬州近现代"十大望族"——仪征毕家［EB/OL］.（2007-09-28）［2017-12-27］.http：//www.bokeyz.com/user1/sfttz/52269.html.

［3］有礼有理V.诗人翻译家毕朔望教授出自名门望族［EB/OL］.（2011-07-22）［2017-12-27］.http：//blog.sina.com.cn/s/blog_7a83d06d0100wr0s.html.

［4］狮.故毕倚虹先生之长公子庆昌［N］.晶报，1933-04-18（3）.

［5］王仰之.中国地质调查所史［M］.北京：石油工业出版社，1996：50.

［6］邓怡迷.抗战时期中央地质调查所内迁述论［J］.重庆第二师范学院学报，2015（6）：32.

［7］毕宙迁.瓦窑村春回［J］.文史杂志，1942（4）：74.

［8］邓怡迷.在行政与学术之间：中央地质调查所研究（1916—1945）［D］.成都：西南大学，2016：44.

作者简介

刘春华　南京艺术学院图书馆馆员

陈亮　南京艺术学院图书馆馆长，研究馆员

民国语言学家陆衣言成就爬梳

张雅琴

摘　要：陆衣言先生是民国时期著名的语言学家，以其在语言学方面的卓著造诣而闻名学界，事实上，陆先生还广泛涉猎其他领域的学术编撰与研究。然而，学界对他的成果研究却鲜有梳理。本文针对这一空白而作，希望对学术研究与参考有所裨益。

关键词：陆衣言　语言学家　国语　教科书　指南　词典

陆衣言先生是民国时期重要的语言学家，作为中华书局的一名编辑，以其自身高超的语言学知识素养为国语教学的展开以及国语运动的推广作出了卓越贡献，鲜为人知的是，他还是汉字检字法和手语的发明者、多学科教科书及教学参考资料的编写者、旅游指南的编撰者、《小朋友》杂志的创办者之一、《中华教育界》的长期供稿人、幼儿散文作家代表……文化触角涉猎广泛，学术研究著作等身。遗憾的是，根据所查资料结果显示，目前尚未见到对陆衣言先生平生成就的总结性资料。有关陆先生作品及成就的信息散见于各种学位论文、期刊文章和各种图书数据库中，下面是笔者在尽可能广泛地检索各方材料基础上，形成的陆衣言先生一生成就的梳理。望与同趣学者共襄补缺事宜。

1　语言学方面的成就

1.1　国语国音方面的著作

陆衣言先生对于国语运动有着深入的研究和独到的见解，国语运动期间，他编辑出版了许多优秀的国语国音出版物，如《新定国音发音法》（中华书局，

1921 年）、《国语注音符号发音法》（中华书局《新国音丛书》，1930 年）等，为国语的学习提供了有力依据。他还编写《国语注音符号讲习课本》（中华书局《标准国音丛书》，1930 年）、《注音符号函授科讲义》（1—6 册，国语传习会函授部出版，1933 年）、《注音符号教科书》（大华书局，1934 年）、《注音字母教授法》（中华书局，1922 年）等重点讲授注音符号的图书；解决实际应用问题的会话类图书《中学生用国语会话》（2 册，世界书局，1931 年）、《国语会话》（师范生用，世界书局，1933 年）、《注音符号交际国语会话》（大华书局，1934 年）、《新教育国语会话》（中华书局，1921 年）、《国语常识会话（交通）》（中华书局，1921 年）、《交际国语会话》（世界书局，1931 年）及《商人国语会话》（世界书局，1931 年）。

此外，陆先生还出版了《国语罗马字使用法》（1930 年）[1]、《国语注音符号使用法》（中华书局，1930 年）、《国语注音符号发音图指导书》（世界书局，1930 年）、《注音符号全书》（汉文正楷印书局，1933 年）以及《国语注音符号浅说》（商务印书馆，1931 年）[2]。

除自己编辑的出版物之外，陆衣言还与其他语言学家合作编写或校订国语国音著作。1920 年，上海中华书局出版《国音易解》（黎均荃、陆衣言编辑），1925 年，北京中华书局又出《增补订正国音易解》（作者同《国音易解》）。1931 年，世界书局出版《注音符号问答》（张漱六，陆衣言编）。30 年代，陆衣言校订的语言学著作有《国语信号》（张万华编，世界书局，1930 年）、《注音符号发音法》（彭淑珍编，世界书局，1930 年）、《注音符号书法体式》（陆问梅编，中华书局，1930 年）、《注音符号发音原理》（马俊如编，世界书局，1930 年）。

上海国语专修学校办校期间，中华书局开办了国语研究会会刊《国语月刊》，除定期出版物外，又出版了 200 余种有关国语教学的讲义、教材、参考读物和工具书。作为参考读物，陆衣言编写了《黎锦熙的国语讲坛》（演讲集），1921 年中华书局出版。该书辑录了黎锦熙在 1920 年 9 月至 11 月在江浙一带讲演的笔记共计 13 篇[3]。

1.2　词典辞书的编纂方面

陆衣言先生所供职的中华书局是词典辞书的重要出版机构。民国时期共出版词典辞书 80 种。作为中华书局编辑队伍中的重要成员兼语言学家的陆衣言，在国语国音词典编纂方面出力颇多，贡献出了他宝贵的专业智慧和无数的心血。

二十世纪一十年代末商务印书馆出版的《国音字典》《国音常用字汇》在读音上具有法定地位，因此，这两部字典在几十年间发行了几十版，作为商务印书馆的老对手中华书局，不甘落后，亦根据上述读音标准编印了一系列字典，以争夺市场，其中陆衣言所编字词典有：《中华国音新字典》（1921年初版）、《国音熟字表》（1921年初版）、《国音小字典》（1921年初版）、《国音小检字》（陆衣言、陈逸编，1921年初版）和《中华国音新检字》（陆衣言等编，1922年初版）[4]。

中华民国初期，在白话文运动、国语运动等推动下，辞书编辑出版也突飞猛进。工具书的编纂者都试图摆脱以往《康熙字典》《四库全书》等的影响，收字力求简约，收词力求平白，而且更加注重文字和语言的学习，为学生编辑工具书成为一时的风气。根据《民国时期总书目·语言文字分册》《八千种中文辞书类编提要》和北大、北图、人教社图书馆藏书的统计，民国时期（1912—1949年）共出版字典78部，其中学生字典44部，约占56%。民国时期共出版词典46部，其中学生词典有10部。陆衣言参编的国音词典有两部：一为《（头尾号码）新国音学生字典》，陆衣言、马国英编，中华书局1929年11月初版，1947年出至17版，收字8400多，按陆衣言发明的头尾号码检字法依号排列，有国语罗马字、注音字母两种注音。另一为《（改良部首）标准国音小字典》，江仲琼、陆衣言编校，中华书局1936年1月初版，依陆衣言《熟字统计表》收常用字6000多个，按陆衣言的改良部首排列。白话释义，简明详备，但例证很少。附录中有1935年8月"教育部"公布的《第一批简体字表》324个简体字。国语类词典由陆衣言参与编纂的是《国语学生字典》，中华书局1926年7月初版。1940年，中华书局出版陆衣言先生编《中华国语大辞典》。

陆氏还参与了《中华大字典》的编纂。这部字典开编于1909年，历时5年编成，1915年由中华书局出版，是我国辞书史、文字学史、语言学史上一部具有里程碑意义的重要作品。它的出现，标志着我国辞书的发展进入了一个崭新的历史阶段，为以后各种新式字典辞书的编纂奠定了体例规范。

1.3 手语的发明方面

清末民国时期的"国语运动"倡导创造一种并行且主要起辅助学习汉字作用的切音字，从而实现"言文一致"和"国语统一"，1918年北洋政府发布"注音字母"后，陆衣言编制了一套独特的"国音字母单手语"[5]。是一套在以往的聋教育史论著从未涉及和关注过的手指字母。它陆续发表于《国语月刊》1922 年第 1-3 期，作者（陆衣言）认为，这套手指字母不仅可以帮助"聋哑者与一般人交换意见"，健听人也可以用来"在人群中、在较远的地方彼此手谈，在买卖场中秘密论价"[6]。

1.4　检字法的发明方面

二十世纪二十年代发明的汉字检字法主要有 53 种，其中陆衣言发明头尾号码检字法。30 年代，新发明的汉字检字法有 39 种，其中陆衣言发明了改良部首检字法[①]和新部首检字法。他还发明过上下号码检字法。

1.5　教科书的编写方面

陆衣言先生编辑的语言学教科书主要有以下几种。

1.5.1　《新教材教科书国语读本》

《新教材教科书国语读本》（共 8 册）由黎均荃、陆衣言编辑，中华书局 1920 年开始出版。《中华教育界》第 9 卷第 3 期刊发了这套教材的广告："这部国语读本，……选适合儿童心理的教材，适合现在世界和我国大势，活泼有趣，切实有用，期儿童易于了解，四年毕业，可以具完全做人做国民的知识。"[7]同时，黎、陆二人还为此书配套编写了《新教材国语读本说明书》（1921 年）。

1.5.2　《新教育教科书》语言教材

"新教育教科书"较之"新教材教科书"科目更为全面。初小用书出版了修身、国语课本、国语读本、算术 4 种，共 32 册。高小用书含修身、国文、国语读本、算术、历史、地理、理科、英文 8 种，共 45 册。国语读本标有注

---

① 19 世纪末，接触了西方文化，发现拼音文字在排序上很简单，便于检查，许多有识之士感到了问题的严重性，所以就有了改良检字法的研究，希望能找到适合汉字特点的检字法。杨复耀著《汉字检字法之综合的介绍与评价》，介绍了陆衣言的改良部首法等。

音字母。英语读本（共 7 册）前 3 册为高小所用，后 4 册则供中学用。此外，还出版中学教科书若干种。"新教育教科书"主要编者有朱文叔、钱梦渭、朱麟、杨达权、胡舜华、陆衣言、沈彬、戴克谐等。这套丛书到 1922 年出齐。陆氏在这套教材中主要参与《新教育国语读本》与《新教育教科书国音课本》的编辑。《新教育国语读本》（国民学校）共 8 册，参编者还有胡舜华、陆费逵、杨敬勤、戴克敦、张相、黎均荃、刘传厚，由中华书局 1920 年 12 月初版。《新教育教科书国音课本》（国民学校用）由黎锦晖、陆衣言编辑，1921 年出版。还编写"新教育教科书"《国语发音学大意》（中等学校通用），中华书局 1921 年出版。

1.5.3 留声机课本

作为二十世纪早期开始出现的一种新的语言教学方式，各类留声机用语言教学类唱片的使用，成为辅助语言教学的有力手段之一，在近代中国语言教学历史上占据着不可替代的位置。一些语言学家乃至文化名家都积极参与到这些语言教学用留声机片的灌录工作中去，陆衣言与其他文化界名人如白涤洲、赵元任、林语堂、老舍等一样以饱满的热情参与其中。由王蕴山（王璞）灌音，黎勋西（黎锦熙）审定，陆费逵、陆衣言、董文等人参与审查和编辑的《中华国音留声机片》，1920 年由中华书局出版发行，次年发行与之配套的《中华国音留声机片说明书》（陆衣言编）。这套国音留声机片堪称中国人自制的第一套国语留声机片。为国内各级各类学校提供了一个相对标准的国音国语范本，对当时以"言文一致"和"国语统一"为号召的方兴未艾的国语运动，起到了极大的推动作用[8]。

1.6 速记事业的贡献方面

二十世纪初至中叶，研究速记者增多，方案方式流派不断扩展，陆衣言作为一名语言工作者也参与其中，为中国速记事业作出了一定贡献。

1921 年，陆衣言参与校阅、沈彬主编的中华书局出版了《万国语音学大意》（中等学校通用）。

1925 年，陆衣言编写的《国语速记术》出版。

2 创办与参编刊物方面的成就

2.1 参与《小朋友》杂志创办

1922 年 4 月 6 日，中华书局主办的《小朋友》杂志第一期出版[9]，主编黎锦晖，陆衣言与吕伯攸、吴翰云、陈醉云、潘汉年、王人路、汉光、赵蓝天同为编辑。但早在 1921 年 10 月份，陆费逵、黎锦晖、王人路、陆衣言、黎明等 5 人已经开始运作了。"五个人约定一同供给稿件，又各负专责，分工合作，由伯鸿主持一切，指挥印刷发行，锦晖编辑，衣言排校，人路绘画，黎明翻译，各有所司"。[10]经过半年时间的筹划，《小朋友》终于呱呱落地。在当时他们既是编辑，又是作者，是支持刊物的基本力量。从创刊到 70 期（1923 年 8 月），陆也是该刊的主要作者之一[11]。集编辑与创作于一人，是早期儿童文学期刊的一大特色。《小朋友》创刊的五人各司其职，陆衣言的创作体裁丰富，有诗歌、寓言、散文等。

2.2 参与《中华教育界》长期供稿

陆衣言先生在《中华教育界》的作者统计排名表中，也是重要作者[12]。中华书局众多编辑在《中华教育界》出版发行的早期，在很大程度上解决了创刊初期《中华教育界》的稿源问题。"虽然这种境况在之后有所改变，但中华书局编辑人员的文章仍占有一定的分量，在人员统计表中，如李廷翰、陆衣言、顾树森、史礼绶、李步青、范源廉、袁希涛、吴家煦、吴廉铭、沈步洲、黎锦熙、余家菊、陈启天、左舜生、倪文宙、舒新城、钱歌川等人都曾先后担任中华书局的馆内与馆外编辑，他们中的一些人根据先前的教育经历与当前的教育职业来发表自己对教育的看法。"

3 文学领域成就

陆衣言先生文学方面的成就主要体现在幼儿散文、编校古代小说及编辑儿童文学丛书等方面。

3.1 幼儿散文

我国散文的历史悠久，但为幼儿创作的散文却始于五四时期。从现代成人散文中分化出来的。陆衣言、冰心、刘半农、郑振铎是中国最早的儿童散文作家。陆衣言的《太阳出来了》（1926）、冰心的《一只小鸟——偶记前天在庭树下看见的一件事》（1920）、刘半农的《雨》（1920）、郑振铎的《纸船》等都是当时幼儿散文的优秀代表。

3.2 编校古代小说

1926 年 8 月，陆衣言编校《能仁寺》《老残游记》《三气周瑜》《女儿国》《花果山》《闹天宫》（均为标点绘图小说片锦），由上海文明书局出版，后两本书在 1931 年 1 月再版。1926 年 6 月，该社还出版了陆衣言编校的《火烧赤壁》（节录本）。

3.3 编译《儿童文学丛书》

陆衣言与黎锦晖、赵宗预一同编译《儿童文学丛书》，该套书出版于 1933 年，分为小说 20 种、诗 4 种、故事 24 种、文艺图 4 种、笑话 6 种、谜语 12 种，共 6 类 70 种。

4 其他领域成就

陆衣言先生一生研究领域涉猎广泛，在语言文学之外，他还与他人合作参编各科中小学教科书，编写旅游指南甚至美术制作书。

4.1 编写教科书

民国时期，陆衣言先生参与编写的其他学科教科书涉及自然、社会及修身等。民国自然教科书有好几个版本。陆衣言与蒋镜芙共同编辑了《新小学教科书自然课本》（八册）（陆费逵、戴克敦校，1923 年至 1925 年出齐），上海中华书局出版发行，各册出版时间均不同，曾多次再版，现存于华东师范大学图书馆[13]。还出版了与之配套的《新小学教科书自然课本教授书》（八册）（作者及校阅同上），1924 年至 1927 年出齐[14]。

在社会教科书方面，陆衣言与蒋镜芙合作编写了《新小学教科书社会课本》（初小用 1–8 册），由陆费逵、戴克敦校，中华书局 1924 年至 1926 年出齐。同时，陆、蒋二先生还编写了配套的《新小学教科书社会课本教授书》，供教学人员参考使用。

在修身教科书方面，陆衣言与朱文叔、董文、陆费逵、刘傅厚、戴克敦、张相一起编写校阅"新教育教科书"《修身》（共六册，高等小学校用），中华书局 1921 年初版[15]。

4.2　编写旅游指南

陆衣言先生编写的《南京游览指南》，由中华书局于 1924 年 6 月初版印刷、发行，1926 年 5 月再版，题为《最新南京游览指南》。国民政府定都南京后，1929 年 5 月又出五版，书名为《最新增订南京游览指南》。共分 12 章，书中详载关于游览的各种事项，作游览南京者的向导。各风景区的游览行程、交通路线、食宿游览、物产等，还附有笔记空格、旅费收支表、人名录、书信收发表等以供游客随时笔记之用。书前附有最新简明南京地图一幅及铜版图 35 幅。便于游览者按图寻找。书后特附《南京新旧城门街道名称对照表》，专门对定都后的南京城门及街道名称改动情况进行及时更新。以便游客查检对照。是研究定都前后南京地理文化的重要资料，具有很强的实用性及时效性[16]。

4.3　编写美术制作书

民国时期，由于国民整体经济状况堪忧，实干型工艺占有绝对优势，同时也不乏有通过指导儿童制作各种简单的工艺美术作品，开启儿童的智慧，发挥儿童的艺术想象力和创造力的各种手工性制作书籍的出版。其中陆衣言先生编撰的有两种，其一为 1930 年中华书局出版的《儿童工艺四十种》（分别在 1933 年、1948 年再版），该书附制作工艺图 156 幅，均为作者自绘，极真切，极明了[17]。其二为《小工艺》一至四集，此书为中华书局 1924—1930 年出版的《儿童艺术丛书》中首先出版的一种，绘有插图和封面画。该书每项工艺制作的文字表达上都力求用浅显的国语，并且使它"儿童化"，其文字表达的生动性，可见一斑。例如《小手工》开篇写到，"小朋友们，请问你：各种功课做完了，你们有些什么好游戏？……家境富裕不足奇，贫困在于没手艺，这正是'无财不用急，无艺见高低'"[18]如此儿童化，如此亲切且符合儿童心理的用语，不但儿童读了就要心动，连大人读了也想跃跃欲试来制作这些工艺美术品。

5　结语

综上，陆衣言先生作为我国民国时期一位重要的语言学家、词典编撰家、儿童杂志编辑、教材编纂者，为近代中国语言学、教育学、旅游学、儿童文学等领域的发展发挥了不可磨灭的作用。后人应当给予他应有的学术地位并铭记他在中国文化和学术史的贡献。

参考文献

[1]刘晓明.清末至新中国成立（1892—1949）汉字改革史论[D].石家庄：河北师范大学，2013：108.

[2]刘沛生.近代国语运动研究[D].济南：山东师范大学，2007：38.

[3]何瑶琴.中华书局中小学教科书出版研究（1912—1937）[D].南京：南京大学，2012：75.

[4]邹晖.本世纪前期我国辞书及目录索引出版述评[J].图书情报知识，1996（2）：66.

[5]高宇翔，顾定倩.中国手语的发展历史回顾[J].当代语言学，2013（1）：98.

[6]高宇翔.对1920—1940年三套手指字母的历史考证[J].绥化学院学报，2014，34（10）：38.

[7]王博.清末民初教育期刊对教学变革的影响之研究（1901—1922）[D].长沙：湖南师范大学，2013：245.

[8]丁伟.中国最早的一套语言留声机片——中华书局出版的《中华国音留声机片》[J].编辑之友，2011（9）：111.

[9]满新颖.中国歌剧的诞生[D].厦门：厦门大学，2006：85.

[10]肖阳.黎锦晖为孩子们营造美育乐园——以《小朋友》周刊为例[J].星海音乐学院学报，2011（3）：38.

[11]陈莹.民国时期《儿童世界》和《小朋友》的办刊特色研究[D].长沙：湖南师范大学，2013：21.

[12]喻永庆.《中华教育界》与民国时期教育改革[D].武汉：华中师范大学，2011：63.

[13]王京彩.民国时期小学科学课程标准变革研究[D].上海：上海师范大学，2011：30.

［14］王有朋.中国近代中小学教科书总目［M］.上海：辞书出版社，2010：348.

［15］朱文叔，董文，陆衣言，等.新教育教科书·修身［M］.上海：中华书局,1921：封三.

［16］陆衣言.最新增订南京游览指南［M］.上海：中华书局，1929：189-196.

［17］陆衣言.儿童工艺四十种［M］.上海：中华书局，1930：例言第二页.

［18］段晓蕾.20世纪前期中国审美教育微观研究与具体措施［D］.上海：上海师范大学，2014：27.

作者简介

张雅琴　上海师范大学图书馆近代文献中心主任、副研究馆员

民国期刊中"个旧锡业"文献篇目概说

——以"大成老旧刊全文数据库"为核心

牛　波

摘　要：本文通过"大成老旧刊全文数据库"梳理出民国期刊中有关个旧锡矿的文献资料和相关报道72篇，对这些文献进行初步计量分析和整理研究，重点分析了个旧锡矿自然地质条件、锡矿生产、运输与销售、矿工、发展改进等几个文献主题，呈现了民国期刊中个旧锡矿文献的面貌，以揭示民国时期研究云南个旧锡矿的期刊文献线索。

关键词：民国期刊　个旧锡业

个旧锡矿从汉代开始开采，自清末至民国，随着资本主义工业生产对锡矿的需求量增多，个锡成为发达资本主义国家工业生产的原料，并发展为云南省的经济支柱，成为中国近代矿产出口的重要商品，为国家、地方带来了巨大的收入，串联起云南与周边及世界经济的交流，在世界享有盛名。

"大成老旧刊全文数据库"收录1949年以前，清末与民国近80年间中国出版的7000多种、14余万期期刊，资料较为完备，能进行基本的标题字段检索。本文利用"大成老旧刊全文数据库"，以"个旧""云南""滇""锡业""锡矿"作为关键词进行篇名组合检索，除去刊登于《云南省政府公报》《云南实业公报》等刊物上的公报类文献，梳理出有关个旧锡矿的文献资料和相关报道72篇，并对这些文献进行分析研究，以揭示民国时期研究云南个旧锡矿的期刊文献线索。

1 民国期刊中个旧锡矿文献的初步计量学分析

1.1 民国期刊中个旧锡矿文献年限分布

从文献发表年份看（如表 1），1930 年以前，有关个旧锡矿的文献仅有 6 篇，最早一篇是发表于《东方杂志》1913 年第 10 卷第 6 号的《云南锡矿之调查》，主张在红河上修建水电站解决个旧锡矿的动力问题。30 年代发文达到高峰，共发文 36 篇，40 年代发文量稍有下降，共发文 29 篇，其发文量的变化应该是与个旧锡矿的产量增长和衰落，并在全国的经济地位及受到政府的重视程度有关。

表 1 民国期刊个旧锡矿文献年限分布排名

年份	1913	1921	1926	1929	1931	1932	1933	1934	1935	1936	1937
发文量	1	1	1	3	1	7	3	4	9	3	5
年份	1938	1939	1940	1941	1942	1943	1944	1946	1947	1948	1949
发文量	2	2	7	5	1	2	5	2	5	1	1

1.2 民国期刊中个旧锡矿文献来源及载文量分析

72 篇有关个旧锡矿的文献（报道）分布于 50 种期刊，大多数期刊只发过 1 篇，发文最多的是《中国矿业纪要》（《地质专报丙种》）、《独立评论》、《地质论评》4 篇，发文 2 篇以上的期刊统计如表 2，大部分是矿产或经济类专业期刊。

表 2 民国期刊中个旧锡矿文献来源及载文量排名

发文量	4 篇	3 篇	2 篇
发文刊物	《中国矿业纪要》（《地质专报丙种》)《地质论评》《独立评论》	《旅行杂志》《新经济》	《广东建设月刊》《国货月刊》《金融周报》《科学》《科学时报》《矿冶半月刊》《钱业月报》《商业月报》《申报月刊》《西南实业通讯》

1.3 民国期刊中个旧锡矿文献主要发文作者分析

表 3 民国期刊中个旧锡矿文献主要发文作者统计

发文量	6 篇	5 篇	3 篇	2 篇
发文作者	丁文江	孟宪民	冯景兰	史国衡、杨德惠

根据表 3，对云南个旧锡矿最为关注的是民国时期著名的地质学家丁文江，也是国内第一位对个旧锡矿进行系统科学考察的地质学者。另外矿床学家、地貌学家冯景兰，中央研究院地质研究所著名地质学、矿业学家孟宪民，中央研究院助理研究员、云南省经济委员会地质组组长邓玉书，社会学家、着重劳工问题研究的史国衡等都对个旧锡矿进行过深入研究。

1.4 民国期刊中个旧锡矿文献类型分析

从文献类型看，有关个旧锡矿的文献包括调研报告、学术论文、游记、书评以及报纸消息、短评、图片报道等。

2 民国期刊中个旧锡矿文献研究主题分析

个旧是世界上最早生产锡金属的地区之一，锡矿开发的历史始见载于汉代。西汉，个旧为贲古县属地，《汉书·地理志》载"贲古，北采山出锡，西羊山出银、铅，南乌山出锡"，为个旧出产有色金属的最早记录。元设蒙自县，个旧属蒙自县管辖；明代，银、铜业鼎盛，锡产品亦国内知名；清康熙以后锡的采冶渐旺；光绪十一年（1885）建立个旧厅，统管矿务，光绪十五年（1889）清政府在蒙自、蛮耗设立海关，个旧锡开始大批从红河水道由香港转国际市场，锡业的生产规模获得较大的发展，个旧成为世界重要锡产地；宣统元年（1909）滇越铁路碧（色寨）河（口）段通车，锡出口的交通更加便捷，随着用途和销路的扩大，锡业的发达，1913 年，个旧县成立。在三十年代末以前，个旧锡业发展达到鼎盛时期，锡年出口量高时达 1.1 万余吨，占全国锡产品出口总量的90% 以上。1939 年以后，由于日本侵华战争的破坏和政府统治腐败的影响，个旧锡业跌至低谷[1]。

民国报刊文献中涉及的主题包括个旧锡矿的自然地质条件，生产、产量与销售，矿工，发展改进等，虽然文献量较少，但对于完整呈现民国时期个旧锡矿的面貌是非常必要的，重点论述如下。

2.1 个旧的地质及地形

民国许多地质学家和采矿专家如丁文江、冯景兰、孟宪民、刘锦新、李希绩、邓玉书等都先后到个旧调查、研究和参观[2]，为个旧锡资源的地质研究和找矿勘探做了大量工作，成绩卓著。丁文江1914年受当时北京政府农商部委派，对云南个旧附近地质矿务进行调查，考察成果于1932年连载于《独立评论》21-24期，合称《漫游散记》，后由尹赞勋整理出版了《云南个旧附近地质矿务报告》，1937年刊登于《地质专报》乙种第十号。1934年，受中央研究院的委派，孟宪民与陈恺历时六个月到云南调查人种和矿产，其后1936年孟宪民在《地质论评》上发表《云南个旧地质述略》[3]，1938年在《矿冶半月刊》发表《云南个旧锡矿区地质说明》。1938年苏汝江到个旧实地调查，汇集各项资料，著有《云南个旧锡业调查》一书（1942年由国立清华大学国情普查研究所印行）[4]。1946年到1949年刘锦新、李希绩、邓玉书到个旧工作了一个时期，邓玉书1951年在《地质论评》发表《云南个旧锡矿和构造的关系》[5]。这些研究成果，对于研究个旧锡矿的地质并正确地开发个旧锡矿很有参考价值。

根据地质调查结果，个旧锡矿生于大背斜层顶部的灰岩内，尤其是断层附近。位置处于蒙自平原至个旧县之间，山脉呈南北向，岩为石灰岩，时代可能是石炭纪或三叠纪。花岗岩侵入灰岩，以黑云母花岗岩最常见，含电气石，次为伟晶花岗岩或含锂云母的云英岩。集中于被花岗岩侵入的石灰岩中。矿石为结晶很细的锡石，常与黄铁矿共生，间有方铅矿。孟宪民对个旧锡矿的地质及地形、地层、花岗岩侵入体、构造、矿床做了详细的调查和研究，《云南矿产种类述略》简单介绍了锡矿生成条件：一是锡石均生于造山运动之花岗岩基附近；二是此项花岗岩多富于各种气成矿物；三是花岗岩之围岩，以石灰岩为最佳；四是大部锡石之丰富矿床，均位于地质大结构中之变动极烈之区[6]。又发文《云南个旧锡矿区地质说明》指出：个旧锡矿区处于云南弧之顶端，其本身为一侵蚀高原，广约九百平方公里，平均高度在二〇〇〇至二五〇〇公尺之间，锡矿脉多位于高原之顶部。其东北界以蒙自盆地，悬崖峭壁，一落千丈，西北界以建水石屏盆地，西南则为红河峡谷矿所限。矿区附近，多为石灰岩分布区，喀斯特地形极为发达，落水硐及伏流非常普遍，寻常河流则不易见。个旧西区花岗岩分布较广，不易漏水，故有东北西南向河流如龙岔羊角普西等河，均向西南流入红河。此类河流均沿断层线而发育，界于河流之间的是东北西南向的山脉。高原之中亦有小规模的盆地，如个旧县城及卡房附近都是因断层经过其间，复经较深之侵蚀而成。主要矿区在高原东部以老厂，马拉格，瓦房冲三处蕴蓄最富，卡房区次之。西区则有贾石龙，斗岩，六方寨，牛屎坡等处，亦产锡，但无甚重要者[7]。

2.2 个旧锡矿的生产

个旧锡的生产包括采矿、洗矿、炼矿三个过程，分为土法和新法两种，除云南锡务公司和云南炼锡公司外，其余企业均用土法。丁文江的《漫游散记》，沈士骏的《中国之锡业》，朱翙声的译作《云南省之锡业》，袁丕济、曹立瀛、王乃梁的《云南之锡业》，陈恺的《个旧锡矿及锡务公司》，杨秉礼的《个旧锡务改进与云南金融之调整》，徐志鸿的《个旧锡矿调查》，经济部中央地质调查所的《第六次中国矿业纪要·西南区》，赵丰的《个旧锡业之概况》均作了翔实的记载。个旧锡矿的产量，以土法采炼为主，约占总产量 70% 以上。

2.2.1 个旧锡厂的分区

1914 年丁文江到个旧的时候，有锡矿六十多处，在《个旧的地形与锡矿的分布》中就当时个旧所存锡厂，依天然位置分为六区[8]。但个旧锡厂分区，从来相沿是划分为四区，袁丕济、曹立瀛、王乃梁在《云南之锡业》，徐志鸿在《个旧锡矿调查》中都有提及，按徐志鸿的记述，主要的大锡厂按位置分割为以下四区：

第一区老厂，开办最早，硐尖颇多，草皮尖亦多[9]；老厂区初开的是银矿，等到银价日低，锡价日涨，厂家都不采银而采锡。其中最有名的是黄茅山、老城门硐、花札口、银硐、耗子厂、湾子等处，其他还有在东北和西南的九处[10]。

第二区新厂，开办较迟，包括马拉格、野鸡硐、荷叶坝、瓦房冲、破山漕、黄泥硐。其中马拉格最为发达，矿尖为全个旧厂矿冠。

第三区古山厂，开办较晚，硐尖不多，唯冲塃尖最盛，包括古山、松树脚、半坡、禄柷坝、旱谷地。

第四区西厂，开办最晚，不十分发达，包括牛屎坡、禄丰寨、陡岩[11][12]。

这种矿区划分，基本上是依照锡矿开采时间而设定的。第一矿区支撑了个旧地区长期开采，第二区如马拉格厂，为锡务公司所开，应用新式机器生产，在锡矿生产中占据着重要的地位，第四区的陡岩等厂开采最晚。

2.2.2 个旧锡矿的土法开采和冶炼

旧式锡矿厂，可分两类：一曰厂号，为采矿及洗砂厂之总称；一曰炉房，亦称炉号，以购买净砂，熔炼纯锡为业务[13]。

（1）采矿

锡矿的开采方法可分为三大种：一为硐尖，二为草皮，三为冲塝。个旧锡矿有很多通用的术语，丁文江对此作了解释：矿里的土叫做塝，含矿的土也叫做塝；地面叫做草皮；地面上的石头叫做磷岗；顺着矿苗向山里打的硐子叫硐尖。

硐尖开采法：锡矿在山腹之内，需要人工打洞进去开采称为硐尖。硐尖开采又分为老硐开采和草皮硐开采。草皮硐"为硐之浅者，其构造与老硐无异"。个旧的硐尖近的百几十尺，远的有六千尺——约三里左右，是个旧土法开矿最远的限制[14]。

草皮尖开采法：草皮尖是露天浅层开采法，按开采方式不同可分为草皮、明槽和盘磷冈。挑取地面淤泥，洗塝取矿的为草皮尖；于地面凿石开槽，单挖成片的土域为明槽；塝夹在地面石缝里的为盘磷冈。

冲塝尖法：用天然的水力来冲洗含矿很少的草皮称为冲塝。冲塝尖必须在雨水时节内，用沟塘蓄水，用以冲下锡砂，出产量最少。冲塝尖包含冲塝尖和冲浪渣[15]。

（2）洗矿

个旧开采出来的锡矿锡与土砂混合，必须经过冲洗才能冶炼。洗砂厂附近都建有蓄水池，雨季时蓄水。在挖矿不远的地方设有"溜口"，用以冲洗矿砂及炉房熔锡之后所剩余之残渣，经过淘洗的锡砂含锡可达六成。土法洗矿最少要洗六次，多则十几次，费时费力极不经济。

（3）冶炼

矿砂经过淘洗之后方可上炉冶炼，土法制锡，完全采用人工，冶炼燃料是用木炭，方法麻烦、笨拙，土法炼锡较不纯净，含锡常在 99.2% 以下[16]。丁文江认为采用木炭冶炼是土法的致命伤。

个旧的土法炼锡是在长期的生产中总结出的一套全人工操作，行之有效的找矿、采矿、淘洗、冶炼的独特方法，并可生产出最高含锡量达到 99% 的纯锡，在当时世界土法炼锡业中属于最完善的技术。所以丁文江说"平心而论，个旧的矿冶业，的确可算是土法的大成功。一点新式设备没有，硐尖能有几千尺远，距地面直下一千多尺深，当然不是很容易的事。在缺水的高原上面，能利用少量的水来洗很难洗净的冗矿，且工作不过半年，居然能维持八千吨上下的产额，当然是成功的表现。炼锡的手续很简单，出的粗锡平均含锡在百分之九十五以上，并不比新法所炼的粗锡坏"[17]。

2.2.3 个旧土法制锡向新法生产转变

丁文江的《新旧矿业之比较》一文，认为个旧锡矿有天然的地质条件优势，由于地处高原石灰石中，使得矿业开发中常见的渗水问题几不可闻，且矿石含锡程度较高，这些因素促成了"个旧的矿冶业，的确可算是土法的大成功"。然而"土法所最不能存在的原因是它完全要用木炭"。据赵德明的《云南个旧消耗之煤炭》"每炼锡一张（计重天平秤三千斤），需炭六千斤"[18]，丁文江估计以"每炼锡一吨用炭在四千五百斤左右，以个旧每年产锡八千吨计算，每年需用木炭一万六千吨"，自 1914 年起不过二十年，个旧附近必定无木炭可用，"土法炼锡因为没有木炭，一定要完全淘汰了"。加上洗矿耗工过长，采矿工艺极不科学，矿工工作条件低下的问题，最后得出结论"个旧土法采矿必须改良"。赵丰的《个旧锡业之概观》也通过对个旧锡矿土法、新法生产的实地调查，得出以下结论：采矿方面，土法采矿应在安全方面进行改良，至于完全采用新法则为时尚早；冶炼方面，土法冶炼浪费锡矿资源与燃料，建议改用新法，提高效率；选矿方面，宜将锡务公司新法选矿增加产额[19]。史国衡的《云南旧式锡矿业的机运与风险》指出，个旧锡矿的风险归纳起来就是"天时、地利、人和"[20]。

可见，个旧锡矿土法生产在挖矿、洗选、冶炼各环节皆用人工，效率低下难以改进，加上土法生产受水资源制约，只能采取干湿两季分期劳作的方式，大大影响了锡产量；其次，土法生产全凭经验，质量难以提高，个旧锡品质差，无法在世界市场上直销；再次，锡矿的开采、冶炼都需要大量木材，洗选的过程中消耗水资源，对生态环境造成极大的破坏；最后，土法人工洞内开采危险系数高，洞内工人的劳动太苦、太危险。

正当个旧锡矿土法生产遇到瓶颈的时候，滇越铁路通车改善了云南对外交通，推动了个旧大锡的出口，同时为个旧锡业的新式机器大生产创造了条件，促使个旧锡业生产向现代化生产方式转变。个旧锡务公司为云南最早使用机器开采锡矿的公司，云南炼锡公司为云南最早用新式方法炼制锡的公司。1939 年个旧锡务公司、云南炼锡公司和云南锡矿工程处三者合并而成的云南锡业公司，为云南最大的新式锡业公司。

2.2.4 个旧锡务公司与新法生产

个旧最初的锡矿完全商办，清光绪十三年（1887）云南矿务大臣唐炯在个旧设立矿务公司，锡矿开始由矿务公司专办，光绪二十九年（1903），土匪周云祥在个旧作乱，矿务公司停办。1904 年个旧大旱，没有水洗砂，许多矿商破产，省政府为救济矿商由藩库拨银 30 万两，合商本 20 万两，组织一个官商合办公司，放款于办矿之人，但是公司自己没有办矿炼锡。光绪三十四年（1908）滇越铁路通到蒙自，有法国人要求在蒙自设厂的传说，为阻止法国人控制个旧锡矿，云南省政府提议在个旧设厂用新法炼锡。第二年（1909）把官商公司改组为个旧锡务公司，从而使土法生产的个旧锡业出现了近代机器生产，开启了个旧锡业的现代化生产进程。元之的《谈云南个旧锡务公司》一文详细记录了云南个旧锡务公司设立的背景，公司的内部组织包括开采部（内设厂尖和索道二部）、制炼部、工程部、总务部、乌格煤厂[21]。由尹赞勋整理出版的《云南个旧附近地质矿务报告》第三章《锡务公司》叙述了公司成立的历史、资本用途、购买机器的种类、机器作用、开采矿区、公司的成绩[22]。

个旧锡务公司成立后"向德国买了七十二万元的机器"，1913 年机器安装完成。洗砂厂每天可洗砂四百吨，"差不多可以把当日个旧全厂出产的砂洗完"，由于人们对新法持怀疑态度，并不愿意把矿砂送到新厂去洗；公司购买的专门运砂的高线铁道，线路铺设到的南蛇硐却没有发现任何矿苗；而发动机锅炉和炼锡都需要用煤，所需煤"只能向滇越铁路附近土法开采的小煤矿随时收买，再用骡马从碧色寨运到个旧"。这些因素导致个旧锡务公司的新式改革以失败告终。直到二十世纪二十年代，锡务公司在马落革发现富矿，在开远小龙潭找到煤矿，并且将高线铁道由南蛇硐移到马落革，"个旧锡业才真正步入了现代化生产时代"[23]。

据《云南之锡业》记载，个旧的主要矿厂有：个旧锡务公司、云南炼锡公司、云南矿业公司、云南锡矿工程处。个旧锡务公司成立最久，用新法开采，局部用新法选矿，土法冶炼，云南炼锡公司专营冶炼，纯用新法，云南矿业公司和云南锡矿工程处亦计划纯用新法生产[24]。新法生产的各个环节描述如下。

新法采矿：只有个旧锡务公司的马拉格矿厂用新法开采，矿硐设立竖坑，用于装置升降机，竖坑内有四个平坑，平坑内用行驶在铁轨上的矿车运矿，所采之矿背至矿仓后，由车运至井底，再由绞车绞至地面。采矿遇到坚硬的岩石用压气钻打眼放炮。竖坑内通风良好无积水，照明用电石。所采原砂，靠索道矿兜籍地心引力由高就下运至洗砂厂。

新法洗矿：仅有锡务公司用新法选矿，马拉格矿硐的矿砂，经索道运至选矿厂，先经两个小时之棍筛；大于两个小时者由碎矿机压碎，小于两个小时者则入滚磨机磨细达四十筛孔粗细。经过威夫烈洗床，可得含锡 25% 的净砂。余渣进入管磨机磨至七十筛孔，然后经威夫烈及迪斯特洗床选洗，也可得 25% 的净砂，得到的净砂及废矿，都要再经土法选洗，得到含锡 65% 的净砂，才可入炉。

新法熔炼：仅有云南炼锡公司一家采用新法，共三座反射式炼炉。每座每日能炼矿砂约十吨，出锡约六吨，只两座同时工作，另一座修理，每日生产大锡十至十二吨。燃料采用柴油。新法炼锡的回收率可达 97%，含锡量达 99.2% 以上，可直接销售伦敦市场。

2.3 个旧锡的运销

2.3.1 运输方法与路线

关于个旧锡的运输方式和路线，《中国之锡业》《云南之锡业》都有简单介绍。在滇越铁路通车前，滇越之间的交通运输方式为水运和驮运，个旧的大锡出口用骡马由个旧运至蒙自及蛮耗，然后由水道运至越南海防，转装轮船运至香港。

个旧锡矿产品可分为锡矿砂和锡块两类。其中所有的锡矿砂都要运到城内冶炼。矿山运输锡砂，大多为马驮，较为迟缓，只有马拉格用索道籍地心引力拉动，极为经济。所产纯锡，除当地为制造花瓶、烛台、碟盘等器皿消耗小量外，其余全部运出云南，外销英、美、德、法诸国，或至上海分销国内各地，供制锡箔、锡器之需。纯锡的运销分为两组，一组是炼锡公司新法制炼纯度达99.2%以上，标准锡达到99.8%，可直接销售英美；其运输由个旧经个碧铁路、滇越铁路至海防，由海防运至英国伦敦或其他口岸。另一组是其他各炼厂所产之锡，成分较低不能直接进入国际锡市场，必须先运至香港，用马来锡掺炼达相当标准后再运销各国，此类经海防由船运香港[25]。

2.3.2 销售情形

个旧大锡的销路主要是出口，近代云南生产的大锡，无论在中国抑或在全世界都占有很重要的地位。"例如一九〇二年以迄一九三五年，其出口量对于全国大锡总出口量之比，最高为百分之九十九点五，最低也不下于百分之八十。"[26]

关于个旧锡矿的产销量，很多文章都有提及，如丁文江的《个旧之锡厂》中列出了 1901—1912 年 12 年间的锡产量；赵丰的《个旧锡业之概况》提供了 1922 年至 1939 年的产量；徐志鸿的《个旧锡矿调查》列举了 1910—1935 年云南出口锡的担数；张维亚的《云南之锡》提供了 1931—1946 年个旧锡的产量及 1889—1939 年 60 年来滇锡外销统计；中国国民经济研究所的《云南锡矿产销概况》提供了 1925—1938 年的产量；朱翔声的《云南省之锡业》提供了 1912—1928 年 17 年间的锡产量；但很难在同一篇文献中得到个旧锡 1889—1947 年产量的完整记载，而且每个人提供的数据略有出入。根据袁丕济、曹立瀛、王乃梁的《云南之锡业》和杨碧楼《云南个旧锡业公司概况》中的记载，整理出下列数据，表 4 来源于《云南之锡业》，记载的是出口数量，表 5 来源于《云南个旧锡业公司概况》，记载的是产量。由于个旧锡的产量受世界市场的影响较大，从出口量中可以明显看出产量的变化。

表 4 云南蒙自关历年锡锭出口数量表（1889—1911）

年份	出口数量（担）	折合吨
1889	4233	251.964
1890	22121	1316.726
1891	29168	1736.190
1892	34666	2063.452
1893	32306	1922.976
1894	39355	2342.559
1895	40802	2428.690

续表

年份	出口数量（担）	折合吨
1896	33927	2019.464
1897	41602	2476.309
1898	45914	2732.976
1899	43146	2568.214
1900	48710	2899.404
1901	50832	3025.714
1902	63635	3787.797
1903	41045	2443.155
1904	50044	2978.810
1905	74972	4462.619
1906	66947	3984.940
1907	58464	3480
1908	76572	4557.857
1909	70824	4215.714
1910	102466	6099.167
1911	95625	5572.917

注：本表根据海关统计蒙自关锡锭块出口数字，直接贸易和转口贸易均包括在内。

根据原文：1 长吨 =16.8 担折算

表 5　个旧历年锡产数量表（1912—1947）

单位：吨

年份	1912	1913	1914	1915	1916	1917	1918	1919	1920
数量	5802	6580	6660	7360	6850	11270	7900	8330	10900
年份	1921	1922	1923	1924	1925	1926	1927	1928	1929
数量	5880	8980	7810	6850	7119	5586	5466	6000	11800
年份	1930	1931	1932	1933	1934	1935	1936	1937	1938
数量	7218	6025	7566	8349	8350	8534	7796	9187	10731
年份	1939	1940	1941	1942	1943	1944	1945	1946	1947
数量	10050	9094	5094	4641	3096	1613	1600	2200	3500

注：原书本表数字据锡业公司调查所得。

2.4 影响锡矿产量的因素

影响个旧锡产量的原因很多，张维亚认为，"战前以设备的改进为增产主因，贸易顺逆亦足左右生产；战时则以外销困难，成本高涨为衰落之主因"。"云南锡业自二十九年（1940）起即急剧衰落，盖自二十八年下半年后物价加速上涨，成本加重，二十九年六月滇越铁路交通中断，外运成本又加；同时因政府购价，亦未能适应时宜，厂商售罄，连续亏蚀，再生产之能力日渐衰落。其后则以滇锡市价远较南洋产价为高，国外商人及外国政府遂不向我购锡，产品滞销，影响甚大"[27]。袁丕济、曹立瀛、王乃梁认为，"受世界市场影响甚大"，"一九一〇年以来，每年所产纯锡平均在八千公吨左右，先是一九〇〇年，尚仅产二千九百公吨；至一九一〇年即增至六千一百九十五公吨。此急剧之增加，与滇越铁路之通车及锡务公司之创设有莫大关系。一九一〇年至一九三五年，最常见之产量为六千公吨左右，一九三二年以后则渐超一万公吨，而于一九三八年突破之。一九三九年似在一万公吨以上。一九一〇年以来，生产量有数次之突增：一为一九一七年之一一一二三公吨，显系受欧战影响；一为一九二〇年之一一〇三九公吨，一为一九二二年之九一三八吨，两次增产原因待考；一为一九三三年达八四三二公吨，其原因为马来亚、荷兰东印度、玻利维亚、奈几利亚等产锡地所组织之国际锡委员会，对各产地产额严刻削减之故。一九三三年以后，产量即大致呈积极上升之势，至一九三六年以后因抗战军兴，鼓励出口，外汇跌落，加世界市场需要激增，故产量更行猛进"[28]。冯景兰在《云南之地质矿产及矿业》中指出，"个旧产锡，在民国前二十二年，每年只有一千三百余吨；此后渐增，至民元达六千吨；此后在民六、民九、民十八、民二十七、民二十八之五年，每年各达一万一千吨之产量。与其周围时局及交通之关系，至为明了。民国二十八年以后，内因国内物价之高涨，外因滇越铁路之阻塞，以及南美玻利维亚锡产之增加，销路迟滞，锡业凋零。"[29]也有认为"滇省税赋名称繁复，种种苛捐杂税，妨碍事业之进展颇不小也"，[30]关于个旧锡矿税负的繁重，刊登于1929年《银行周报》上的《云南个旧锡税调查》作了详细的说明，尹赞勋整理的丁文江遗著《丁文江文集》第三卷中第五章《个旧之前途》亦有提及。

2.5 个旧锡矿的矿工

个旧矿工占全县人口的大部。近代个旧 90% 以上的锡矿使用土法生产，属于劳动密集型的生产方式，锡务公司、炼锡公司等使用新法的企业也使用不少人工。当时从事锡矿开采及背堆的工人被称为砂丁，砂丁分为洗砂工人和采堆工人两种。

清华大学教授苏汝江先生对于劳工问题素富研究，其在云南个旧锡矿的调查报告中所列的矿工生活各方面之情形，尤为详尽切实，详细分析了矿工的性质，对矿工的工作及待遇等作了详细记载[31]。

袁丕济、曹立瀛、王乃梁指出"个旧矿工人数，历年有数次统计，但迄无准确结果，难以依凭"[32]，丁文江在 1914 年调查时认为在二万人以上[33]。徐志鸿的《个旧锡矿调查》也指出"个旧砂丁人数，向无确实统计"，据徐志鸿 1923 年调查，硐尖工人、草皮尖砂丁、冲硐尖砂丁共计 24270 余人，"此仅为大略情形"。其他加上各溜口揉堆工人、各炉房机厂工人"均略计算当不下五万人左右。估计现在人数至少应在六七万左右"[34]。赵丰的《个旧锡业之概况》指出据场业公会调查砂丁总数，"民国二十二年约三万六千以上，二十三年五万二千八，现在（1940 年）约有四万人"。砂丁的来源以"建水、石屏、路南、弥勒、曲靖、陆良、宣威、会泽、河西、通海、玉溪等县为多，昭通、新平亦有少数。砂丁之应招募受骗而来者，为数甚多，有短期工与包身工（长期）之别，前者多成年人，工作时间视合同而定，但至少须一年，后者多系未满十五岁之男童，终身工作，形同奴隶"[35]。

由于民国政府没有规定劳工立法来保护个旧砂丁，砂丁的境况非常悲惨。"洗砂工人因有相当之技术，待遇较高，并为自由雇佣，成年者居多数。采堆工人待遇较低，极不自由，未成年之童工甚多。"而且"工资既按工作之难易及厂业之兴衰而定"。"矿工之日常生活极苦，夜间蜷居土房中，室闷龌蹉，并极拥挤，白日工作既苦，饭食又劣"，"水源全靠雨水，此种水实污劣，常含毒分，但饮水尚有限制，矿工饮汤即不得随意洗面"[36]。锡务公司"砂丁工资按件计算，每背堆一百斤给钱四分，以每日每人背堆四百斤计算，日工仅一角六分，此外每一砂丁每月另发小茶钱九角，缝初二、初九、十五、二十四日食荤，另给八角，称为'牙金'，合计每月工资不过六元五角"，"而土法开采厂尖待遇更坏"。童工在个旧锡矿中更为普遍，往往有小至七八岁儿童也在矿中工作。

矿中工作条件极差，潮湿黑暗，硐中空气恶劣，泥水深及脚踝，近矿苗处，仅容一人匍匐前进。在土法开采中，经常有砂丁窒息死后拖出被抛弃于荒山之中；另有一种奴婢，被人贩子卖与厂方，每名矿奴约值两百元，在矿内终身工作不给工资，为防止逃走，还带着足镣[37]。关于矿工的悲惨，丁文江也有详细的描述，"中国的土法比任何新式的采矿都要苦几倍，危险几倍。而个旧锡矿在土法里面又要算是最违背人道的"，工人"用一个麻布搭连口袋，一头装上二十五斤矿砂，前后的搭在肩上。右手拿一根一尺多长的棍子做拐棒，身上穿一身白粗布的裆裤，头上裹上一块白布的包头，包头右边插一根一尺长的铁条，铁条的头上挂着一盏油灯"，"背矿出洞，一步一喘，十步一停，喘的声音几十步外都听得见"，汗流满面的时候又不能用手擦拭，只能用插在头侧的竹片刮去。走到洞口，"凉风一吹，轻的伤风，重的得肺炎肺痨，尤其是未成年的童丁容易死亡"[38]。丁文江在工人居住的伙房睡过一夜，整夜咳嗽之声此起彼伏，早起则涕唾满地，无处下脚，而这些工人的工资平均每月不到五元。

2.6 个旧锡务的改良

民国时期也有不少学者关注该如何发展和改良个旧锡务，1932年陈大受《滇桂二省锡矿业之研究》提出应统一零星小矿及冶厂，改良采选冶各种方法[39]。1936年杨秉礼的《个旧锡务之改进与云南金融之调整》认为个旧锡矿蕴藏丰富，有世界莫及之势，改进个旧锡务应从以下几点进行；一是改良开采法，实施精确的地质测量，于相应的地点开凿竖洞与现有的横洞相连，由升降机运送矿砂至地面，达到省费节力，探寻矿脉，尽发地下之富藏的作用；二是改良洗砂法，厂户应当合力谋划组织机械洗砂，改良运砂的办法，逐步架设空中铁索或设置电车路，则下可运砂，上可以运水及各种必需品；三是改良制炼法，采用新法制炼，采用香港锡店的制炼方法加以改良，扩大锡务公司的制炼厂规模代为制炼，或仿效美国设立电气制炼炉制炼；四是改良运销方式，为免受外人的巧取豪夺，当务之急是设立专门的转运公司，长久之计是由政府修筑蒙百铁路或积极修通蒙自直达百色的公路，使个锡出口，可由广州直达香港，并在香港、纽约设立贸易公司，达到滇锡直接出洋的目的；五是改良金融流通，富滇新银行应在个旧、香港两地设立分行，筹划实行统制经济政策，由富滇新银行专门经手个锡的跟单押运业务；六是培养专门的人才，省政府应积极派遣去国外专学采矿金冶的留学生，在个旧筹设采矿冶金工业学校，俾养专才，发展锡务，同时增加厂民的科学知识，自行改进厂务，速派熟悉个旧及外国情形的人赴新加坡纽约等处，考察制炼方法，以备现实改进之需[40]。尹赞勋整理的丁文江遗著中《个旧之前途》指出，"兹欲求产额之增加，唯有开源节流二法。二者关系密切，互相为用。行之之法，盖有三端：曰利用西法，曰变更税则，曰改良交通"[41]。

3 结语

云南的有色金属矿藏资源非常丰富。民国时期，地质矿业专家丁文江、袁丕济等先后到个旧矿区从事地质、矿产调查，为个旧锡资源的地质研究和找矿勘探做了大量工作，同时个旧锡业生产有一定程度的技术革新；蒙自关开放、滇越铁路全线贯通，使个旧锡业在生产规模、产品运销等方面得到一定程度的发展，云南个旧锡业发展取得巨大成就。抗战后期，受国内外战争的破坏，国家政治、经济形势的变化和具体政策措施的影响，云南大锡生产和对外贸易开始衰落。民国时期个旧锡业的发展较大地影响了区域环境，区域经济、社会发展均围绕着锡业展开。1913 年，个旧县成立，锡业成为个旧唯一的支柱产业，带动了商业的繁荣，个旧成为滇南的新兴工商城市。锡业不仅使云南的对外贸易和社会经济发生深刻的变化，成为云南税收的主要来源，而且为全国经济作出重要贡献，对近代个旧乃至整个云南社会经济产生了不可估量的影响。但也不能忽视个旧锡生产过程对资源的巨大消耗，植被损耗、水土流失，水土污染，矿工的砷中毒、尘肺病等负面影响，极大地破坏了环境。大锡出口贸易的消长反映出民国时期云南对外贸易取决于国际市场需求变化以及陆路交通运输条件的好坏，依赖于主要的消费国而处于一种极不平等的地位。

民国期刊中关于个旧锡矿的文献对于了解当时个旧锡矿的生产概貌以及锡业发展所处的国内外环境提供了不少有价值的资料，有利于我们认识当时的云南矿业发展并对今后云南矿业发展有十分重要的意义。

参考文献

[1] 个旧市志编撰委员会. 个旧市志 [M]. 昆明：云南人民出版社，1998：1.

[2] 孟宪民. 云南个旧湖南宜章安源广西钟山平头山锡矿观察志略 [J]. 科学，1949，31（1）：19.

［3］孟宪民.云南个旧地质述略［J］.地质论评，1936，1（1-6）：339-345.

［4］袁方.云南个旧锡业调查［J］.新经济，1942，8（1）：90-91.

［5］邓玉书.云南个旧锡矿和构造的关系［J］.地质论评，1951，16（2）：57-66.

［6］孟宪民.云南矿产种类述略［J］.地质论评，1937，2（3）：250.

［7］孟宪民.云南个旧锡矿区地质说明［J］.矿冶半刊，1938，1（7）：1-8.

［8］丁文江.漫游散记（九）：个旧的地形与锡矿的分布［J］.独立评论，1932（20）：18-21.

［9］徐志鸿.个旧锡矿调查［J］.新动向，1939，2（2）：480-487.

［10］同［8］.

［11］袁丕济，曹立瀛，王乃梁.云南之锡业［J］.资源委员会月刊，1941，3（2-3）：21-77.

［12］同［9］.

［13］经济部中央地质调查研究所.个旧旧式锡矿厂［J］.第六次中国矿业纪要·西南区，1941（6）：161-163.

［14］丁文江.漫游散记（十）：个旧的土法采矿冶金业［J］.独立评论，1932（21）：16-20.

［15］同［14］.

［16］同［11］.

［17］丁文江.漫游散记（十二）：新旧矿冶业的比较［J］.独立评论，1932（24）：16-20.

［18］赵德明.云南个旧消耗之煤炭［J］.经济动员，1940，4（5）：211-212.

［19］赵丰.个旧锡业之概况［J］.西南边疆，1944（10）：45-62.

［20］史国衡.云南旧式锡矿业的机运与风险［J］.新经济，1944，11（5）：145-149.

［21］元之.谈云南个旧锡务公司［J］.申报月刊，1934，3（10）：64-68.

［22］丁文江，尹赞勋.云南个旧附近地质矿务报告·第三章·锡务公司［J］.地质专报·乙种·第十号，1937（10）：21-31.

［23］丁文江.漫游散记（十一）：个旧锡务公司［J］.独立评论，1932（23）：18-20.

［24］同［11］.

［25］同［11］.

［26］史国衡.论个旧锡业［J］.经济建设季刊，1944，2（3）：119-122.

［27］张维亚.云南之锡［J］.中央银行月报（1946年），1947，2（4）：53-60.

［28］同［11］.

［29］冯景兰.云南之地质矿产及矿业［J］.科学时报，1946，12（12）：24-26.

［30］经济琐闻：云南个旧之大锡产额［J］.东省经济月刊，1929，5（12）：21-22.

［31］苏汝江.个旧矿工［J］.中国劳动，1943，3（5）：23-39.

［32］同［11］.

［33］同［8］.

［34］同［9］.

［35］同［19］.

［36］同［11］.

［37］同［9］.

［38］同［17］.

［39］陈大受. 滇桂二省锡矿业之研究［J］. 云南建设公报，1932（13）: 261-281.

［40］杨秉礼. 个旧锡务之改进与云南金融之调整［J］. 实业部月刊，1936, 1（4）: 76-92.

［41］丁文江，尹赞勋. 云南个旧附近地质矿务报告·第五章·个旧之前途［J］. 地质专报·乙种·第十号，1937（10）: 32-42.

作者简介

牛波　云南省图书馆副研究馆员

田汉"南国"系列刊物出版专题研究

邱　霞

摘　要：民国文献作为特殊历史时期的产物，其社会、历史、学术价值也日益为学术界、出版界、图书馆界所重视。随着民国文献的使用越来越多，对其进行整理、保护和研究就显得尤为重要。田汉的"南国"系列刊物，于民国文献虽然是沧海之一粟，但也一定程度地体现了民国文献的特色和价值。"南国"系列刊物名目众多，包括周刊、半月刊、月刊、不定期刊、特刊、副刊等；刊行期数也不一，少则两期，多则达到 28 期；时间跨度长达 7 年。为中国的话剧事业、报刊出版业作出了不可磨灭的贡献。

关键词：田汉　"南国"刊物　出版研究

田汉，中国现代戏剧的奠基人，同时也是一位知名的编辑家。从 1922 年回国参与编辑《少年中国》始，田汉在长达 40 余年的时间里，编辑出版了大量的戏剧（文学）刊物，为中国的报刊出版业作出了不可磨灭的贡献。田汉编辑的报刊中，尤为人关注的是他早期编辑的"南国"系列刊物。2018 年时值田汉诞辰 120 周年暨逝世 50 周年，田汉"南国"系列刊物编辑活动的梳理与研究，对田汉戏剧活动的研究，以及对民国时期文献的整理、出版和文献研究，均具有十分重要的意义。

田汉曾总结南国社经历七个时期，即：1.《南国》半月刊时代；2.《南国》特刊时代；3. 南国电影剧社时代；4. 南国在南京总政治部时代；5. 南国在艺术大学时代；6. 南国艺术学院时代；7. 南国社时代[1]。其中第一个时期就是 1924 年田汉编辑发行《南国》半月刊时代。在此之前的 1922 年，田汉回国后，经长沙师范的旧同学左舜生介绍，进入上海中华书局编辑部的新文化部，帮助编辑《少年中国》杂志，这使得田汉掌握了大量的刊物编辑经验。

1924 年 1 月 5 日，一面帮着编辑《少年中国》，一面又与"创造社"关系渐疏之时，田汉在上海创办《南国半月刊》，它标志着南国社初创的雏形。当时的成员仅有田汉、易漱瑜两人。《南国半月刊》创刊上发表了《南国宣言》，表明该刊的宗旨："一、我们因欲打破文坛的惰眠状态，鼓动一种新鲜芳烈的空气，特创刊这《南国半月刊》；二、我们在'艺术之社会化'，或'社会之艺术化'的旗帜下，从事第一义的创作、批评、介绍。……"学着英国诗人、版画家威廉·布莱克（William Blake）的样子，"自己集资印刷，自己意匠，自己校对，自己托人发行"[2]。该刊发表了田汉的独幕剧作《乡愁》《获虎之夜》，易漱瑜的小说《桃花菌》，以及郭沫若、宗白华、郁达夫诸友通信等。由于易漱瑜之病，心力两疲，到第四期便停刊了。从第二期起又附刊《南国新闻》，于 1924 年 1 月 25 日发行，创刊号有《发刊之辞》云："我们不满于文艺杂志不肯涉及街头艺术，报告社会事象的新闻又太无艺术的描写，与学术的批判。因于《南国》之外创刊《南国新闻》以救其偏。且亦本刊宣言上所谓'艺术之社会化'的初意也。《南国新闻》所取的材料不能如普通报纸之广泛亦不能如普通附张之窄狭。大体以第一面纪与政治上社会上有重大意义，及有文学美术的趣味的新闻。以第二三两面，介绍东西洋文学家美术家音乐家的传记，轶事，与其作品，批评中国各种演艺如戏剧，大鼓书，影戏之类。以第四面载外国名贵的小说戏曲，及文坛杂话之类。每期插入四个以上的图片。大体有时间性的两张，有永久性的（如名作家及其作品或作中人物）两张，及小说或剧曲中插画一张。"[3]该刊主要撰稿人除编者外有张闻天等，译作占有相当篇幅。因《南国半月刊》的停办而终刊，共出 2 期。

《南国半月刊》虽然只发行 4 期，但它在田汉戏剧活动中占据重要的地位。南国社这一名称，尽管是 1927 年冬由南国电影剧社改组为南国社时正式确定的，但它的历史应追溯到 1924 年《南国半月刊》的创办。所以，董健先生才认为"南国社那一条艰难曲折、个性鲜明的艺术探索之路"都由此而发端，"贯穿整个南国社史的那种事业上奋发自立的苦斗精神，艺术上求真求美的创新精神和作品中那种强烈的浪漫主义精神，正是从这里点燃了第一把火炬。"[4]

《南国半月刊》的命名，一般认为是得名于唐代大诗人王维的《相思》中的"红豆生南国"诗句。田汉和易漱瑜之子田海男（田申）认为：对于来自南国的田汉来说，"南国"是美与爱的家园，是文学艺术的理想国，他的诗和剧，要到有着温暖春光的"南国"，要到生长"红豆"的"南国"里去寻找[5]。《南国半月刊》第三期封面标有一个法文刊名 "Le Midi"，意思是 "南方"（《南国半月刊》第一期、第二期的封面的外文刊名则为汉语音译词 "NAN-KUO"）。施蛰存曾回忆道：歌德的《迷娘歌》里曾说到南方是 "橙桔之乡"，是浪漫的青年男女的乐园。田老师就用这个典故，给他的文艺小刊物取名。后来他组织剧运，也就用 "南国" 为剧社的名称。当时，田老师还是一个热情的浪漫主义者，他写的初期剧本，也都是浪漫主义的。他是湖南人，永远怀念着他的橙桔之乡。他曾经自称为 "南国诗人"，给我们朗诵过苏曼殊的诗："忽闻邻女艳阳歌，南国诗人近若何？欲寄数行相问讯，落花如雨乱愁多。"[6]这有一定的道理，因为施蛰存是田汉在上海大学兼课时的学生，《南国半月刊》出版后，曾被田汉带到学校里来分送给他们同学，施蛰存对《南国半月刊》的内容，非常熟悉。但因时间久远，施蛰存把《南国半月刊》误忆成为《醒狮周报》的文艺版。

《醒狮周报》的文艺版其实是田汉办的另一份刊物《南国特刊》。《醒狮周报》是二十世纪二十年代中国国家主义青年团（后更名为中国青年党）出版的刊物。1924 年 10 月 10 日在上海创刊，左舜生（1893—1969）任总经理，主要刊载政治时事性文章。该报宣传国家主义，反对马克思主义，攻击苏联，攻击中国共产党及其领导的民主革命运动。左舜生邀田汉在《醒狮周报》写文章，田汉提出附出《南国特刊》。左舜生与田汉是同乡关系，又是长沙师范的老同学。刚从日本回国的田汉与左舜生同在中华书局工作，还做了邻居。早在 1923 年，田汉与左舜生等人就有一起办刊物的想法，这是一种名曰《正义》（justice）的周刊，寓意 "以正义为武器以与祸中国之一切恶魔战"[7]。《南国特刊》于 1925 年 8 月 29 日创刊，1926 年 3 月 20 日终刊，共出 28 期（刊物标记为总 24 期）。田汉在《南国特刊》写作编辑了大量的有关悼念易漱瑜的作品，比如散文《从悲哀的国里来》，"自叙传" 风格的小说《月光》等，都以对易漱瑜的追忆悼念作为主题。另外还有易漱瑜的取材于他们在日本生活琐事的遗稿小说《黑马》，及易漱瑜对其父悲悼的散文《哭父》等。可以说，"悼亡" 是《南国特刊》主要的话题。此外，田汉还在《南国特刊》上连载《黄花岗》一剧，这是田汉 "三黄史剧"（《黄花岗》《黄鹤楼》和《黄埔潮》，《黄花岗》写的是辛亥三月二十九日的广州起义；《黄鹤楼》写辛亥十月武昌起义；《黄埔潮》写 1925 年上海五卅事件）写作计划的第一部，这很好地反映了田汉 "对于社会运动与艺术运动持着两元的见解"[8]的思想。《黄花岗》之第一幕发表在《南国特刊》之后，引起巨大的社会反响。《南国特刊》上的其他作品也大都是与田汉私交很深的好友所作, 如发表在《南国特刊》上的小说《异乡》和《宾泽霖》的作者叶鼎洛就是田汉在长沙湖南第一师范教书时的教美术的同事。《南国特刊》之所以停刊是因为田汉不满于《醒狮周刊》本身极右的政治倾向, 被人视为"同派", 损伤了"自尊心", 因此引起了田汉的"独立癖"[9]。

　　《摩登》副刊是田汉"南国"系列期刊的另一品牌。它是国民党中央党报《中央日报》的文学副刊, 创办于 1928 年 2 月 2 日, 终刊于同年 3 月 13 日, 共发行 24 期。主编是田汉、王礼锡, 田汉的同乡左天锡也参与编辑工作。田汉何以在《中央日报》上开辟副刊? 一则是其好友彭学沛相邀。上海的《中央日报》创刊于 1928 年 2 月, 彭学沛任主笔。他邀请田汉为其编一文学副刊, 于是有了《摩登》一刊 (一说由王礼锡约请创办, 见赵铭彝:《关于摩登社的补充和说明》,《中国左翼戏剧家联盟史料集》, 中国戏剧出版社 1991 年版)。二则是从经济上考虑的。1928 年 2 月, 田汉在欧阳予倩和徐悲鸿的支持下, 创办了包括文学、戏剧、绘画三科的私立性质的南国艺术学院, 全部费用由田汉个人稿费版权收入支付。由于学校经费紧张, 田汉主编《摩登》副刊, 每月能收入编辑费 300 银元, 这成为南国艺术学院办学资金的主要来源。《摩登》的创刊号中刊登了署名"记者"的《摩登宣言》中说道:"摩登者, 西文近代 modern 的译音也。"《摩登》之发刊, 本摩登精神以为新时代的先声。摩登精神者, 自由的怀疑的批判的精神也。"[10]《摩登》封面上徐悲鸿创作的那幅在清晨的曙光中, 一只雄鸡站在山头打鸣的画作形象、具体地阐明了《摩登》的办刊宗旨。后来, 南国社成员发起"兵谏", 另立团体, 但依然沿袭其名, 取名"摩登社", 并出版《摩登》月刊, 以表明它与南国社的关系。《摩登》副刊刊载的作品一半都是南国社成员的作品, 例如田汉的剧作《黄花岗》和散文《蔷薇与荆棘》等, 王礼锡的文艺评论《国风冤词》, 欧阳予倩的小说《伤兵的梦》, 徐悲鸿的《革命歌词》, 左天锡的短篇小说《虚惊》等。此外还有君直 (常乃德)、金满成、刘开渠、吴瑞燕、严仲达、沈从文等人的作品, 以及陈西滢的译作等。这些作品形式多样, 思想包罗万象, 体现了田汉兼容并包的办刊思想。1928 年 3 月 13 日,《摩登》副刊发表了一篇署名"民文"的小说《亚娜》, 影射蒋介石出于政治目的, 追求宋美龄的一段事实。小说中那个滥施淫威的"江司令", 即是以"江"谐"蒋"之音[11]。《中央日报》主笔彭学沛随即发表"近日摩登特刊编者有病, 无人负责, 已特嘱停刊"的启事,《摩登》副刊夭折, 南国艺术学院遂断了财源, 不久被迫停办。

由于"金力两疲",加之因租界当局在学院搜查共产党,学院被迫停课。但南国艺术学院仍维持到 1928 年冬南国社的第一次正式公演之时。田汉有感于"单办学校而无杂志以为喉舌,吾党精神无由表见,吾人创作欲无由得到刺戟"[12],于是恢复出版《南国半月刊》,改为《南国》不定期刊。因为《南国半月刊》当时出到第四期,所以续刊开刊为第五期,1928 年 8 月和 12 月共出版发行两期。《南国》不定期刊发表的文章依然以田汉的创作为主体,主要有田汉的新作《湖上的悲剧》《苏州夜话》,田汉与谷崎润一郎的通信,田汉的剧评《〈怒吼啊支那〉与〈黄埔潮〉》等。在后文中,田汉以俄国作家的《怒吼啊支那》来与自己的创作进行对比,深刻反省了自己没有完成"三黄史剧"创作的原因。由于其间田汉改组成立南国社,所以《南国》不定期刊第六期上发表了南国社总务部长王芳镇的文章《改组后的南国社》(署名芳镇)。

《南国》月刊和《南国》周刊是南国社成立后田汉所办的重要期刊,两刊发行的原因仍旧有经济方面的考虑:因南国社演出有了更多的观众,书店老板认为可能有更多的读者,于是现代书局的创办人洪雪帆(1899—1934)便与田汉他们订合同,发行《南国》月刊和《南国》周刊。《南国》月刊创刊于 1929 年 5 月 1 日,办刊更主要的原因在于"想慢慢地发表几篇比较有自信的、比较坚实的作品。同时想慢慢地吐露一些我的和我们的文艺观、社会观"[13]。由于"月刊太久了,不定期刊更是'太不定期了'",田汉便又于第二次南国社上海公演之后的 8 月 24 日发行《南国》周刊,以便"随时传达我们的消息,发表我们的意见"。两刊为履行田汉各部门(话剧、出版、电影、绘画、音乐等)"统一于一点,使成一个整个的艺术运动"[14]的思想,发表了大量的剧本、小说、散文、电影、评论等文章,《南国》月刊还在第二卷第四期开辟了苏俄电影专号,译介苏俄电影成就。《南国》月刊和《南国》周刊办刊期间正是普罗戏剧兴起之时,也是田汉顺应时代的呼声"左转"时期,为此,田汉在《南国》月刊第二卷第一期上通刊发表一篇长文《我们的自己批判》,文章对田汉前一时期的戏剧活动进行了总结,提出了下一阶段的奋斗目标。这是中国现代戏剧史上的一篇重要的理论文献。现代书局还推波助澜,在该期封面上画上了镰刀和斧头,形象地表现了田汉转向的决心。

值得注意的是,田汉在编辑发行《南国》月刊和《南国》周刊期间,还在上海《申报》本埠增刊《艺术界》栏目里开辟《南国之周》副刊,大致有 1929 年 5 月 27 日(栏目名为"南国",该版日期署为民国十八年 5 月 26 日,实为 5

月 27 日),6 月 23 日,6 月 28 日,7 月 24 日,8 月 5 日(以上栏目名均为"南国之周")等几期,每期内容大约半版篇幅。栏目内容大致为"戏剧文学、舞台艺术、戏运方策、史的研究等"[15],发表的文章除了南国社成员郑重(郑君里)译作《现代剧与非现代剧的界线》之外,其余的都是田汉的评论和书信:《我们今日的戏剧运动》《公演之前》《南国社第二次公演剧目预告》《给一个"茶花女"的信》《从南京回来》《站在战线上》。

《南国》月刊终刊于 1930 年 7 月 20 日,共发行了 2 卷 10 期。由于田汉忙于月刊及其他社务,《南国》周刊的编辑事务交给左明、赵铭彝负责。《南国》周刊终刊于 1930 年 6 月 11 日,共发行 16 期。两刊的解散与南国社被查封密切相关。1930 年 6 月,南国社举行了第三期公演,在上海中央大戏院演出六场话剧《卡门》。此剧系田汉根据法国现实主义作家梅里美同名小说改编,反映现代西班牙的罢工和反对封建王国的斗争。演出十分成功。刚演三场,便被当局以"鼓吹阶级斗争,宣传赤化"为由勒令停演。9 月,南国社又被宣布为反动团体受到查封,此后,南国社绝大部分成员在田汉率领下加入左翼戏剧运动。田汉"在野"的"南国"系列期刊的编辑工作也告一段落了,田汉其后的期刊编辑事业汇入到救亡图存的时代洪流之中。

除了田汉编辑发行的"南国"系列刊物外,这一时期还发行一些南国同仁期刊。这些刊物的共同特征是:均以"南国"或"摩登"为刊名;编辑均为南国社成员或好友;文章作者多为田汉本人或南国社成员等;文章内容以宣传介绍南国创作演出或思想主张为主。这些刊物主要有:

《南国周刊》,1928 年 9 月 1 日创刊,仅出 1 期,由南国社成员陈子展编辑。该刊创刊号《Prologue》:"自谓能与时代同呼吸共痛痒,向着艺术的大道追逐前进的我们"。该刊刊发的均是南国社成员田汉、陈明中、陈凝秋、左明等人的作品。

《摩登月刊》,摩登社成员陈明中编辑,1929 年 6 月 20 日创刊。1929 年 7 月 20 日第 2 期休刊。摩登社是 1928 年秋冬之际,由南国艺术学院及复旦、大夏、中公几个大学生所组织的戏剧团体。成员主要有左明、赵铭彝、陈明中、陈白尘、郑千里(郑君里)等。摩登社和《摩登月刊》均沿袭田汉在 1928 年 2 月在《中央日报》上所办的《摩登》副刊为名。由于摩登社由南国社孕育,在南国社哺育下成长,所以《摩登月刊》主要为南国社摇旗呐喊:该刊刊登了田汉的独幕剧《生之意志》和摩登社成员的诗歌、小说等作品;第 2 期为"南国社公演专号",主要介绍了南国社第二次公演剧目及其理论主张。

《上海画报》第 492 期的《南国戏剧特刊》,1929 年 7 月 30 日出版,只出 1 期,徐志摩发起,杨吉孚编辑。该刊为南国社在沪第二次公演所编。刊有田汉的《谈谈"南国的哲学"》、徐志摩的《南国的精神》等文,并有徐志摩夫人陆小曼"敬祝南国无疆 南国光明"的题字。

《中央日报》之《青白》副刊所办《南国特刊》,田汉好友王平陵编辑,共出四期(1929 年 7 月 6 日第一期,1929 年 7 月 9 日第二期,1929 年 7 月 12 日第三期,1929 年 7 月 14 日第四期)。此刊是为配合南国社第二次赴京公演而办,但身为国民党《中央日报》的副刊,不可能仅为了宣传戏剧艺术。从《南国特刊》所介绍的《南归》《湖上的悲剧》与《莎乐美》等唯美作品,而非社会剧《强盗》《火之舞蹈》来看,《南国特刊》的办刊更是为了政治目的。王平陵此举的目的是想把南国社收编进入"效劳党国"的行列之中。不过,后来南国社的"左转",却是其始料未及的。

南国社被查封后,田汉加入左翼剧联,领导中国左翼文化运动。全面抗战爆发后,为配合如火如荼的抗日壮举,田汉先后主编了《抗战戏剧》半月刊(1937 年 11 月 16 日创刊)和《戏剧春秋》月刊(1940 年 11 月 1 日创刊)。这一时期的田汉在期刊编辑思想上基本上放弃了艺术与政治"两元的见解",这一时期的田汉已由编辑"南国"系列期刊时的意气风发的"在野"状态转变为政策方针的忠实执行者的"在位"状态,由经营"自己的园地"的"小我"立场转变为抒写"宏大叙事"的"大我"立场。因为在民族抗战中,戏剧运动的唯一任务就是动员全民族奋起抗战。期刊的内容也主要是发表各种抗战题材剧本,报道戏剧工作者活动,对剧作展开批评与介绍,介绍适合抗战需要的戏剧理论等。后者还积极开展"戏剧的民族形式问题座谈会""历史剧问题座谈"等讨论,以配合抗战的政治需求。

参考文献

[1] 田汉.我们的自己批判 [J].南国月刊,1930,2(1):1.

[2] 田汉.刊首语 [J].南国半月刊,1924(1).

[3] 田汉.发刊之辞 [J].南国新闻,1924(1):1.

[4] 董健.南国社述评 [A]// 南京大学文学院.董健文集·第 1 卷·戏剧研究.北京:人民文学出版社,2015:357-358.

[5] 田申.我的父亲田汉 [M].沈阳:辽宁人民出版社,2011:67.

［6］施蛰存.南国诗人田汉［A］//施蛰存著.施蛰存全集（第二卷）.北山散文集（第一辑）.刘凌，刘效礼，编.上海：华东师范大学出版社，2011：320-321.

［7］田汉.致宗白华［A］//田汉全集（第20卷）.石家庄：花山文艺出版社，2000：20.

［8］田汉.我们的自己批判［J］.南国月刊，1930，2（1）：11.

［9］同［8］12.

［10］摩登宣言［N］.《中央日报》之《摩登》创刊号，1928-02-2.

［11］张武军."红与黑"交织中的"摩登"——1928年上海《中央日报》文艺副刊之考察［J］.文学评论，2015（1）：105.

［12］田汉.《南国》半月刊重刊之词［J］.南国半月刊，1928，8（5）.

［13］田汉.序《南国》月刊创刊号［J］.南国月刊，1929，1（1）：1-2.

［14］田汉.序《南国周刊》［J］.南国周刊月订本，1929，9（1）：1-3.

［15］田汉.南国［N］.上海《申报》本埠增刊，1929-05-26（实为1929-05-27）.

作者简介

邱霞　上海戏剧学院图书馆馆员

民国时期中小学语文教材编撰的勃兴及其当代价值 ①

赵晓霞

摘　要: 教材是反映教育实际的重要依据。研究各类语文教科书的编撰,对当代语文教育具有重要价值。民国时期的教材的编撰在理论、实践上都进行了有益的探索和创新,这对于我们当下的语文教材的编撰与使用都具有启示价值。

关键词: 民国时期　中小学语文教材　编撰

教材是反映教育实际的重要依据。研究民国时期语文教科书的编撰,对当代语文教育的发展具有重要的启示和价值,并可为当下的语文教材建设和使用起到借鉴作用。自 2017 年,随着我国部编版语文教材在全国的推广使用,其内容和设计上对于语文教育传统的回归,引起了社会广泛而强烈的反响。而民国时期是一个中西文化碰撞和融合的时期,学术思想活跃,反应在教材的编撰方面,则出现了各大书局、书店积极参与中小学语文教科书建设的情况,对其内容和设计的研究对当代语文教育的繁荣具有积极意义。

1 "审定制度"与民国时期中小学语文教材出版概况

中小学语文教材所具有的培养公民的语言能力、文化素养等多重作用能发挥到何种程度,首先取决于教材制度。教材制度,包括教材(或教科书)的编辑认可、采用和供给(有偿或无偿)的制度[1]。普遍存在的教材制度有:国定

---

①　本文原刊于《出版发行研究》2012 年第 8 期,本次会议论文在其基础上修改而成。

制、审定制、认定制、选定制和自由制。从总体来看，民国时期，教材的编审体制一直是"国定制"和"审定制"并存，并在相当长的一段时间内以"审定制"为主。

1912 年至 1913 年，南京临时政府教育部颁发了《普通教育暂行办法》的同时，颁发了《审定教科用图书规程》，后者规定"初等小学校、高等小学校、中学校、师范学校教科用图书，任人自行编辑；唯须呈教育部门审定。"[2]这是自我国 1906 年清朝学部公布《第一次审定初等小学教科书凡例》以来，在全国范围内广泛推行教材审定制度。所谓审定制度，"就是国家教育行政部门根据正式颁布的中小学各科课程标准，通过自己设立的教材审定机构，对有关出版单位编辑的各种教材进行审查鉴定，审定通过后准予出版、发行、使用的一种教材编审制度"[3]。在这种制度下，国家教育行政部门对教材的指导和监控是通过两种方式来实现的。一是课程标准的要求；二是审定机构的影响。

1.1　1912 年至 1921 年间，是民国时期中小学语文教材的发展期

这一时期中小学教科书的使用采用审定制度，如 1912 年颁布的《中学校令施行规则》指出，"中学校教科用图书，由校长就教育部审定图书内择用之"。也就是说，中小学教科书可以任人编撰，只要通过教育部审定，就可以被各个学校选择使用。这期间，商务印书馆和中华书局逐渐成为我国编制出版教科书的重要阵地。出版的有代表性的国文教科书有：《教育部审定共和国新国文》（1912 年，商务印书馆），"第一册迄至 1924 年，12 年间各地竟再版重印达 2218 次"[4]。除了商务印书馆和中华书局编撰的全套中小学教科书外，还有中国图书公司出版的《新国民国文课本》，北京教育图书社编、商务印书馆印行的高小学生的配套《实用国文教科书》，以及高小《国文读本》，新教育教科书《国文读本》等。

1914 年北洋政府颁布《整理教育方案草案》规定，"高等小学堂及中等师范教科书，仍专采审定制"，"初等小学校教科书，于一定期限内，国定制和审定制并行"。之后代表性的教材如上海商务印书馆出版的由北京教育图书社编辑的《实用国文教科书》和杨游编撰的《国文》；中华书局出版的吴研蘅编撰的《国民用新式国文教科书》等。总体说来，民国元年出版的教科书大多沿用清末教材，教材内容仍然是以"读经讲经"内容为主；其后几年间，进步教育家、出版家们从"注重教育实际"等思想入手，在教科书编撰方面逐渐有所突破。

1.2 1922年至1937年间，是民国时期中小学语文教材的繁荣期

首先教材制度给予了各出版社较为自由的教材编撰、出版的空间。同时，在五四新文化运动的思想冲击和新学制（壬戌学制）的影响下，许多出版社联合语文教育学者在教材的编撰和出版上作了许多大胆而有益的探索和尝试。到二十世纪三十年代前后，在教科书的编制上形成了各树旗帜、各有所长的局面。商务印书馆、中华书局、世界书局等均出版了各类新学制教科书，到20年代后期，三家的教科书形成了鼎足之势[5]。

其中，商务印书馆出版的代表性语文教科书有：顾颉刚、叶圣陶等合编的初中《国语教科书》六册（1922年，商务印书馆）；庄适、吴研因、沈圻等编撰的《新学制·国语教科书》八册（1923初版，后多次重印，商务印书馆）。中华书局出版的代表性教科书有：黎锦晖、陆费逵等编辑《新小学教科书·国语读本》八册（1923初版，中华书局）；褚东郊、刘培琥、朱文叔等编撰的《新小学教科书·国文读本》四册（1924初版，中华书局）；沈星一编，黎锦熙、沈颐校的《初级国语读本》三册（1924年，中华书局）；穆济波编的《高级国语读本》三册（1925年，中华书局）等。世界书局出版的代表性教科书有：秦同培编撰《新时代教科书·国文读本》四册（1922年，世界书局），《中学国语文读本》四册（1923年，世界书局）；杨喆、范祥善等编撰的《新学制小学教科书·初级国文读本》八册（1924年，世界书局）；秦同培、陈和祥编撰《高级国文读本》四册（1925年，世界书局）。此外，开明书店出版的代表性教科书如王伯祥编初中《开明国语读本》（1932年，开明书店）；傅东华编的复兴初、高中《国文》教科书（1935年，商务印书馆）；夏丏尊、叶圣陶合编的《国文百八课》（1935年，开明书店）等等。

需要指出的是，在五四新文化运动的影响下，1920年1月，国民政府教育部颁布《国民学校令》，将"国文"均改为"国语"。1922年壬戌学制颁行全国，新学制的实施带来了教科书内容的改革。因此，从20年代起，"国语"成为中小学语文教材的通称，在教材体式和内容上则更为凸显新文化运动思想。

1.3 1938年至1949年，是民国时期中小学语文教材发展的瓶颈期

这一时期的教材制度为"国定制"。1940年，基于抗战的历史背景，国民

政府强令取消了教科书的"审定制度"，并实行教科书的"部编制"，也即"国定制"，由国家或地方教育行政部门决定的制度。1940 年颁布了适应战时的课程标准，国民政府教育部把原设的中小学教科书编辑委员会归并入国立编译馆，由国立编译馆内设教科书用书组，统一筹划和组编中小学各科的"部编"教科书[6]。如战时儿童保育会主编，白桃等编著的《抗战建国读本》（1939 年，重庆生活书店）；吴子我、闻颂平等编著的《国语常识混合编制抗建读本》1-12册（1939 年，正中书局）。这些教科书都是为了抗战建国的需要而编辑，成为当时的核心教科书[7]。1941 年由教育部中小学教科用书编辑委员会编，教育部审定的国定本教科书《初级小学·国语常识课本》在全国印行。此后，由教科书编辑委员会编撰的《高级小学·国语课本》在全国印行。1942 年，部编《初级中学·国文》1-6 册在全国印行。我们看到，这套"国定本"几经修订，逐步成为"党化教育"的宣传物。

2　民国时期中小学语文教材编撰的特点

从民国时期出版的中小学语文教材的总体情况来看，各大出版社投入精力参与中小学语文教科书的编撰出版，这也为这一时期教科书的发展创造了良好条件。

2.1　各大出版社和教育家积极参与投入中小学语文教科书的编撰出版

我们看到，在教材"审定制度"下，各大书局加入中小学语文教材的编撰出版行列。如世界书局、北新书局、广益书局、中正书局、民智书局、神州国光社、南京钟山书局等等。除中正书局有一定官方背景外，其他的书局大多是民办私营。各出版机构也都具备专门的编辑队伍。例如商务印书馆的高梦旦、张元济、吴研因、沈百英、沈秉廉等学者、编辑。同时许多教育名家也都为教材的编纂倾注了心血。其中，如蔡元培、胡适、林纾、周予同、顾颉刚、王云五、冯友兰、陶孟和、陈衡哲、朱自清、叶圣陶、丰子恺等，都参与了教科书的编写。这对教科书的建设在理论和实践上都有着历史性的突破和贡献。

创立于光绪二十三年（1897）的商务印书馆，作为我国第一家民营出版机构出版了我国历史上第一套正规化的中小学国文教科书。其业务的重点大部分集中在中小学教科书的出版发行上。据不完全统计，民国时期商务印书馆出版的语文教材有 127 种[8]，其丰富的编制经验和研究的作风，成为其他书局学习的模范。此外，开明书店和世界书局都是二十世纪三十年代影响较大的教材出版社。开明书店成立于 1926 年，以叶圣陶、夏丏尊、胡愈之、郑振铎、孙伏园、章锡琛等为中坚力量。1932 年出版了第一套《国语教科书》（叶圣陶编、丰子恺绘），自出版就引起社会轰动，并连续印行 40 余版次。据统计，开明书店出版的语文教材共有 12 种，其《活页文选》也颇具特色。有学者这样评价开明书店："自从开明书店登场，中国出版界才有认真为学生着想的读物。"[9]

2.2 语文课程性质的探索在教材中得到充分体现

民国时期，商务印书馆编辑周予同在《教育杂志》（1922 年，第 14 卷第 1 号）中指出关于中学国文教授的目的有"两种错误的认为"。"一种错认中学校含有狭义的职业学校的性质"，"一种是将中学的性质和大学文科相混……"[10] 这便涉及语文课程的性质之争，在教科书编撰上也相应地体现出两种不同的倾向来。

一种是强调语文课程重在国学传承和文学陶冶。如北新书局所出《高中国文选》（1934 年），编者在编辑大意上说："一年级以墨家为主，兼及儒家，二年级以道家法家为主，并完成儒家；三年级以文化为中心，一方面收束一二年级，一方面扩大学术范围。"[11] 又如何炳松、孙俍工编《复兴高级中学国文课本》（1935 年，商务印书馆），所选课文如《典论·论文》《诗教》《金石录后序》等，失之偏难。另一些教科书是按照"文选"式地编辑方法。如中华书局出的《新编高中国文》，《复兴高中国文》的三、四册。这种类似于中国文化史或文选式的教科书编撰，将国学传承和文学熏陶作为其主要的课程目标。

一种是强调语文课程重在培养儿童阅读写作等实际能力。民国初年开设国文一科时即指出，"国文要旨，在使儿童学习普通语言文字，养成表达思想之能力"。到 1923 年改国文为国语后，语文课程的教学目标从说话、读书、作文、写字 4 个方面进行了全面的规定，注重培养阅读能力和兴趣。例如，中华书局以"养成我中华民国国民""注意实际教育"等为宗旨，推出了第一部整套"新中华教科书"。包括华鸿年、何振武编《中华初等小学国文教科书》（1912—

1918 年），刘法曾、姚汉章评辑《中华中学国文教科书》（1912—1915 年）。商务印书馆出版了庄俞等编写、张元济校订的小学初级用《国文教科书》、《最新国文教科书》（1912—1917 年）、《简明国文教科书》、《共和国国文教科书》等[12]。由叶圣陶编、丰子恺绘的《开明国语课本》（1932 年）在《编辑要旨》中指出："本书内容以儿童为中心""尽量容纳儿童文学及日常生活上需要的各种文体""词、句、语调力求适合儿童诵读或吟诵"[13]。这种强调语文课程重在促进儿童实际听读说写能力的教材编撰观点，为语文课程的发展作出了有益的探索。

2.3 语文教材编写体例的探索与创新

民国时期，中小学语文教材的编写体例上进行着多角度的尝试。如以文体来分类的、以问题为主纲的、用程度作标准的、依时代而逆溯的等等。也有融语文知识、范文和练习为一体的综合单元，且以"单元"组织选文的模式日益发展，单元组合的形式也日趋成熟。

以时代的顺序编写的教材如许国英编撰、张元济等校订的《共和国教科书国文读本》（1913 年，商务印书馆）。以文体分类编撰的教材如谢蒙著，朱宝瑜评注，姚汉章、张相校阅的《新制国文教本评注》（1915—1924 年，中华书局），选文 319 篇，每册按照文章体裁分类编排。以思想内容为中心编撰单元的教科书如张弓编《初中国文教本》（1930 年，上海大东书局），譬如第一册的两个主题为"常态的生活"和"变局的应付"等。

此外，编撰的顺序也有基本的探索。例如新学制下初中三年的编排顺序基本为：记叙文、说明文到议论文。朱文叔编《初中国文读本》（1933—1936 年，中华书局）即是以此为编撰顺序。而高中教科书的编撰顺序基本是依照 1932 年教育部颁发的《课程标准》确立的：第一年以体制为纲，第二年以文学源流为纲，第三年以学术思想为纲。代表性的教材有刘劲秋、朱文叔编《高中国文读本》（1934 年，中华书局），赵景深编《高中混合国文》（1935 年，北新书局），何炳松、孙俍工编《国文课本》（1935 年，商务印书馆）[14]等等。

综合单元中，以孙俍工编的《国文教科书》（1932 年，神州国光社）和夏丏尊、叶圣陶编的《国文百八课》（1935 年，开明书店）较为典型。这里以《国文百八课》[15]为例。如"第八课"中，文话为《书信和礼仪》，文选为彭玉麟的《与郭意城书》和左宗棠家书《与子书》。在内容上与文话相呼应，同时又符合青年学子的年龄特点，如《与子书》中谈到的"志患不立，尤患不坚""大禹惜寸阴，吾辈当惜分阴"等。修辞是继第四课"消极修辞"后讲"积极修辞"。习问又是紧扣文话、文选和修辞展开的，正如编者所言，各项"打成一片"，相互支撑。吕叔湘先生认为，该教材最有特点之处在于"文话"。从"文章面面观"开始，逐步涉及记叙文、说明文、议论文，并涉及三类文体之外的学术文、仪式文、宣言、对话、戏剧等各类文体，形成了一套较为科学、完整的初中语文教学体系。

3　对当代中小学语文教材建设和使用的启示

通过对民国时期中小学语文教材编撰的概况梳理，以及对教材编撰特点分析，我们看到，民国时期中小学语文教材的编撰出版在理论和实践两个方面都进行了有益的探索，这对于我们当下的语文教材的建设都具有积极的意义和价值。

3.1　民国语文教材建设和探索为当代语文教育提供可鉴之资

民国时期的教材多元化探索的过程也是教材编撰思想不断成熟的过程，其中存在着许多值得思考和商榷之处。这在当时就受到了社会的广泛的关注和探讨。

"文白之争"实则是语文教育中的"百年公案"，近年来这种争论又起，如一些地方开展"诵读经典"的活动，其实是对传统教育的一种回归。早在民国时期，教育家和学者们就已经展开过激烈的讨论。而当时的教材充分地反映了论争中的不同声音：有凸显文言文的，有倚重语体文的，有二者兼顾的。这其实也是关乎语文课程性质的争论。从总体来看，民国初期至"五四"以前，中小学国文教材大都以文言文为主；"五四"以后，白话文作品在教材中日益突出。1922 年颁布的《暂行课程标准》对教科书选文的"文本比例"进行了规定，这一时期"文白兼选"已基本定型。文白比例采用逆升递降法，即：初一，3∶7；初二，4∶6；初三，5∶5；高一，6∶4；高二，7∶3；高三 8∶2。当时许多教科书都是按此比例选文的。这对于当代语文课程的文白比例设置、文言文学习的态度和方法上都具有借鉴的价值。

从教材组织形式看，在民国时期已有积极的探索。如以时代为序的、以文体来分类的、以问题为主纲的、用程度作标准的等等，教材的多样化为语文教育提供了广阔的空间。本次课改中反映出的"语文知识薄弱"等弊端，实际上与教材的编撰使用都有很大的关系。民国时期语文教材以"单元"模式的编撰体例中，一些教材很好地突出了"语文特性"，即将语文知识与选文紧密结合，相得益彰。这对当代中小学语文教科书的编撰都是十分有借鉴价值的。

3.2　教育家投入为中小学教材的编撰出版创造良好环境

我们对民国时期出版的中小学语文教材作一初步统计[16]发现：民国时期出版的小学语文教材包括课本、副课本共计290余套；教学参考书120余套；其他教材合计100余套，其中读音、识字16套，文法、说话14套，阅读11套，作文55套和习字8套等等。出版的中学教材包括课本约160余套；教学参考书17套；其他教材合计90余套，其中国音1套、阅读69套和作文24套。小学教材总计为500余套；中学教材总计约为280余套。如此大量的中小学语文教材的出版，说明民国时期人们对语文教育的关注和重视，同时也难免鱼龙混杂。

一方面政府法令对教材的规范进行了总体的筛查，另一方面，许多教育家和国学大家的积极参与，为教材的编撰出版注入了活力，从而形成了民国时期教材编撰出版的良好的文化环境。这一背景下，各大出版社积极参与投入中小学语文教科书的编撰，并搭建教材评价的文化平台。例如，开明书店成立后，叶圣陶、夏丏尊在开明书店做的第一件事便是创办《中学生》（1930年）杂志，吸引和团结了一大批专家、学者和教师参与，探索符合中国国情的国文国语的教育新路。又如中华书局的《中华教育界》杂志，世界书局的《世界杂志》杂志，商务印书馆的《教育杂志》，等等。这些杂志的创办，首先是出版社把杂志期刊作为其出版发行的教材的宣传阵地，其次传播了各种教育理念和教材建设的有效经验[17]。

综而述之，近年来出版界对民国老课本的重印出版，使得当时的教材重新回到人们的视野。而对民国时期中小学语文教材的研究，是为当代的语文教材编撰和建设提供一定的启示。结合当代核心素养下中小学语文教育的改革和种种争论，我们发现许多问题前人已进行了积极的探索并形成有益的创见，而对这些问题的长期关注和探讨，归根结底，是对语文课程性质和发展的核心问题的回归。

参考文献

［1］朱绍禹 . 中学语文教材概观［M］. 北京：人民教育出版社，1997（4）：49.

［2］舒新城 . 中国近代教育史资料［M］. 北京：人民教育出版社，1981（3）：355.

［3］李杏保，顾黄初 . 中国现代语文教育史［M］. 成都：四川教育出版社，2004（8）：139.

［4］同［3］40.

［5］江明 . 民国时期中小学语文教材简析［J］. 全球教育展望，2007（8）：76-78.

［6］同［3］180.

［7］洪宗礼，柳士镇，倪文锦 . 母语教材研究：3［M］. 南京：江苏教育出版社，2007：239.

［8］范远波 . 民国小学语文教材研究［D］. 上海：华东师范大学，2007：136.

［9］曹聚仁 . 我与我的世界［J］. 新文化史料，1981（1）：82.

［10］周予同 . 对于普通中学国文课程与教材的建议［A］// 赵志伟 . 旧文重读：大家谈语文教育 . 上海：华东师范大学出版社，2007：23.

［11］同［8］64.

［12］蒋维乔 . 编辑小学教科书之回忆［A］// 张静庐 . 中国近代出版史料补编 . 北京：中华书局，1957：139.

［13］叶圣陶 . 开明国语课本（第二册）［M］. 丰子恺，绘 . 上海：开明出版社，1935：89.

［14］北京图书馆、人民教育出版社图书馆 . 民国时期总书目（1911—1949）——中小学教材［M］. 北京：书目文献出版社，1995：194.

［15］夏丏尊，叶绍钧 . 国文百八课［M］. 北京：三联书店，2008.

［16］同［14］.

［17］同［8］170.

作者简介

赵晓霞　西北师范大学教授，博士生导师

《民国时期广东人物名录》编制初探

金 峰 蒋 方

摘 要：广州大典研究中心近年正进行《广州大典·民国篇》的文献普查和征集工作，民国文献数量大、种类多、版本复杂，在实际工作中存在许多亟待解决和界定的问题。本文结合工作实践，从文献制作主体及其与文献本身的关系入手，进行分析和归类，以现存的相关人物名录资料为基础，探讨编制一个相对完善的地方人物名录资料。

关键词：广州大典 民国文献 人物名录

广州大典研究中心成立以来，除进行《广州大典总目》《广州大典·曲类文献》等后续编纂，以及《广州大典概要》《广州大典书志》等编写工作外，还于 2016 年重点启动了《广州大典·民国篇》的编纂工作，计划对民国广东省域内包括图书、档案、报刊、音像资料等各类历史文化资源，以专题形式进行全面整理。近年中心的主要工作，是开展相关的文献普查和征集。编制《民国时期广东人物名录》，对于开展上述工作具有极为重要的意义。本文系针对人物名录编制中的若干问题进行的初步探讨。

1 民国文献编著者的多元化特点

古籍文献以图书为主，且人物与文献之间对应的编著关系较为简单明晰，因此在整理古籍文献时，编制人物名录可以其信息作为文献著者项检索文献，为发现文献提供极大便利。但民国时期文献类型更加丰富多样，除图书、报刊等出版物外，作为第一手资料的档案地位已后来居上，公私文书和非文字类的音像资料等的重要性也日益凸显，整理民国文献不可能忽视这些重要的历史文献资源。文献种类的多样性带来了民国文献迥异于古籍的编著者多元化的情况，即除人物外，专业出版机构、各级政府机关、各党派和政治团体、各类公私机构等，也成为文献的制作者。此外，文献制作主体与文献之间，也不再是简单的编著关系，而是更加复杂。

1.1 文献制作主体多元化

除人物外，民国时期重要的文献制作主体还包括专业出版机构、各级政府机关、各党派和政治团体、各类公私机构等。就民国时期广东文献而言，需要注意的此类机构包括：

1.1.1 专业出版机构

民国时期中国的出版重镇是上海，但广东出版业也有较大发展。据《中国出版通史·民国卷》统计，1936 年广东省在"内政部"核准登记的新闻出版机构即有报社 49 家、通讯社 32 家、杂志社 54 家[1]。其中杨公民所创办的公民通讯社即成立于民国肇创之际[2]。另有研究者统计，民国初年仅广州市即有书局等出版机构 100 余家，抗战前增至 160 余家，抗战期间虽遭破坏，但出版机构也有 130 余家[3]。其中较为重要的有广雅版片印行所、共和书局、时敏书局、开智书局等。值得注意的是，继续以木刻印行传统文献或岭南俗文学文献的醉经书局、以文堂、五桂堂等出版机构，在民国时期仍然十分活跃。此类专业出版机构是民国时期图书、报刊类文献出版发行的主力。

1.1.2 省市县各级政府及各机关部门

民国时期广东省市县各级政府机关发布了大量的公报法令、调研报告等公牍文书，这些公文文书也是民国档案文献的重要组成部分。如广东省宣布共和独立后成立军政府，即于 1912 年创办《广东公报》①，以公报形式发布法律、命令、公告、公电和官员职名录等，至 1949 年出版了 4800 余期，所刊内容涉及民国广东政治、经济、财政、文教等各方面。各市县政府同样发布有此类公报，

---

① 军政府时期的《广东公报》，到国民政府时期改称《广东省政府公报》，后又改称《广东行政周刊》《广东省政府周报》，并于 1929 年定名为《广东省政府公报》。

如《广州市政府公报》自 1922 年开始发布，总计约千余期^①，栏目包括公告、法规、电令、会议记录、市政概况、人事动态、统计图表等，所涉内容同样涵盖到民国广州社会历史的方方面面。广州市政府还发布有《广州市政府统计年鉴》《广州市政会议录》。另如汕头有市政府秘书处印发的《汕头市政公报》《汕头市政月刊》等。

省市政府各管理部门也同样印发大量相应公报等文书。如广东省教育厅在不同时期印发有《广东教育公报》《广东教育厅报》《广东教育厅旬刊》《广东教育厅月报》《广东教育行政周刊》等，广东省建设厅农林局设广东农业通讯社，印发《广东农业通讯》《广东农业战时通讯》，广东省农林局农业处也印发《广东农业》，广东省民政厅印发《广东民政公报》等。另如广州市政厅印发有《广州市市政公报》《广州市政建设丛刊》，广州市政府卫生局印发《广州卫生》，广州市政府统计处印发《统计周刊》，广州市工务局编有《工务委刊》《工务月刊》等。

此外，省市各级政府在不同时期成立了诸多专门或临时机构，也制作了一定数量的专门文献。如 1927 年成立的两广地质调查所，不定期地印发《地质集刊》《两广地质调查所地质年报》《两广地质临时报告》等。另如 1928 年中国政治会议广州分会议组织开展西沙自然资源调查，成立了西沙调查委员会，撰有《西沙群岛调查记》^②。此后就东西沙鸟粪等资源开发及筹建无线电台、气象台等事宜，广东省建设厅又设海产监察员，组织招商和拟订《管理西沙岛计划书》^③等。

广东省市县各级政府及各级机关部门是民国时期档案类文献的主要编制者，尤其是其附属的常设或非常设机构组织，其相关活动及批量产生的专题文献，是一个非常值得重视研究的课题。

1.1.3　各党派和政治团体

广州是中国近代民主革命的策源地，民国时期各方政治力量十分活跃。自

---

① 《广州市政府公报》自 1922 年开始发布，至 1938 已发 600 余期；沦陷后日伪市政府自 1940 年起按年重新编号发布，计发近 200 期；抗战胜利后的 1946 复刊后又重新编号，计发 200 余期。
② 广州市国家档案馆档案，全宗号"资"目录号"政"，案卷号"620"。
③ 广州市国家档案馆档案，全宗号"资"目录号"政"，案卷号"128"。

护法运动特别是二次护法后，广州成为孙中山的革命活动基地。以第一次国共合作为基础的大革命也以广州为中心。各派政治力量在广东的活动，留下了大量近代中国风云际会的历史见证。特别是国共两党的理论宣传机构，制作了大量的政治理论、革命宣传的文献。

因国共两党对理论传播和宣传教育均极为重视，各机构组织编印发行关于革命理论的图书、报刊和传单册页等方面的文献极为丰富。如1923年陆海军大元帅府成立后，除持续发布《陆海军大元帅大本营公报》外，还专设宣传委员会印行孙中山的革命理论，出版有《十二年来之国民党》《国民革命与国民党》《三民主义浅说》等等文献。1924年国民党一大召开后，除各市县的《民国日报》外，1926年国民党广东省党部还将《国民新闻》改造为机关报[4]。另有中共主持、国民党中央宣传部主办出版的《政治周报》等。此外，国民党中央还成立了工人、农民、青年、妇女部和商民五部①。各部除发布函电、通告、呈令及拟制计划、报表、调查书表等，均各成立专门出版机构，印发如《广州市工人代表会议决议案》《中国农民运动近况》《妇女运动须知》等大量文献。广州民国日报社还编有《晨钟》等刊。此外，国民党各市县党部在三民主义理论宣传、民众动员及推动民众运动等方面不断开展工作[5]，也产生了大量档案文献。

除党务机构组织外，国民党军事机关也出版发行大量文献。特别是黄埔军校，"以其机构齐全，出版图书量大，发行网广而占有重要的位置"[6]。《黄埔军校史料汇编》现已整理出版四辑230余册。另如国民革命军也通过不同途径印行大量文书，如国民革命军总司令部即印发《打倒帝国主义》《反国家主义》《二七纪念刊》《广东妇女解放协会宣言》，国民革命军总司令部政治部印发《打倒英帝国主义》《对国家主义派的反攻》《革命军人与军阀》《革命史上的几个重要纪念日》，国民革命军第四集团军总司令部政治训练处印发《帝国主义侵略中国史略》等。

第一次国共合作期间，中共在广东的活动和影响大增。在宣传出版领域，除机关报《向导》仍在上海出版外，又于1923年在广州创办《新青年》季刊，并在广州组稿、在上海编印《前锋》杂志。另如广州共青团组织于1922年创办了《青年周刊》，广东工会联合会于1923年创办了《劳动周报》，省港罢工

---

① 南京国民政府成立后此五部撤销，故被称为"中央前五部"，其档案现藏台北国民党党史馆，档案目录在中国社会科学院近代史所网站可查，网址：http://jds.cass.cn/dag/gzwx/201605/t20160506_3328883.shtml。

委员会于 1925 年创办机关报《工人之路》。1926 年，由国民党中执委农民部出版、中共主办的《中国农民》创刊，广东省农民协会创办《农民运动》，广东省共青团组织创办《少年先锋》。在工农妇青运动中，中共各地党机关及相关组织机构均制作有大量组织、宣传等各类文献。如广东省农民协会所作《海丰农民运动》《海丰农民运动报告（1926）》等等。

1.1.4　各类公私机构

民国时期不仅政治团体活跃，各类公私机构的社会影响也十分广泛，并伴随存在大量史料文献。就民国文献而言，有以下几类机构值得特别关注：

其一，文教机构。教育机构特别是高等教育机构，其师生本身即是自然、社会科学文献的编译者、著者和使用者，同时编印相关学术刊物、撰著学术论文和专著等。民国时期广东高等教育发达，主要高校包括岭南大学、中山大学（由国立广东高等师范学校、广东公立法科大学、广东公立农业专门学校合并组成，初名广东大学）、广东省立勷勤大学、广东省立体育专科学校、广州法学院、广州铁路专科学校、广州市立美术专科学校、私立广东国民大学、私立广州大学、私立广东光华医科专门学校、私立广州音乐学院、珠海大学等等。以岭南大学为例，即出版有《岭南》《岭南学报》《岭南大学校报》《岭南大学农科学院丛书》《农事月刊》《历史政治学报》《岭南大学西南社会经济研究所专刊》，中山大学则有《中山大学教育研究所丛书》《民俗学会丛书》《地理集刊》，广州大学有《广州大学校刊》《广州大学图书馆季刊》《经济论坛》，广州中医药专门学校有杏林医学社所编《杏林医学月报》等等大量定期、不定期的刊物和专著。此外，如广雅中学刊发有期刊《广雅学生》，培正中学有《培正中学图书馆馆刊》，广东戏剧研究所编印有《戏剧》《广东戏剧研究所丛书》，广州市立中山图书馆编有《书林》《广州学报》等等，此类文教机构的活动亦均颇值得关注和梳理。

其二，工商业机构组织。广东近代工商业发达，工商机构众多，各类同业团体特别是商会组织等在近代经济、政治和社会生活中极为活跃。据统计，民国之初广东已有商会组织 60 余个 [7]，其中广州市总商会与上海、天津、苏州商会并称中国近代"四大商会"，汕头总商会在地方社会生活中也极具影响 [8]。民国时期不同阶段各有影响的商会组织还有粤商自治会、粤商维持会、广东全省商会联合会等等。此类机构留传文献是研究民国广东经济发展和社会面貌的极为重要的史料。除散见于报刊的关于商会组织活动的记载，以及档案馆藏关于商会组织、人事等档案文书外，这些商会组织还出版发行有《商业年鉴》《广州市商会周年特刊》（广州市总商会），以及《商业导报》（广东省商会联合会）等刊物。

其三，外国领事馆、教育和宗教机构等。近代驻广东的各国领事馆等机构，除一般领事活动外，还开展了诸多针对广东社会和自然情况的调查，留下大量珍贵史料①。此外如耶稣会、长老会、浸信会、公理会等天主教、基督教团体，亦均有类似活动。尤其值得注意的是日本的活动情况，如 20 年代日人对南海的觊觎[9]，沦陷时期如日军波集团司令部绘制《南支那五万分之一图》《龙州地图》《广东省道路调查图》②，台北帝国大学开展的海南岛资源调研[10]等等。此类机构和文献情况同样十分值得关注。

需要指出的是，作为民国文献制作者的各类机构的情况十分复杂：其一，除前列机构外，还有如医疗、慈善、同学（同乡）会等等。此外还有大量零散活动的机构也印发各类刊物，如广州学生联合会编《广州学生》，广州市立小学校教职员联合会出版委员会编有《教育生活》，广州市市立师范毕业同学会编印《广州教育季刊》，广州树德会编有《昆虫问题》，广州棉业月报社编有《棉业月报》。另如有伊斯兰教个人或组织编有《天方学理月刊》《晨光周刊》《广州回教青年会月刊》《穆民》《塔光》《清真教刊》等等。其二，由于复杂政治局面，各机构的活跃期及制作文献情况也存在相应复杂的变化，如大革命失败后的广东省委机关报《红旗》，陈济棠主粤时期代表国民党地方势力的《党声旬刊》《西南党务月刊》等等。总之，在讨论民国文献编著者时，复杂的机构情况值得大量投入精力加以梳理。

1.2 文献与文献制作者之间关系的多样化

就文献与文献制作者之间的关系而言，晚清民国时期也不再像古籍那样表

---

① 如广西师范大学出版 2007 年即出版有《美国驻中国广州领事馆领事报告（1790—1906）》25 册。

② 广州市国家档案馆档案，全宗号"临 2"目录号"1"，案卷号"2153"；全宗号"临 2"目录号"1"，案卷号"1923"；全宗号"35"目录号"1"，案卷号"576"。

现为简单直接的编著关系。除如影像资料中影像人物与影像制作人，以及如《马师曾曲集》的编著、发行者与马师曾本人的不一致之外，还有以下几种关系值得注意：

1.2.1 档案文献的制作者与当事人的差别

档案文献的产生因制作条件不同，其制作者或是或非当事人。如 1930 年《戏剧研究所所长欧阳予倩函请拨给马思聪赴菲聘请乐队队员旅费函》，此函制作者即系欧阳予倩[①]；而如 1923 年任命李大钊为广州市立师范学校校长，以及 1930 年任命区声白等为广州市立中山图书馆委员[②]两令，其制作者则系市政府。在利用档案文献著录者信息时，必须注意到此种情形。

1.2.2 域外考察类机构的文献制作

民国时期大量考察、研究活动，其主体往往并非广东省域内的机构或个人。除前列台北帝国大学组织的"海南岛学术调查团"，另有如中华工业总联合会于 1936 年组建"两广实业考察团"，并曾撰写《两广实业考察团报告》等。此类考察、研究机构的调研报告和研究成果等，并非全以"两广"或"海南岛"等题名揭示，其机构本身也并不直接与"广东"关联，而是间接地通过调查团、考察团之类的临时性组织制作"广东文献"。此类文献如何进行全面系统的检索发现，尚有赖更加细致的研究。

1.2.3 文献制作主体"分身"

民国时期还普遍存在同一文献制作主体的多元化的情况。如国民革命军总司令部、国民革命军总司令部政治部、国民革命军第四集团军总司令部政治训练处均印发内容基本相同的《打倒帝国主义》等。此外，同一文献制作主体还会分设多个机构或部门，如大元帅府即有大元帅府大本营秘书处发布《陆海军大元帅大本营公报》，另设宣传委员会编印其他宣传文件；广东省教

---

① 广州市国家档案馆档案，全宗号"资"目录号"政"，案卷号"116"。

② 广州市国家档案馆档案，全宗号"资"目录号"政"，案卷号"572"；全宗号"资"目录号"政"，案卷号"585"。

育厅编有《广东教育行政周刊》《广东教育厅月报》，另有教育厅编辑股编印《广东教育厅旬刊》，并设广东省教育厅义务教育委员会编印《广东义教周刊》等；其他公私机构同样普遍存在另设"编辑部""秘书处"等专门文献制作部门的情况。此种专设机构与文献制作主体以及文献之间，同样存在着较为复杂的关系。

2 《民国时期广东人物名录》编制的初步构想及意义

2.1 《民国时期广东人物名录》编制的初步构想

针对民国文献编著者多元化的特点，笔者对广州大典研究中心拟编制的《民国时期广东人物名录》提出初步构想：

2.1.1 以现有数据库为基础，借助相关资料进行增补

《民国时期广东人物名录》可以广州图书馆"广州人物数据库"为基础，从中析出 1911 年之后去世、1935 年之前出生的人物 3239 名。在此基础上，借助《广东近现代人物词典》[11]《广东省志·人物志》[12]《民国人物大词典》[13]《民国人物小传》[14]《中华民国史大辞典》[15]等工具书进行核增。此外，还将参考民国时人所撰人物辞典，包括《民国名人图鉴》[16]《中国当代名人传》[17]《广东时人志》[18]《广东地方名人录》《广州工商领袖人物志》[19]《现代广东人物辞典》[20]《华南中国人名录》（广东省、广州市各主管长官）等，以及广州市国家档案馆所藏民国人物名册，如《中央各机关职员录》《各省政府高级职员名册》《广州市同业公会人民团体人名录》等加以增补。

2.1.2 《民国时期广东人物名录》信息采集

由于民国时期人物流动性较大，在编制人物名录时，必须考虑到此种情况。《民国时期广东人物名录》的编制，系以人物姓名汉语拼音排序，主要采集下列信息：姓名、性别、籍贯（出生地）、生卒年月、在粤时间、职业（主要活动领域）、所在单位、主要著述等，以便较为详实地反映所录人物相关经历，也为后期对数据的甄别和筛选提供一定便利。列表如下：

表1 《民国时期广东人物名录》信息采集表

序号	姓名	性别	籍贯／出生地	生卒年月	在粤时间	职业	所在单位	主要著述

2.2 《民国时期广东人物名录》编制的意义

尽管人物与文献之间的编著关系不再如古籍那样直接，但编制民国广东人物名录，对于检索发现民国广东文献仍具有极为重要的意义和作用，主要表现在：

其一，通过人物名录检索发现具有编著关系的文献。除图书外，大多数论文（包括研究性论文和学位论文等）、考察报告等，与相关人物间仍存在编著关系。因此编制人物名录，对于发现此类文献可以提供直接帮助。

其二，通过人物名录检索发现关联文献。与图书不同，大量档案类文献及其他公私文书，文献本身与当事人之间未必具有直接的编著关系。特别是在文献题名不揭示当事人姓名的情况下，发现此类文献颇有难度。然而在了解人物生平和主要活动领域，或是文献可全文检索的情况下，使用人物名录仍有助于发现此类关联文献。

其三，通过人物名录检索发现关联机构。使用民国人物名录发现相关机构，并通过相关机构信息发现人物，是检索发现文献的一个重要手段。编制《民国时期广东人物名录》，著录人物生平等相关信息，揭示其在粤活动情况，尤其是标注其在粤期间所在机构、组织信息，有助于发现机构文献。同时通过机构文献中的信息，亦可发现人物，进而扩大检索范围。

参考文献

［1］王余光. 中国出版通史·民国卷［M］. 北京：中国书籍出版社，2008：87.

［2］刘家林. 中国新闻史［M］. 武汉：武汉大学出版社，2012：507.

［3］倪俊明. 民国时期广东图书出版史述略［J］. 广东史志，1994（8）：37-41.

［4］同［2］457.

［5］李晔晔，孙红艳. 北伐时期国民党基层党政矛盾考察［J］. 长春大学学报，2016（11）：111.

［6］同［3］38.

［7］乔素玲.商业团体对于建构和谐秩序的作用与意义——近代广东商业团体化解纷争的个案分析［J］.江苏商论，2006（2）：32.

［8］陈海忠.内乱还是外患：20世纪30年代的商会问题——以1930—1936年汕头市商会改选为中心的讨论［J］.汕头大学学报，2010（1）：48-53.

［9］刘永连，卢玉敏.从日本史料看近代日本势力对西沙群岛的渗透——以1921—1926年何瑞年案为中心［J］.中国边疆史地研究，2018（1）：161-172.

［10］台北帝国大学理农学部.台北帝国大学第壹回海南岛学术调查报告［M］.台北：台湾日日新报社，1942.

［11］广东省立中山图书馆，广东省珠海市政协.广东近现代人物词典［M］.广州：广东科技出版社，1992.

［12］广东省地方志办公室.广东省志·人物志［M］.广州：广东人民出版社，2002.

［13］徐友春.民国人物大辞典［M］.石家庄：河北人民出版社，1991.

［14］刘绍唐.民国人物小传［M］.上海：上海三联书店，2014.

［15］张宪文.中华民国史大辞典［M］.南京：江苏古籍出版社，2002.

［16］杨家骆.民国名人图鉴［M］.南京：辞典馆，1937.

［17］傅润华.中国当代名人传［M］.上海：世界文化服务社，1948.

［18］叶云笙，叶柏恒.广东时人志［M］.广州：开通出版社，1946—1947.

［19］广州文化出版社.广州工商领袖人物志［M］.广州：广州文化出版社，1948.

［20］苏裕德.现代广东人物辞典［M］.广州：华南新闻社，1949.

作者简介

金峰　广州图书馆馆员

蒋方　广州图书馆助理馆员

高校档案馆与民国大学档案文献出版

——以华东师范大学为中心

汤　涛　　陈华龙

摘　要: 高校档案馆是我国档案系统的重要组成部分。随着民国史,尤其是大学史逐渐成为学界关注的热点,高校档案馆可以在民国大学档案文献的整理与出版方面作出贡献。华东师范大学档案馆结合馆藏的大夏大学、光华大学档案,策划了"丽娃档案"丛书,先后整理、出版了多种民国档案编研成果。

关键词: 民国文献　大学档案　高校档案馆

1　引言

民国文献可谓浩如烟海,但又分散在世界各地,因此没有整理与出版,便利的利用便无从谈起。近年来国家图书馆提出"民国时期文献保护计划",致力于民国文献的普查、征集、保护、整理、出版以及研究,可谓嘉惠学林、遗泽久远。民国文献按照形态类别,有图书、杂志、报纸、档案等,其中档案对于研究民国史的重要性,已经成为学界共识。近年大学史成为学界关注的热点,学者利用民国大学档案的需求也日益凸显。因此目下整理出版民国大学档案,正是让档案发挥价值的一个重要时机。

高校档案馆是我国档案馆系统的重要组成部分,大多藏有丰富的本大学档案,而且校史较为悠久的学校还藏有许多晚清、民国的档案。例如,华东师范大学档案馆不仅藏有 1951 年建校以来的档案,还藏有前身院校大夏大学和光华大学的档案。华东师大档案馆馆藏档案始于 1924 年,共有 8 个全宗,分别为大夏大学、光华大学、上海市半工半读师范学院、上海市南林师范学校、上海幼儿师范高等专科学校、上海教育学院、上海第二教育学院和华东师范大学全宗。截至 2016 年底，馆藏各类档案总计 30 万卷（件）。1951 年华东师范大学在大夏大学、光华大学的基础上成立，因此这两所民国时期私立大学的档案保存在华东师大档案馆。华东师大档案馆共藏有民国档案 3 万卷（件），包括文书档案 2591 卷、学籍档案 28086 件。其中大夏大学档案（1924 年 7 月—1951 年 10 月）有文书档案 1323 卷、学生学籍档案 18155 件。这些档案主要是民国时期教育部对学校工作的训令和来往公文，学校规章制度与组织机构设置，校务委员会及董事会会议记录，学生学籍，学校年鉴、周报以及学生、教职员工名册等。光华大学档案（1925 年 9 月—1951 年 10 月）共有文书档案 1268 卷、学生学籍档案 9931 件。档案的主要内容与种类和大夏大学档案基本相同。近年来，华东师大档案馆策划了"丽娃档案"丛书，对馆藏的这些民国大学档案进行了系统的整理与出版。

2　民国大学文献出版概况

近年来，大学史逐渐成为学界关注的热点问题，而大学史研究的基础在于大学史史料的发掘与整理。二十世纪八十年代，教会大学率先成为学术界的研究对象。为推动对教会大学的研究，香港中文大学吴梓明、梁元生主编了《中国教会大学文献目录》（香港中文大学崇基书院，1996—1998）系列图书，就中国第二历史档案馆、上海市档案馆、华中师范大学档案馆、华西医科大学档案馆等馆藏教会大学资料进行了目录整理，为研究者查找教会大学档案资料提供了基本线索。

而比较可观的大规模民国大学文献出版则是近几年的事。2010 年，国家图书馆出版社出版王燕来选编的《民国教育统计资料汇编》（全 30 册），收录民国时期教育相关统计资料共计 74 种，涉及高等教育、中等教育、初等教育和社会教育等各个方面，是研究当时教育状况的重要史料。2014 年，由王强主编的《民国大学校史资料汇编》（全 60 册）由凤凰出版社出版。该套书共收录160 余种民国时期大学校史资料，涉及民国时期大学、学院等共 80 余家。文献的主要类型为当时编辑的大学一览、概况等，主要记载各个大学的历史、院系课程设置及说明、教师及学生名录等。次年，该出版社又出版了关于教会大学的《近代教会大学历史文献丛刊》（全 80 册），所收资料类型和内容与前者相似。

在《民国大学校史资料汇编》出版同一年，李森主编的《民国时期高等教育史料汇编》（全50册）在国家图书馆出版社出版。该套书包括北京大学、燕京大学、复旦大学、中央大学等64所高校的校史资料206种，内容涵盖学校或院系概况、年刊、年鉴、毕业纪念册、规章制度、工作报告、教职员和学生名录及通讯录、选课指导、入学简章等。2016年，该出版社继续出版《民国时期高等教育史料续编》（全30册），收录民国时期80所高校的资料188种，除《汇编》中已收录的高校外，还收录了《汇编》未及收录的北平大学、朝阳学院、圣约翰大学、之江大学、东吴大学等20多所高校的校史资料。

除以上专门的大规模民国大学文献出版以外，朱有瓛主编的《中国近代学制史料》（华东师范大学出版社，1983—1993）、中国第二历史档案馆主编的《中华民国史档案资料汇编》（凤凰出版社，1991—2010）、陈元晖主编的《中国近代教育史资料汇编》（上海教育出版社，1993—1995，2007再版）、李景文等主编的《民国教育史料丛刊》（大象出版社，2015）、韩永进等主编的《民国文献类编·教育卷》（国家图书馆出版社，2015）等史料丛书也包含有部分民国大学史的相关文献。

以上各种丛书所收大学史相关文献资料，多是当时各高校出版的正式或非正式出版物。就资料所反映的内容而言，主要是学校的各种规章制度。就资料来源而言，主要来自于各图书馆。上述丛书对于研究各时期大学学制、国家教育政策、学校管理体制等宏观问题较为有利，而最能反映大学领导决策、经费筹措、教职员聘用、学生事务管理等实际运作细节的档案史料，则不在以上范围之内。

从二十世纪八十年代起，各高校档案馆或校史机构为编撰本校校史开始陆续出版校史资料。当时出版的校史资料分为两种：一种是以校史机构自编资料以及校友回忆文章为主的校史资料，如《山东大学校史资料》《暨南校史资料选辑》；另一种是以学校所藏档案为基础进行整理出版的校史资料，如《南京大学校史资料选辑》《交通大学校史资料选编》《厦门大学校史资料》。在二十世纪九十年代以后，不少高校也开始出版以馆藏档案为主的校史资料选编，如《清华大学史料选编》《北京大学史料》《国立西南联合大学史料》《云南大学史料丛书》等。但总体而言，目前还有很多大学没有出版过档案馆藏的民国大学档案文献，同时相较于馆藏档案数量而言，已经出版过一些档案文献的大学，仍有继续整理、出版民国大学档案的必要。

3　华东师范大学校史编研体制与编撰概况

3.1　校史编研体制的发展历程

华东师大前身学校主要为大夏大学、光华大学和圣约翰大学，虽然这些学校因为规模等原因没有专门成立校史机构，但始终重视校史工作。如大夏、光华的历任校长在学生开学以及毕业典礼上都会向学生讲述学校创办以及发展的历史。而且，在学校历年出版的《大夏一览》《光华年刊》《约翰年刊》等出版物中，学校校史、校史大事记、级史等常作为重要栏目而刊载其中。

华东师大在大夏、光华、圣约翰等院校的基础上成立、发展，同时也继承了重视校史的传统。1954 年 3 月，经行政会议研究决定，华东师大成立了校史编辑小组，成员包括教育史专家朱有瓛、历史学家陈旭麓等七人。校史编辑小组成立后，首先筹备了建校三年以来的图片展。同时，通过 1954 年 4 月 30 日的校刊《华东师大》在头版头条发布《征求校史资料》的启事，向全校工作人员和校友征求华师大在建校学习、参加土地改革、"三反"及"五反"运动、思想改造等活动中形成的相关文件、照片等校史资料。

1984 年 8 月，教育部下发《关于编写校史的通知》，"希望所有'文化大革命'前建立的高等学校，立即着手组织力量，编写校史"[1]。翌年 1 月，华东师大根据教育部通知成立了以副校长林远为主编的校史编写组，下设校史编写组办公室。1986 年 9 月，又根据上海市委党史资料征集办公室和教卫党委关于党史编写大事记的要求，在原校史编写组的基础上扩大成立了华东师大校史党史编委会，下设编委会主任、副主任、党支部书记、校史党史办公室主任、专兼职编写人员以及办公室工作人员[2]。在完成校史编撰任务后，多数高校都撤销了校史编写组，但华东师大仍然保留了校史研究机构。

1988 年，华东师大在党委办公室科技档案室、校长办公室文化档案室以及人事处档案科的基础上成立档案馆。1997 年获"科技事业单位档案管理国家一级单位"称号，是全国师范院校中首个获此殊荣的高校。同年 9 月，校史党史办公室与校档案馆实行合署办公[3]。合署办公主要是考虑到校史研究机构规模较小，且需要学校档案作为编研基础，实现校史机构与档案馆的结合，以加强档案信息资源的开发利用。由此，华东师大档案馆得以长期保持主任（档案馆长兼）、副主任、若干名研究人员的编研队伍，为档案编研工作研究提供了稳定的制度和人员保证。同时，档案馆在自主编研之外，还探索了与学校历史系、教育学部等单位联合编研，借助"外脑"召开专家咨询会等多种编研模式。

3.2 校史编撰概况

就华东师大建校以来所有校史相关成果而言，大致可分为史志类、人物类、专题汇编类以及"丽娃档案"丛书四大类[4]。最初的校史成果主要是校史办主持编写的史志类著作。先后编撰的成果有：编年大事记《大夏大学大事记》以及《华东师大大事记（1951—1987）》、校史论文集《华东师范大学校史文集》、校史专著《华东师范大学史（1951—2001）》、资料工具书《华东师范大学年鉴》。在人物类方面，主要是档案馆校史办人员参加相关资料的搜集与整理。华东师大先后出版了孟宪承、刘佛年等校长、书记的文集或纪念集，其中包括《师范之师——怀念孟宪承》《师表——怀念刘佛年》《施平文集》《生涯的足迹——教育、科技史与科技哲学文选》（袁运开）《教育生涯录——教育科学、自然科学史、自然辩证法文选》（张瑞琨）等。在专题汇编方面，有校刊文选《我的丽娃河》、人物故事《丽娃河畔逸事：华东师范大学校友风采》（基础教育篇）、办学理念《大学之道——华东师范大学教育理念与实践》、名师风采《师魂——华东师范大学老一辈名师》、学科发展史《文脉——华东师范大学学科建设回眸》等。

从2014年起，在学校的大力支持下，华东师大档案馆（校史办）以馆藏档案为基础策划出版华东师大"丽娃档案"丛书。从这套丛书开始，华东师大档案馆在原来单纯利用馆藏档案的基础上，更加注重整理出版原始档案资料，尤其是民国档案的整理出版。目前已出版的华东师大"丽娃档案"丛书包括：大夏系列《大夏大学编年事辑》《大夏文萃》《大夏大学：90年90人》《王伯群与大夏大学》《王伯群文集》《欧元怀校长与大夏大学》《大夏大学与赤水》；光华系列《光华大学编年事辑》《光华文萃》《光华大学：90年90人》《张寿镛校长与光华大学》；华东师大口述系列《丽娃记忆：华东师大口述实录》（第一、二、三辑）；手札题词系列《华东师大档案馆藏名人手札》《华东师大档案馆藏名人题词》等。

4 华东师大"丽娃档案"丛书成果选介

档案馆工作，简单可以分为收、管和用三大部分。所谓收、管，就是收集、保管、整理等工作，而用就是利用。档案的利用形式有多种，档案编研是其中主要的一种。就档案编研成果的形式而言，大致可以分为三种类型：抄纂型、编述型和著作性。抄纂是一种按照选题整理、公布档案原文的编研工作。这一类编研工作，有时要求转录档案原文，有时可以节录部分档案，但都强调抄录的成果与档案原文高度一致。在进行转录的同时，编研人员需要对档案进行标点、校勘工作。抄纂以前主要应用于历史档案汇编，目前已经是档案编研工作的主要方式。中央档案馆编的《中共中央文件选集》、中国第一历史档案馆编的《光绪朝朱批奏折》、中国第二历史档案馆编的《中华民国史档案资料汇编》等都是大型抄纂型成果的代表作[5]。华东师大在档案编研成果方面，抄纂型成果与其他形式成果相比，虽然起步时间较晚，但成果最为丰富。下文结合档案学界关于档案成果类型的划分，选介华东师大"丽娃档案"丛书中的基于民国档案出版的部分抄纂型编研成果。

2011年华东师大启动大夏大学、光华大学校史编纂工作，而首要任务便是进行基础性的原始资料发掘和整理工作。在大夏大学、光华大学建校90周年之际，华东师大出版的《大夏大学编年事辑》《大夏大学：90年90人》《光华大学编年事辑》《光华大学：90年90人》等书均属于编述型成果。《大夏大学编年事辑》（华东师范大学出版社，2014）采取"以年系月、以月系日、以日系事"的形式对大夏大学27年办学中形成的档案进行了整理。该书所依据的史料主要来源于华东师大档案馆藏大夏大学校务会议档案以及《大夏周报》等校刊，同时也收录了《申报》等其他史料作为补充。该书为研究大夏大学的办学理念、学术发展、教育教学、校园建设等提供了基本史料。《光华大学编年事辑》（华东师范大学出版社，2015）在华东师大档案馆藏光华大学档案全宗的基础上，吸收其他史料，形成了反映光华大学26载办学历史进程的完整史料编年，为学者研究光华大学以及民国高等教育提供了基础资料。

在大夏大学建校90周年（1924—2014）以及光华大学建校90周年（1925—2015）之际，华东师大编撰出版的《大夏文萃》（华东师范大学出版社，2014）《光华文萃》（华东师范大学出版社，2015），均属于抄纂型档案编研成果。《大夏文萃》主要收录大夏大学教师发表在《大夏周报》等校刊上的各类文章，是研究大夏教授群体以及学术发展的重要依据。《光华文萃》根据馆藏光华大学校刊资料，选录光华教师发表的各类文章，反映了当时大学知识分子的学术思想、文化追求和精神风貌。

"丽娃档案"丛书中的校长与大学系列也是抄纂型成果的重要代表。2015年是中国近代民主革命先驱、政治家、教育家、大夏大学校长王伯群诞辰130周年，为发掘学校历史，纪念先贤、启发来者，华东师大档案馆编撰出版《王伯群与大夏大学》（上海人民出版社，2015）一书。该书主要收录王伯群从1924年至1944年执掌大夏大学期间形成的书信、文稿、公函、布告、会议纪要等多种原始档案。该书按照专题汇总材料，在专题内根据时间顺序排列，从办学思想、经费筹募、教师聘任、学生管理、学校总务、附中办理以及服务社会等方面的档案，展示了王伯群校长的治校理念、办学理论和教育实践。

2016年是中国近代教育家、光华大学校长张寿镛先生诞辰140周年。华东师大档案馆出版了《张寿镛校长与光华大学》（上海人民出版社，2016），该书辑录张寿镛担任光华大学校长期间形成的书信、文稿、公函、布告、会议记录等多种档案文献。所选材料主要源于华东师大档案馆馆藏光华大学档案全宗，其他来源均注明出处。该书涉及的专题为办学理念与教育思想、校务决策与治理、办学经费筹募、教职员聘任和管理、学生事务管理、后勤总务管理等。

现代教育家欧元怀一生致力于教育事业，曾创办大夏大学并担任第三任校长、华东师大筹备委员会委员。为此，2017年华东师大档案馆结合馆藏书信、文稿、公函、会议记录等档案资料，编撰了《欧元怀校长与大夏大学》（上海人民出版社，2017）一书。由于欧元怀长期在大夏大学工作，该书所涉及的内容也贯穿其大半生，反映了大夏创办、西迁贵州、重返上海、并入华东师大等历史过程，是研究大夏大学历史的第一手参考资料。

此外，华东师大档案馆编撰了《华东师大档案馆藏名人手札》（华东师范大学出版社，2017）、《华东师大档案馆藏名人题词》等。前者选取华东师大档案馆藏大夏、光华档案中的名人手札91通，以影印加释文的形式集结出版。该手札所涉内容主要为两所大学相关负责人与民国各界人士就办学经费募集、教职员聘用、学生事务管理、校务决策等问题的往来函件。手札所及近现代著名人物众多，如教育界的蔡元培、陈裕光，政界的孙科、蒋经国，军界的何应钦、张学良，工商界的钱永铭等。该书所收手札多为首次向社会公开，对研究民国历史人物、大学史等均有参考价值。后者编入大夏、光华、华东师大时期国家领导人、著名学者的题词133幅。将一所大学所收藏题词选编出版、公之于众，无疑可从历史研究、艺术鉴赏等多角度发挥题词的文化传承作用。

5 结语

民国文献中，档案文献对于研究者而言重要性不言而喻。随着学界对档案的重视，民国时期档案史料也不断得到出版，使许多封尘多年的档案面向大众开放并得到研究。然而和已经出版的档案相比，没有出版的档案数量更多。民国档案纸张主要为机器造纸，寿命长度相对有限，保存以及公众利用难度均较大。而档案的整理出版无疑是这些珍贵档案化身千万、嘉惠学林的重要途径之一。正是基于以上考虑，华东师大档案馆策划了"丽娃档案"丛书，对馆藏档案进行了整理出版。除了上文所述已出版的民国档案文献外，华东师大档案馆新的民国档案整理、出版工作仍在继续进行中，如《马君武校长与大夏大学》等正在出版中。总之，我们坚信高校档案馆也可以为"民国时期文献保护计划"贡献一份力量！

参考文献

［1］中华人民共和国教育部.关于编写校史的通知［J］.贵州教育志通讯，1984（2）：2.

［2］华东师范大学大事记（1951—1987）［M］.上海：华东师范大学出版社，1991：1.

［3］年鉴编纂委员会.华东师范大学年鉴2000［M］.上海：华东师范大学出版社，2001：136.

［4］林雨平.却顾所来径：华东师大校史研究成果回顾［J］.华东师大档案校史（内刊），2017（2）：53-56.

［5］冯绍霆.档案编研工作［M］.上海：上海社会科学院出版社，2009：2、12、13.

作者简介

汤涛　华东师范大学档案馆馆长、校史党史办主任

陈华龙　华东师范大学校史党史办助理馆员

国内学术界关于满铁档案的研究综述

邵云华

摘　要： 满铁档案对于研究近代中国的发展演化轨迹具有非常重要的价值。笔者对以往研究文献进行梳理，发现国内学术界对满铁档案资料的研究存在研究进展缓慢、研究成果缺乏、研究主题过于集中和单一以及现实利用率低等问题。这提醒学人需要对当前的满铁档案研究作进一步深入的探索。要正确应对这些问题不仅需要上级部门对这一研究项目予以资金支持，而且需要各大高校和相关机构通力协作，更好地利用好现有的满铁档案资料。

关键词： 满铁　满铁档案　研究综述

"南满洲铁道株式会社"（下文简称"满铁"），是二十世纪上半期日本侵华期间设立的经营铁路的公司，它不仅肩负经营南满铁路的职责，还扮演了对中国物产、自然资源进行实地调查并为日本政府相关政策提供政治、经济、社会等情报的角色。为保证目标得以实现，"满铁"专门设立了各种门类的调查机关，并组建了以日本知名大学的相关专业的学者和学生为主体的调查队伍，系统地、有计划地对中国的政治、经济情况和风俗习惯作了调查。

"满铁"在中国大陆经营长达 40 余年，留下了规模庞大的满铁档案资料。其调查方法的专业性和规范性及其研究资料的系统性和全面性，使其具有独特的、不可替代的价值。现存的满铁档案对国内政治学、社会学、历史学、农村经济学等学科领域的研究具有重大参考价值。近年来国内学界对满铁档案的大规模、系统地编译工作正如火如荼地展开，并引起相关学科学者们的重视。笔者对近年来国内学术界的相关研究成果作了较为系统地梳理和分析，总结了近年来关于满铁档案研究的主题和类别，分析了现有研究存在的不足之处，在此基础上提出进一步利用和研究这一宝贵文献资源的建议，以求教于方家。

1 满铁档案的研究状况

国内学术界关于满铁档案的研究起步较晚，数量极少。本文从中国学术期刊网络出版总库（中国知网 CNKI）的中文数据库中抽取出 1993 年到 2016 年以"满铁档案"为主题的文章进行归类整合，发现早在二十世纪九十年代，国内学术界就已经开始出现关于满铁档案的学术论文研究，但研究的数量极为有限（见图 1）。真正意义上的第一篇关于满铁档案的学术论文出现于 1994 年，为卢岳美、权方美所著《满铁档案中有关南京大屠杀的一组史料》[1]。其后，有关满铁档案的学术论文开始有所增长，但增速缓慢。从 1993 年到 2015 年间，有关满铁档案的文章数量共计 23 篇，其中包括那些并非严格意义上的论文之类的文章。这在一定程度上说明，二十世纪九十年代至二十一世纪初，国内学术界关于满铁档案的研究仍然处于初始状态，该项研究议题并没有引起学人应有的重视[1]。

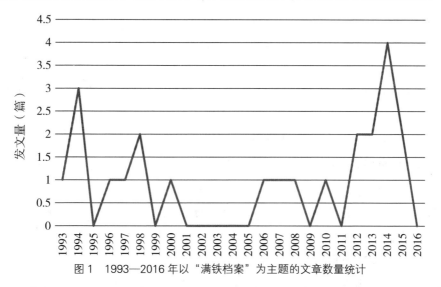

图 1　1993—2016 年以"满铁档案"为主题的文章数量统计

可喜的是，虽然论文数量极少，研究进展缓慢，但自二十一世纪以来，国内学术界某些科研机构已经开始着手对"满铁档案"进行系统地梳理、研究、分析。其中以吉林省社会科学院与吉林大学通力合作，持续编辑工作长达 50 余年，共 15 卷本的《满铁档案资料汇编》[2] 最为出名。该套丛书每册字数都

---

① 需要说明的是，本部分论述的研究数量与研究起始时间应包括以下两个方面：第一，严格限定的研究主题或关键词"满铁档案"；第二，仅限于学术论文。实际上，国内学术界对满铁档案的研究工作自二十世纪五十年代开始，已经进行系统研究。

在八九百万字左右，其中既有翻译文字，又有中文古籍资料，是国内学术界对满铁档案的第一次系统、完整、权威的整理研究。另外，《满铁调查》《满铁农村调查》等系列专著则由华中师范大学中国农村研究院牵头编译，全部工程计划编译出版满铁农村调查资料 100 卷，共计 1 亿字[3][4]。这批资料成为迄今为止研究二十世纪前半期，乃至中国近代基层社会史和农村发展史的直接、系统、全面的第一手参考文献。这批满铁档案的编译出版，将填补国内学术界在该领域的诸多空白，具有重要的历史与现实意义[5][6]。

2 满铁档案研究的主题与类别

通过对这些论文的整理分析，以及对相关著作进行研读可以发现，国内学术界关于"满铁档案"的研究大致可以分为以下几个主题：

第一，利用满铁档案中所记载的历史事实为南京大屠杀、日本侵华等提供客观、翔实的证据，这一主题是学者们研究满铁档案的集中领域。这一主题的研究以辽宁省档案馆、吉林省社会科学院为代表。卢岳美、权方美等依托辽宁省档案馆馆藏的南满铁道株式会社的历史资料，并以 1937 年日军占领南京后的"南京特务机关"发给满铁有关部门的三次报告为依据，从侧面反映了日军侵占南京后的具体情况，真实地记录了日军惨绝人寰的罪恶行径，对研究南京大屠杀有一定参考价值[7][8][9]。王天平也根据辽宁省档案馆馆藏的满铁档案资料，揭露了日军占领南京后实施大屠杀的具体行为、简要过程等历史事实[10][11]。此外，张树纯还详细介绍了辽宁省档案馆馆藏满铁档案资料的概况以及主要内容，这些资料对研究日军侵华历史具有重要价值[12][13]。齐百顺则利用满铁档案中有关内蒙古的相关史料，采用个案揭示的形式，阐述满铁在日本侵略内蒙古，殖民统治内蒙古过程中的角色定位，即侵略政策的主张者、决策者和执行者[14]。

第二，对满铁档案资料本身的研究，其中包括满铁档案的研究价值、资料编纂、内容构成、评介等内容。赵云鹏认为对满铁、满铁档案资料及满铁史的研究都是十分重要的。满铁在中国活动的 40 余年里形成了浩瀚的档案资料，这些档案资料为满铁史、日本侵华史、东北近现代史、东北亚近现代史等领域的研究提供了宝贵的、原始的素材，具有重大价值，是一座亟待开发的史料宝库[15]。解学诗和王桂良两位学者分别评介了辽宁省档案馆选编的《满铁的设立——满铁档案选编》一书，认为这些影印出版的满铁档案资料都是珍贵的第一手资料，涉及大量有关满铁的内幕与秘密。但王桂良也指出了该书中存在的若干不足[16][17]。丁海斌、陈楠分析了满铁档案资料的形成、分类、基本特点和特征等，他们认为这些档案资料的形成，以及它们的内容构成都是比较有价值的研究课题[18]。2011年，《满铁档案资料汇编》系列丛书出版，作为主编和主要负责人之一的解学诗以总序的形式在丛书出版前对该丛书作了简要评价。解学诗指出了满铁研究的史学价值，并阐明了该满铁遗存文献资料的类别、编纂原则、过程和重要意义等[19]。

第三，利用满铁档案中所记载的关于中国城乡基层经济社会，尤其是中国农村社会、政治、经济、文化等调查资料，进行广泛的农村问题研究。这一主题以华中师范大学中国农村研究院的研究为代表。中国农村研究院依托其农村研究的优势平台，借助黑龙江省档案馆、辽宁省档案馆、日本相关大学和出版社等整理的日本满铁调查报告资料，组织由30人组成的《满铁农村调查》编译团队，拟用五到六年时间陆续将其翻译，并编译整理出版[20][21]。依托这些资料，甚至"可以还原20世纪上半期的中国农村"[22]。

第四，借助满铁档案资料，分析日本侵华对东北地区的文化、宗教、社会等领域的影响。这一主题的研究具有鲜明的地域特色。李娜采用第一手满铁档案资料和日文原始资料，着重研究满铁对中国东北的文化侵略与摧残。作者系统分析了满铁文化侵略思想的内涵，文化侵略的领域，文化侵略的历史根源、政策、特征和方式，以及对东北文化的影响等。最后，作者认为：满铁在中国设立大量的文化侵略机构并进行了大量的文化侵略活动，这些都是客观事实；满铁的文化侵略表现在教育、医疗卫生、舆论宣传、宗教等诸多方面；满铁文化侵略具有自上而下的组织性、计划性、欺骗性等；满铁文化侵略的目的是为侵略战争和殖民统治服务；等等[23]。王晓峰在搜集满铁档案等资料的基础上，分析了伪满时期日本对东北地区的宗教侵略。通过重点分析日伪殖民政权与各宗教教派关系的基本情形，作者试图说明日伪殖民政权控制宗教的方式以及宗教组织对日伪殖民政权的策略。因此，对该领域的研究能深化对伪满洲国政治史的研究，以及对中日战争时期国际关系的研究[24]。

3 满铁档案研究的不足

通过上文对满铁档案研究状况的描述，以及对满铁档案研究的主题与类别的分析，可以发现当前国内学术界关于满铁档案这一领域的研究仍然存在诸多不足之处。

第一，以宏观视野来看，有关满铁档案的系统的、大规模的研究起步较晚，且进程较为缓慢。尽管有关满铁档案的研究自二十世纪五十年代末期已经开始，但受限于当时的人力、财力和物力以及受到中华人民共和国成立以来的政治环境和曲折的历史发展进程的影响，国内学术界对满铁档案的关注度并不高，遑论对满铁档案进行系统的、完整的和大规模的研究。以《满铁档案资料汇编》为例，该项目自 1958 年启动，工作周期跨越半个多世纪，工作量浩大，直到 2011 年才正式出版。因此，时代背景、技术难题、资金支持、人员流动等因素都给对满铁档案系统、全面地分析研究带来了诸多挑战。

第二，以中观或微观的视野来看，有关满铁档案资料的研究成果数量极少，存在诸多学术上的研究空白。自 1993 年以来，以"满铁档案"为主题或关键词的学术论文不足 30 篇！这与其他某类主题动辄成百上千甚至成千上万篇文章相去甚远。产生这种现象与满铁档案资料未被及时发掘整理有很大关联。宏观层次上满铁档案系统、全面的整理和研究的缺乏，必然导致中观和微观层次上研究成果的不足，而中观和微观层次上研究成果的不足也难以支撑更为庞大的宏观层次上的系统研究，无法引起学者们的广泛关注，二者逐渐形成一种恶性循环。

第三，研究主题较为集中和单一。在上文第二部分的分析中，可以发现迄今为止关于满铁档案的研究多集中于为日本侵华（尤其是南京大屠杀）提供事实证据，但从农村问题及某些地域色彩鲜明的角度展开的研究寥寥无几。由此可见，其研究主题相对单一、狭窄。但实际上，满铁在华 40 余年的经营活动留下的浩如烟海的资料文存，涉及历史学、政治学、社会学、民俗学、文化学、经济学、农村问题等诸多领域，其可供研究的范畴与主题远远大于当前学术界的研究成果。如何拓宽对满铁档案资料的多层次、多维度、多重视角的研究，是学术界在未来需要认真考虑的问题。

第四，当前的研究倾向于对原始的满铁档案资料进行重新编纂、整理、翻译和出版等，而缺乏对这些尚未被充分利用的第一手档案资料的研究、分析、解读和运用，因而也就无法在此基础上结出灿烂的学术果实。具体表现为围绕这一研究取向的科研论文和学术专著无论在数量还是质量上都严重匮乏。以满铁档案资料中的农村问题研究为例，目前该领域的研究工作主要集中于大规模地整理、翻译原始的日文文献，而对这些重新出版后的第一手档案资料的解读仍处于低潮阶段,迄今尚未出现完整的、有重大学术价值的论文与专著。诚然,编纂、整理、翻译和出版这些档案资料实属不易,众多学者也为此作出巨大的努力,但是,若仅仅局限于这样的翻译与出版工作而缺乏对这些资料的深入运用,其弊端亦不容小觑。

4　完善满铁档案研究的建议

本部分在上述分析满铁档案研究若干缺陷的基础上,提出几点改进措施与建议,以求对未来学术界完善满铁档案资料方面的研究有所助益。

首先,各级科研经费主管部门应加大对满铁档案研究的资金投入,国内各高校、科研机构、档案馆等也要加大相互间的交流、合作与协助。满铁在华40余年的经营活动中留下繁若星辰的档案资料,其规模巨大,对其整理、收集、翻译、出版等并非一蹴而就,也非一己之力能完工。因此,这就需要各级科研经费主管部门有目的地支持满铁档案领域的研究,为这一领域的科学研究提供充足的财力支持,这是满铁档案这一庞大工程得以顺利完成的必要保障。与此同时,那些馆藏有关满铁档案资料的各地档案馆应该与研究满铁档案资料的高校和其他科研机构保持密切合作和相互间的交流、协助,避免大批资料长期沉睡在档案馆,从而保证这些珍贵的第一手档案资料能得到最大效率地利用和发掘。这两项措施是对满铁档案进行系统的、大规模的研究的重要保障。

其次,要善于挖掘原始的满铁档案,尤其是积极利用已经整理、翻译和出版的满铁档案资料,拓宽既有的研究主题和领域,开辟新兴的研究方向,使这些珍贵的满铁档案资料能发挥其应有的学术价值。这就需要历史学、政治学、经济学、民俗学、农村问题研究、文化学等学科领域的专家和学者们立足于本学科的现实,同时积极借鉴其他学科的成果和方法,深入研究已有的满铁档案资料,找到这些资料与本学科的契合之处,对这些尚未被充分利用的第一手档案资料做深入研究、分析、解读和运用,实现对满铁档案资料的多层次、多维度、多重视角的研究。

参考文献

　　[1]卢岳美,权方美.满铁档案中有关南京大屠杀的一组史料[J].民国档案,1994(2):10-19.

［2］满铁档案资料汇编（15卷）［M］.北京：社会科学文献出版社，2011.

［3］徐勇.满铁调查［M］.北京：中国社会科学出版社，2015.

［4］徐勇，邓大才.满铁农村调查（第1、2卷）［M］.北京：中国社会科学出版社，2016.

［5］李娜.满铁对中国东北的文化侵略［M］.北京：社会科学文献出版社，2015.

［6］王晓峰.伪满时期日本对东北的宗教侵略研究［M］.北京：社会科学文献出版社，2015.

［7］同［1］.

［8］赵焕林.历史事实 岂容抵赖——满铁档案中证实的南京大屠杀惨案［J］.兰台世界，2000（3）：40-42.

［9］赵焕林.以档为证 以史为鉴——关于辽宁省档案馆馆藏满铁档案中记载的日军南京大屠杀暴行［J］.兰台世界，2014（4）：1+4+2.

［10］王天平.满铁档案中记载的南京大屠杀［J］.党史纵横，2007（6）：26-29.

［11］孙成德.满铁档案中的南京大屠杀［J］.兰台世界，2012（10）：1.

［12］张树纯.研究日本侵华史的资料宝库——我对辽宁省档案馆藏满铁档案资料的了解［J］.兰台世界，1996（11）：18-19.

［13］张树纯.日军南京大屠杀档案是怎样发现的［J］.档案与建设，1997（11）：20-21.

［14］齐百顺.满铁与日本侵略内蒙古［J］.内蒙古师范大学学报（哲学社会科学版），2015,44(4):60-63.

［15］赵云鹏.满铁、满铁档案资料和满铁史研究［J］.档案学通讯，1994（5）：53-58.

［16］解学诗.还历史以真实——读《满铁的设立——满铁档案选编》［J］.社会科学辑刊，1998（5）：155-156.

［17］王桂良.意匠戛独造 佳构共赏析——《满铁的设立——满铁档案选编》介评［J］.社会科学辑刊，1998（5）：152-154.

［18］丁海斌，陈楠."满铁"档案资料的构成研究［J］.兰台世界，2008（20）：30-31.

［19］解学诗.满铁研究的价值与满铁遗存史料编纂问题——大型系列档案史料集《满铁档案资料》总序［J］.社会科学战线，2010（7）：105-117.

［20］同［3］.

［21］同［4］.

［22］"《满铁农村调查》与《中国农村调查》出版 记录中国农村"，网易新闻［EB/OL］.http://news.163.com/16/0125/16/BE6KF45V00014JB6.html，2017-07-11.

［23］同［5］5、7、233.

［24］同［6］4、14.

作者简介

邵云华　华中师范大学政治与国际关系学院副研究馆员